心理咨询与治疗丛书

结构式团体辅导与咨询应用实例

Jiegoushi Tuanti Fudao yu Zixun Yingyong Shili

主编　樊富珉

高等教育出版社·北京

内容提要

结构式团体心理辅导是最便于推广与复制的团体心理辅导方式。本书是樊富珉教授及其研究团队近十年研究成果的一部分，包括十份完整的结构式团体心理辅导活动方案，囊括大学新生学习适应、大学生网络依赖、高校贫困生自强训练、大学新生生涯规划、初中生成长、地震灾后青少年心理康复、地震灾后干部心理康复、恋爱与婚前辅导、家庭工作平衡以及父母效能共十个专题。每个专题都包括团体理论、团体设计、团体实施三部分，详细介绍每份团体辅导方案的理论基础、设计思路和完整的操作方案，具有极强的示范作用，好学、易用。

本书适合渴望学习和掌握团体心理辅导技术的大中小学教师、辅导员、班主任、专职心理咨询师、社会工作者、企业培训师、员工援助师、监狱心理矫治民警等学习、参考。

图书在版编目(CIP)数据

结构式团体辅导与咨询应用实例 / 樊富珉主编. --北京:高等教育出版社,2015.6（2023.2 重印）
（心理咨询与治疗丛书）
ISBN 978-7-04-041805-7

Ⅰ. ①结…　Ⅱ. ①樊…　Ⅲ. ①集体心理治疗　Ⅳ. ①R749.055

中国版本图书馆 CIP 数据核字(2015)第 014663 号

策划编辑　单　玲　　责任编辑　单　玲　房世佳　　封面设计　王　雎　　版式设计　王艳红
插图绘制　杜晓丹　　责任校对　杨凤玲　　责任印制　刁　毅

出版发行	高等教育出版社	咨询电话	400-810-0598
社　　址	北京市西城区德外大街 4 号	网　　址	http://www.hep.edu.cn
邮政编码	100120		http://www.hep.com.cn
印　　刷	山东韵杰文化科技有限公司	网上订购	http://www.landraco.com
开　　本	787mm×1092mm　1/16		http://www.landraco.com.cn
印　　张	21.25	版　　次	2015年 6 月第 1 版
字　　数	460 千字	印　　次	2023年 2 月第 7 次印刷
购书热线	010-58581118	定　　价	36.80 元

本书如有缺页、倒页、脱页等质量问题，请到所购图书销售部门联系调换

物 料 号　41805-00

编者的话

团体心理辅导与咨询已经被国内外大量实证研究证明其有效性，尤其对于那些有相似的心理困扰和类似的发展问题的辅导与咨询的对象，团体心理辅导与咨询更是具有特殊的效能和应用的价值。因此，团体心理辅导与咨询被称为“神奇的圆圈”。进入团体后，经历数次密集的活动，所有的团体成员都发生了改变，朝着更加积极的和建设性的方向发展。

回想起来，我在探索、研究和推广团体心理辅导与咨询的道路上已经走过了风风雨雨的20多年，感慨良多，获益匪浅。1991年6月，我从日本筑波大学心理学系留学归国，作为教育部公派的进修教师，我主攻的方向是青年心理健康与学校心理咨询。一年多的时间里，在日本著名的临床与咨询心理学家松原达哉教授的精心指导下，我学习了学校心理咨询专业主要的研究生课程，参加了日本大学心理咨询学会，成为注册会员，接受了学会主办的各类心理咨询技术工作坊培训，尤其是参加了松原达哉教授亲自带领的以个人自我探索和成长为目的的结构式会心团体，对于团体心理咨询有了初步的感受和体验，尝到了在团体中自我成长的甜头，也见证了团体成员们建设性的改变，从此立志要从事团体心理咨询的研究和推广工作。20多年来，我和我的团队一起探索、研究、培训和推广团体心理咨询，不仅在1996年出版了国内最早的团体心理咨询教材，而且经过多年的实证研究，开发了针对不同群体的团体心理辅导与咨询方案、计划、手册十多种。我非常感谢我的研究生们，他们和我一样热爱心理咨询事业，关注和重视团体心理咨询独有的效果和价值，克服了许多困难，愿意并心甘情愿和我一起为中国团体心理辅导与咨询事业的发展做出不懈努力和持续贡献。

今天呈现给读者的这本《结构式团体辅导与咨询应用实例》是我的研究团队近十年的研究成果的一部分。从2000年我指导的以团体辅导形式探索提升大学生生涯决策能力的硕士论文起，十多年来又有了网络依赖大学生团体干预辅导、大学新生学习适应团体辅导、高校贫困生自强训练团体辅导、西部贫困地区农村初中生班级团体辅导、韩国留学生文化适应团体辅导、地震灾后青少年康复艺术治疗团体辅导、地震灾区干部身心灵全人健康促进团体辅导、短程积极心理干预团体辅导、存在积极心理学意义管理大学生生命教育团体辅导、正念人际团体辅导对大学生孤独感的干预等硕士论文的指导，以及基于依恋视角的人际动力团体辅导过程与效果研究，团体咨询中凝聚力的概念、测量及相关因素的研究等博士论文的指导。通过系统的科学研究，我们开发了一系列团体辅导方案，并经过严格的实验，验证了团体辅导的效果。此外，根据教学和辅导的需要，我也开发了研究生成功心理团体训练、新生生涯规划团体辅导、职场家庭事业平衡团体辅导、工作压力管理团体训练、积极心理品质团体训练、教师快乐成长营、高校辅导员系列团体工作坊等符合现实需要的、非常实用的、容易掌握的、便于操作的、针对不同辅导对象的团体心理辅导与咨询方案。我们将在日后不断地修改完善这些方案,在成熟的时候陆续出版。

我还要特别感谢我的同行和好友萧庆仪女士与钟思嘉教授。1997年因为清华大学与香港浸会大学合作培养高校心理辅导员的项目实施,我有幸结识了萧老师,她是浸会大学派来清华大学开展培训的导师,她带领的辅导员成长团体给我留下了深刻的印象。后来我们成为了好友,我对她长期在香港开展婚前团体辅导的开创性工作很有兴趣,特别邀请她来北京培训咨询师。我和她一起工作一起培训,向她学习,受益良多。感谢她慷慨地同意我修改她的《恋爱与婚前团体辅导手册》,并愿意放在这本书里,给内地的专业人员参考,这门辅导课程是她十多年智慧和经验的结晶。钟思嘉教授来自于宝岛台湾,是台湾心理辅导与咨询学界的前辈。他博士毕业于美国俄勒冈大学,曾经担任过台湾政治大学的教务长、理学院院长、心理学系主任、心理学研究所所长,台湾"中国辅导学会"会长。钟教授在家庭教育、心理咨询的诸多领域造诣很深,理论和实务并重,开发了许多有推广价值的团体辅导课程,本书提供的父母效能团体辅导方案就是他几十年从事家庭教育研究的心血之作。我2002年应邀赴台参加辅导学会学术年会,结识钟教授,一见如故,对心理辅导与咨询事业的热爱让我们惺惺相惜。2006年我在哈尔滨工程大学参加了钟老师举办的为期三天的父母效能团体辅导领导者培训,深深体会到做家长的不易,做好家长的必要。征得钟老师的同意,我将他开发的《父母效能培训手册》收入本书,希望提供给更多的专业人员学习和参考,以帮助那些在家庭教育中感到困惑的父母更有效能地担当起亲职,有信心培养出健康的子女。

我也要特别感谢香港大学的陈丽云教授和台北教育大学的赖念华教授,她们是我的同行、事业上的伙伴,更是我的好友。陈丽云教授是华人心理团体辅导模式的探索者、开创者。我们从2001年开始为发展和完善本土化心理辅导模式开始合作。尤其是汶川地震发生后,灾后许多团体心理干预的实施都是在陈老师的支持下开展的。我们并肩作战,为灾区学生、教师、干部、群众提供心理援助,开发了不同人群的灾后心理辅导方案。赖念华教授是华人社会中第一个获得美国心理剧导演和培训师资格的心理咨询专业人员,她特别擅长表达性艺术治疗。我的研究生陶婧为了研究灾后青少年创伤治疗,专门去台湾跟赖老师学习表达性艺术治疗,在赖老师的精心指导下,初步掌握了艺术治疗的基本技法和干预过程,在灾区工作期间,也有幸得到赖老师的专业督导,顺利地完成了硕士论文。

团体心理辅导与团体心理咨询都是团体工作的形式。根据美国专业团体工作者协会(The Association for Specialists in Group Work, ASGW)所发表的"团体工作者专业训练标准",团体工作的定义是:"泛指通过团体的方式助人或完成任务的一种广泛的专业实务工作。通常由具备专业能力的实务工作者,运用团体的理论和历程,以协助一群互相依赖的人达成他们个人的、人际的或与任务有关的共同目标。"美国专业团体工作者协会还将团体形式的专业服务划分为四种类型:任务/工作团体、辅导/心理教育团体、咨询/人际问题解决团体、心理治疗/人格重建团体。团体心理辅导主要是运用团体的教育和发展功能,通过团体活动或讨论,预防个人或人际的困扰问题。团体心理咨询是通过团体成员的互动促进成员的成长和改变,目的在于解决成员发展上的或情境性的困扰和问题。本书所指的团体心理辅导与咨询是以心理教育团体为主,团体成员都是功能健全的人,团体规模和时间因辅导和咨询的目标不同而不同,一般人数为10~40人,每个团体平均进行

3～16次活动。

按照团体辅导与咨询的计划程度，以及团体领导者对团体过程的主导程度，团体辅导与咨询的实施方式可以分为结构式、半结构式和非结构式。结构式团体辅导与咨询是指团体有预定的目标和明确的主题，有适合的工作对象，比较注重针对团体所要达到的目标设计活动，以引导成员参与团体学习。在这类团体中，心理教育的功能清晰，团体领导者的身份易辨认，聚焦于团体辅导的主题而采用较多的引导技巧，选择有针对性的结构式练习，预先有设计好的团体方案，来促进团体内成员的互动，以达到团体的目标。结构式团体辅导最大的优势在于可以复制和推广。本书中列出的各类团体辅导方案都是设计者经过认真思考、实际调查、理论积淀、实验研究、反复验证，针对特定人群普遍的、广泛的需要而开发的团体辅导方案或课程，对国内从事助人工作的教师、社会工作者、心理咨询师、心理治疗师、医护人员、企业员工援助师等有非常重要的参考价值和应用意义。

本书也为开展心理健康教育和辅导的人员提供了团体心理辅导方案设计和实施的范例。书中每一个团体辅导方案都由理论篇、设计篇和实施篇构成。成为团体领导者应该具备一定的理论基础，至少需要掌握团体动力理论、心理咨询理论和专题相关理论。我们假设带领团体的领导者已经具备团体动力理论和心理咨询理论的基础，书中每一个方案的理论部分主要是与主题相关的理论，例如生涯规划团体遵循的生涯发展理论和特质理论，亲职教育团体遵循的父母效能理论等。设计一份团体辅导和咨询方案需要在理论指导下，明确界定团体目标、筛选团体成员、分配团体时间、确定团体规模、选择合适的团体练习或活动、准备评估工具等，还需要了解带领团体的原则、技巧。因此，本书中每一份方案都对团体心理辅导与咨询的实施过程和操作方法进行了详尽的描述，这样才能使学习者不仅知道团体的流程，更了解流程是怎么来的，基于哪些理论，考虑哪些因素，需要哪些准备，运用哪些练习。而不是像社会上一些非专业人士所误解的那样，以为会带领几个团体活动就是在做团体心理辅导和咨询。没有扎实的心理咨询专业训练，没有经过系统的团体辅导培训，没有接受过督导师的专业督导，没有在实践中反复应用，很难胜任团体领导者的角色。

目前，随着我国心理健康与心理咨询事业的发展，对团体心理辅导与咨询的需求不断增加，渴望学习和掌握团体心理辅导与咨询的学校教师、班主任、专职心理咨询师、社会工作者、企业培训师、员工援助师、监狱心理矫治民警等人数众多。这本书对于他们无疑将是最有使用价值的参考。

团体动力千变万化，成为一个胜任的团体领导者绝非易事。但是，只要在专业人员指导下学习、模仿、尝试、实践，掌握团体心理辅导与咨询技术的专业助人者一定会不断涌现，从而，使更多的人能从团体辅导与咨询中受益和成长。

再次感谢我的学生们！感谢我的同行们！感谢无条件支持我的家人！

樊富珉

2014年12月于清华大学伟清楼

目录

专题一

学习适应训练营:大学新生学习适应团体辅导①

聂 晶 李 虹

聂晶:清华大学应用心理学专业硕士毕业后,在北京教育学院工作六年;现任北京市石景山区教育委员会副主任,在职攻读清华大学教育学博士学位。对中小学生心理健康课程有深入研究和一定实践经验,擅长中学生和大学生学习适应问题的辅导,从事过小学生心理健康的性别和年级差异比较研究和家庭社会经济状况对小学生心理健康的影响研究。曾组织研发面向北京市中小学校长和幼儿园园长的管理心理学必修课程,是校长培训学科组成员,参与多项与基础教育培训及管理相关的市区级课题研究。

李虹:教授,博士生导师,清华大学心理学系副主任,清华大学深圳研究生院社会工作与心理健康研究中心主任。2002 年获得香港大学健康心理学博士学位,1986 年在北京师范大学发展心理研究所获得硕士学位,1983 年在北京师范大学心理学系获得学士学位。现兼任中国心理学会教育心理学专业委员会委员,中国心理卫生协会大学生心理咨询专业委员会副主任委员,中国心理学会学校心理学专业委员会副主任委员。主要研究领域:健康心理学、决策心理学和管理心理学;主要研究专长:突发危机事件下的决策过程,抑郁症、焦虑症和精神分裂症的个体心理治疗。

大学新生学习适应是指大一新生根据环境及学习的需要,努力调整,使自己的心理活动和行为方式更加符合学习环境变化和自身发展的要求,达到新的平衡过程,它包括确立学习目标、学习模式、时间规划、学习方法,调动学习兴趣和适应教师授课方式等方面。从心理学的角度讲,进入大学是发生在青年期的重要转折②,这是一项积极的生活事件,对个体意味着新的发展契机,是个体心理发展的新阶段。大一新生学习适应与否直接影响他们整个大学期间乃至今后更长时间的学习和成长③。国外学者④对大一新生学习适应不良进行了大量的调查研究。我国学者也开始对学习适应不良进行理论和实践两方面的

---

① 本团体辅导方案是在李虹教授指导下聂晶的应用心理学硕士论文(2006 年)的一部分。

② Philip. Growth and transition during the college years[J]. College Student Psychotherapy, 1998(2):1-2.

③ 唐华生. 大一新生学习适应性问题探析[J]. 三峡大学学报(人文社会科学版),2003(4):34-36.

④ Baker, R. W. & Siryk, B. Measuring adjustment to college[J]. Counseling Psychology, 1984(31):179.

研究,并逐步走向深入,取得了一定的成果。但针对大一新生学习适应不良的干预方法探讨有限。目前,针对新生学习不适应,高校普遍采取个别咨询和思想教育的干预方法①。已有研究②从理论上论述用团体心理辅导的方法可提高新生的学习成就,但很少有研究将这种理论探讨付诸实施。

通过文献综述发现,学者们大多关注的是新生学习适应的产生原因,缺乏对于学习适应概念的界定。根据文献,本研究归纳得出的结论是:大一新生学习适应是指大一新生根据环境及学习的需要,努力调整自我以达到与学习环境平衡的行为过程。本研究认为学习适应的内容中主客观因素是相互作用的。从概念的界定中,笔者认为学习适应更强调主观能动性,通过调整使自我达到与学习环境平衡,因此它包括的内容以主观因素为主、客观因素为辅,它们是:确立学习目标、学习模式、时间规划、学习方法,调动学习兴趣和适应教师授课方式。本研究所要进行的团体干预以促进大一新生的成长、发展为中心,旨在帮助他们更好地适应大学学习生活,最终目标是有利于他们人格的健全发展。本研究采取团体干预的形式,属于团体心理辅导。同时,本研究也借鉴团体心理咨询的一些方法,以便于在活动中更好地解决情绪性问题,使学生更深入地探索自我并悦纳自我。

一、 团体理论

(一) 团体心理辅导的理论基础

团体心理辅导是指在团体领导者的带领下,团体成员围绕某一共同关心的问题,通过一定的活动形式与人际互动,相互启发、诱导,形成团体的共识与目标,进而改变成员的观念、态度和行为。团体心理辅导主要适用于:

1. 解决浅层的认知、情感、行为障碍

团体心理辅导可以促进心理健康,对轻微的心理障碍有治疗效果,这已经在其他研究中得到证明③。

2. 有助于形成积极的自我概念,促进自我反思,形成自信等品质

团体心理辅导将具有不同背景、人格和经验的个体组合在一起,为每个参与者提供了多角度分析、观察他人观念及情感反应的机会,可以使参与者更清楚地认识自己和他人,建立新的自我认同模式和对他人的接纳态度④。这一点特别适合大学生在团体中比较、分析、自我领悟、自我成长,在团体中重建理性的认知。团体心理辅导的助人成长作用中包括自我意识的成长。

3. 改善情感体验,如焦虑、恐惧、孤独、情绪自控力差、不善于表达情感等

---

① 戴慧莉. 大学生学习心理困扰与调适[J]. 湖北财经高等专科学校学报,1999(4):46-50.

② 谭斌,何宇芬. 心理干预对大学生学习成绩影响的研究[J]. 中华实用中西医杂志,2004(7):1239-1241.

③ Jacobs, E. E., Masson, R. L., Harvill, R. L. 团体咨询的策略与方法[M]. 洪炜,等,译. 北京:中国轻工业出版社,2000:10.

④ 林孟平. 辅导与心理治疗[M]. 北京:商务印书馆,1996:7.

团体心理辅导将具有类似特征和需要的人组织在一起，团体活动的特点和氛围使参与者容易找到共同性、找到被人接纳的感觉，从而充满希望和改善的力量；在团体活动中期阶段，团体凝聚力使成员进一步找到风雨同舟的感觉，使个体放松自己、减少心理防卫、互相帮助；团体对成员的支持，使成员感到踏实、温暖、有归属感；很多成员抱着改善的心态加入，加上被他人接受、关心，更进一步增强了信心，从而在团体中获得情感支持力量①。

4. 发展适应行为

团体心理辅导与个别辅导相比，它提供了更为典型的社会现实环境。团体就像一个社会生活实验室，成员可以自由地进行实验②，去观察、分析经由这个实验场所所表现的资料，去体会自己平常在社会环境中与人相处时容易出现的问题。成员还可以相互学习、交换经验、获得直接或间接的帮助。

（二）大学新生学习适应常见问题与表现

通过对开放式问卷调查结果进行分析发现，大一新生学习不适应主要包括以下方面：

第一，目标不明确，动力不足。考上大学的目标实现以后，如果没有及时树立未来的职业理想、人生目标，新生就容易松懈，造成考上大学前后的动机落差。尤其是刚考上大学的学生，为了在激烈的竞争中取胜，在书本知识的钻研上投入了绝大部分的精力，对于“我是谁”“为什么上大学”“为什么活着”“我最终的理想是什么”这些涉及人生与价值的问题缺乏思考，而这正是动力不足的根本原因。

第二，时间规划不合理。大学的学习有很大的弹性，更多地表现为主动学习。灵活多变的考核评价方式也使许多新生难以适应。究其原因，中学的学习方式使学生的学习能力，尤其是自学、独立创造与实践的能力没有得到充分锻炼，在“如何学习”上没有得到指导，导致新生在大学入学之初，不能把握大学的教学规律和学习方法。如何安排课前预习、课后复习、听课、记笔记、与老师同学交流等，都成了新生的问题。此外，他们还要面临选择课程、选择老师、选择时间等问题，在经验、参照系缺乏的情况下，就会茫然失措。如果学校没有完善的指导或引导机制，学生就必须充分发挥其自主性来做决定。并且，进入大学，学生自主安排的学习时间增多，有些新生开始发挥自己在学习之外的潜能，却没能把握好“度”，影响了学业。

第三，缺乏协作，不善分享。随着社会分工越来越细，合作精神与合作能力无论对个人还是对团体的成功都至关重要，复杂的、高水平的学习也强调主动地开展合作性的学习。“千军万马过独木桥”的经历使许多学生练就了坚定的竞争意识，从而忽略、排斥与他人共享学习资源、探讨学习上的得失。缺乏协作、不懂分享使他们深受其害。

第四，不适应学习方法和教师授课方式的改变。这是每一个大一新生都可能面临的问题。即便是高中时应试能力很强的尖子生，在面对大学各科新知识以及老师采用的多种教学手法和教学工具时，也不免有些应接不暇，甚至不知所措。

第五，学习压力过大。相对于中学而言，大学的环境更丰富也更复杂，人际交往、学术

---

① 刘华山. 台湾学校心理辅导的理论与实践[J]. 教育研究，1996(7)：73-77.

② 陈沛霖，陈立华. 论心理辅导与现代学校教育[J]. 华中师范大学学报（哲学社会科学版），1995(6)：24-28.

活动、文体娱乐、社会工作等,大量的事务与信息让许多新生疲于应付。尤其在生源素质高、学风严谨的学校,学生间的竞争更为激烈,这些都给大一新生带来了巨大的学习压力。

第六,考试焦虑。虽然课业考核形式多样,但期中、期末考试仍然在总成绩中占有较大比例,所以对于"视分数为命根儿"的学生而言,对考试、考核感到担心和害怕,产生抗拒或逃避的消极反应,即考试焦虑的现象普遍存在。

另外,通过对开放式问题进行归纳,研究者认为大一新生在学习适应方面还存在一个普遍的问题:自我怀疑、缺乏自信。考上重点大学的学生,都努力拼搏过,在中学时成绩名列前茅,一贯的优异表现使他们中许多人在学习上很有优越感和自信心。进入大学,当各地的优秀学生重新站在同一起跑线上时,有的学生找不到自身价值的平衡点了,他们开始怀疑自我、失去自信。带着这样的心理迎接大学生活,学习的效果可想而知。

(三)团体心理辅导对新生学习适应干预的适宜性

团体心理辅导所具有的特点决定了它将对大一新生学习不适应具有良好的干预效果。

首先,对于青少年群体,团体为其提供了得到同伴增强的机会,"同伴给予经常与多样的增强,远比成人给予的增强更有效"①。在团体心理辅导中,成员之间的认同感对于团体成员在认知和行为上的改变有着巨大的支持作用。团体心理辅导"让学生了解并且体验到自己是被他人支持的",团体成员"能够认识到别人也有跟自己相同的问题,自己支持别人,也得到别人的支持,从而获得道义心,可以增进信心"②。学习不适应的新生在团体中接触到与自己有着同样问题的同伴,这可以使其减轻自身的特殊感,以平和的心态寻求改变行为的方法。

其次,团体心理辅导可以使学习不适应的大一新生获得安全感,"学生因体验到自己在友伴中也有所作为,可以跟友人交往,自己也有朋友,凡此均能增进安全感"。学习不适应的学生因对自身的问题投入较多关注,而忽视自身其他方面的优势及能力,团体心理辅导可使学生注意到自己的能力,因为对团体其他成员的成长有所贡献而增强自信心和安全感。

另外,因为在团体心理辅导的最初,成员们共同签署契约,所以对团体成员有强烈的约束作用,同伴之间既有支持又有监督。学习不适应的学生在团体中做出改变不当行为的承诺后,会因团体的监督作用而努力实现自己的诺言,由此使行为的改变得到长期的坚持和巩固。所以,各种对学习不适应的干预方法中,团体心理辅导是优秀的选择。

本研究通过预实验证明,团体心理辅导对大一新生学习适应的干预作用体现在对"目标不明、动力不足""时间规划不合理""缺乏协作与配合""学习压力过大""考试焦虑""自我怀疑、缺乏自信"等具体问题的认知改变、行为调整、社会支持等方面,且效果非常明显。

---

① Rose, S. D. 青少年团体治疗:认知行为互动取向[M]. 翟宗悌,译. 上海:华东理工大学出版社,2003:16-17.

② 樊富珉. 团体咨询的理论与实践[M]. 北京:清华大学出版社,1996:11-15.

二、 团体设计

(一)团体成员的招募及甄选方式

1. 招募

在网上及各教学楼、学生宿舍区散发、张贴团体心理辅导的招募广告(参见图 1-1),吸引自愿参与者。

大一同学看过来!

应同学们的要求,学习适应训练营开营啦!

你想在学习上更加自信么?

你渴望更快地找到大学的学习目标么?

你能够有效规划学习时间么?

你会与他人合作学习么?

你想充满信心地面对学习压力和考试焦虑么?

欢迎你来参加大学学习适应训练营!

对象:大一学生(不分专业、有交往能力、自愿报名)

活动时间:×年×月×日至×年×月×日,每周活动两次,每次活动两个小时,共八次,具体时间报名时协商,初步定于周末的晚上

活动形式:团体活动、体验练习、讨论分享

活动地点:校内××活动室

辅导者:×××(背景介绍)

督导:×××(背景介绍)

报名办法:×年×月×日至×年×月×日 8:00-12:00 14:00-18:00 到××地点填写报名表并进行面谈(目的是选择小组成员)

联系电话:××××××××

联系人:×××老师

图 1-1　团体成员招募广告

2. 转介

利用辅导员沙龙活动,将团体心理辅导的目标、内容和进行方式介绍给学校各系负责学生工作的老师及辅导员,使他们了解团体心理辅导的作用,从而转介学生。

3. 面谈

经过面试及开放式问卷调查(参见表1-1)筛选出适合参与团体心理辅导的学生。① 要求:有自我改变意愿,有正常的交流能力,愿意对团体心理辅导负责。即存在学习上目标不明确、时间规划不合理、学习压力过大、考试焦虑等不适应状况的学生均可接纳入团体,但须排除有心理障碍的学生。

4. 问卷测量

研究者编订了《大一新生学习适应不良调查问卷》(表1-2),将此作为辅助甄选工具及团体评估工具(前测、后测问卷)之一。

表1-1 团体心理辅导成员甄选问卷

甄选问卷包括两方面的内容:甄选组织者提问并记录时所用甄选面谈问卷和来报名的同学填写的个人资料表。

甄选面谈问卷
1. 面谈对象 姓名　　　　班级　　　　特别说明
2. 问题 (1) 用几分钟简介自己,说自己的什么方面都可以。[表达能力] (2) 你了解团体辅导的目的和性质吗?为什么想参加这个团体辅导?想获得什么?[动机期望] (3) 你目前在学习上最想解决的事。[成员的问题] (4) 团体辅导过程中会遇到很多问题,能否坚持?[心理契约] ① 准时参加。 ② 对活动中的内容保密。 ③ 真实表达自己的想法和感受。 ④ 尊重他人的意见和想法,不攻击他人。 ⑤ 能接受团体辅导过程中发生的意外事件。 (5) 评定结果 年　　月　　日

① 陈丽云,樊富珉,官锐园. 身心灵互动健康模式:小组辅导理论与应用[M]. 北京:民族出版社,2003:82.

附:团体成员个人资料表

姓名:	性别:	住址:
所在系班:	兴趣爱好:	电话:

家庭成员情况:(父母文化程度,职业)

参加团体的动机和期望:

对团体能做的贡献:

能够参加团体活动的时间:(在具体时间后面括号里画"√")

周五晚上 7:00—9:00 ( )　　周六下午 3:00—5:00 ( )

周六晚上 7:00—9:00 ( )　　周日下午 3:00—5:00 ( )

周日晚上 7:00—9:00 ( )

备注:

表 1-2 大一新生学习适应不良调查问卷

我们设计这套问卷的目的是了解大一新生学习适应的问题。希望能够通过这样的研究帮助大家更好地调整,更快地适应大学学习生活。在此,恳请您认真回答每一个问题,并深切致谢!

性别:____ 专业:____ 年龄:____

1= 很不同意 2=不同意 3= 同意 4= 很同意

1. 不知道该学什么。 1 2 3 4
2. 不知道为了什么而学。 1 2 3 4
3. 感觉没有学习动力。 1 2 3 4
4. 不知道如何调整自己的学习目标。 1 2 3 4
5. 找不到学习重点。 1 2 3 4
6. 不知道怎么自主安排学习时间。 1 2 3 4
7. 不能有效利用学习时间。 1 2 3 4
8. 不会调整自己已经制订好的学习计划。 1 2 3 4
9. 不知道如何分配专业课和基础课的学习时间。 1 2 3 4
10. 好的学习资源要尽量独享。 1 2 3 4
11. 即使有益处,我也不愿与同学交流学习经验。 1 2 3 4
12. 我会隐瞒自己学习的真实情况。 1 2 3 4
13. 我不愿为小组作业牺牲自己的时间。 1 2 3 4
14. 总喜欢跟同学攀比学习成绩。 1 2 3 4
15. 学习有规划,但没有落实。 1 2 3 4

续表

16. 经常感到难以承受压力。	1 2 3 4
17. 我的学习方式非常混乱。	1 2 3 4
18. 很大程度上实现不了在学习上对自己的期望。	1 2 3 4
19. 即使学得很好的科目也惧怕考试。	1 2 3 4
20. 我总担心分数。	1 2 3 4
21. 题目都会了,考前也要反复看。	1 2 3 4
22. 考前疯狂看书、自习。	1 2 3 4
23. 在考前对此前的学习不信任感强烈。	1 2 3 4
24. 我觉得很多同学都比自己牛。	1 2 3 4
25. 我不愿在他人面前展示自己的学习成果。	1 2 3 4
26. 看到别人学习而自己休息有负罪感。	1 2 3 4
27. 我靠学习的时间长来寻求心理安慰。	1 2 3 4

(二)团体心理辅导方案的设置

团体心理辅导的方案要针对团体心理辅导的目标及团体心理辅导成员的具体情况而制定①,需要考虑团体心理辅导成员的期望、学习不适应状况、年龄特点、文化程度、语言表达和理解能力以及个人特质等多方面的因素。

1. 团体心理辅导名称

团体心理辅导名称需要符合本团体心理辅导的性质,针对团体心理辅导目标设定,避免标签作用。本团体心理辅导的名称设定为:“大一新生学习适应训练营”。

2. 团体心理辅导目标

本团体心理辅导的整体目标:对新生中学习适应不良的群体进行干预,使之能够明确学习目标,调整学习动机;正确认识自我,增强自信;体验学习中的竞争、合作与分享;缓解学习压力和考试焦虑。

3. 团体心理辅导性质

本团体心理辅导属于以培养学习适应能力为主的发展性、结构性同质团体(团体成员均为在校大一新生)。

4. 团体心理辅导时间及次数

团体心理辅导次数共8次,每周2次,持续四周。每次团体心理辅导活动时间定为2小时。最好是新学期开始一两周后开始招募,第三四周开始活动。

5. 团体心理辅导进行地点

团体活动地点要求在室内,有活动座椅、黑板及电源,教室明亮、宽敞、安静,不受外界打扰。

(三)领导者及其训练背景

领导者一名,要求有心理咨询理论与实践专业背景,个体、团体咨询丰富经验,有专业督导老师监督指导。

---

① 王晓刚,郭爱昕,吴守良. 大学生人际交往障碍团体心理辅导咨询效果分析[J]. 健康心理学,1998(3):310-311.

助手兼观察者1～2名（视团体成员人数而定）：有心理学专业背景及心理咨询实践经验的学生（最好与团体成员在社会身份与生活经验层面同质），参加过团体心理辅导并经历过团体心理辅导观察训练，统一接受团体心理辅导领导者的培训。

（四）团体方案整体设计

在本研究中，团体心理辅导方案的设计主要依据两个理论：认知行为疗法以及个人中心疗法。选用这两个理论的出发点在于，本研究所设定的团体心理辅导目标是改变团体心理辅导成员对大学学习生活的不恰当认知和行为方式，在心理咨询和辅导中，这种针对某一事物的认知、情感及行为的改变采用认知行为疗法比较有效。因为本团体心理辅导的对象为学习适应不良的大一新生，并非有严重心理障碍的人员，所以团体心理辅导的性质设定为治疗与成长相结合的团体心理辅导，即在本研究的团体心理辅导中，研究人员更关注团体心理辅导成员的心理成长。在访谈分析中可以看到，新生陷入学习不适应状态的原因多种多样，然而共同之处在于，这些原因所反映的都是成长过程中的不适应。所以团体心理辅导的目的就是让成员看到自身拥有改变现状的力量和资源，激发他们自我改变的意愿，这一目的与个人中心疗法相吻合，故此我们将个人中心疗法贯穿团体心理辅导始终，与行为改变技巧相结合，以期最大限度地发挥团体心理辅导效能。

本研究制定了针对学习适应不良新生的团体心理辅导方案（参见表1-3）。八次团体心理辅导活动都有各自的分目标及活动内容，设计每一次团体心理辅导活动内容都是为了实现当次团体心理辅导活动的分目标，而八次团体心理辅导活动的分目标之间又蕴含着逻辑顺序，都是为团体心理辅导的整体目标服务的。

团体心理辅导进程按时间顺序分为创始阶段、过渡阶段、工作阶段及结束阶段四部分①。在创始阶段，团体心理辅导成员相识，澄清个人目标及团体心理辅导目标，拟定团体心理辅导契约，建立团体心理辅导规范。在过渡阶段，进一步增强团体心理辅导成员间的信任感与团体心理辅导凝聚力，引发中等水平的自我表露，激发团体心理辅导动力。在工作阶段，探讨成员的个人问题，引发深度的自我表露，促进行为改变。在结束阶段，团体心理辅导成员回顾团体心理辅导经验，彼此给予反馈，评估改变程度与团体心理辅导进行状况，处理离别情绪与未完成事项。

根据对文献的梳理，本研究充分考虑到团体辅导进行过程中各阶段的特点，设计安排了团体心理辅导开始和结尾的两次活动。主体的六次活动也权衡了团体发展过程的特点，针对本研究提出的六方面问题分专题开展团体心理辅导，并没有按照学习不适应项目选择频数的顺序。

首先，团体建立初期，成员彼此不认识，还处于试探阶段，担心被拒绝，少冒险行为，学习互动，建立信任感，是建立团体基本规范的阶段。所以本研究设计的单元一为“萍水相逢”，旨在营造团体气氛，建立初步信任，订立心理契约。

其次，针对本研究提出的六方面问题，分专题设计了相应的活动。明确学习目标、增进学习动力是学习不适应新生所要解决的头等大事，也是团体成员进一步互相了解的最积极的切入点，所以“我有我梦想”安排在单元二。明确了学习目标，接下来的问题便是

① 樊富珉. 团体咨询的理论与实践[M]. 北京：清华大学出版社，1996：11-15.

如何解决学习中遇到的困难。新生对新的学习方法、教师的授课方式不适应,但是专业和学习能力的差别使得团体不可能教授成员特定科目的学习方法,但是团体最大的优势就是互动。面对学习中的种种困难,相互配合、优势互补的合作性学习是优于孤军奋战的。因此单元三就是针对新生学习适应中"缺乏协作,不善分享"问题进行干预的。通过上述三次活动,团体已经从建立阶段,经历过渡阶段,开始进入工作阶段了,成员间彼此已经有足够的认识和信任,所以可以深入探讨一些学习中更隐私的、有待改进的地方。本研究在此设计了"我的时间表",旨在借助团体的力量帮助成员合理规划学习时间,发现问题,及时改进。发现问题的同时,需要鼓励成员将领悟化为行为,树立自信心,积极应对。于是紧接着的活动便是"真我的风采",针对新生在学习中自我怀疑、缺乏自信的问题进行干预。这个时候,成员间已经足够了解,而且相应的家庭作业和热身活动的铺垫,可以使"戴高帽"这样的活动开展得顺利、充分。依照团体心理辅导设计的时间安排,进行到此已经是秋季学期的期中,开始进入复习备考阶段了,此时大一新生最明显的学习不适应体现为学习压力过大。因此,"调一调心灵的弦"就是针对该问题的干预活动。随着期末考试的临近,针对新生学习适应问题进行干预的最后一个方面就是考试焦虑。在这一单元以心理剧的形式探讨考试焦虑的根源与表现,通过团体互动缓解焦虑情绪。以上是按照团体发展过程及其规律,针对大一新生学习适应问题的六个方面,量体裁衣而设计的活动内容,都有很强的针对性。这样的设计不仅有助于测量时检验干预效果,而且有利于得出研究结论。

最后,考虑到团体结束阶段,成员有分离的忧愁,会担心没有团体的支持是否能继续力行其所学及决定,并对整个团体历程作回顾和统整。在活动的最后一次,特别安排了"挥挥手,带走一片云彩",给予成员实践机会以处理分离情绪和团体中未完成的事件,让成员给予和接受建设性的回馈,帮助成员统整团体中其所决定的事,使成员能继续实行。

表 1-3 "学习适应训练营"团体心理辅导方案设计

活动名称	活动目的	活动内容安排	预计时间
第一次 萍水相逢	去除陌生感,获得初步相识的一些经验,体会与人交往的感受,培养小组气氛,初步建立信任,确立团体公约	1. 简介活动目的、意义 2. 热身活动:滚雪球 3. 自制胸卡 4. "天使之翼" 5. 我的标志性造型 6. 明确团体目标,达成心理契约	2 小时
第二次 我有我梦想	明确学习目标,增强学习动力	1. 热身活动:名字回顾+一句话梦想 2. 分三组对近期、远期学习目标进行对比(纸笔介入),界定在学业、事业方面 3. 讨论:存在的问题 4. "学习特适应公司"竞标会 5. 小组分享感受 6. 合唱《我的未来不是梦》	2 小时

续表

活动名称	活动目的	活动内容安排	预计时间
第三次 博弈 VS 双赢	学会合作学习,在竞争中合作。通过活动为新生提供适应学习生活的思路,启发其借助团队的力量合理利用各种学习资源	1. 回顾上周计划的完成情况 2. 热身活动:“老鼠、老虎、大象” 3. 竞合游戏 4. 讨论:共享资源、换位思考带给了你什么	2 小时
第四次 我的时间表	发挥团体的力量解决学习中不善于规划学习时间的问题	1. 热身活动:不喜欢的色彩+当前最困扰的一个学习问题 2. 学习时间表(分成两个组) 3. 全体交流,讨论体会 4. “学习特适应公司”企划会议	2 小时
第五次 真我的风采	了解自我,认识自我,欣赏自我,建立自信	1. 热身活动:小故事串串烧 2. 我的代表色(色彩、爱好、正向的词) 3. “戴高帽”(分为两组) 4. 学习困扰求助信 5. 分享感受	2 小时
第六次 调一调心灵的弦	明确压力来源,学习放松技巧,通过团体力量降低学习压力,将压力转变为学习动力	1. 热身活动:访谈回放 2. 肢体放松训练 3. 想象放松训练 4. 认知重构训练 5. 分享感受,讨论实际中如何应用	2 小时
第七次 大家都焦虑?	探讨焦虑的根源、表现,正视自己存在的问题,通过团体互动缓解焦虑	1. 热身活动:焦虑是什么 2. 考试焦虑我来演 3. 讨论应对方法,再一次角色扮演 4. 分享感受 5. 提醒大家下次为最后一次活动	2 小时
第八次 挥挥手,带走一片云彩	整理自己在团体中的收获,分享在团体活动过程中的成长,进一步激励自己	1. 热身活动:图片回顾 2. 团体中的故事、我的成长与变化 3. “天使之翼”揭晓 4. 告别寄语 5. 赠送留念小礼品	2 小时

三、 团体实施

【单元一:萍水相逢】

目标:去除陌生感,获得初步相识的一些经验,体会与人交往的感受,培养小组气氛,初步建立信任，确立团体公约。

内容与流程：

目的：引入主题，说明团体组建的意义。 时间：约 10 分钟。	1. 简介活动目的、意义 准备：介绍大学生活的 PPT，或题为“大学印象”的讲稿。 操作：放入一些校园图片、同学们在学习生活中不可或缺的场景，配合简单的文字。让成员回顾从高考到来大学报到，再到开始正式开学的过程，分享自己的惊喜、新奇与困惑。介绍学习适应训练营要做的事情：在接下来的近一个月时间，我们要经历精彩纷呈的多次活动，目标是更好地适应大学学习生活，结识几个好朋友，体验一番别样的大学生活。
目的：彼此相识，建立互动关系。 时间：约 30 分钟。	2. 热身活动：握手+滚雪球+我的标志性造型 操作：首先打破现在的沉静，用五分钟的时间，跟尽量多的人握手、介绍自己，而且尽量要让握过你手的朋友能够准确地记住你的名字。简单地握手之后，大家分享一下感受，初步体会一下什么是团体。然后开始滚雪球：从其中一个成员开始，每人用一句话和一个动作介绍自己。语言和动作中必须包含三方面内容：姓名、鲜为人知的特点（在团体活动中能发挥作用的）、最能够代表自己的动物（配合标志性造型的动作）。规则是：当第一个成员说完后，第二个成员必须从第一个成员开始讲起，这样做使所有成员注意力集中，相互有协助他人表达完整、正确的倾向，而且在多次重复中，不仅方便记忆他人信息，而且可以不断强化他人优点，有鼓励和鞭策的作用。 备注：根据团体人数，可分组进行，但每组不少于五人。如果分组进行滚雪球，必须在分享时各组有代表介绍全组情况，因为这是第一次整个团体的相互介绍。
目的：扩大交往圈子，拓展相识面。 时间：约 30 分钟。	3. 自制胸卡 准备：彩笔、纸张和胸牌。 操作：团体成员随机分成两个小组制作胸牌。在团体中成员要有自己的昵称和标志。规则是：昵称不要太与时俱进，如神六、拉“灯”、麦莎；不要动物，如小猫、小狗、小老虎，以免重复；要求积极、健康、有创意。 进行：设计完毕后成员来介绍其中的含义，这个标志怎么能代表你的特质。分小组介绍后，大组分享。
目的：初步建立协作关系。 时间：约 10 分钟。	4. “天使之翼” 准备：所有成员姓名都分别写在一张叠好的纸条内，然后放在小盒子或信封里，盒盖或信封上标有“天使之翼”字样。 操作：每个成员要在盒子或信封中抽取一张纸条，如果打开看到的是自己的名字，请放回。当你抽中一个其他成员的名字，请注意不要揭晓，更不要做出泄漏天机的表情和动作。这纸条上写明的神秘人物就是你的国王，而你是守护他的天使，在接下来一个月的活动中，你要鼓励他、帮助他、欣赏他。但是你要守口如瓶，这一切都要默默地、不为他人知地去做，真的就像天使一样守护着这位尊贵的国王。 注：要提醒成员遵守规则，并为后面的活动埋下伏笔，告知大家，最后一次活动的时候会有另一个仪式来揭晓答案。

续表

目的:保证团体正常发挥功能,实现团体领导者与成员间的相互尊重和配合,建立团体成员需要共同遵守的契约和规范。 时间:约30分钟。	5. 明确团体目标、达成心理契约 准备:团体领导者制定团体承诺书,并在活动前按团体人数复印好,见练习1-1-1。另外单准备团体承诺书一张,签字笔一支。 进行:请团体成员阅读团体承诺书,采用开放形式,邀请成员共同讨论团体规范,领导者在讨论过程中不断地引导、示范。另外对保密、守时、不可人身攻击等也需要强调说明。鼓励团体成员对规范提出自己的建议,达成共识后,用签字笔写在单独准备出来的承诺书上。团体契约补充、完善后,请每位成员在上面签下自己的名字。
目的:总结活动内容,整理成员情绪,留作业。 时间:约10分钟。	6. 留作业,结束 准备:与团体成员人数相等的前测问卷。 操作:总结本次活动,展望后面的活动,提醒下次活动时间。请成员各带回一份问卷,在同宿舍找一名同学填写完,下次活动时带来。

练习1-1-1

团体承诺书

我承诺,全程参加学习适应训练营。我愿意以真挚、坦诚的心,遵守下列要求:

1. 我一定准时参加所有的小组活动,因为我的缺席会对整个小组活动造成影响。

2. 我愿意尊重每位成员的个人隐私权,严守保密原则,不做任何有损成员利益的事。

3. 我将努力开放自己,与其他成员真诚互动。

4. 我将集中注意力在团体中,活动期间关闭手机,或置于无声、振动状态。

5. 小组活动时,我对其他成员持信任态度,愿与他人分享自己的情感和认识。对他人的表露,我愿意提供反馈信息,绝不对他人进行人身攻击。

6. ______________________________

7. ______________________________

8. ______________________________

9. ______________________________

对以上承诺我愿意接受团体中任何人的监督。

承诺人:

【单元二:我有我梦想】

目标:明确学习目标,增强学习动力。

内容与流程:

目的：使成员放松心情，专心投入团体活动中来。 时间：约10分钟。	1. 天气报告 进行：在每次团体活动开始的时候，请团体成员谈谈过去几天的学习生活情况，对某些学习事件的感触。天气报告的时间长短和深入程度由领导者来控制，根据当天活动主题而定，处理好成员情绪。 注：从单元二开始，每次活动开始时都有天气报告环节。注意让成员结合学习生活感触和完成团体作业情况来分享感受。
目的：熟悉成员，引出主题。 时间：约15分钟。	2. 热身活动：名字回顾，一句话梦想 进行：大组围坐，每个成员用一句话说出自己的昵称、特点和梦想，配合标志性造型。如："我是乐观的×××，梦想是成为大企业的CEO。"
目的：寻找学业努力方向，明确学习目标。 时间：约20分钟。	3. 五年后的蓝图（限定在学业、事业方面） 准备：每人一张A4纸，彩笔两盒（12色即可）。 操作：我们每个人都有自己的梦想，学习上、事业上的目标一定是我们年轻时最重要和最宏伟的目标。请你闭上眼睛，设想一下五年后你在学习上或事业上的图景，你那时候最理想的状态是怎样的？想好后，就用彩色笔在发给你的A4纸上用图画、符号以及简单的文字描绘出来。给大家5分钟的时间完成你的蓝图，然后我们用15分钟的时间进行小组分享，看看五年后我们再聚会时大家都在忙些什么。
目的：理性分析学习目标。 时间：约15分钟。	4. 讨论：影响梦想实现的问题 操作：讨论之后，请成员思考：这些梦想中哪些是可以通过自己的努力实现的？哪些会遇到困难？这些让人困惑的问题有解决的途径吗？在小组里分享，看看大家能不能给你些建议。
目的：规划、分解目标，将长远目标与近期目标联系起来。 时间：约45分钟。	5. "学习特适应公司"竞标会 准备：草稿纸若干。 操作：大家色彩斑斓的梦想怎么能成为现实呢？在众多梦想中，重复概率最高的是A和B。接下来我们就来一次梦想规划竞标会。宣布"学习特适应公司"正式成立，总经理是团体的助手×××，团体领导者就是董事代表。按照讨论的分组，将团体成员分为公司两大重要的企划部：A部和B部。大家要在25分钟的时间内完成能够达成部门梦想的企划案，各部门有5分钟的答辩时间，3分钟接受提问的时间。董事会对企划设计不做任何提示，形式不限，展示方式不限。
目的：利用团体气氛鞭策成员，增强其学习动力。 时间：约15分钟。	6. 合唱《我的未来不是梦》（作词：陈家丽　作曲：翁孝良） 准备：磁带或MP3，打印好的歌词或制作PPT。 操作：先播放一遍，大家熟悉歌词，领导者利用此时间对本次活动进行总结："现实的学习生活中可能有太多的资源等待着我们去开发和利用，有太多的好点子需要我们去实践，没关系，我们今天已经迈出了规划的第一步，我们今天发现我们不是一个人在应对这些挑战，我们有这么多的力量可以组合在一起。"第二遍播放歌曲时，全体成员起立，面向里肩搭肩围成一圈，大声齐唱。

续表

时间:约 10 分钟。	7. 留作业,结束 进行:让成员每天早上用 15 分钟时间思考:我的学习目标是什么？我今天需要完成哪些？每天晚上临睡前回顾 15 分钟,看看这一天自己在学习上有哪些收获,离自己的学习目标有没有更近。

【单元三:博弈 VS 双赢】

目标:学会合作学习,在竞争中合作。通过活动为新生提供适应学习生活的思路,启发其借助团队的力量合理利用各种学习资源。

内容与流程:

时间:约 15 分钟。	1. 天气报告 回顾上周团体作业完成情况。
目的:增强竞争气氛。 时间:约 15 分钟。	2. 热身活动:"老鼠、老虎、大象" 操作:分组,抽签拿到蔬菜名的为 A 组,拿到水果名的为 B 组。小组确定以后,成员面对面站成两列。根据裁判开始口令,每组按讨论好的方案做出一种动物的动作,并喊出名字:老鼠、老虎、大象,每次任选其一,三局两胜。开始前有 5 分钟讨论的时间,如果平手,加赛前有 2 分钟讨论时间。
目的:模拟现实学习生活中的竞争状态,体会竞争的过程。 时间:约 50 分钟。	3. 竞合游戏——"红黑大战" 准备:在黑板上画好表格,见练习 1-3-1。 操作:分为 ABCD 四个组,每组有红黑两张牌,每次只能出一张,具体出法要征得组内成员一致同意。每次四组同时亮牌,如果全红,各得-100 分;三红一黑,红各得+100 分,黑得-300 分;一红三黑,红得+300 分,黑各得-100 分;两红两黑,红各得+200 分,黑各得-200 分;全黑,各得+100 分。红黑大战的目标是争取最大盈利。
目的:探讨适应学习竞争的方法,启发成员借助团队的力量合理利用各种学习资源。 时间:约 30 分钟。	4. 讨论:共享资源、换位思考带给了你什么 进行:红黑大战后,小组讨论:竞争中需要合作吗？什么是双赢？我们怎么通过合作在竞争中获得双赢？ 红黑游戏的启示:竞争的目的是发展自己,而不是打败对手;只有相互信任、相互补台,才有可能取得双赢;不谋全局,不足以谋一隅;人无远虑,必有近忧;在合作中失去诚信就等于断送合作的可能;协同竞争,即通过与你的老师、同学甚至竞争对手协作,共同创造新的价值,以迅速取得竞争优势。 注:在讨论过程中,谈到换位思考时,可做个心理小游戏(参见练习 1-3-2)。
时间:约 10 分钟。	5. 结束 进行:对本次活动进行总结。"小小的一个游戏模拟了我们最深有体会的竞争。成为真正的赢家是我们的目标,但竞争过程中我们怎么通过协作借力、用力呢？我想这需要在座的每一位去深入思考并身体力行!"

练习 1-3-1

红黑游戏的结果

	1	2	3 ×2	4	5	6 ×4
A 组						
B 组						
C 组						
D 组						

说明：

1. “1”“2”“3”“4”“5”“6”为局次；
2. “×2”表示得分乘以 2，“×4”表示得分乘以 4。

练习 1-3-2

心理小游戏：你最先放弃什么？

你到一个从未去过的原始森林探险，带着老虎、猴子、孔雀、大象、狗五种动物。四周环境危险重重，你不可能都把它们带到最后，你不得不一一地放弃。你会按照什么样的顺序放弃呢？

请在一分钟内写下来你的顺序。

它们代表：

孔雀：你的伴侣、爱人

老虎：你对金钱和权力的欲望

大象：你的父母

狗：你的朋友

猴子：你的子女

这个游戏的象征意义并不重要，但体会选择的过程却能给我们以更大的启示。在我们选择的过程中，我们太多地考虑了别人对我们的付出，而没有想到别人需要我们什么样的付出。

【单元四:我的时间表】

目标:发挥团体的力量解决学习中不善于规划学习时间的问题。

内容与流程:

时间:约 10 分钟。	1. 天气报告
目的:确立思路,切入主题。 时间:约 10 分钟。	2. 热身活动:不喜欢的色彩+当前最困扰的一个学习问题 操作:团体成员围坐成一圈,分享一下学习中最困扰自己的问题,用一种色彩来形容它。
目的:发现学习时间管理上存在的问题,团体分享,共同探讨解决途径。 时间:约 30 分钟。	3. 学习时间表(分成两个组) 准备:每人一张 A4 纸,彩笔两盒(12 色即可)。 操作:首先用 5 分钟反思自己是否有时间管理不良的征兆(参见练习 1-4-1)。然后用 10 分钟绘制每个人的时间馅饼(参见练习 1-4-2)。再用 15 分钟全体交流,讨论体会。小组分享:大家的馅饼都是怎么加料的?你有不满意的地方么?如果烹制你满意的时间馅饼,需要怎么来切分你的时间呢?
目的:发挥团体的力量解决学习中不善于规划学习时间的具体问题。 时间:约 40 分钟。	4. “学习特适应公司”企划会议 准备:草稿纸若干。 操作:针对讨论中频繁出现的问题,比如零散时间的利用问题,“学习特适应公司”的第二单企划任务就是应对零散时间的竞标会。按照刚才划分的小组,在 20 分钟内完成企划案。这次我们将评出最具可操作性奖、最佳团队合作奖和别出心裁奖,可行、各尽其职、有创新性都将是我们评委会的评判标准。
目的:承接活动中的思考,举一反三,抛砖引玉。 时间:约 20 分钟。	5. 分享感受 竞标会后,组成大组共同分享。对各小组探讨的具体问题,以及时间管理上力所能及的事情进行头脑风暴。可以适当总结提取,如时间管理可遵循的一些简单原则:设定学习目标,并排好优先次序;每天把要完成的学习任务列出一张清单;执行工作应按照已排好的优先次序;思考“现在做什么事最能有效地利用时间”,然后立即去做;把不必要的事丢开;每次只做一件事;做事力求完成;立即行动,不可等待、拖延;要善用一些手册、日记本、桌历、月历或其他记事簿、电话地址簿等工具来协助自己做好时间管理。
目的:巩固活动成果,成员相互鼓励、监督。 时间:约 10 分钟。	6. 留作业,结束 进行:总结这次活动,“成功就是完成自己设定的目标,那每一天的成功就是你完成每一天给自己设定的目标。成功就是这么简单!”家庭作业是制定期末前的时间规划,下个星期每天有自己的时间馅饼,馅饼味道如何将是下次团体活动时天气报告的主要内容。

练习 1-4-1

时间馅饼

绘制你的时间馅饼
12 小时一块，一天两块，
你加了什么料？

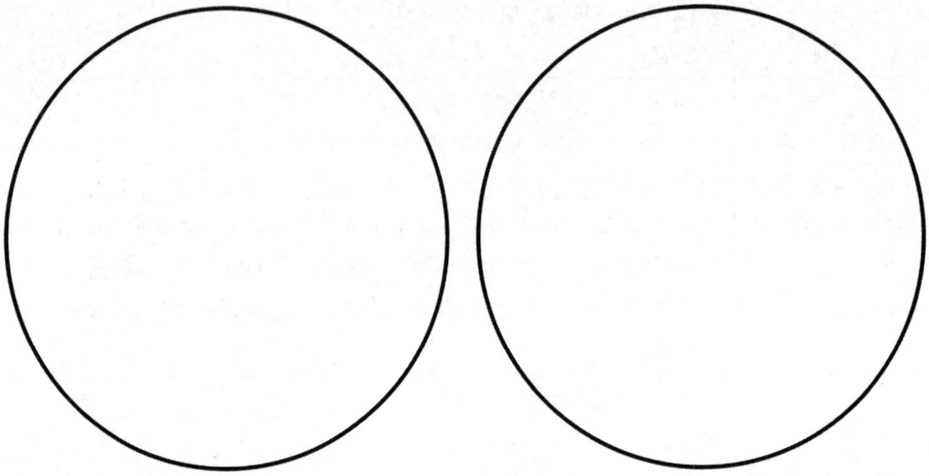

练习 1-4-2

时间管理不良的征兆

你是否有时间管理不良的征兆？看看以下这些问题：

1. 你是否同时进行着许多个科目的学习方案，但似乎无法全部完成？
2. 你是否因顾虑其他的事而无法集中心力来做目前该做的事？
3. 如果自习被中断你是否会特别郁闷？
4. 你是否每晚回宿舍的时候累得精疲力竭却又觉得好像没做完什么事？
5. 你是否觉得老是没有什么时间做运动或休闲，甚至只是随便玩玩也没空？

对这些问题，只要有两个回答“是”的话，那你的时间管理就出了问题。

【单元五：真我的风采】

目标：了解自我，认识自我，欣赏自我，建立自信。

内容与流程：

时间：约 10 分钟。	1. 天气报告 进行：这次的天气报告，你可以汇报一下上周时间馅饼儿的烹制情况，也可以对上周学习生活中让你印象深刻的事情做个新闻发布。

续表

目的:引出主题。 时间:约10分钟。	2. 热身活动:小故事串串烧 准备:制作PPT,或题为"身边的你我他"讲稿。 操作:"小故事串串烧,让我们来看看身边同学们的故事。"介绍几个同学的学习生活,来自不同的系,有着自己不同的长处和缺点,但是他们都通过努力扬长避短,更好地适应了大学学习生活。
目的:了解自我,认识自我,欣赏自我。 时间:约15分钟。	3. 我的代表色 进行:看到了别人的风采,回看一下自己在学习上最大的优点或优势:"我最欣赏自己在学习方法上……""我最欣赏自己在学习态度上……""我最欣赏自己这半年来一次学业上的进步……",用一种颜色来代表它。以上次活动的分组方式来分享。
目的:学习发现并欣赏他人的优点,促进成员相互肯定,增强自信心。 时间:约30分钟。	4. 戴高帽 准备:两顶圣诞老人帽子。 操作:每组不少于5人,围坐一圈。请一位成员坐在圆圈的正中,其他人轮流说出他的优点和自己所欣赏之处。然后被称赞的成员说出哪些优点是自己以前知道的,哪些是不知道的。每个成员到中央戴一次高帽。规则是:必须说优点,态度要真诚,努力去发现他人的长处,不能毫无根据地吹捧,这样反而会伤害别人。向头戴帽子的成员表达你最诚挚的称赞,请一定用类似这样的语句来表述:"我最欣赏你……""我觉得你最大的优点就是……"戴帽子的人听完大家对自己的评述后要发表感言,然后再把帽子戴到下一个人的头上。小组活动20分钟的时间,之后大组分享10分钟。参与者要注意体验被人称赞时的感受如何,怎样用心去发现他人的长处,怎样做一个乐于欣赏他人的人。练习结束时,大家心情愉快,相互接纳性增高。
目的:相互帮助,共同进步。 时间:约30分钟。	5. 学习困扰求助信 准备:每人一张彩色信纸,每人一个信封,笔若干。 进行:"所谓人无完人,大家有自己的优点,也一定有自己在学习上最不足为外人道的难言之隐。那训练营真诚沟通的氛围让你信任吗?大家对你的肯定让你有信心克服困难吗?如果你的回答是肯定的,接下来的时间就让大家来帮你解决它,好吗?分发给大家的是经过精心挑选的信封和信纸,信封上的收件人请在你自己称谓处写上你在训练营的昵称,你觉得困惑的问题请写在信纸最开头。我们分组进行,你的问题由小组内其他成员来帮你共同应对。请将对策写在信纸上,并注明你的昵称,当你是最后一个出主意的人时,请封好信封交给收件人。"
目的:接受帮助和鼓励,树立信心。 时间:约15分钟。	6. 分享感受 操作:请成员仔细阅读他人的建议,然后大组分享感受。成员在活动中建立信任,分享快乐与苦恼。成员在活动中发现自己在学习上的苦恼其他人也有,大家互相帮助,想办法积极应对,团体气氛温暖、融洽。大家互相借鉴,彼此督促,从而加强责任感,改变自己不适应的行为。
时间:约10分钟。	7. 留作业,结束 进行:总结本次活动,家庭作业为接受成员建议信,在接下来的一周用以解决自己的学习问题。

【单元六:调一调心灵的弦】

目标:明确压力来源,学习放松技巧,通过团体力量降低学习压力,将压力转变为学习动力。

内容与流程:

时间:约 10 分钟。	1. 天气报告
目的:产生共鸣,引出主题。 时间:约 10 分钟。	2. 热身活动:访谈回放 准备:对一些学习压力过大的大一新生进行访谈,整理访谈资料。 操作:结合面试时,成员所反映的自身问题,找有代表性的访谈内容跟成员分享。 进行:“研究发现,适度的压力是有利于健康的。在一般人的生活当中,压力已经在生活经验中占了很大的比重,但我们却常忽略它们给我们带来的伤害。这些压力会日积月累下来,直到引发情绪或行为疾患的症状,我们才会惊觉其严重性。今天我们将共同体验几种很好实施、很奏效的应对压力和焦虑的办法。”
目的:在肢体上体会紧张与放松,学会简单的放松方法。 时间:约 15 分钟。	3. 肢体放松训练 准备:将座位调整好,以防成员间不小心相互磕碰。 操作:渐进性肌肉放松的基本步骤(参见练习 1-6-1)。
目的:进一步放松心情,体会想象放松的感觉。 时间:约 20 分钟。	4. 想象放松训练 准备:磁带或 MP3,提前录制好适当的背景音乐。 进行:“当你感到紧张或压力过大时,适当使用想象放松法会对你有一定帮助。效果大小因人而异,主要取决于是否真能掌握要领。要领主要有两个:一,在整个放松过程中要始终保持深、慢而均匀的呼吸;二,要能体验随着想象有股暖流在身体内运动。显然,要掌握好两条要领必须经过多次练习和反复体会。” 操作:播放准备好的音乐,让成员以最放松的姿势坐在椅子上,使整个身体感觉舒适,同时闭上眼睛并配合深、慢而均匀的呼吸。领导者用舒缓、平和的语气说出指导语(参见练习 1-6-2)。
目的:帮助成员了解自己在学习方面存在的非理性信念,寻找替代性的合理认知方式。 时间:约 55 分钟。	5. 认知重构训练 准备:介绍“艾利斯非理性信念”,可制作成 PPT。 进行:首先介绍艾利斯的理论,并举例说明。然后请大家思考自己在学习中存在的非理性信念,选择对自己影响最大的一条信念记录下来,并举例说明,在团体内分享。一位成员描述后,由其他成员针对其所述内容提出认知重构的建议,全体讨论 40 分钟。然后用 15 分钟大组分享感受,讨论在实际中如何应用。
时间:约 10 分钟。	6. 留作业,结束 进行:“以上几种方法,配合你的时间馅饼,我想是你在考前紧张复习阶段实现劳逸结合的有效策略,不妨试试。可能一开始并不熟练,效果也不是很理想,不妨多坚持一段时间。我想日积月累,这样的良性循环一定有利于你以最阳光的心情迎接学习上的挑战。”

练习 1-6-1

渐进性肌肉放松的基本步骤

1. 握紧拳头—放松;伸展五指—放松。
2. 收紧二头肌—放松;收紧三头肌—放松。
3. 耸肩向后—放松;提肩向前—放松。
4. 保持肩部平直转头向右—放松;保持肩部平直转头向左—放松。
5. 屈颈使下颏触到胸部—放松。
6. 尽力张大嘴巴—放松;闭口咬紧牙关—放松。
7. 尽可能地伸长舌头—放松;尽可能地卷起舌头—放松。
8. 舌头用力抵住上腭—放松;舌头用力抵住下腭—放松。
9. 用力睁大眼睛—放松;紧闭双眼—放松。
10. 尽可能地深吸一口气—放松。
11. 肩胛抵住椅子,拱背—放松。
12. 收紧臀部肌肉—放松;臀部肌肉用力抵住椅垫—放松。
13. 伸腿并抬高 15～20 厘米—放松。
14. 尽可能地“收缩”身体—放松;绷紧并挺腹—放松。
15. 伸直双腿,脚趾上翘—放松;脚趾伸直—放松。
16. 屈趾—放松;翘趾—放松。

练习 1-6-2

想象放松训练指导语

我仰卧在水清沙白的海滩上,沙子细而柔软。我躺在温暖的沙滩上,能感受到阳光的温暖,耳边听到海浪的声音,感到温暖而舒适。微风吹来,使我有说不出的舒畅感。微风带走我的思想,只剩下一片金黄阳光。海浪不停地拍打海岸,思绪随着节奏飘荡,涌上来又退下去。温暖海风吹来,又离去,带走了心中的思绪。我感到细沙柔软,阳光温暖,海风轻缓,只有蓝色天空和大海笼罩我的心。

阳光照着我全身,身体感到暖洋洋的。阳光照着我的头,感到温暖与沉重。轻松暖流,流进右肩,感到温暖与沉重。呼吸变慢,变深。轻松暖流,流进我右手,感到温暖和沉重。呼吸变慢、变深。轻松暖流,又流回我右臂,感到温暖与沉重。又流进我后背,感到温暖与沉重,从后背流到脖子,脖子感到温暖和沉重。我的呼吸变慢,变深,轻松暖流,流进左肩,感到温暖和沉重。呼吸变慢,变深。轻松暖流,流进了右手,感到温暖和沉重。我呼吸变慢,变得越来越轻松。心跳也慢,越来越有力。轻松暖流,流进右腿,感到温暖和沉重。呼吸变慢变深。轻松暖流,流进右脚,感到温暖和沉重。呼吸变慢变深,轻松暖流,又流回右腿,感到温暖和沉重。呼吸变慢,越来越深,越来越轻松。轻松暖流流进腹部,感到温暖而轻松。轻松暖流流到胃部,感到温暖而轻松。轻松暖流最后流到心脏，感到温暖而轻松。心脏又把暖流送到全身，全身感到温暖而轻松。呼吸变深，越来越轻松。整个身体变得平静。

心里安静极了，已经感觉不到周围的一切。周围好像没有任何东西，我安然躺卧在大自然中，非常轻松，十分自在。

静默几分钟后结束。

只要你认真去做，你会觉得周身好轻松！

【单元七：大家都焦虑】

目标：探讨焦虑的根源、表现，正视自己存在的问题，通过团体互动缓解焦虑。

内容与流程：

时间：约10分钟。	1. 天气报告
目的：引出主题，发现共同问题，敢于与他人分享。 时间：约15分钟。	2. 热身活动：焦虑是什么？ 操作：团体成员畅所欲言，每个人给学习中的焦虑下个定义，或者举出学习焦虑的小例子。
目的：模拟真实情况，宣泄焦虑情绪。 时间：约25分钟。	3. 考试焦虑我来演 操作：成员分两组进行，要求贴近现实学习生活，分角色扮演，每个小组成员都要扮演角色。每组准备时间15分钟，上场表演各5分钟。
目的：进一步认识考试焦虑，交流各自解决问题的经验。 时间：约45分钟。	4. 讨论应对方法，再一次角色扮演 操作：分小组进行，要求可操作性强，不可过分艺术夸张。分角色扮演，每个小组成员都要扮演角色。小组讨论准备25分钟，上场表演10分钟。（重复扮演角色并且时间加长5分钟，是为了展现多种应对办法，以便成员获得更多的解决方案，并选择适合自己的方案在实际学习生活中应用。）
目的：学会识别、管理、调节和控制自己的情绪，掌握应对焦虑的技巧。 时间：约15分钟。	5. 分享感受 进行："这种角色扮演的过程，正是我们进一步面对学习不适应的过程。通过表演我们再现了真实的学习生活，也提出了相应的应对措施。很多同学在观看时会心地笑了，可能艺术夸张的背后或多或少也有你的影子，这也是一种幽默疗法，不仅是自嘲，更是勇敢地面对。"
时间：约10分钟。	6. 结束，留作业 总结本次活动，家庭作业为在考试周实际应用本次活动中提出来的应对策略。提醒大家下次为最后一次活动。

【单元八：挥挥手，带走一片云彩】

目标：整理自己在团体中的收获，分享在团体活动过程中的成长，进一步激励自己。

内容与流程：

时间：约 10 分钟。	1. 天气报告
目的：回顾团体历程。 时间：约 15 分钟。	2. 热身活动：图片回顾 准备：整理、筛选活动中的照片，录制合适的音乐。 操作：播放选好的音乐，按时间顺序播放照片，回顾团体以往七次活动。
目的：成员分享在学习适应方面的成长，聆听他人的故事，从中受益。 时间：约 15 分钟。	3. 团体中的故事：我的成长与变化 操作：所有成员围成一个大圈，轮流发言。发言前，领导者要提醒："这是最后一次团体聚会，团体马上就要结束了，你会用什么话来描述你参加学习适应训练营的感受呢？"或"请你就自己在训练营中的进步与改变向大家汇报一下，我们轮流讲，让我们听听每个人心底的话。"
目的：温暖团体气氛，增强团体的信任和凝聚力，体验成员之间亲密的感情。 时间：约 20 分钟。	4. "天使之翼"揭晓 进行："训练营一开始时，每位成员都领取了秘密的任务，要成为某个你尚不熟识的人的守护天使，在历次活动中鼓励他、帮助他、欣赏他。现在，你一定很熟悉他，甚至知道他的口头语，能模仿他的习惯动作。当然，你也成了某个人的国王，你感受到他的关照了吗？揭晓的时刻就要到了，让我们依照这样的程序：选出年龄最小的人，让他来猜想谁是他的天使，说出理由。然后天使挥动着翅膀飞出来，介绍这位尊贵国王最打动你的一件事。感谢过后，天使留下猜想他的国王。"
目的：处理离情别绪，给予彼此祝福与鼓励。 时间：约 40 分钟。	5. 告别寄语 准备：每人一张彩色信纸。 操作：在信纸开头写上自己的昵称——"致×××"，然后请团体其他成员每人写一句祝福的话或建议。写完后，坐下想一想成员会给自己写些什么，自己给他们写了什么。然后拿出自己的看。分享读后感，感谢成员的真诚。
目的：标志团体活动结束，进一步告别。 时间：约 10 分钟。	6. 赠送留念小礼品 准备：领导者要提前准备好给每位成员的礼物，可以是自制的贺卡，可以是全体成员的合影，也可以是书签，不用很贵，但要与学习适应的主题贴近。 操作：播放音乐，大家相互赠送小礼物，彼此道别。
目的：感谢和祝福。 时间：约 10 分钟。	7. 结束语 操作：对整个学习适应训练营做简要总结，表达对所有成员积极投入和配合的感谢，祝福所有的训练营成员能够更好地适应大学生活，实现自己的理想。 备注：有关封闭式问卷（即后测）和开发放式问卷（可以为开放性问题：团体活动中你最大的收获是？团体活动中你印象最深的是？你觉得团体活动有哪些可以改进？）可根据具体时间，安排在结束语之后，也可以采取网上进行或追踪访谈的方式。

主要参考文献

1. 樊富珉. 团体咨询理论与实践［M］. 北京：清华大学出版社，1996.

2. Jacobs, E. E., Masson, R. L., Harvill, R. L. 团体咨询的策略与方法［M］. 洪炜，等，译. 北京：

中国轻工业出版社,2000.

3. 林孟平.辅导与心理治疗[M].北京:商务印书馆,1996.

4. 陈丽云,樊富珉,官锐园.身心灵互动健康模式:小组辅导理论与应用[M].北京:民族出版社,2003.

5. Rose, S. D.青少年团体治疗:认知行为互动取向[M].翟宗悌,译.上海:华东理工大学出版社,2003.

专题二

网络伴我健康成长：大学生网络依赖团体辅导[①]

白 羽 樊富珉

白羽：清华大学应用心理学硕士，香港大学心理学博士。目前就职于清华大学教育研究院天行教育研究中心，研究方向为基础教育与全人教育。代表成果：白羽，樊富珉．大学生网络依赖测量工具的修订与应用．心理发展与教育，2005(4)；白羽，樊富珉．团体辅导对大学生网络依赖干预效果的研究．中国心理卫生杂志，2007(4)．

观察大学生在学校内的生活可以发现，网络已经成为大学生学习和生活不可或缺的工具。然而在享受网络带来的资源与便利的同时，有部分大学生却对网络产生了依赖行为。他们虽然没有达到网络成瘾的严重程度，但是对网络的依赖已严重影响了其正常的生活与学习，对网络的依赖阻碍了他们的健康成长。目前高校干预大学生网络依赖的方法普遍为个别咨询和思想教育两大类，个别咨询虽可深入了解学生网络依赖的根源予以干预，但由于资源、时间等因素的限制，可帮助学生的比例较小，费时费力。而思想教育虽能覆盖到多数学生，但深度不够，不能真正解决网络依赖学生的心理与行为层面的问题。针对这一现实情况，本研究考虑应用团体咨询的方法来干预大学生的网络依赖行为，由于这种方法特有的可触及心理层面及可助人面宽广等特性，如果应用到学校的实际教育和干预环节，预期会有显著的效果。因此，本研究开发了大学生网络依赖团体干预方案，并经过实验验证，获得了良好的干预效果。

一、团体理论

（一）团体辅导干预方法的特点

团体辅导，即团体心理咨询，又叫集体咨询、群体咨询、小组咨询。它是在团体情境下进行的一种心理咨询，通过团体内的人际交互作用，运用团体动力和适当的心理咨询技

① 本研究得到教育部哲学社会科学研究重大课题攻关项目“网络思想教育”资助，项目号：03JZD0037；本研究是在樊富珉教授指导下白羽应用心理学硕士论文（2005年）的一部分。

术,协助个体认识自我、探索自我,调整、改善与他人的关系,学习新的态度与方式,从而促进自我发展及自我实现的过程。①

国外从事病态互联网使用问题研究的资深学者 Young 和 Suler 认为,咨询师应协助求助者找到适合自己的支持团体。这个团体应该与求助者当前的生活困扰息息相关。鼓励他们找到同自己有着相同困扰的人们作为团体中的伙伴,以便大家共同努力改善现状并分享经验。当个体在团体辅导中建立起生活的目标,找到生命中的重要关系,他们自然会减少对网络的依赖。②

团体辅导所具有的特点决定了这种辅导方式将对网络依赖具有良好的干预效果。首先,对于青少年人群,团体为其提供了得到同伴增强的机会,同伴给予经常与多样的增强,远比成人给予的增强更有效。在团体辅导中,成员之间的认同感对于团体成员在认知和行为上的改变有着巨大的支持作用。国外学者认为,过多的网络使用会对性格内向者或缺乏社会支持者产生消极影响③,而团体辅导正是增加社会支持资源的良好方式。因为团体辅导"让学生了解并且体验到自己是被其他学生支持的",团体成员"能够认识到别人也有跟自己相同的问题,自己支持别人,也得到别人的支持,从而获得道义心,可以增进信心"④。网络依赖的学生在团体中接触到与自己有着同样使用网络不当问题的同伴,这可以使其减轻自身的特殊感,以平和的心态寻求行为改变的方法。

其次,团体辅导可以使网络依赖的学生获得安全感,"学生因体验到自己在友伴中也有所作为,可以跟友人交往,自己也有朋友,凡此均能增进安全感。"⑤网络依赖的学生因对自身的网络使用不当问题投入较多关注,而忽视自身其他方面的优势及能力,团体辅导可使学生注意到自己的能力,因为对团体其他成员的成长有所贡献而增强自信心和安全感。

另外,因为在团体辅导的初期,成员们共同签署契约,所以对团体成员有强烈的约束作用,同伴之间既有支持又有监督。网络依赖的学生在团体中做出改变不当行为的承诺后,会因团体的监督作用而努力维护自己的诺言,由此使行为的改变得到长期的坚持和巩固。所以,各种网络依赖的干预方法中,团体辅导可能是一种较好的选择。

我们针对大学生网络依赖这一问题进行了大量的文献分析以及问卷和访谈调查。通过研究发现,学业不良、人际关系不理想、自我价值感和自我认同感的需要、网络的易获得性以及自我控制能力缺乏是大学生网络依赖的重要成因;而自觉地树立起生活的理想和目标、感情重心的转移以及自信心的获得、兴趣重心的转移等可成为大学生从网络依赖状态向正常状态转变的契机。

---

① 樊富珉.团体咨询的理论与实践[M].北京:清华大学出版社,1996:11-15.

② Young, K., Suler, J. Intervention for pathological and deviant behavior within an on-line community. http://www.netaddiction.com/articles/interventions.htm(2004-7-20).

③ Kraut, R., Kiesler, S., Bonka, B., et al. Internet paradox revisited. Social Issues, 2002,58(1):49-74.

④⑤ 樊富珉.团体咨询的理论与实践[M].北京:清华大学出版社,1996:11-15.

网络使用不当的学生在其学习①、工作②、日常生活规律③、人际交往④等方面都可能存在困扰。而团体辅导擅长在这些方面做出回应，让团体成员在团体活动中自觉地改变不当的应对与行为模式。团体辅导是多向交流的过程，影响广泛，感染力强，可以在有限的时间内同时对多个来访者进行心理辅导，提高工作效率，类似于真实的社会生活情境，辅导的效果容易得到巩固，并且团体辅导的多向交流和人际互动，使团体辅导更适用于解决来访者不良的人际关系等方面的问题。⑤

对于网络的依赖是高校学生在成长中常见的问题，大部分人可以依靠自己的觉察和能力逐步回归到正常的生活轨道中来。但个体及环境的差异性使得这种回归的过程也存在着极大的差异，而且这个过程通常是痛苦而漫长的。如能以某种适当的方式，针对大学生网络依赖的成因及动机进行干预，对于深受网络依赖困扰又无法靠自己的力量摆脱这种状态的大学生来讲，将有着重大的意义。

（二）针对网络依赖大学生进行团体辅导的理论基础

本团体方案的设计主要依据两个理论：认知行为疗法以及个人中心疗法。选用这两个理论的出发点在于，本次团体目标是改变团体成员对网络使用的不恰当认知和行为方式，在心理咨询和辅导中，这种针对某一事物的认知、情感及行为的改变采用认知疗法比较有效。因为本研究的研究对象为网络依赖的大学生，并非有严重心理障碍的人员，所以团体性质设定为治疗与成长相结合的团体，即在本团体辅导中，研究人员更关注团体成员的心理成长。网络依赖行为是个体表面的现象，改变这种状态则需要关注它深层次的原因。在前述分析中可以看到，大学生陷入网络依赖状态的原因多种多样，然而共同之处在于，这些原因所反映的都是成长过程中的不适应，如果用消极的方式去处理和逃避，就容易陷入网络依赖的状态之中。所以团体辅导的目的就是让成员看到自身拥有改变现状的力量和资源，激发他们自我改变的愿望，这一目的与个人中心疗法所吻合，故此我们将个人中心疗法贯穿团体始终，与行为改变技术相结合，以期最大限度地发挥团体效能。

（三）网络依赖的团体辅导操作模式

团体辅导需要将理论基础与实践技术有机地结合起来，这样才能使团体发挥效能，帮助有改变意愿的求助者。本研究所设计的针对大学生网络依赖的认知行为互动团体的结构目标图见图 2-1。

在图 2-1 中可以看到，本团体设计在认知行为互动理论上包括四方面的内容：人际交往、问题解决、认知与情绪反应及自我管理。而这四方面与团体目标及实践技术相结合

---

① 马宁，王辉. 大学生网络成瘾症形成的心理机制及预防和干预[J]. 高等理科教育（教育教学研究专辑），2003（s2）：234-237.

② Young, K., Carl, J. Case. Internet abuse in the workplace: New trends in risk management[J]. Cyber Psychology and Behavior, 2004, 7(1): 105-111.

③ Chou, C., Hsiao, M. Internet addiction, usage, gratification, and pleasure experience: The Taiwan college students' case[J]. Computers and Education, 2000, 1(35): 65-80.

④ Leo, S., Lee, W.S., Chang, G. Internet-over-users' psychological profiles: A behavior sampling analysis on internet addiction[J]. Cyber Psychology and Behavior, 2003, 6(2): 143-150.

⑤ 王瑶. 大学生团体咨询实践的分析与思考[J]. 河南大学学报（社会科学版），2003, 43(6): 117-119.

后，可在团体活动中具体表现在以下几个层面：探讨人际交往问题，可评估社交网络对问题解决的支持与干扰；针对问题解决层面，可分为三个步骤进行：定义问题、设定目标、评估后果，具体操作可结合寻找资源、制定策略以及以作业方式练习改变；针对认知与情绪反应，可从三方面入手：对网络使用动机的认知、对情绪反应的认知、学习应对技能程序；针对自我管理能力可由两方面入手进行训练：行为管理及时间管理。

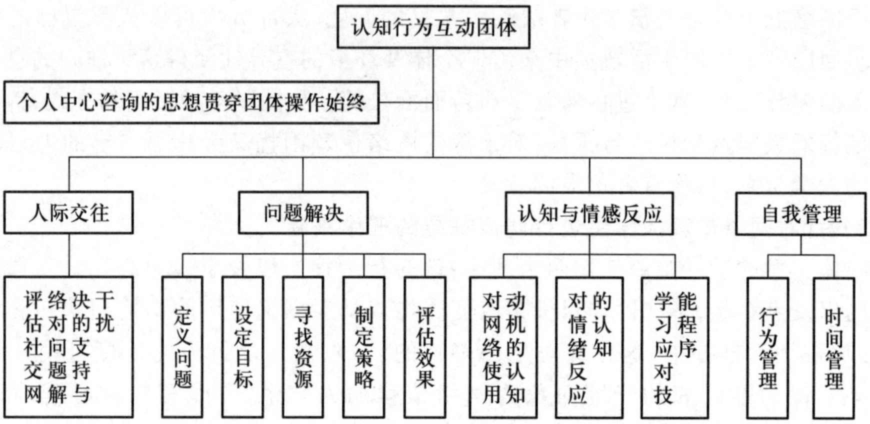

图 2-1　针对大学生网络依赖的认知行为互动团体的结构目标图

二、团体设计

（一）团体成员的招募及甄选方式

1. 招募

可采用网上招募，在校园内张贴海报等方式，招募海报的编写需注意避免标签作用。海报举例见图 2-2。

2. 面谈

筛选出适合参与团体的学生。要求：有自我改变意愿，有正常的交流能力，愿意对团体负责。对于团体成员沉迷于网络的内容方面设定为异质，即游戏、聊天、信息收集等各类的沉迷者均可接纳入团体，排除有心理障碍的学生。

3. 问卷测量

研究者修订了台湾学者陈淑惠等人编制的《中文网络成瘾量表》（CIAS-R）①，并将此修订后的量表作为辅助甄选工具及团体评估工具（前测、后测问卷）之一。②

① 陈淑惠，等．中文网路成瘾量表之编制与心理计量特性研究［J］．中华心理学刊，2003，45（3）：279-294.

② 白羽．大学生网络依赖的团体辅导干预研究［D］．北京：清华大学，2005.

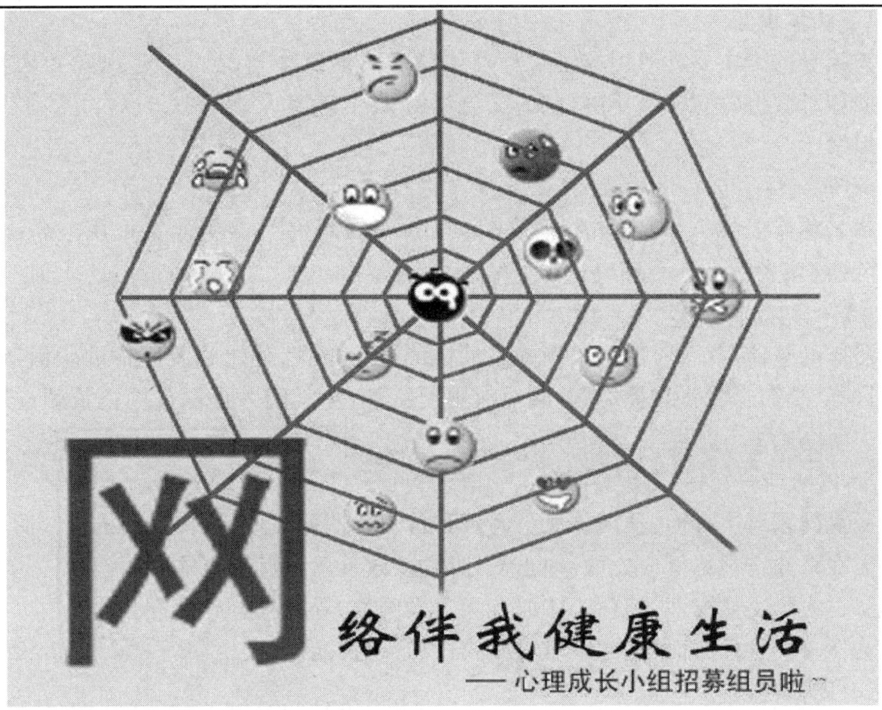

你被网络牵动而一日不见如隔三秋吗？

你早起的第一件事就是打开电脑连接网络吗？

网络不动声色地影响和控制着你的生活吗？

面对 IE 界面，你会悄悄怀念起曾经宁静的心灵家园吗？

……

网络，在现代化生活中，它是我们的好朋友。可是，你被这个好朋友控制了吗？BBS、聊天、游戏……你因为依赖于它而无法做回你自己了吗？它是否扰乱了你的正常生活节奏，让你难以安心学习和工作呢？

面对这位好朋友，你是否又爱又恨或者无可奈何？朋友们，来参加我们的“网络伴我健康生活——心理成长小组”吧，让我们一起探索，让网络陪伴我们健康地生活！

小组活动时间：××××年×月×日至××××年×月×日

（共 10 次活动，每周 1 次，每次活动 2.5 小时）

小组活动地点：××大学校内××活动室

报名时间：××××年×月×日至××××年×月×日　8:00-12:00　14:00-18:00

报名电话：××××××××　　联系人：×老师　　或发报名邮件至：×××@×××. com

在小组活动开始前将有一次面谈，目的是选择小组成员，报名时请注明性别、年级以及常用联系方式，以便通知面谈时间。

××大学心理咨询中心

××××年×月

图 2-2　团体成员招募海报示例

（二）团体设置

团体辅导的方案要针对团体的目标及团体成员的具体情况而制定①，需要考虑团体成员的期望、网络使用状况、年龄特点、文化程度、语言表达及理解能力以及个人特质等多方面的因素。

1. 团体名称

团体名称需要符合本团体的性质，针对团体目标设定，避免标签作用。名称举例："网络伴我健康生活——心理成长小组"。

2. 团体目标

本团体的整体目标：对网络依赖的高危群体进行干预，使之恢复正常的生活节律，建立生活目标，提高自我管理能力，健康地使用网络，避免其陷入更深的网络依赖或网络成瘾中。

3. 团体活动分目标

（1）在问题解决方面：使团体成员客观评价自我的网络使用行为、动机及其后果。

（2）在认知与情绪反应方面：纠正认知偏差，改善情绪反应方式。

（3）在人际交往方面：评估个体的人际关系网络，寻找社会支持资源。

（4）在自我管理方面：制定策略，提高自我管理技能。

（三）团体性质

本团体属于成长与治疗结合的团体，结构化程度较高，从团体成员社会身份层面划分属于同质群体（均为在校大学生），从团体成员网络使用迷恋内容层面划分属于异质群体（包括游戏依赖、网络情感依赖、信息收集依赖、无目的性依赖等不同迷恋内容）。

（四）领导者及其训练背景

领导者一名，要求有心理咨询理论与实践的专业背景，个体、团体咨询经验丰富。

助手兼观察者 1 ~2 名（视团体成员人数而定）：有心理学专业背景及心理咨询实践经验的学生（最好与团体成员在社会身份与生活经验层面同质），参加过团体并经受过团体观察训练，在团体活动前需统一接受团体领导者的培训。

（五）团体时间及次数

团体次数共 10 次，每周 1 次，持续 10 周。每次团体活动时间为 2.5 小时。

（六）团体进行地点

团体活动地点要求在室内，有活动座椅、黑板及电源，环境明亮、安静，空间开阔，不受外界打扰。

（七）团体方案设计

10 次团体活动的概览见表 2-1。每一次活动都有自己的分目标及活动内容，设计每一个团体活动内容都是为了实现当次团体活动的分目标，而 10 次团体活动的分目标之间又蕴含着逻辑顺序，都是为团体的整体目标服务。

---

① 王晓刚，郭爱昕，吴守良. 大学生人际交往障碍团体咨询效果分析[J]. 健康心理学杂志，1998，6(3)：310-311.

表 2-1 “网络伴我健康生活”团体活动方案

活动次序名称	时间	目标	活动内容
第一次 缘聚你我	2.5 小时	相识 建立团体契约	1. 信任之旅 2. 知你知我 3. 对对碰 4. 连环自我介绍 5. 讨论团体契约 6. 留作业,结束
第二次 风雨同舟	2.5 小时	促进团体成员互相信任 制订团体成员个人目标	1. 天气报告 2. 同舟共济 3. E 海泛舟 4. 我的目标 5. 留作业,结束
第三次 E 网情深	2.5 小时	增进自我了解 梳理成员触网历程及触网感受	1. 天气报告 2. 我是一个独特的人 3. 我的“E 网情深” 4. 留作业,结束
第四次 我有一个梦想	2.5 小时	发掘网络使用动机 发掘团体成员兴趣爱好	1. 天气报告 2. 成长三部曲 3. “如果网络坏掉三个月” 4. 留作业,结束
第五次 遭遇非理性	2.5 小时	纠正认知偏差 改善情绪反应方式	1. 天气报告 2. “超人圈” 3. “遭遇非理性” 4. 留作业,结束
第六次 看我 72 变	2.5 小时	寻找应对资源 制定问题解决方案	1. 天气报告 2. 再次讨论个人目标 3. “热座” 4. 留作业,结束
第七次 那些花儿	2.5 小时	评估团体成员人际关系网络 寻找社会支持资源 寻找自信	1. 天气报告 2. “那些花儿” 3. “戴高帽” 4. 留作业,结束
第八次 生活是个大馅饼	2.5 小时	提高时间管理能力 合理分配生活重心	1. 天气报告 2. 生活馅饼 3. 留作业,结束
第九次 突破困境	2.5 小时	引导成员对自我意志力进行评估与思索 协助成员规划人生理想,激发努力追求的动力	1. 天气报告 2. 意志力评估 3. 突破困境 4. 生活拼图 5. 留作业,结束

续表

活动次序名称	时间	目标	活动内容
第十次 共同的约定	2.5 小时	处理离情别绪 讨论团体给成员带来的变化 团体结束	1. 天气报告 2. 分享变化 3. 离别祝福 4. 建立通讯录并发“自我报告” 5. 手语歌:《相亲相爱一家人》,结束团体

团体方案中的每一项活动都与图 2-1 所示认知行为互动团体的结构目标有着一一对应的关系,同时,每一项活动也与研究所归纳的大学生网络依赖的成因与动机有着明确的对应关系。认知行为互动团体的结构目标与大学生网络依赖的成因与动机共同决定了团体方案的内容设计,具体对应关系见图 2-3,每项活动名称后所标注中文数字为此活动所在的团体辅导次数序号。

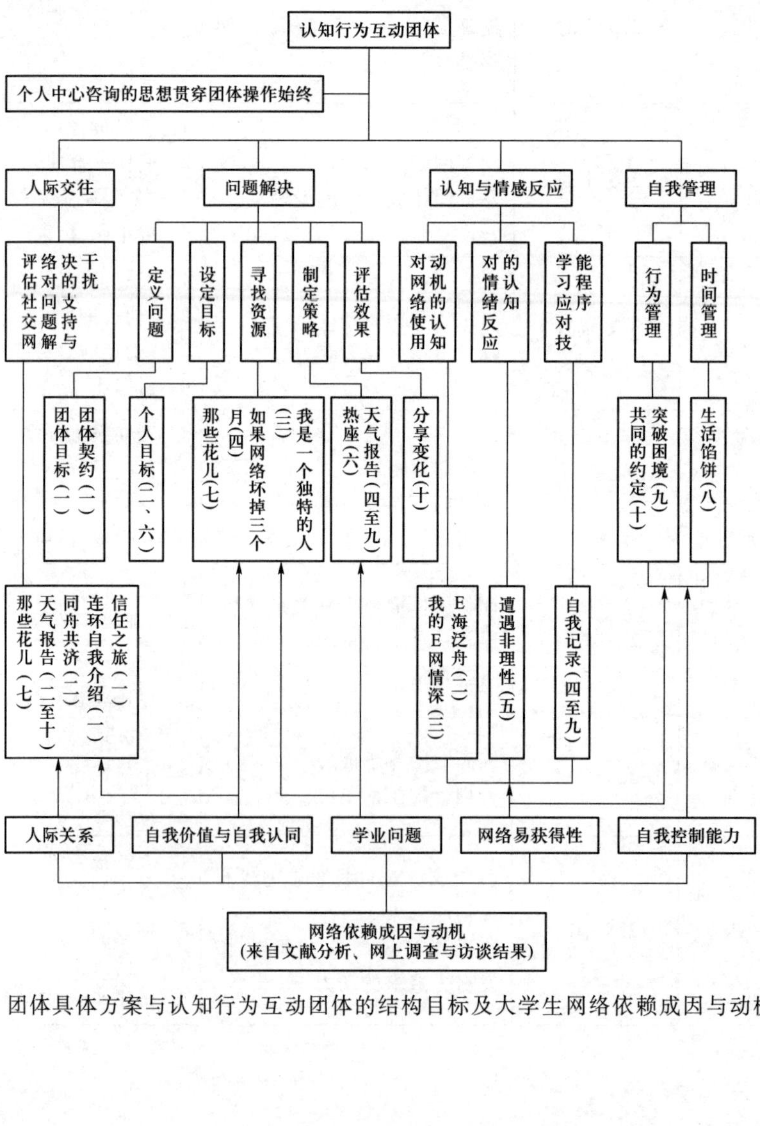

图 2-3 团体具体方案与认知行为互动团体的结构目标及大学生网络依赖成因与动机关系图

团体辅导进程依时间顺序分为创始阶段、过渡阶段、工作阶段及结束阶段四部分。在创始阶段，团体成员相识，澄清个人目标及团体目标，拟定团体契约，建立团体规范。在过渡阶段，进一步增加团体成员间的相互信任感与团体凝聚力，引发中层次的自我表露，激发团体动力。在工作阶段，探讨成员的个人问题，引发深层次自我表露，促进行为改变。在结束阶段，团体成员回顾团体经验，彼此给予反馈，评估改变程度与团体进行状况，处理离别情绪与未完成事项。

在实践中已经看到，团体成员对于团体辅导这种干预方法持有很高的评价，其干预效果也非常明显。团体辅导这种形式符合大学生的心理需求，易于被学生接纳。并且让团体成员共同探讨其经历的发展性、适应性问题，探索自我需求，学习自我管理方法，这些都是团体辅导所擅长的干预方向，所以会对有网络依赖问题的大学生起到良好的干预效果。

三、　团体实施

【单元一：缘聚你我】

目标：团体成员相识；建立团体契约。

内容及流程：

目的：通过助人与受助的体验，增强对他人的信任与接纳。 时间：约60分钟。	完成“团体干预评估问卷”前测 1. 信任之旅 准备：指导者事先要选择好盲行路线，最好道路不是坦途，有阻碍，如上楼、下坡、拐弯，室内室外结合。每人准备蒙眼睛用的毛巾或头巾。 操作：团体成员两人一组，一位做盲人，一位做帮助盲人的助人者。“盲人”蒙上眼睛，原地转三圈，暂时失去方向感，然后在助人者的搀扶下，沿着指导者选定的路线，绕室内外练习。其间助人者不能讲话，只能用手势、动作帮助“盲人”体验各种感受。练习结束后两人坐下交流当“盲人”的感觉与帮助别人的感觉，并在团体内交流。然后互换角色，再来一遍，再互相交流。交流讨论集中在以下几个方面：对于“盲人”：你看不见后是什么感觉？你想起什么？你对你的伙伴的帮助是否满意，为什么？你对自己或他人有什么新发现？对于助人者：你怎样理解你的伙伴？你是怎样想方设法帮助他的？这使你想起什么？
目的：初步相识。 时间：约10分钟。	2. 知你知我 准备：足够的空间，可以挪动的椅子。 进行：让信任之旅活动结束时形成的两人一组席地而坐，或拿折叠椅面对面坐下，各自做自我介绍。介绍的内容包括：姓名，所在院系，性格特点，个人兴趣爱好，家庭情况，以及个人愿意让对方了解的有关自我的资料。每人3分钟，然后漫谈几分钟。当对方自我介绍时，倾听者要全身心地投入，通过语言与非语言的观察，尽可能多地了解对方。
目的：扩大交往圈子，拓展相识面。 时间：约10分钟。	3. 对对碰 进行：刚才自我介绍的两个组合并，形成4人一组，他者介绍。每位成员将自己刚才认识的朋友向另外两位新朋友介绍，每人2～3分钟。

续表

目的：进一步扩大交往范围，引发个人参与团体的兴趣。 时间：约 30 分钟。 注：可在自我介绍中加入昵称，作为以后团体活动中自己的名字。	4. 连环自我介绍 操作：两个 4 人小组合并，8 人围圈而坐。从其中一个人开始，每人用一句话介绍自己。一句话中必须包含三项内容：姓名、所在院系、自己与众不同的特征。规则是：当第一个人说完后，第二个人必须从第一个人开始讲起，第三个人一直到第八个人都必须从第一个人开始讲起，这样做使全组注意力集中，相互有协助他人表达完整、正确的倾向，而且在多次重复中不知不觉地记住了他人的信息。
目的：为保证团体正常发挥功能，实现团体领导者与成员之间的相互尊重与配合，建立团体成员需要共同遵守的契约和规范。 时间：约 30 分钟。 注：每次团体活动时将契约挂于活动室内，强化成员对契约的重视。	5. 讨论团体契约 准备：团体领导者制订出三条基本的团体契约，并在活动前按每人一份的数量复印好，见练习 2-1-1。另准备大白纸一张，黑色粗白板笔一支。 进行：请团体成员阅读团体契约，采用开放形式，邀请成员共同讨论团体规范，领导者在团体过程中不断地引导、示范。另外保密、守时、不可身体攻击等也需要强调说明。鼓励团体成员对规范提出自己的建议，并用黑色粗白板笔写在大白纸上。团体契约建立后请每位成员在写有契约的大白纸上签下自己的名字。
时间：约 10 分钟。 注：作业为组成团体活动并达到团体目标和效果的重要方式之一。	6. 留作业，结束 准备："E 海泛舟""个人目标"练习纸，见练习 2-1-2、2-1-3。 操作：将作业发给每位团体成员一张并对于成员不明白的地方进行解释，请成员在下次活动时将完成好的作业带来。

练习 2-1-1

团体契约

我自愿参加心理训练小组，在活动期间愿作如下保证：

我一定准时参加所有的小组活动，因为我的缺席会对整个小组活动造成影响。

对于小组成员在活动中的言行我绝对保密，活动外我不做任何有损小组成员利益的事。

我一定认真完成家庭作业。

补充：

____

____

____

签名______________

____年____月____日

练习 2-1-2

E 海泛舟

其实网络真的给我带来过许多快乐,让我想想,比如……

1. ____________________

____

2. ____________________

____

3. ____________________

____

其他更多:____________________

____

练习 2-1-3

个 人 目 标

姓名:　　　　　　　　　　　　　　　　制订目标的日期:

期限	目标
例如: 团体结束时	我要学会更多种的娱乐活动,并花更多的时间在这些活动上
例如: 两个月之内	我至少要交到两个新朋友
例如: 团体结束时	当学业遇到困难时,我会以某种积极的方式(请具体化)代替泡在网上浪费时间的应对方式
例如: 一周之内	我要每天减少半小时的上网时间,用来读完我一直想读的那本小说

【单元二:风雨同舟】

目标:继续促进团体成员互相熟识,建立信任;制订团体成员的个人目标。

内容与流程:

目的：使成员放松心情，专心投入团体活动中来，热身。 时间：约25分钟（可自定）。	1. 天气报告 进行：在每次团体活动开始的时候请团体成员谈谈过去一周的生活情况，对某些生活事件的感触，完成前次团体作业时遇到的困难或发生的进步，等等。天气报告的时间长短及深入程度由领导者掌握，可以每位成员都谈一下自己的情况，也可以重点讨论一两位成员提出的主题。
目的：集思广益，团体合作，创新思维，努力尝试，靠团体力量克服困难，达成目的。 时间：约40分钟。 注：成员为实现一个目标而做出的共同努力可迅速拉近心理距离，增进团体凝聚力。但当使用辅助工具的时候要注意安全。	2. 同舟共济 准备：每组1张大报纸（或其他替代物），可视为大海中的一条船，每组8人。 操作：练习开始时，指导者要求将报纸铺在地上，代表汪洋大海中的一条船，现在，需要团体成员8人同时站在船上，一个也不能少，必须同生死共命运。随后让成员们想方设法，使全体成员同时登上船。行动之前团体可以充分讨论，拿出最佳方案。常常会出现成员同心协力，集思广益，人拉人、人背人、叠罗汉等各种方法，体现团体的合作。当成功地完成任务后，领导者可以要求将面积减半。继续实验。完成后可以继续将面积减半。随着难度增加，成员的努力也会越来越加强，团队的凝聚力空前提高。练习的过程中成员会忽略性别、年龄等因素，全组一条心，练习的结果常常出乎成员们的想象，成员创造性地发挥全组智慧，也让成员充分体会团结合作的力量。
目的：这是团体第一次介入网络使用问题的讨论，从网络对个体的积极作用入手，引发成员对网络使用问题的初步思索。 时间：约40分钟。	3. E海泛舟 准备：每人一张"E海泛舟"练习纸（见练习2-1-2），或可在前次活动后作为作业完成并带来。 操作：填写练习纸内容，发掘网络给成员带来的积极影响，反思网络满足了个体的哪些需求。组内讨论。
目的：澄清每位成员参加团体的目的，并将目标细化成为便于操作的具体条目。 时间：约40分钟。 注：注意理解"个人目标"与"团体目标"的区别。	4. 我的目标 准备：每人一张"个人目标"练习纸（见练习2-1-3），或可在前次活动后作为作业完成并带来。 操作：填写练习纸内容，组内讨论。确定目标这一行为本身既是成员行为改变的基础，同时也是行为改变的内容。本质上，成员在确定目标的过程中已经开始了行为改变的进程。 注：在后面的团体活动中还将多次讨论成员在团体活动初期制定的个人目标，结合实际不断修正到最适合个体完成的程度。对目标的多次讨论也是促进成员行为改变的手段之一。
时间：约5分钟。	5. 留作业，结束 准备："网线"练习纸，见练习2-2-1。 操作：将作业发给每位团体成员一张，并对于成员不明白的地方进行解释，请成员在下次活动时将完成好的作业带来。

练习 2-2-1

网　　线

【单元三:E 网情深】

目标:增进团体成员自我了解;梳理成员触网历程及触网感受。

内容与流程:

时间:25 分钟。	1. 天气报告
目的:协助成员认识自己的长处和限制,欣赏自己的长处,接纳自己的局限,扬长补短,并找到优化自我的方向。 时间:50～60 分钟。	2. 我是一个独特的人 准备:每人 1 张“我是一个独特的人”练习纸(见练习 2-3-1),笔。 操作:指导者先说明每个人都很独特,有自己的所长所短,了解自己非常重要,可以帮助自己充分发挥所长,走自己独特的发展道路。然后成员各自填写,写完小组内分享。
目的:协助成员梳理网络使用历程,关注网络使用状态变化的转折时刻,反省个体内在需求。 时间:60 分钟。	3. 我的“E 网情深” 准备:每人一张“网线”练习纸(见练习 2-2-1),或可在前次活动后作为作业完成并带来。 操作:填写练习纸内容,组内讨论。横坐标标注对网络使用状态产生影响的时间(如大一、非典时期等)或重要生活事件(如恋爱、找工作、某科考试不合格等),纵坐标标注网络使用程度,将一系列转折点连成曲线。在团体内交流成员完成自己的“网线”后的感受及发现。
时间:5 分钟。	4. 留作业,结束 准备:“如果网络坏掉三个月”练习纸,见练习 2-3-2。 操作:将作业发给每位团体成员一张,并对于成员不明白的地方进行解释,请成员在下次活动时将完成好的作业带来。

练习 2-3-1

我是一个独特的人

我的长处	我的不足

当我再一次看清楚自己的长处和不足之后,我感到:

____

练习 2-3-2

如果网络坏掉三个月……

如果网络坏掉三个月,无论是否情愿,我都会拥有好多空白时间,那时候我可以……(请具体写出所做的事情)

1. 例:每晚睡前读一个小时金庸武侠小说。
2. 例:结交一个留学生朋友,每个周末同他练习四小时外语。
3. 例:每天下午 16:00—17:00 去操场上练习一小时滑旱冰。
4. ______________________________
5. ______________________________
6. ______________________________
7. ______________________________
8. ______________________________
9. ______________________________
10. ______________________________

请尽你所能在以上这些横线内填满文字,不够可翻面继续写。

【单元四:我有一个梦想】

目标:发掘网络使用动机;发掘团体成员兴趣爱好。

内容与流程:

时间:40 分钟。	1. 天气报告
目的:热身,活跃团体气氛,体验成长的艰辛,类比真实人生。 时间:30 分钟。	2. 成长三部曲 操作:模拟生物的成长历程。最初团体成员全部抱膝蹲在地上,为“鸡蛋”;在指导者下达开始口令后,成员边抱膝以跳跃的方式移动,边与自己随机遇到的其他“鸡蛋”出剪刀、石头、布分出胜负,负者仍为“鸡蛋”,继续寻找同类(“鸡蛋”)比试;而胜者可晋升至“小鸡”,即移动位置时半蹲,双手翘在身后做尾巴状,跳跃行进。“小鸡”也只能与同类(“小鸡”)比试分出胜负,负者退回“鸡蛋”阶段,平局双方都不变,而胜者晋升至“大鸡”,即可直立跳跃移动,双手仍在身后表示尾巴。“大鸡”再寻找同类(“大鸡”)比试,胜者完成自己的成长历程,可坐回座位,负者退回到“小鸡”阶段,继续寻找同类“小鸡”比试。指导者可根据场内成员们的成长情况控制时间,最后结束时可能会有一些成员停留在不同的成长阶段。游戏结束后成员们围坐一起,讨论游戏带给自己的感受。
目的:发掘成员网络使用动机及可替代的健康兴趣爱好。 时间:70 分钟。	3.“如果网络坏掉三个月” 准备:每人一张“如果网络坏掉三个月”练习纸(见练习 2-3-2),或可在前次活动后作为作业完成并带来。 操作:填写练习纸内容,组内讨论。在填写及讨论的过程中,成员会逐渐复苏对曾经拥有或将来想要发展的兴趣爱好的期待,增添生活情趣,增强改变生活方式及自我实现的动力。
时间:10 分钟。	4. 留作业,结束 在接下来的一周内每日做出自我记录,记录从起床开始全天的生活流水账,尤其要注明时间段,下次活动时带来分享。

【单元五:遭遇非理性】

目标:纠正团体成员认知偏差;改善情绪反应方式。

内容与流程:

时间:40 分钟。	1. 天气报告 进行:除常规天气报告外,添加分享上周作业“自我记录”的内容,通过对成员自我记录的讨论激发成员规划生活节律的动机和决心。
目的:热身,提高团体凝聚力,拉近成员心理距离,为下面的分享和讨论活动创造活跃氛围。 时间:20 分钟。	2.“超人圈” 操作:全体成员围成圆圈向心站好。相隔的成员搭起肩膀,将左右两边与自己相邻的成员架起,要求:被架起的成员必须全部做到双脚离地。保持这种形态不变,整个团体转动一整圈,然后互换角色,支撑的成员变为被架起的成员,再次体验一遍。坐下分享感受。

续表

目的:帮助成员认识自身存在的非理性信念,寻找替代性的合理认知方式。 时间:80 分钟。	3."遭遇非理性" 准备:每人一份"艾利斯非理性信念"介绍材料(见练习 2-5-1)。 进行:首先,由团体成员依次朗读艾利斯提出的 11 条非理性信念及实例。然后请大家思考自己在生活中存在的非理性信念,选择对自己影响最大的一条信念记录下来(往往集中在网络使用方面),并举例说明,在团体内分享。一位成员描述后,由其他成员针对其所述内容提出支持或反对的观点,全体讨论。
时间:10 分钟。	4. 留作业,结束 继续完成自我记录并根据个人情况改进活动初期制定的个人目标,下次活动时带来。

练习 2-5-1

艾利斯提出的 11 个非理性信念

人的非理性信念导致了人许多的痛苦,到底这些信念是什么呢?艾利斯通过个人的临床经验,找出了一些存在情绪困扰或是适应不良的人常常持有的信念。在他看来,这些观念直接会影响一个人的情绪,使他遭受困扰。经整理后,艾利斯提出了 11 项困扰人,甚至会导致神经官能症(neurosis)的非理性信念,现分别叙述如下:

1. 每个人绝对要获得周围环境中的人,尤其是每一位生活中重要人物的喜爱和赞许

这观念实在是个假象,是不可能实现的事,但倘若一个人相信这观念时,他就会千辛万苦,甚至委屈自己来取悦他人,以期获取每个人的欣赏;但结果必定失望,会令自己感到沮丧、失望、受挫和被伤害。

2. 个人有价值与否,在于他是否全能,是否在人生中每个环节都有成就

这是个永远无法达到的目标,因为世界上根本没有一个人能达到这标准。人可能在某些事项中有优越的表现,也可能有很多的长处,但要做到十全十美就是不可能的事。倘若一个人坚持这目标,在人生中注定会是个"失败者",在自己制造的悲剧中,徒自伤悲;而且在一生中,要永远无终止地竞争,疲于奔命而最终仍是一事无成。

3. 世界上有些人很邪恶,很可憎,是坏人,故此应该对他们进行严厉的谴责和施以惩罚

每个人都会犯错,而责备和惩罚都无法导致行为的改变。同时,人偶然犯错是无可避免的,我们不应该因人们一时的错误就将他们视为无用和无价值的人,以致对他们产生极端的歧视和排斥。

4. 当事情不如己意的时候,实在可怕,也的确悲惨

不愉快是自然的反应,但若因有一点事情感到不如意,就像大难临头般地凄惨,则不但于事无补,反而会令事情恶化。倒不如适当地去正视不如意的事,能改变的就努

力改变,至于改不了的,就只能学习去接纳了。

5. 要面对人生中的困难和责任,实在不容易,倒不如逃避来得省事些

逃避问题,固然可以拖延一阵,但问题却始终存在,换言之,那并没有将问题解决。同时一旦时间拖长了,会令问题恶化,要处理时,就会难上加难了。而且要是我们不努力处理存在的问题,很可能就会连锁地产生其他更多的问题和困难,这实在是不容忽略的。

6. 人的不愉快是由外在因素造成的,所以人实在是无法控制自己的痛苦和困扰的

这个观念是错误的,因为事实上人是由于自己的观感和对事物所做的解释而导致心理伤害,外存的事物并不直接伤害和影响我们。

7. 对于危险和可怕的事物,人应该非常关心,要不断做出关注和思考,而且还要随时留意到它可能会再发生

虽然,我们对事情先有心理准备,考虑到危险事物发生的可能性,并且计划如何避免,都是明智之举。但过分地忧虑,往往会影响一个人正常的生活,而且会令人遇事时感到软弱无用。其实在人生中,可怕的事情要发生时,谁也不能避免,杞人忧天只会令生活变得沉重没有生气。我们倒不如努力增强自信,相信在自己努力之下总可以有能力面对生活和做出适应。

8. 一个人的过往经历往往决定了现今的行为,而且是永远不可改变的事

不错,我们承认已发生的事实是无法改变的,但并不是说那些事实会决定一个人现在和将来的行为,因为人本身是有能力做出改变的。已发生的事是个人的历史,只要我们改变对那些事情的看法,承认可能存在的限制,而善用仍有的机会和能力,生命依然可以有突破,将来仍然是充满希望和生机的。

9. 一个人总需要依赖他人,同时也需要一个比自己强而有力的人来让自己有所依附

人虽然不完全,但每个人却都是一个完整独特的个体。这观念十分重要,因为在人生中,虽然我们有亲人,也有朋友可以帮助自己,但生活中却仍总会有要单独面对人生遭遇的时刻。故此独立自主能力的发展和磨炼,实在是十分重要的。况且,当一个人要依赖他人的时候,自己就自然落在次要的地位,对个人的自我形象和成长都会产生不良的影响。

10. 一个人应该关心他人的问题,也为他人的问题而悲伤难过

关心他人,是极佳美的事,为他人的遭遇而哭泣,也是人类可贵的表现。但倘若我们因为过分投入以致被压得透不过气,或因此弄到自己情绪也失去平衡和稳定时,那就不但会伤害自己,同时也会变得没有能力去为他人解决问题和提供援手了。

11. 人生中每个问题,总会有一个精确的答案,一旦得不到答案,就会很痛苦

由于人生非常复杂,如果凡事都要寻求完美的解决方法,根本是不可能的事。至于人类的苦难与遭遇,也未必可以完全做出解释。倘若我们坚持要寻求答案,只会令自己感到无限的沮丧。

摘自《辅导与心理治疗》(林孟平,1992)

【单元六:看我72变】

目标:寻找应对资源;制订问题解决方案。

内容与流程:

时间:35分钟。	1. 天气报告 进行:继续分享自我记录,分享成员在生活规律上的变化。
目的:通过对个人目标的不断关注和讨论,鼓励成员坚持将行为改变计划付诸实践。 时间:50分钟。	2. 再次讨论个人目标 准备:上次活动结束时布置作业,根据个人具体情况改进个人目标。 操作:在团体内讨论每位成员的个人目标完成及更改情况,引导成员互相对于已经实现的目标给予肯定,对还未实现的目标做出分析,并调整到更加适合自己达成的状态。
目的:通过相互提供意见,协助成员解决个人面临的困惑。 时间:约60分钟。	3.“热座” 准备:每人1个信封,若干张纸条(比人数少1张)。若人数多,可分为6~10人小组。 操作:给每个成员发几张白纸条,1个信封。在信封上写上自己的姓名。然后,将自己目前最困扰、最想得到帮助的问题写在纸条上,每张纸条写同样的问题,并留有足够的回答问题的空间,每张纸条上写上姓名。例如“我怎样做才能获得真正的友谊?”“怎样保证有规律的作息时间?”“怎样才能不将作业拖到最后一刻才完成?”“怎样解决一上网浏览就忘记时间的问题?”……把写好的纸条发给每一位小组成员,请他们回答。每位成员拿到他人的纸条时,认真思考,根据自己的经验及体会,怀着真诚助人的心情,以自己独特的方式回答。答案没有对与不对之分,把自己对某一问题的真实看法写出来即可。回答者不用署名。信封放在小组中央的地上或桌上。回答完毕,把每个人的问题装进他的信封内。每个成员取回自己的信封,抽出纸条,一一阅读。最后,全组集中,每人谈自己阅读完他人意见后的感想。由于得到多个人的帮助,丰富了个人有限的经验,常常使受益者感动不已。
时间:5分钟。	4. 留作业,结束 继续完成自我记录。

【单元七:那些花儿】

目标:评估团体成员的人际关系网络;寻找社会支持资源;寻找自信。

内容与流程:

时间:40分钟。	1. 天气报告 进行:继续分享自我记录,分享成员在生活规律上的变化。
目的:评估成员的人际关系网络,寻找社会支持资源。 时间:50分钟。	2.“那些花儿” 准备:每人一张“那些花儿”练习纸(练习2-7-1)。 操作:请成员各自填写练习纸,评估自己的人际关系网络,分析在不同情境下(尤其在网络使用情境下)支持性及干扰性的人际关系来源。全面发掘自己的社会支持资源。团体内分享。

续表

目的:学习发现别人的优点并欣赏之,促进相互肯定与接纳。 时间:50 分钟。 注:此练习一般适合比较熟悉的成员应用,所以最好放在团体活动的中后期进行。	3. “戴高帽” 准备:一顶圆锥状的高帽子,可用纸折好粘牢并加上装饰。 操作:5～10 人一组围圈坐。请一位成员坐或站在团体中央,其他人轮流说出他的优点及欣赏之处(如性格、相貌、处事……)。然后被称赞的成员说出哪些优点是自己以前察觉的,哪些是不知道的。每个成员到中央戴一次高帽。规则是必须说优点,态度要真诚,努力去发现他人的长处,不能毫无根据地吹捧,这样反而会伤害别人。参加者要注意体验被人称赞时的感受如何;怎样用心去发现他人的长处;怎样做一个乐于欣赏他人的人;练习结束时,大家心情愉快,相互接纳性增高。
时间:10 分钟。	4. 留作业,结束 继续完成自我记录。

练习 2-7-1

那 些 花 儿

姓名:　　　　　　　　　　　　　　　　　　　　日期:

姓名或团体名称	支持程度[a]	干扰程度[b]	支持的种类(实物、信息、情绪)	在什么目标或什么情况下
妈妈	5	5	情绪	当我想走出消极情绪时
宿舍室友	2	7	情绪	当我想去上自习的时候
宿舍室友	2	4	情绪	每当我想有规律地早睡早起时
导师	7	1	信息、实物、情绪	在我完成作业和论文的时候
治疗团体	4	4	信息、情绪	无论什么事发生时
网友小东	1	7	情绪、信息	当我想戒除网络游戏的时候

a. 七点评分(1=最不支持,7=最支持)

b. 七点评分(1=最不干扰,7=最干扰)

【单元八:生活是个大馅饼】

目标:提高时间管理能力;合理调整生活重心。

内容与流程:

时间:60 分钟。 注:从本次活动开始,每次都要预告团体将要结束,使成员做好充分的心理准备及生活安排。	1. 天气报告 操作:继续分享自我记录,详细分享成员在学习、生活、网络使用状态上的变化,并预告团体结束时间。

续表

目标:帮助团体成员评估目前生活规划,完成理想的生活规划,寻找从现实向理想转变的可操作方式。 时间:80 分钟。	2. 生活馅饼 准备:每人一张"生活馅饼"练习纸,见练习 2-8-1。 操作:首先请成员填写"目前的生活馅饼"。整个大圆代表 24 小时,成员以圆心为基点,划分出睡眠、学习、上网、运动、吃饭、洗漱等生活内容所占据的平均时间。填好后团体内分享。成员往往会发现有几个小时"找不到了",即标记出所有能想到的生活内容后还剩下几个小时,引导成员发现这些被浪费的时间是否可以更有价值地被利用上。然后填写"理想的生活馅饼",填完后再次在团体内讨论。对比每位成员现实与理想之间的差距,评估哪些是可以改进和实现的内容。
时间:10 分钟	3. 留作业,结束 继续完成自我记录,根据对生活馅饼的讨论规划日常生活。

练习 2-8-1

生 活 馅 饼

以大圆代表一天 24 小时,请根据你一天的平均活动状况,将各类活动所花费的时间比例在圆内画出。圆内每格表示 6 小时。然后画一画你个人期望的时间安排图。

目前的生活馅饼

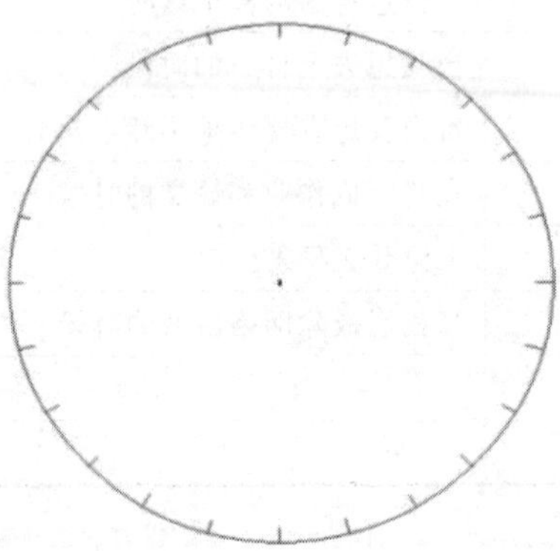

理想的生活馅饼

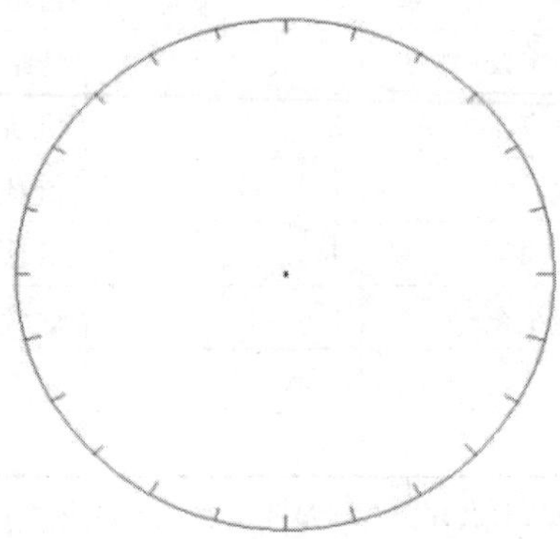

【单元九:突破困境】

目标:梳理人生规划,激发追求理想的动力。

内容与流程:

时间:30 分钟。	1. 天气报告 操作:继续分享自我记录,详细分享成员在学习、生活、网络使用状态上的变化,并预告团体结束时间。

续表

目的:协助成员反思自我意志力水平,理解自己在遇到困难时的反应模式。 时间:35 分钟。	2. 意志力评估 操作:团体成员对自己的意志力进行自我评价,并举出生活中的具体例子,分析自己面对困难时的行为特点,在团体内分享。
目的:通过游戏的形式帮助成员感受突破困境的艰难以及付出努力得到收获后的喜悦。 时间:15 分钟。	3. 突破困境 准备:团体成员围成一圈,随机选出一名成员站在中间。 操作:中间的成员通过各种肢体努力突破重围,而其他外圈成员则尽力不让他突破,完成后进行角色轮换。最后在团体内分享活动体验。
目的:协助成员仔细思考自己在人生各方面的理想,使目标由模糊变为清晰,激发努力追求的动力。 时间:60 分钟。	4. 生活拼图 准备:每人一张"大学生活拼图"练习纸(见练习 2-9-1)。 操作:成员填写自己的"生活拼图",对现在及未来的生活分九个维度进行规划和设计,完成后在团体内分享。
时间:10 分钟。	5. 留作业,结束 继续完成自我记录,总结参加团体辅导以来的个人体会和生活中发生的变化。

练习 2-9-1

大学生活拼图

(全方位的生涯规划)

说明:本练习的目的是帮助你了解所要规划的内容。请将你要规划的内容逐一填在格中。

财富	学业	休闲
人际	自我成长	健康
情感	家庭	社会服务

【单元十:共同的约定】

目标:处理离情别绪;讨论团体给成员带来的变化;结束团体。

内容与流程:

时间:30 分钟。	1. 天气报告
目的:通过团体中每个成员轮流发言,表达对团体或对某些特殊经验的反应,来检视成员个人完成目标的程度。聆听其他成员的分享,从中受益。 时间:50 分钟。	2. 分享变化 过程:成员围成一个大圈,轮流发言。发言前,领导者邀请成员发言:"请你用一句话来形容你对团体的感受。每个人都要说,我们轮流讲,让我们听听每个人心底的话。"或者"这是最后一次团体聚会,团体马上就要结束了,你会用什么话来描述你对团体结束的感受?""你对自己在团体中的进步与改变的满意程度如何?"并在最后,针对网络使用问题,由全体成员在团体内郑重做出共同的约定。
目的:处理离情别绪,给予彼此祝福。 时间:40 分钟。	3. 离别祝福 准备:每人一张白纸,大头针。 操作:每人在背后别上一张白纸,请小组内其他成员每人写一句祝福的话或建议,小组内写完后,可以找其他自己认为重要的团体成员,请他们写。写完后,坐下想一想成员会给自己写些什么,期待他们写什么。然后拿下来自己看。分享读后的感想,感谢成员的真诚。
目的:便于团体结束后的继续联系和互相监督。 时间:10 分钟。	4. 建立通讯录并发"自我报告" 准备:纸、笔。 操作:建立团体成员通讯录,并由一位成员负责在活动结束后整理成电子版发给大家。发放"自我报告"(参考练习 2-10-1)及"团体干预评估问卷"后测,约定回收时间。
目的:温暖团体的气氛,增强团体的信任和凝聚力,体验成员之间亲密的感情。 时间:10~20 分钟。	5. 手语歌:《相亲相爱一家人》,结束团体 准备:磁带,动作图片。 操作:全组围圈,领导者说明在团体中成员就像一家人,需要彼此支持、关怀与帮助,每个人的行为会对营造和谐的气氛产生作用,良好的气氛又会促进成员的自我开放和信任。教授并讲解歌词的含义和手语操的动作,让成员跟着模仿。然后跟着音乐,边唱边做边体会,所有的人都在做动作,团体气氛热烈亲密,增强了团体成员的信任和亲密感。结束团体。

练习 2-10-1

自我报告

姓名：________________　　性别：________　　年级：________________

填写自我报告的时间：____________________

参加团体活动时间：____年____月____日至____年____月____日（共10次）

（如空间不够可标明题号续写在背面或附加纸张上）

1. 参加团体后，网络使用时间长短是否有改变？请写明具体时间并详细解释。

2. 参加团体后，网络使用时间占休闲时间的比例是否有改变？请写明具体百分比并详细解释。

3. 参加团体后，对于网络使用的态度和行为是否有改变？在哪些方面有改变？请详细解释。

4. 参加团体后，对于学业的目标、态度和行为是否有改变？请详细解释。

5. 在参加团体后，对于生活的目标、态度和行为是否有改变？请详细解释。

6. 在参加团体后，自己对日常生活的安排是否有改变？请详细解释。

7. 在参加团体后，在人际交往及言语表达等方面是否有改变？请详细解释。

8. 你觉得我们的团体在哪些方面改进会更加令你满意？

附页：

在没有参加团体的时候，或许我们有些对生活的观念是一直存在于内心而没有发觉的，有些对身边的人的感情是没有尝试过表达的，有些长存于心的目标是没有鼓足勇气去争取的。我想大家参加完这十次团体活动，认识了这么多亲切友善的朋友，做了许许多多的活动，一定进行了大量的思考，在其中会出现各种各样的感受，许多成员有了很大改变和收获。请尽情留言，这份自我报告上涉及的所有个人信息及隐私方面的内容我们会完全保密。

附录 团体干预评估问卷

姓名________ 性别________ 专业________

年级________ 固定电话________ 移动电话________

电子邮箱地址________________

下面的题项请按照你的实际情况勾画所选项目，由 1 至 4，数字越大，表示句中所描述的情形与目前你的实际情形越符合。

题项	极不符合	不符合	符合	非常符合
1. 曾不止一次有人告诉我，我花了太多时间在网络上。	1	2	3	4
2. 我发现自己上网的时间越来越长。	1	2	3	4
3. 不管再累，上网时总觉得很有精神。	1	2	3	4
4. 其实我每次都只想上网待一下子，但常常一待就待很久不下来。	1	2	3	4
5. 我曾不止一次因为上网的关系而睡不到 4 小时。	1	2	3	4
6. 从上学期以来，平均而言我每周上网的时间比以前增加许多。	1	2	3	4
7. 我只要有一段时间没有上网就会情绪低落。	1	2	3	4
8. 我发现自己投注到网络上而减少和身边朋友的互动。	1	2	3	4
9. 我曾因上网而腰酸背痛，或有其他身体不适。	1	2	3	4
10. 我每天早上醒来，第一件想到的事就是上网。	1	2	3	4
11. 上网对我的学业或工作已造成一些负面的影响。	1	2	3	4
12. 我只要有一段时间没有上网，就会觉得自己好像错过什么。	1	2	3	4
13. 因为上网的关系，我平常休闲活动的时间减少了。	1	2	3	4
14. 我每次下网后其实是要去做别的事，却又忍不住再次上网看看。	1	2	3	4
15. 没有网络，我的生活就毫无乐趣可言。	1	2	3	4
16. 上网对我的身体健康造成负面的影响。	1	2	3	4
17. 我习惯减少睡眠时间，以便能有更多时间上网。	1	2	3	4
18. 比起以前，我必须花更多时间上网才能感到满足。	1	2	3	4
19. 我曾因为熬夜上网而导致白天精神不济。	1	2	3	4

以下题项列出了有些人可能有的病痛或问题。请仔细阅读每一条，然后根据最近一个月以内下列问题影响你或使你感到苦恼的程度，选择适当选项。

题项	从无	轻度	中度	偏重	严重
1. 头脑中有不必要的想法或字句盘旋。	0	1	2	3	4
2. 对旁人求全责备。	0	1	2	3	4
3. 忘性大。	0	1	2	3	4
4. 担心自己的衣饰是否整齐及仪态是否端正。	0	1	2	3	4
5. 与异性相处时感到害羞不自在。	0	1	2	3	4
6. 感到难以完成任务。	0	1	2	3	4
7. 感情容易受到伤害。	0	1	2	3	4
8. 感到别人不理解自己、不同情自己。	0	1	2	3	4
9. 感到人们对自己不友好,不喜欢自己。	0	1	2	3	4
10. 做事必须做得很慢以保证做得正确。	0	1	2	3	4
11. 感到比不上他人。	0	1	2	3	4
12. 做事必须反复检查。	0	1	2	3	4
13. 难以做出决定。	0	1	2	3	4
14. 脑子变空了。	0	1	2	3	4
15. 不能集中注意。	0	1	2	3	4
16. 当别人看着自己或谈论自己时感到不自在。	0	1	2	3	4
17. 必须反复洗手、点数。	0	1	2	3	4
18. 感到对别人神经过敏。	0	1	2	3	4
19. 感到在公共场合吃东西很不舒服。	0	1	2	3	4

请估计并填写你的网络休闲时间占课余时间(即每日除去上课、科研及睡眠外的时间)的百分比(%):______________________

你是否对我们的团体感兴趣,愿意参加团体活动?

(请选择)　是　　　否

作为一名团体成员,你是否可以承诺对自己的团体负责任,在无特殊情况下不迟到、不缺席?

(请选择)　是　　　否

作为一名团体成员,你是否可以承诺对自己的团体负责任,遵守保密原则?

(请选择)　是　　　否

主要参考文献

1. 樊富珉. 团体心理咨询[M]. 北京:高等教育出版社,2005.
2. 樊富珉. 网络心理障碍:成因、预防与矫治[J]. 心理与健康,2005(6).
3. 白羽. 大学生网络依赖的团体辅导干预研究[D]. 北京:清华大学,2005.
4. 樊富珉. 团体咨询的理论与实践[M]. 北京:清华大学出版社,1996.

5. Rose, S. D. 青少年团体治疗:认知行为互动取向[M]. 翟宗悌,译. 上海:华东理工大学出版社,2003.

6. 林孟平. 辅导与心理治疗[M]. 香港:商务印书馆,1992.

7. 白羽,樊富珉. 大学生网络依赖测量工具的修订与应用[J]. 心理发展与教育,2005(4):99-104.

8. 白羽,樊富珉. 大学生网络依赖及其团体干预方法初探[J]. 青年研究,2005(5):42-50.

9. 白羽,樊富珉. 团体辅导对网络依赖大学生的干预效果[J]. 中国心理卫生杂志,2007(4):247-250.

专题三

发现伟大的我:高校贫困生自强训练团体[①]

何　瑾　樊富珉

何瑾:讲师,现任北京大学学生心理健康教育与咨询中心专职咨询师,中国心理学会临床与咨询心理学注册心理师,中国心理卫生协会团体心理辅导与治疗专业委员会委员。北京师范大学应用心理学学士,清华大学应用心理学硕士,清华大学心理学系博士生在读。主要研究方向:大学生心理健康教育、团体心理咨询与治疗。代表著作有《团体心理辅导》(华东师范大学出版社,2010)。

20 世纪 90 年代中后期,国内高校先后实施了全面扩招、学费上涨和学生自费入学、自主择业等政策,大大提高了学生及其家庭所付出的教育成本,使得部分学生经济负担加重,贫困生人数增多。校园内悬殊的经济差距,给贫困生这一大学校园里特殊的"弱势群体"带来了极大的精神压力和心理负担。有关研究表明,高校贫困生往往存在抑郁沮丧的自卑心理、内向孤僻的交往障碍心理、焦虑愤懑的躁动心理、幽怨苦闷的悲观心理等。高校贫困生的心理问题不仅直接影响到他们自身的学习、就业和个性发展,而且影响到高校建设和教育公平,甚至威胁到家庭和社会的安定,阻碍和谐社会的建设进程。有效开展高校贫困生心理健康教育和心理辅导工作,从根本上帮助他们战胜困难、摆脱困扰、树立起学习和生活的勇气,是社会、高校和每个教育工作者义不容辞的责任。

我国高校贫困生的比例较高,所需心理辅导的覆盖面较大,仅仅采用个别辅导的方式很难满足需求,而心理讲座、思想教育等方式虽能覆盖到多数学生,但深度不够,难以解决贫困生的某些心理问题。针对这一现实情况,我们考虑应用团体辅导的方法来促进贫困大学生的心理健康,因为团体辅导不仅有更宽的覆盖面,而且在对贫困生常见的人际交往障碍、低自尊、高压力等心理问题的干预效果上有独特的优势。开发一套帮助贫困大学生健康发展的团体辅导方案,对于高校心理健康教育工作具有很大的实用价值。

① 本项目得到福特基金 PHE 项目(贫困大学生素质提高项目)资助。本研究是在樊富珉教授指导下何瑾应用心理学硕士论文(2007 年)的一部分。

一、 团体理论

团体辅导,即团体心理咨询,又叫集体咨询、群体咨询、小组咨询。它是在团体情境下进行的一种心理咨询,通过团体内的人际交互作用,运用团体动力和适当的心理咨询技术,协助个体认识自我、探索自我,调整、改善与他人的关系,学习新的态度与方式,从而促进自我发展及自我实现的过程[①]。团体辅导是促进大学生心理健康发展的适宜方法之一,它在国外学校中已经得到了广泛成熟的应用,在国内也处于发展之中。国内也有研究者开始探讨团体辅导对提高贫困大学生心理健康水平的效果,发现团体辅导能增强贫困生应对生活困难的能力,能改善贫困生的社会支持状况,能有效提高贫困大学生的心理健康水平等。

(一) 理论基础

通过对贫困生进行调查和访谈,我们发现,我国贫困大学生的心理问题主要包括自卑、学习适应不良、人际关系不良、压力过大等方面,归纳到心理功能上涉及情绪、认知、行为等方面的问题。根据团体目标和团体对象的特点,我们选择了三种理论作为设计辅导方案的基础:积极心理治疗、个人中心疗法、认知行为疗法。

1. 积极心理治疗

积极心理治疗是设计本团体的重要理论基础。积极心理治疗关注来访者自身的各种能力,认为治疗者的任务是激发和巩固来访者获得和保持健康的能力;它从人的发展可能性和能力出发,同时强调影响个体心理的社会因素的重要性,它是一种在跨文化研究的基础上以解决冲突为核心的治疗模式。积极心理治疗是在人本主义心理治疗的基础上发展起来的,注重来访者在治疗过程中的主体地位,在治疗过程中强调来访者自身的作用。但与人本治疗不同的是,积极心理治疗主张用另一种更合理、更积极的文化对来访者的问题做出分析,让来访者体会治疗者的积极认知和积极情感,从而激发自身的积极能力,在此基础上双方最终达成共识。对于贫困大学生的团体心理辅导,积极心理治疗的理念具有得天独厚的优势:

(1) 积极心理治疗强调利用跨文化的影响来帮助来访者,而最适合形成跨文化互动的就是团体辅导。

(2) 积极心理治疗反映的是一种积极乐观的人性观,它主张用积极的眼光去看待人和事,在治疗过程中培养人的积极认知和情绪,促进积极人格特征的形成,这与贫困大学生心理健康教育的目标非常契合。

(3) 积极心理治疗所要培养的积极认知、积极情感体验、积极人格特征、积极行为等积极特质对个体的心理健康有促进作用。

(4) 积极心理治疗方法的多样性与贫困大学生心理问题的复杂性相对应。

(5) 积极心理治疗的治疗重点是应对贫困问题的很好方式,因为对于贫困大学生来说,贫困是可以改变的,所以在帮助学生接纳现实的同时,还要引导他们用积极的眼光去看待自己,努力发现和提升优势,树立生活理想,不断发展和成长。

2. 个人中心疗法

选择个人中心疗法是由对象和目标决定的：首先，贫困生是在校大学生，自我学习能力强，而贫困生往往又很独立，所以很适合个人中心的辅导方法。其次，贫困生所面临的问题并不严重，大多是情绪和认知层面的困惑和偏差，甚至是同龄人共同面对的成长主题，所以团体的定位以教育性和发展性为主，而不是治疗和干预。因此，个人中心疗法的理念贯穿团体始终，形成领导者的基本态度和根本目标。

3. 认知行为疗法

选择认知行为疗法的原因是贫困生存在许多情绪和行为层面的典型问题，比如自尊低下、过多的负面情绪、压力感过强等，或者是学习适应不良、人际交往障碍、时间管理不当等。一些具体问题需要引入特定的方法来改善，而认知行为疗法对于培养积极情绪、改善行为层面的障碍等都有很好的效果，所以我们在设计某些单元的活动时，借鉴了认知行为疗法的理念和技术。

（二）基于积极心理取向的贫困生团体结构

团体辅导需要将理论基础与实践技术有机地结合起来，本研究所设计的贫困大学生积极心理团体辅导方案的结构目标如图 3-1 所示。

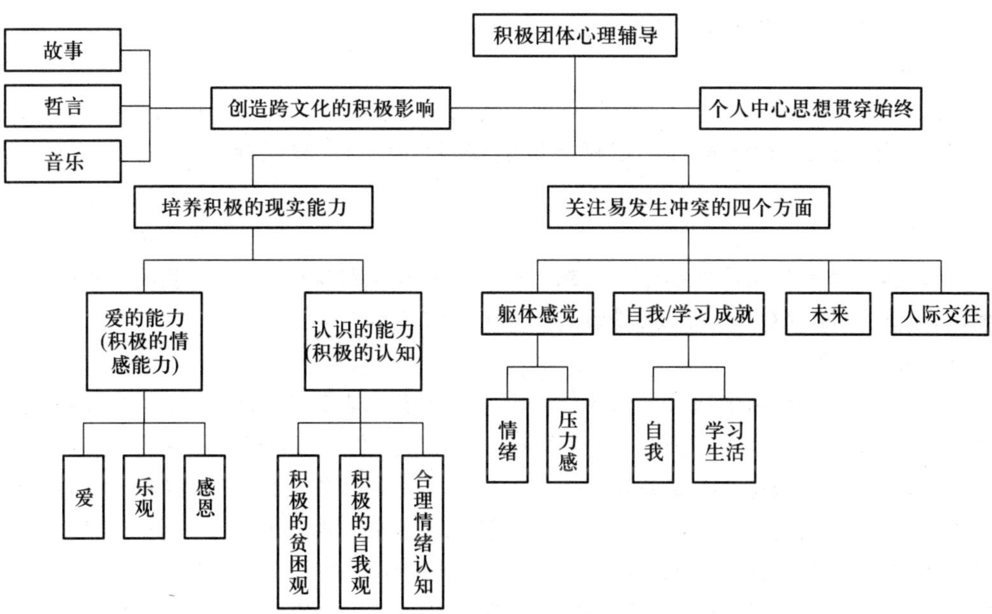

图 3-1　贫困生积极团体心理辅导结构图

从图 3-1 可以看到，本团体设计主要以积极心理学和积极心理治疗的理论基础为指导，团体总目标有两个：

（1）培养成员积极的现实能力。

（2）关注成员容易出现冲突的四个方面。

第一个目标是积极心理治疗的重要任务，包括激发成员爱的能力和认识的能力两部分。爱的能力就是积极的情感能力,本团体着重培养爱、乐观和感恩三种积极情感能力。认识的能力内容也很丰富,本团体重点培养成员积极的认知方式,具体包括积极的贫困观、积极的自我观和合理情绪认知三部分。

第二个目标是全面关注成员容易产生冲突的四个方面,分别是躯体感觉、自我/学习成就、未来、人际交往四方面。团体将设计特定活动带领成员关注这四个方面,觉察这四方面状况,并通过培养积极的情感和认知来缓解可能存在的冲突。在操作技巧上,除了运用团体辅导常见的技术外,本团体还将采用一些经典的故事、哲言或者音乐来创造跨文化的积极影响。

以上目标也与贫困大学生当前存在的现实问题相呼应,团体结构设计是理论与实际相结合的产物。除此之外,在整个团体辅导过程中,都贯穿了个人中心的辅导思想,强调尊重成员、激发成员的个人潜力。某些特定单元涉及情绪和行为层面的障碍问题,因此采用了认知行为疗法的理念和技术。

二、 团体设计

(一) 团体成员的招募及甄选方式

1. 招募

可以采用网上招募,在校园内张贴海报等方式,也可以通过高校的贫困生办公室查询贫困生花名册,在内部招募。招募海报的编写应该注意避免标签作用(招募海报见图 3-2)。

2. 面谈

筛选出适合参与团体的学生。要求:家庭贫困,经济状况较差;有自我改变意愿,有正常的交流能力,愿意对团体负责;排除有严重心理障碍的学生。

3. 问卷测量

用于科学客观地筛选适合参与团体的学生。问卷见表 3-1。问卷题项主要测查学生的两方面情况:家庭经济状况和心理健康状况。甄选标准以家庭经济状况为主,要求至少符合下列条件中的两条:① 家庭人均年收入低于当地贫困线;② 在学校的月生活费低于学校为贫困生制定的标准;③ 个人感觉“比较贫困”或者“非常贫困”;④ 获得了国家或学校的助学贷款。考虑到贫困的情况很复杂,在实际操作过程中要有适当弹性,除了以上标准外,还可以参考以下因素:① 是否被列入学校的贫困生档案库;② 面谈时的感觉。问卷测查的另一方面内容是学生的心理健康状况,该部分主要用于排除有严重心理障碍的学生,并帮助领导者初步了解成员的心理健康状况。

发现伟大的你

——大学生自我提升训练营招募

大学生自我提升训练营欢迎您！

在这里，您将和心理学专业的团体辅导者一起

了解自我、接受自我、热爱生活，

让您摆脱孔方兄带来的困扰，自信自强！

报名电话　××××××××　　联系人：×老师　　或可发邮件至：××@××.com

招募对象　在校大学生，性别、年级不限，保证能参加所有活动

活动时间　××××年×月到××××年×月(共6次活动，每次3小时)

活动地点　××大学校内××活动室

在小组活动开始前将有一次面谈，目的是选择小组成员，报名时请注名性别、年级和常用联系方式，以便通知面谈时间。

图 3-2　贫困生自强训练团体成员招募广告

表 3-1 团体成员甄选问卷

亲爱的同学,请你根据自己近期的实际情况回答下面几个题项,在与你状况最符合的选项上画"√"。作答过程中不用费力思考,尽量凭感觉迅速作答。测试的目的是了解你的状况,更好地帮助你,对于问卷中涉及隐私的内容我们会严格为你保密。谢谢!

个人信息:

姓名:________ 性别:________ 年级:________ 民族:________ 专业:________

联系电话:____________________ E-mail:____________________

经济状况:

· 你的家庭人均年纯收入水平约为:________元

· 你在学校的月生活费约为:________元

· 你目前是否接受国家或者学校的奖/助学金:(1) 是 (2) 否

如果有,数额约为________元 / 月 或(________元 / 年)

· 你觉得自己目前的经济状况是:

(1) 非常宽裕 (2) 比较宽裕 (3) 一般 (4) 比较贫困 (5) 非常贫困

下面有20个句子,请你根据自己近期的实际情况,在"是"或"否"代表的数字上画"√"。

	是	否
1. 大致来说样样事情都颇开心。	1	2
2. 你是不是做事情都能够集中精神?	1	2
3. 你是不是很满意自己做事情的方式?	1	2
4. 你最近是否忙碌及充分利用时间?	1	2
5. 你处理日常事务是不是和别人一样好?	1	2
6. 你是不是觉得自己在很多事情上都能帮忙或提供一些意见?	1	2
7. 你觉得很不开心及闷闷不乐。	1	2
8. 你能够开心地过你平日正常的生活。	1	2
9. 你是不是容易同人相处?	1	2
10. 觉得自己的将来还有希望。	1	2
11. 觉得做人没有什么意思。	1	2
12. 对自己失去信心。	1	2
13. 觉得人生完全没有希望。	1	2
14. 觉得自己是个无用的人。	1	2
15. 整天觉得人生好似战场一样。	1	2
16. 是不是因为担心而睡不着?	1	2
17. 是不是心情烦躁、睡得不好?	1	2

续表

	是	否
18. 整天觉得心神不安与紧张。	1	2
19. 是不是觉得整天有精神压力？	1	2
20. 因为神经太过紧张觉得有时什么事情都做不到。	1	2

（二）团体辅导设置

团体辅导具体方案与贫困生常见问题之间的对应关系见图 3-3。

1. 团体名称

根据性质和目标，将本团体的学术名称设为“贫困大学生成长小组”。为了避免“贫困”这一敏感字眼带来的标签作用，在实际活动过程中，要特别注意团体的名称，如：“发现伟大的你——贫困大学生自我提高训练营”。

2. 团体目标

本团体的整体目标是：提高贫困大学生的心理健康水平，促进其自我成长。

本团体的具体目标是：培养成员积极的情感能力和积极的认知能力，帮助其树立自尊自信，提高人际交往能力，缓解压力和焦虑情绪，培养积极合理的认知方式；帮助成员在躯体感受、自我发展、未来理想、人际交往等方面减少冲突，获得积极发展。

（1）缓解成员在生活中体验到的压力感和焦虑感；

（2）提高成员人际交往的能力，改善人际交往状况；

（3）促进成员认识和接纳自我，提高自尊和自信；

（4）培养成员合理的认知方式，接纳和感恩贫困；

（5）帮助成员解决实际困惑，如学习适应、时间管理、未来规划等问题。

本团体的阶段目标是：

（1）团体初始阶段（第一次会面）：使成员相识，澄清成员期望，介绍小组目标和契约，建立团体。

（2）团体过渡阶段（第二次会面）：培养团队信任和凝聚力，促进成员开放自己，同时增强其人际交往的信心和技巧。

（3）团体工作阶段（第三到五次会面）：完成团体的具体目标，促进成员自我探索和接纳，训练其自我管理的能力，继续锻炼其人际交往的能力。

（4）团体结束阶段（第六次会面）：处理分离焦虑，提高成员自信，展望未来。

3. 团体性质

本团体属于教育成长型团体，以成员的发展为主要目标；本团体的结构化程度很高；从团体成员社会身份层面划分属于同质群体（均为在校大学生，家庭经济条件都比较贫困）。

4. 团体时间和次数

本团体共分为六个单元，每个单元为一次会面，可以每周一次，持续六周，也可以采取马拉松式团体，连续三天完成。每次团体活动时间为三小时。

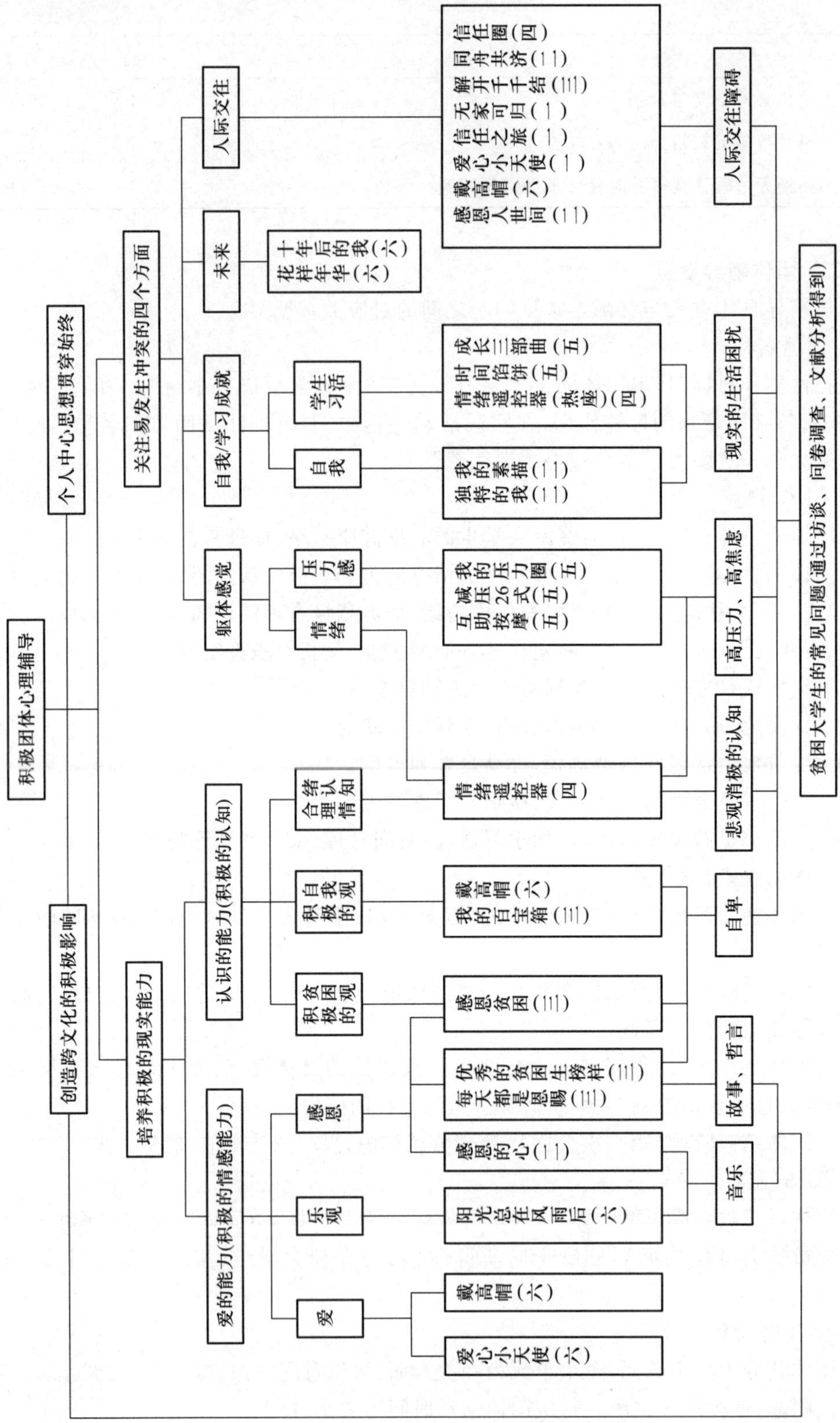

图 3-3 团体辅导具体方案与贫困问题关系图

5. 团体对象

本科贫困生约 20 名,共同特点是家庭贫困,最好在性别、年级和文理科比例上平衡,都具有主动参加团体的意愿。

6. 团体进行场所

封闭、安静的活动教室,有可以移动的椅子。

(三)团体领导者及其训练背景

团体领导者一名,要求有心理咨询理论与实践的专业背景,以及个体、团体咨询的丰富经验。团体副组长(助手)兼观察员 1 ~2 名(视团体成员人数而定),性别最好与团体领导者形成互补,有心理学专业背景及心理咨询实践经验(最好与团体成员在社会身份与生活经验层面同质),参加过团体并经受过团体观察训练,在团体活动前需统一接受团体领导者的培训。

(四)团体设计总方案

该团体活动方案共有六个单元,方案概览见表 3-2。每个单元的活动都有自己的分目标和活动内容,而六次活动的分目标之间也存在逻辑顺序,都为团体总目标服务。

表 3-2　贫困大学生成长小组训练方案

单元	目标	活动操作
相逢是首歌	团体成员之间初步认识;建立团队凝聚力和信任感;阐明团体契约;练习人际交往技巧	1. 热身:相识接龙、偶像哈哈镜、无家可归 2. 滚雪球:知你知我、对对碰、循环自我介绍 3. 信任之旅 4. 讨论团体契约 5. 爱心小天使 6. 布置作业
感恩的心	引导成员认识和接纳自我;用感恩的态度去认识和接纳身边的人和环境	1. 热身活动:播撒爱心祝福、同舟共济 2. 独特的我、我的素描 3. 阅读材料——塑造成功的自我形象 4. 感恩人世间 5. 手语操:《感恩的心》 6. 布置作业
贫穷贵公子	引导成员怀着感恩之心认识和接纳贫困;了解优势,提高信心	1. 热身活动:播撒爱心祝福、解开千千结 2. 分享作业:优秀的贫困生榜样 3. 感恩贫困 4. 我的百宝箱 5. 发放阅读材料——每天都是恩赐
美丽心情	学习和实践认知行为疗法,改变不合理认知,培养积极、理性的认知方式	1. 热身:播撒爱心祝福、信任圈 2. 情绪遥控器(前半部分) 3. 遭遇非理性 4. 情绪遥控器(后半部分)——热座

续表

单元	目标	活动操作
潇洒走一回	提高成员应对压力的能力和管理时间的能力	1. 热身活动:播撒爱心祝福、成长三部曲 2. 我的压力圈 3. 头脑风暴:缓解压力的方法 4. 阅读材料——减压26式 5. 互相按摩 6. 时间馅饼 7. 布置作业——十年后的我
花样年华	引导成员思考和规划未来,乐观地面对分离	1. 热身:播撒爱心祝福 2. 分享作业:“十年后的我” 3. 花样年华 4. 戴高帽 5. 爱心小天使 6. 合唱《阳光总在风雨后》

(五)团体效果评估方法和工具

采用前后测组间实验设计,比较实验组和对照组的被试在接受干预前后的心理测量分数。前后测问卷主要考察被试的心理健康水平、自尊水平、大学生活适应状况、应对方式、情感平衡状况、主观幸福感等心理状况,详见下文中“团体效果评估前后测问卷”。对参与团体的所有成员,还要进行团体活动反馈(表3-3)、团体效果自我评价(表3-4),以及开放性问题的考察,对个别成员将进行深度访谈。

团体效果评估前后测问卷

亲爱的同学,请你根据自己近期的实际情况回答下面几个题项,在与你状况最符合的选项上画“√”。作答过程中不用费力思考,尽量凭感觉迅速作答。测试的目的是了解你的状况,更好地帮助你,对于问卷中涉及隐私的内容我们会严格为你保密。谢谢!

一、下面有20个句子,请你根据自己近期的实际情况,在“是”或“否”代表的数字上画“√”。

	是	否
1. 大致来说样样事情都颇开心。	1	2
2. 你是不是做事情都能够集中精神?	1	2
3. 你是不是很满意自己做事情的方式?	1	2
4. 你最近是否忙碌及充分利用时间?	1	2
5. 你处理日常事务是不是和别人一样好?	1	2
6. 你是不是觉得自己在很多事情上都能帮忙或提供一些意见?	1	2

续表

	是	否
7. 你觉得很不开心及闷闷不乐。	1	2
8. 你能够开心地过你平日正常的生活。	1	2
9. 你是不是容易同人相处?	1	2
10. 觉得自己的将来还有希望。	1	2
11. 觉得做人没有什么意思。	1	2
12. 对自己失去信心。	1	2
13. 觉得人生完全没有希望。	1	2
14. 觉得自己是个无用的人。	1	2
15. 整天觉得人生好似战场一样。	1	2
16. 是不是因为担心而睡不着?	1	2
17. 是不是心情烦躁、睡得不好?	1	2
18. 整天觉得心神不安与紧张。	1	2
19. 是不是觉得整天有精神压力?	1	2
20. 因为神经太过紧张觉得有时什么事情都做不到。	1	2

二、下面有10个问题,请你根据选项在答卷上画出一个与你自己的符合程度一致的数字。

题项	非常符合	符合	不符合	很不符合
1. 我感到我是一个有价值的人,至少与其他人在同一水平上。	1	2	3	4
2. 我感到我有许多好的品质。	1	2	3	4
3. 归根结底,我倾向于觉得自己是一个失败者。	1	2	3	4
4. 我能像大多数人一样把事情做好。	1	2	3	4
5. 我感到自己值得自豪的地方不多。	1	2	3	4
6. 我对自己持肯定态度。	1	2	3	4
7. 总的来说,我对自己是满意的。	1	2	3	4
8. 我希望我能为自己赢得更多尊重。	1	2	3	4
9. 我确实时常感到自己毫无用处。	1	2	3	4
10. 我时常认为自己一无是处。	1	2	3	4

三、请根据你本学期以来的学习、交往和生活等情况，在最能反映你实际情况的那个数字上画“√”，1 代表“完全不相同”，5 代表“完全相同”，从 1 到 5 相同程度逐渐增加。

题项	完全不同	———	———	———	→完全相同
1. 我对大学的学习感到无所适从。	1	2	3	4	5
2. 我感到周围的人难以相处。	1	2	3	4	5
3. 我和异性同学相处得不好。	1	2	3	4	5
4. 我觉得自己还没有做好进入社会的准备。	1	2	3	4	5
5. 我能独立地处理日常事务。	1	2	3	4	5
6. 周末我常常觉得没事可做。	1	2	3	4	5
7. 我经常感到身体乏力，不舒服。	1	2	3	4	5
8. 我时常无理由地郁郁寡欢。	1	2	3	4	5
9. 我对自己上了这所大学感到高兴。	1	2	3	4	5
10. 父母不在身边，我也能照顾好自己。	1	2	3	4	5
11. 我从没有考虑过以后的就业问题。	1	2	3	4	5
12. 我参与了很多大学里的社会活动。	1	2	3	4	5
13. 我能很快化解与他人的矛盾冲突。	1	2	3	4	5
14. 我无法适应大学教师的授课方式。	1	2	3	4	5
15. 我不知道以何种方式与大学老师相处。	1	2	3	4	5
16. 我很难加入别人的讨论中去。	1	2	3	4	5
17. 我不关心学习以外的东西。	1	2	3	4	5
18. 我有明确的就业意向。	1	2	3	4	5
19. 我常打电话向家人诉苦或求助。	1	2	3	4	5
20. 我很喜欢校园里的自然环境。	1	2	3	4	5
21. 我很容易生气。	1	2	3	4	5
22. 我总是没精打采。	1	2	3	4	5
23. 我对大学里的课外活动感到满意。	1	2	3	4	5
24. 我不敢单独上街买东西。	1	2	3	4	5
25. 我不知道自己适合从事哪方面的工作。	1	2	3	4	5
26. 我只在乎自己的学业成绩。	1	2	3	4	5
27. 大伙儿讲话时，我时常躲在后面。	1	2	3	4	5
28. 在考试前，我常不知道该如何着手复习。	1	2	3	4	5
29. 我现在还没找到自己较为满意的学习方法。	1	2	3	4	5
30. 我在大学里如愿地结交了一些朋友。	1	2	3	4	5

续表

	题项	完全不同				→完全相同
31.	除了学习，我很少参加别的活动。	1	2	3	4	5
32.	我难以决定自己该到哪里工作。	1	2	3	4	5
33.	我很少自己动手洗衣服。	1	2	3	4	5
34.	学校的娱乐设施不能满足我的需要。	1	2	3	4	5
35.	我容易觉得累。	1	2	3	4	5
36.	我的胃口还好。	1	2	3	4	5
37.	我认为学校的风气很糟。	1	2	3	4	5
38.	在大学里什么都要靠自己，我感到很不适应。	1	2	3	4	5
39.	我有意识地训练自己的职业技能。	1	2	3	4	5
40.	若有机会，我能胜任某种学生干部的工作。	1	2	3	4	5
41.	我觉得我已融入了大学的环境。	1	2	3	4	5
42.	我一直都没有明确的学习计划。	1	2	3	4	5
43.	我感到无法缓解自己的学习压力。	1	2	3	4	5
44.	我感到自己在学校里成了一个被遗忘的人。	1	2	3	4	5
45.	我很重视发展自己的业余爱好。	1	2	3	4	5
46.	我参加过与专业有关的社会实践活动。	1	2	3	4	5
47.	我觉得学校的硬件设施很差。	1	2	3	4	5
48.	我的体重增加(或减少)了很多。	1	2	3	4	5
49.	我很容易失眠。	1	2	3	4	5
50.	我有意识地通过各种渠道收集就业信息。	1	2	3	4	5
51.	我认为在大学里应多参加一些学习以外的活动。	1	2	3	4	5
52.	我害怕与异性同学交往。	1	2	3	4	5
53.	我对自己在班上的学业地位感到失望。	1	2	3	4	5
54.	我不知道哪些专业知识是以后工作所需要的。	1	2	3	4	5
55.	我能与人愉快地进行合作。	1	2	3	4	5
56.	我常感到头痛。	1	2	3	4	5
57.	我有时想找心理医生寻求帮助。	1	2	3	4	5
58.	在学校里和同学在一起时，我感到不自在。	1	2	3	4	5
59.	与我的努力相比，我的学习成绩不算好。	1	2	3	4	5
60.	对于我在大学里的社交，我感到相当满意。	1	2	3	4	5

四、当遇到平日的各种困难或不愉快时,你往往是如何对待的?(从5到1符合程度递减。)

	题项	很符合——				→很不符合
1.	能尽快地将不愉快忘掉。	5	4	3	2	1
2.	易陷入对事件的回忆和幻想之中而不能摆脱。	5	4	3	2	1
3.	当作事情根本未发生过。	5	4	3	2	1
4.	易迁怒于别人而经常发脾气。	5	4	3	2	1
5.	通常向好的方面想,想开些。	5	4	3	2	1
6.	不愉快的事很容易引起情绪波动。	5	4	3	2	1
7.	喜欢将情绪压在心底里不让其表现出来,但又忘不掉。	5	4	3	2	1
8.	通常与类似的人比较,就觉得算不了什么。	5	4	3	2	1
9.	能较快将消极因素转化为积极因素,例如参加活动。	5	4	3	2	1
10.	遇到烦恼的事很容易想悄悄地哭一场。	5	4	3	2	1
11.	旁人很容易使你重新高兴起来。	5	4	3	2	1
12.	如果与人发生冲突,宁可长期不理对方。	5	4	3	2	1
13.	对重大困难往往举棋不定,想不出办法。	5	4	3	2	1
14.	对困难和痛苦能很快适应。	5	4	3	2	1
15.	相信困难和挫折可以锻炼人。	5	4	3	2	1
16.	在很长的时间里回忆所遇到的不愉快的事。	5	4	3	2	1
17.	遇到难题往往责怪自己无能而怨恨自己。	5	4	3	2	1
18.	认为天底下没有什么大不了的事。	5	4	3	2	1
19.	遇到苦恼的事喜欢一个人独处。	5	4	3	2	1
20.	通常以幽默的方式化解尴尬局面。	5	4	3	2	1

五、下面我们讨论一些问题,我们想了解你最近的感受,在过去几周里你是否感到:

题项	是	否
1. 对某事特别热衷或特别感兴趣。	1	2
2. 坐立不安。	1	2
3. 因为别人对你工作的赞扬而感到骄傲。	1	2
4. 十分孤独或远离他人。	1	2
5. 由于完成了某项工作而感到愉快。	1	2
6. 心烦。	1	2
7. 仿佛处在世界的顶峰(有飘飘然的感觉)。	1	2
8. 忧郁或非常不幸福。	1	2
9. 事情在按你的意愿发展。	1	2
10. 由于某人的批评而感到不安。	1	2

六、请根据实际感受在相应数字上画“√”。(数字两端的形容词代表对生活的感受。)

A. 对于生活,你的感受是:

1. 有乐趣的	1	2	3	4	5	6	7	厌倦的
2. 快乐的	1	2	3	4	5	6	7	痛苦的
3. 有价值的	1	2	3	4	5	6	7	无用的
4. 朋友很多	1	2	3	4	5	6	7	孤独的
5. 充实的	1	2	3	4	5	6	7	空虚的
6. 充满希望的	1	2	3	4	5	6	7	无望的
7. 有奖励的	1	2	3	4	5	6	7	沮丧的
8. 生活对我太好了	1	2	3	4	5	6	7	生活未给予我任何机会

B. 你对生活总体的满意或不满意程度如何?哪一数值最接近你的满意度或者不满意度?

十分不满意	1	2	3	4	5	6	7	十分满意

附:个 人 信 息

1. 性别:(1) 男　(2) 女;　年龄:________　民族:________　专业:________

2. 年级:(1) 大一　(2) 大二　(3) 大三　(4) 大四　(5) 大五

3. 你来自:(1) 城市　(2) 城镇　(3) 农村;　籍贯:________省(市、自治区)

4. 你父亲的职业是:________;你母亲的职业是:________;家中子女数目:________

5. 你的家庭是:(1) 单亲家庭　(2) 双亲家庭

6. 你的家庭年收入水平约为________元

7. 你的经济来源主要是:(1) 父母或亲属资助　(2) 勤工俭学　(3) 助学贷款

8. 你平均每月需花费约________元

9. 你觉得自己开支最多的是:(1) 伙食费　(2) 学习费用　(3) 交际费用　(4) 其他________

10. 你觉得自己目前的经济状况是:

(1) 非常宽裕　(2) 比较宽裕　(3) 一般　(4) 比较贫困　(5) 非常贫困

11. 你是否在学校领取助学金或奖学金:(1) 是　(2) 否;如果有,数额是________元 / 月

12. 你是否申请到国家助学贷款:(1) 是　(2) 否;如果有,数额是____元/月或(__元/年)

13. 你以前是否参加过团体咨询:(1) 是　(2) 否;是否接受过个体咨询:(1) 是　(2) 否

14. 你最希望在这次活动中有所收获的方面是:________(写出最关心的三个方面的题号)

(1) 学习适应　(2) 家庭关系　(3) 职业规划和发展　(4) 人际交往

(5) 恋爱问题　(6) 了解自我,提高自信　(7) 其他(请写出):________

个人联系方式

姓名:______________　电话:______________　E-mail:__________________________

表 3-3 团体活动反馈表

团体名称： 次数： 日期： 成员姓名：

（一）我今天来参加这个团体是基于								
1. 需要的	1	2	3	4	5	6	7	好奇的
2. 自愿的	1	2	3	4	5	6	7	被迫的
3. 愉快的	1	2	3	4	5	6	7	痛苦的
4. 迫切的	1	2	3	4	5	6	7	无奈的
（二）我觉得这个团体的过程是								
1. 参与的	1	2	3	4	5	6	7	个人的
2. 渐进的	1	2	3	4	5	6	7	突然的
3. 有条理的	1	2	3	4	5	6	7	散漫的
4. 变化的	1	2	3	4	5	6	7	呆板的
5. 有目标的	1	2	3	4	5	6	7	无目标的
（三）我觉得团体的气氛是								
1. 温暖的	1	2	3	4	5	6	7	冷淡的
2. 友善的	1	2	3	4	5	6	7	敌意的
3. 支持的	1	2	3	4	5	6	7	反对的
4. 信任的	1	2	3	4	5	6	7	猜疑的
5. 轻松的	1	2	3	4	5	6	7	紧张的
6. 尊重的	1	2	3	4	5	6	7	轻视的
7. 接纳的	1	2	3	4	5	6	7	拒绝的
8. 开放的	1	2	3	4	5	6	7	封闭的
9. 安全的	1	2	3	4	5	6	7	危险的
10. 自由的	1	2	3	4	5	6	7	限制的
（四）我对这次团体内容的感觉是								
1. 有益的	1	2	3	4	5	6	7	无益的
2. 有趣的	1	2	3	4	5	6	7	无聊的
3. 适当的	1	2	3	4	5	6	7	不适当的
4. 有价值的	1	2	3	4	5	6	7	无价值的
（五）其他感受								

表 3-4　自我评价量表

姓名：　　　　　　性别：　　　　　　年级：

你认为参加成长小组以来自己在哪些方面有所改变？请填写以下各项。以刚参加时为 0，正负各有 5 点表示程度，如果未改变则为 0，如果有改变则标出改变的方向和程度。

1\.
-5　-4　-3　-2　-1　0　1　2　3　4　5
我不了解自己　　　　　　　　我很了解自己

2\.
-5　-4　-3　-2　-1　0　1　2　3　4　5
我不愿理解别人　　　　　　　　我愿意理解别人

3\.
-5　-4　-3　-2　-1　0　1　2　3　4　5
我不善与人沟通　　　　　　　　我会与人很好沟通

4\.
-5　-4　-3　-2　-1　0　1　2　3　4　5
我不能控制情绪　　　　　　　　我能控制情绪

5\.
-5　-4　-3　-2　-1　0　1　2　3　4　5
我总是紧守自己的秘密　　　　　　　　我乐于与他人分享

6\.
-5　-4　-3　-2　-1　0　1　2　3　4　5
我总是以自我为中心　　　　　　　　我总是关怀别人

7\.
-5　-4　-3　-2　-1　0　1　2　3　4　5
我无责任感　　　　　　　　我有责任感

8\.
-5　-4　-3　-2　-1　0　1　2　3　4　5
我总是怀疑自己的能力　　　　　　　　我总是相信自己

9\.
-5　-4　-3　-2　-1　0　1　2　3　4　5
我不合群　　　　　　　　我乐于交友

10\.
-5　-4　-3　-2　-1　0　1　2　3　4　5
我不喜欢自己　　　　　　　　我完全接纳自己

三、 团体实施

【单元一:相逢是首歌】

目标:团体成员初步相识;培养团队凝聚力和信任感;建立团体契约;帮助成员练习人际交往技巧。

内容与操作:

目的:热身,让成员通过游戏和身体接触减少陌生感。 时间:约10分钟。	1. 相识接龙 操作:全体成员先围成圈站立,待领导者示范后开始游戏。成员可以去结识团体中任何一个人,步骤是:两人同时伸出右手,拇指相对,旋转之后握手,嘴里念道:"以前不认识,今天见到你,让我们握个手,我叫××(说出姓名)。"如果两人以前认识,则可以说:"以前就认识,今天见到你,先来握个手。"然后二人猜拳,输了的人站到赢家身后,双手搭在其肩上,跟随赢家。赢家再去找新的人相识。以此类推,成员之间彼此接龙,最后会一个搭一个地形成一条长龙。
目的:热身,消除成员的陌生感。 时间:约10分钟。	2. 偶像哈哈镜 操作:成员重新围成大圈,给相识接龙中最后的赢家(龙头)一个做偶像的机会,让其表演一个自己的经典动作,其他成员依次模仿这个动作,而且必须有所创新。
目的:热身,让成员通过游戏和身体接触减少陌生感,同时体会团体对个人的重要性,增强团体凝聚力。 时间:约15分钟。	3. 无家可归 操作:开始时让全体成员围圈手拉手,充分体会大家在一起的感觉。然后,领导者说"变,4个人一组",成员必须按照要求重新组成4人组,形成新的"家"。或者再说别的数字,成员按规定数字再组成新的"家"……请那些没有找到家的人谈谈游离在团体之外的感受,大多会谈到"孤独""孤单""被抛弃""没依靠""失落"等。也可以请团体成员分享和大家在一起的感觉,大多会表达"温暖""有力量""安全""踏实"等。领导者可以多次变换人数,让成员有机会去改变自己的行为,积极融入团体,让成员体验有家的感觉,体验团体的支持,从而更加愿意与团体在一起。
目的:让成员彼此相识,建立互动关系。 时间:约5分钟。	4. 滚雪球:知你知我 操作:领导者先让成员在房间里自由漫步,见到其他成员,微笑着握握手。给一定时间让成员自然相遇,鼓励成员尽可能多地与其他人握手。当领导者说"停",每个成员面对或正在握手的人就成了朋友,两人一组坐下,互相做自我介绍。介绍的内容包括:姓名、身份、性格特点、兴趣爱好等个人资料。每人约2分钟。领导者要鼓励成员尽量记住对方的信息。

续表

目的:扩大交往圈,让更多的成员相识。 时间:约 10 分钟。	5. 滚雪球:对对碰 操作:刚才自我介绍的两个组合并,形成四人一组,他者介绍。每位成员将自己刚才认识的朋友向另外两位新朋友介绍,每人 2～3 分钟。
目的:进一步扩大交往范围,引发个人参与团体的兴致,让更多的成员相识。 时间:40 分钟。	6. 滚雪球:循环自我介绍 操作:两个 4 人小组合并,8 人围圈而坐。从其中一个人开始,每人用一句话介绍自己,一句话中必须包括五项内容:姓名、专业、家乡、年级、一个与众不同的特征。规则是:当第一个人说完后,第二个人必须从第一个人开始讲起,第三个人一直到第八个人都必须从第一个人开始讲起,这样做使全组注意力集中,相互有协助他人表达完整正确的倾向,而且在多次重复中,不知不觉地记住了他人的信息。(可以根据成员总数调整每组的人数。)
目的:让成员通过助人与受助的体验,增强对他人的信任与接纳。 时间:约 60 分钟。	7. 信任之旅 准备:领导者事先要选择盲行路线,最好道路有一定阻碍,如上楼、下坡、拐弯、室内外结合等。每人准备蒙眼睛的眼罩或者头巾。 操作:让团体成员围成内外两个圈,内圈做"盲人",外边做"拐棍"来帮助"盲人",两人一组("盲人"不知"拐棍"是谁)。"盲人"原地转三圈,暂时失去方向感,然后在"拐棍"的搀扶下,沿着领导者选定的路线,带领"盲人"绕室外练习。其间"拐棍"不能讲话,只能用手势、动作帮助"盲人"体验各种感觉。练习结束后两人坐下交流当"盲人"和"拐棍"的感觉,并在团体内交流。然后互换角色,再来一遍("盲人"和"拐棍"的组合可以改变),再互相交流。交流讨论集中在以下几个方面:对于"盲人":你看不见后是什么感觉?使你想起什么?你对你的伙伴的帮助是否满意,为什么?你对自己或他人有什么新发现?对于"拐棍":你怎样理解你的伙伴?你是怎样想方设法帮助他的?这使你想起什么?……
目的:为保证团体正常发挥功能,实现团体领导者与成员之间的相互尊重与配合,建立团体成员需要共同遵守的契约和规范。 时间:约 30 分钟。	8. 讨论团体契约 准备:团体领导者准备一些 A4 大小的白纸,以及大白纸两张,黑色粗白板笔一支。 操作:把团体成员分成几组(每组七八个人),发给每个组一张 A4 纸,让组内成员头脑风暴,共同探讨团体规范,并在规定时间内(5 分钟)尽可能完善地写出许多条团体契约。之后领导者请每个组派代表宣读本组的规范,并强调保密、守时、不可身体攻击等原则,鼓励团体成员对规范提出自己的建议。最后用黑色粗白板笔把团体规范写在大白纸上。团体契约建立后请每位成员在写有契约的大白纸上签下自己的名字。 注:此后每次团体活动时都将契约挂于活动室内,可强化成员对契约的重视。

续表

目的：培养人际交往中的观察技巧，提升成员的自信和感情，增强团体凝聚力。 时间：伴随整个团体。	9. 爱心小天使 准备：一些小纸片，现场发给每个成员，让其写上自己的名字并做成签。 操作：事先把成员的名字做成签，请成员抽签（如果抽到自己的名字则重新抽），每个成员将抽到另一个成员的名字。在整个团体活动的过程中，所有成员要扮演爱心小天使，默默守护自己抽到的那位同学。领导者可以启发成员如何去做好爱心小天使，比如积极关注那位同学，多给他鼓励和帮助；多观察他，看他在团体活动中的变化和成长；在活动间隙，给他一杯水或者一句问候；写一些问候的纸条，表达自己对他的关心。以后每次活动开始，领导者都会留出一些时间当众宣读成员们偷偷送上的纸条，播撒小天使们送出的祝福。但必须注意的是，爱心小天使自始至终不能暴露自己的身份。
时间：约 5 分钟。 注：作业为组成团体活动并达到团体目标和效果的重要内容之一。	10. 布置作业 准备："独特的我"习作纸，见练习 3-1-1；"我的素描"习作纸，见练习 3-1-2。 操作：将作业发给每位成员一张，并对成员不明白的地方进行解释，请成员在下次活动时将完成好的作业带来。

练习 3-1-1

独 特 的 我

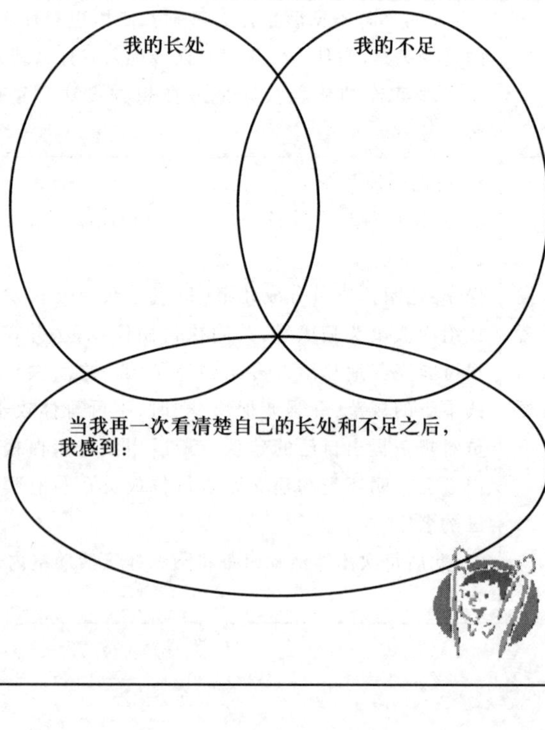

练习 3-1-2

我的素描

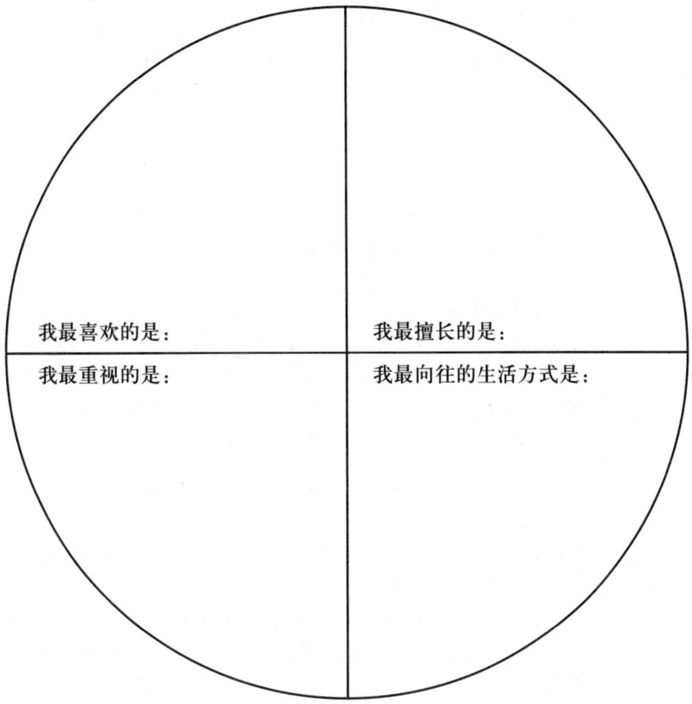

【单元二:感恩的心】

目标:引导成员认识和接纳自我;用感恩的态度去认识和接纳身边的人和环境。

内容与操作:

目的:让成员体验关爱他人和被关爱的感受,增进团体凝聚力。	1. 播撒爱心祝福 操作:在活动开始前,让成员将写好的祝福纸条集中放到某处,领导者当众宣读纸条,并把他们交给被祝福对象。 注:这个环节有热身作用,让成员满怀感激之情地开始活动。
目的:集思广益,团体合作,创新思维,努力尝试,增进团体凝聚力和成员感情。 时间:约 15 分钟。 注:进行该活动时要注意安全。	2. 同舟共济 准备:每组一张大报纸,可视为大海中的一条船,每组八人。 操作:练习开始时,领导者要求将报纸铺在地上,代表汪洋中的一条船,现在,需要团体成员八人同时站在船上,一个也不能少,必须同生死共命运。随后让成员们想方设法,使全体成员同时登上船。行动之前团体可以充分讨论,拿出最佳方案。常常会出现成员同心协力、集思广益,采用人拉人、人背人、叠罗汉等各种方法,体现团体的合作。当成功完成任务后,领导者可以要求将面积减半,继续实验,完成后可以继续将面积减半。随着难度增加,成员的努力也会越来越加强,团体的凝聚力空前提高。练习的过程中成员会忽略性别、年龄等因素,全组一条心,练习的结果常常出乎成员们的想象。成员创造性地发挥全组智慧,也充分体会团结合作的力量。

续表

目的：帮助成员了解自我，了解他人。 时间：约15分钟。	3. 独特的我、我的素描 操作：分享作业“独特的我”和“我的素描”。两个习作分别探讨了个人的优缺点和价值取向。分小组讨论，每组7～8人，先轮流分享“独特的我”，然后再轮流分享“我的素描”。最后各小组派代表在大组分享。成员可能会发现每个人都是独特的，有不同的价值观，同时也有共性的东西；而每个人都有优点和缺点，缺点并不可怕，而且缺点和优点有时候并不是绝对的。
目的：通过美文向成员传达自信自爱的生活态度。 时间：10分钟。	4. 阅读材料——塑造成功的自我形象 准备：“塑造成功的自我形象”习作纸（见练习3-2-1）。 操作：给每人发一张阅读材料，可以让大家一人轮流读一句。
目的：让成员用接纳和感恩的态度去对待自己的重要他人。 时间：约40分钟。	5. 感恩人世间 操作：让成员分享“感恩人世间”的习作，见练习3-2-2，按照习作顺序，先一起分享“父母”的部分，然后是同学……最后大家一起分享完成习作的感受和如何用具体行动去感谢。 注：如果时间不够，可以让大家选择最想感谢的人进行分享。
目的：温暖团体的气氛，增强团体的凝聚力，让成员在音乐和手语操中体验感恩。 时间：约10分钟。	6. 手语操：《感恩的心》（作词：陈乐融　作曲：陈志远） 准备：磁带，歌词。 操作：全组围圈，领导者说明希望大家能用一颗感恩的心去面对周围的人和事，去面对生活中的一切。讲授歌词的含义和手语操的动作，让成员跟着模仿。然后跟着音乐，边唱边做边体会。所有的人都做动作，团体气氛热烈亲密，增强了团体成员的亲密感，加深了对感恩这一态度的体验和理解。
目的：为贫困生树立正面榜样，提高学生的自信。	7. 布置作业 操作：让成员从网络、报纸或现实生活中寻找一个自强不息的优秀贫困生例子，并想想对自己有什么启发。

练习 3-2-1

塑造成功的自我形象

成功来自于对自我形象的肯定，
也基于他人的关怀、爱护，以及坚持不懈的信心。

通向成功的道路是一条拾级而上的阶梯，
只有那些从内心肯定自我、珍视自我的人，
才会赢得更多的来自他人的爱护。
而成功则是使自我的潜能和期望得以实现的过程。

爱惜自己，并在自强不息的努力中改变自己，

使自己的身体、心智、精神都在探索中得到净化,
我们的精神才能得到升华,
成功的光环才会在我们头顶照亮。

认识自己,了解自己,接纳自己,
相信自己,爱自己,完善自己;
认识他人,理解他人,关心他人,
寻求更多的支持,以追求卓越的精神来不断创造,
胜利的奖杯一定属于你!

练习 3-2-2

感恩人世间

人物	我欣赏的优点	我要感谢你(你们),因为……
父亲		
母亲		
同学(朋友)		
老师		
其他(你的重要他人)		

完成了上面的内容,你有什么感受?

____

____

你决定用哪些方式来表达感谢呢?

____

____

【单元三:贫穷贵公子】

目标:引导成员怀着感恩之心认识和接纳贫困;了解自我优势,提高信心。

内容与操作:

目的:让成员体验关爱他人和被关爱的感受,增强团体凝聚力。	1. 播撒爱心祝福 操作:在活动开始前,让成员将写好的祝福纸条集中放到某处,领导者当众宣读纸条,并把他们交给被祝福对象。 注:这个环节有热身作用,让成员满怀感激之情地开始活动。
目的:团体合作,靠集体的力量解决困难,体会团队支持对个人的意义和重要性。 时间:约15分钟。 注:进行该活动时要注意安全。	2. 解开千千结 操作:领导者把成员分成几组(每组约十人),让每组成员手拉手成为一个圈,看清楚自己的左手边和右手边分别是谁,确认后松手,在圈内自由走动。之后领导者叫停,成员定格,位置不动,伸手拉刚才拉过的那个人的左手和右手,从而形成许多结或扣。成员不能松手,但可以钻、跨、绕。要求成员设法解决难题,恢复到第一次拉手时的状态。练习需要成员有耐心,互相配合,齐心协力。当排除困难、解决问题时,请成员分享活动的感受。成员常常会主动谈出对团体互助的感受,体会和确认团体合作的重要性。
目的:为贫困生树立正面榜样,提高学生的自信。 时间:约15分钟。	3. 分享作业:优秀的贫困生榜样 操作:成员围坐成一个大圈,以自由发言的形式跟大家分享自己收集的故事,并谈谈这个故事对自己的启发。领导者可以引导大家思考和总结优秀贫困生成功的原因和经验,比如自信、坚强、乐观、心态良好,等等。根据时间控制发言的人数,不一定所有人都要分享。
目的:让成员理性地分析贫困带给自己的优势和劣势,学会用接纳和感恩的态度去面对贫困。 时间:约40分钟。	4. 感恩贫困 准备:“感恩贫困”习作纸(见练习3-3-1)。 操作:让成员填写并分享“感恩贫困”的习作,先让成员分小组分享(每组7~8人),最后领导者引导大家在大组交流。不光要梳理出贫困带来的优势和劣势,更要分析发扬优势、克服劣势的具体方法。要注意强调感恩的态度。
目的:让成员通过团体互动充分探索自身的优势,并思考如何利用和发挥优势。 时间:约40分钟。	5. 我的百宝箱 准备:“我的百宝箱”习作纸(见练习3-3-2)。 操作:让大家填写习作。一共要填写三个部分:“美丽心愿”部分可以填一个自己最想实现的愿望,最好是长远一些的愿望;大方框就是百宝箱,成员在里面尽可能多地写上自己目前拥有的财富和优势;方框和圆圈之间的直线代表通过财富实现心愿的途径,成员在上面写上自己如何发挥优势实现心愿。给大家约15分钟的时间填写(领导者在这个时候可以引导大家思考,百宝箱里的宝贝含义可以很丰富,不仅有物质财富,还有精神财富、情感财富、身体财富等,引导大家尽可能多地发现自己的优势)。写完之后,成员先在小组内分享,最后根据时间让每个小组派出1~2名代表在大组内分享。
目的:通过阅读材料向成员传达感恩的生活态度。	6. 发放阅读材料——每天都是恩赐 准备:“每天都是恩赐”习作纸(见练习3-3-3)。 操作:给每人发一张阅读材料,可以让大家一人轮流读一句。

练习 3-3-1

感 恩 贫 困

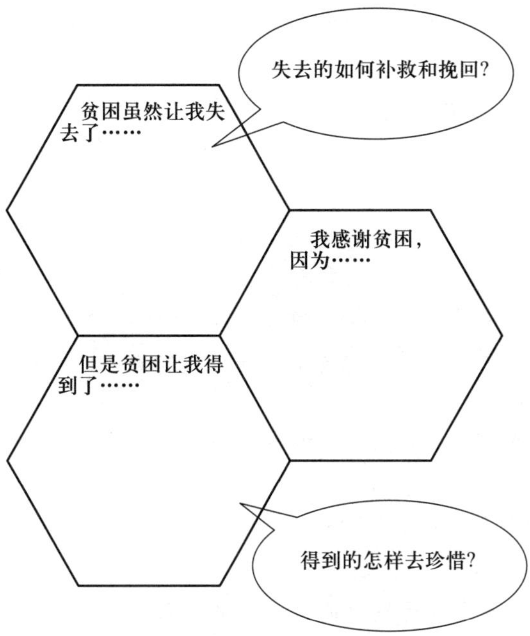

练习 3-3-2

我的百宝箱

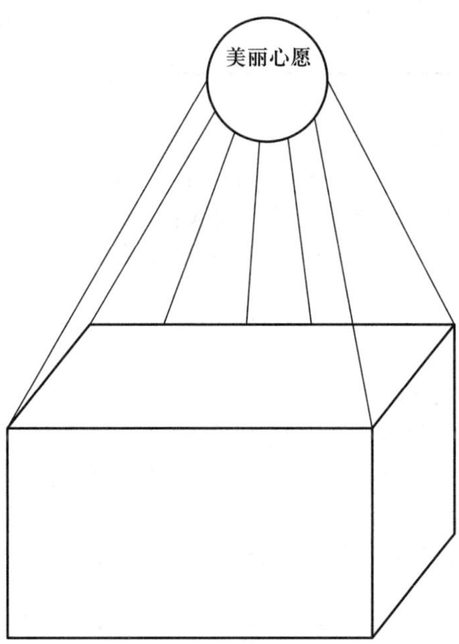

练习 3-3-3

每天都是恩赐

曾经有一个女孩这样说过:妈妈去世后我才知道做家务是多么辛苦。妈妈在世的日子里,我不曾洗过一件衣服。

当你发现人生无常的时候,你是否为自己拥有的一切而心怀感激?

我们有所爱的人,有爱我们的人;有父母的爱,兄弟姐妹、朋友、恋人或丈夫妻子、儿女的爱,这是多么难能可贵!

我们有健康的身体,可以做自己喜欢做的事,吃自己喜欢的东西,这是多么幸福!

我们有睡觉的地方,有一个可以歇息的怀抱;每天早上醒来可以呼吸一口新鲜的空气;可以看到蔚蓝的天空、朝露、晚霞和月光,这一切原来不是应得的!

我们有一颗乐观的心灵,有自己喜欢的性格和外表,有自己的梦想,可以听自己喜欢的歌。这一切都是恩赐!

当我们拥有时,我们总是埋怨自己没有些什么;当我们失去时,我们却忘记自己曾经拥有些什么。

我们害怕岁月,却不知道活着是多么美好。我们认为生存已经没有意思,却忘记许多人正在生死之间挣扎。

什么时候,我们才会为自己拥有的一切心怀感激?

【单元四:美丽心情】

目标:引导成员体验认知行为疗法;学习改变不合理认知,培养积极理性的认知方式。

内容与操作:

目的:让成员体验关爱他人和被他人关爱的感受,增强团体情感和凝聚力。	1. 播撒爱心祝福 操作:在活动开始前,让成员将写好的祝福纸条集中放到某处,领导者当众宣读纸条,并把他们交给被祝福对象。 注:这个环节有热身作用,让成员满怀感激之情地开始活动。
目的:热身,提高团体凝聚力,拉近成员间的心理距离,为下面的分享和讨论活动创造活跃氛围。 时间:约10分钟。	2. 信任圈 操作:全体成员围成圆圈向心站好。相隔的成员搭起肩膀,将左右两边与自己相邻的成员架起。要求:被架起的成员必须全部做到双脚离开地面。保持这种形态不变,整个团体转动一整圈,然后互换角色,支撑的成员变为被架起的成员,再次体验一遍。适当分享感受。

续表

目的:让成员觉察自己常见的负面情绪,和大家分享。 时间:约 30 分钟。	3. 情绪遥控器(前半部分) 准备:每人一张"情绪遥控器"习作纸(见练习 3-4-1)。 操作:让成员围坐成一个大圈,填写"情绪遥控器"习作的前三栏:在"烦恼的事"上写出三件最近比较困扰自己的事情,最多写三件;在"情绪脸谱"上针对每件事,画出相应的表情,表示这件事情引起的情绪;在"我思我想"部分针对每件事,挖掘情绪背后的认知,写出引起这种情绪的想法和观点。大家都写好后,以自由发言的形式邀请一些成员在大组内分享。主要依照填写的内容,讲讲最近都有什么烦心事,它引起的情绪是什么,情绪背后的想法是什么。 注:为了方便成员理解,习作上列出了一个例子,领导者可以做一些解释。在活动中,有些成员填写"我思我想"部分可能有困难,或者没有真正觉察自己隐藏在情绪背后的认知。领导者可以在分享的过程中示范和促进成员思考。
目的:帮助成员认识自身存在的非理性信念,寻找替代性的合理认知方式。 时间:约 30 分钟。	4. 遭遇非理性 准备:每人一张"常见非理性信念"阅读材料(见练习 3-4-2)。 操作:向成员介绍常见的三类非理性信念,并简单做出解释。让成员轮流阅读材料上的例子,一人读一条,并谈谈对例子的理解,此时团体成员可以进行讨论和反馈。学习完材料之后,领导者邀请团体中的几位成员讲一件自己烦恼的事,并尝试寻找"我思我想"中存在的非理性信念。一位成员描述后,其他成员针对其所述内容提出支持或反对的观点,以及补充意见。 注:尽量在实例中帮助成员理解非理性信念。
目的:帮助成员练习理性情绪自助训练,认识自己和他人存在的非理性信念,并互相帮助,寻找替代性的合理认知方式。 时间:约 60 分钟。	5. 情绪遥控器(后半部分)——热座 准备:每人一张"情绪遥控器"习作纸(见练习 3-4-1)。 操作:将成员分成几个组(每组 7~8 人),小组成员围圈而坐,共同完成"情绪遥控器"习作的后半部分。步骤类似"热座":首先每个成员在自己的习作上完成"找错误"和"情绪遥控器"部分,即寻找自身的非理性认知,并且尝试用理性和积极的认知方式进行替代;接着,成员将自己完成的习作向左传,同时会接到右边同学传来的习作,成员帮助其完成后半部分,重点填写"情绪遥控器"部分;以此类推。活动过程中,每位成员将给小组中的所有人"找错误"和"寻找合理认知"。 　　这个活动既可以发挥团体力量,让每个人的问题获得多种解决方法,又可以让成员实践理性情绪自助方法,练习发现不合理信念,并尝试寻找合理信念来替代。

练习 3-4-1

情绪遥控器

烦恼的事	情绪脸谱	我思我想	找错误	情绪遥控器(找积极的理由)	目标
例: 没钱		别人都看不起我	“都”太泛化和绝对	金钱不是友谊的基础,没钱的时候刚好能鉴别谁是真朋友	

练习 3-4-2

常见非理性信念

分类	解释	举例
绝对化要求	人们以自己的意愿为出发点,认为某一事物必定会发生或不会发生。这种信念通常与“必须如何”“应该如何”这类字眼联系在一起	1. 每个人绝对要获得周围环境中的人,尤其是每一位生活中重要人物的喜爱和赞许 2. 对于危险和可怕的事物,人应该非常关心,要不断做出关注和思考,而且还要随时留意到它可能会再发生 3. 一个人总需要依赖他人,同时也需要一个比自己强而有力的人来让自己有所依附 4. 一个人应该关心他人的问题,也为他人的问题而悲伤难过
过分概括化	以偏概全、以一概十的不合理思维方式	1. 一个人的过往经历往往决定了现今的行为,而且是永远不可改变的事 2. 个人有价值与否,在于他是否全能,是否在人生中每个环节都有成就 3. 世界上有些人很邪恶、很可憎,是坏人,故此应该对他们进行严厉的谴责和施以惩罚
糟糕至极	这种观念认为如果发生了一件不好的事情,那将是非常可怕的、非常糟糕的,是一场灾难	1. 当事情不如己意的时候,实在可怕,也的确悲惨 2. 要面对人生中的困难和责任,实在不容易,倒不如逃避来得省事些 3. 人的不愉快是由于外在因素造成的,所以人实在是无法控制自己的痛苦和困扰的 4. 人生中每个问题,总会有一个精确的答案,一旦得不到答案,就会很痛苦

【单元五：潇洒走一回】

目标：提高成员应对压力的能力和管理时间的能力。

内容与操作：

目的：让成员体验关爱他人和被他人关爱的感受，增强团体情感和凝聚力。	1. 播撒爱心祝福 操作：在活动开始前，让成员将写好的祝福纸条集中放到某处，领导者当众宣读纸条，并把他们交给被祝福对象。 注：这个环节有热身作用，让成员满怀感激之情地开始活动。
目的：热身活动，增强团队感情，让成员体会成长路上并非一帆风顺，挫折和艰辛是难免的。 时间：约8分钟。 注：在活动过程中要注意安全。	2. 成长三部曲 操作：在最初状态，所有成员都是鸡蛋（以蹲下为标志）；“鸡蛋”可以自由活动，与同类进行猜拳，如果赢了，就进化成小鸡（以半蹲为标志）；小鸡再与同类（只能是小鸡）猜拳，如果赢了，就进化成大鸡，如果输了，就退化成鸡蛋；大鸡再与同类（只能是大鸡）猜拳，如果赢了，就成功回到座位上，如果输了，就退化成小鸡。以此类推，每个成员直到成功回到座位才能退出游戏。领导者引导大家分享感受。每个人在成长过程中往往都不是一帆风顺的，可能经历许多挫折，但是只要坚持不懈，在经历了无数次失败之后一定可以茁壮成长，取得成功。 注：在活动过程中要注意安全。
目的：让大家理性分析自己目前所面对的压力，探寻压力源。 时间：约15分钟。	3. 我的压力圈 准备：“压力圈图”习作纸（见练习3-5-1）。 操作：让成员填写习作纸，并在小组内分享。领导者可以让成员思考以下几个问题：我目前都承受着哪些压力？这些压力哪些是近期的？哪些是长期的？哪些是较大的？哪些是较小的？这些压力的压力源是什么？（比如是自己，或者是父母，或者是社会等。）这些压力对我产生了哪些影响？（负面的或正面的影响。影响的程度如何？如果是负面的影响，是否已经有了躯体化的表现？）最后根据时间，让每个小组派代表在大组内分享。
目的：促进大家群策群力，思考和总结缓解压力的方法，同时增强团体凝聚力。 时间：约15分钟。	4. 头脑风暴：缓解压力的方法 准备：A4白纸若干张。 操作：发给每组一张A4白纸，给大家10分钟头脑风暴的时间，让每个组的成员充分讨论，写出尽可能多的缓解压力的方法。最后每个组派一名代表在大组分享，比比哪个组想到的办法最多。
目的：教给成员应对压力的方法。 时间：约10分钟。	5. 阅读材料——减压26式 准备：每人一张“减压26式”阅读材料（见练习3-5-2）。 操作：发给每人一张“减压26式”阅读材料，可以让成员每人轮流读一句。
目的：缓解疲劳，增进感情。 时间：约5分钟。	6. 互助按摩 操作：让所有成员面朝圆心站立，围成一个大圈，先左转，将双手搭在前方成员的肩上，为其按摩两分钟；然后，所有成员再向后转，给刚才为自己按摩的成员按摩两分钟。

续表

目的:帮助成员评估目前的生活规划,完成理想的时间规划,寻找从现实向理想转变的可操作方式。 时间:约 40 分钟。	7. 时间馅饼 准备:每人一张“时间馅饼”阅读材料(见练习 3-5-3)。 操作:首先请成员填写“实际的时间使用情况”。整个大圆代表 24 小时,成员以圆心为基点,划分出睡眠、学习、上网、运动、吃饭、洗漱等生活内容所占据的平均时间。填好后在团体内分享。成员往往会发现有几个小时“找不到了”,或者自己在时间分配上有很大问题,目前的生活方式不令人满意。引导成员发现被浪费的时间是否可以更有价值地被利用上。然后填写“理想的时间使用情况”,填完后再次在团体内讨论。
时间:约 30 分钟。	8. 布置作业——十年后的我 准备:每人一张 A4 白纸。 操作:请每位成员画一幅图——十年后的我,可以画上自己十年后的生活状态,在事业上、家庭上的状况等,也可以配合文字说明。强调并不是要比赛画功,大家可以自由发挥。

练习 3-5-1

压 力 圈 图

1. 在大小圆圈内写下最近生活中的各种压力(大圈代表大压力;小圈代表小压力)
2. 分组分享与交流:
(1) 你的压力来源有哪些?
(2) 每个圈给你的感觉是什么?
(3) 压力很大时你身体的感觉如何? 哪一部分不舒服?
(4) 你如何处理这些压力?
3. 大组分享与讨论。

练习 3-5-2

减压 26 式:FROM A TO Z

A	Appreciation	接纳自己接纳人,避免挑剔免伤神
B	Balance	学习娱乐巧安排,平衡生活最适宜
C	Cry	伤心之际放声哭,释放抑郁纾愁怀
D	Detour	碰壁时候要变通,无须撞到南墙头
E	Entertainment	看看电影听听歌,松弛神经选择多
F	Fear Not	正直无惧莫退缩,哪怕背后小人戳
G	Give	自我中心限制大,关心他人展胸怀
H	Humor	戴副"墨"镜瞧一瞧,苦中寻乐自有福
I	Imperfect	世上谁人能完美,尽力而为心坦然
J	Jogging	跑跑步来爬爬山,真是赛过食仙丹
K	Knowledge	知多一些头脑清,无谓担心全减少
L	Laugh	每天都会笑哈哈,压力面前不会垮
M	Management	不怕多却只怕乱,时间管理很重要
N	No	适当时候要讲"不",不是样样你都行
O	Optimistic	凡事要向好处看,无须吓得一头汗
P	Priority	先后轻重细掂量,取舍方向不难求
Q	Quiet	心乱如麻自然慌,心静如水自然安
R	Reward	日忙夜忙身心倦,爱惜自己要牢记
S	Slow Down	做下停下喘口气,不必做到脑麻痹
T	Talk	找人聊聊有人听,被人理解好开心
U	Unique	人比人会气死人,自我突破最要紧
V	Vacation	放放假或充充电,活力充沛展笑脸
W	Wear	穿着打扮用点心,精神焕发心情好
X	X-ray	探寻压力的源头,对症下药有计谋
Y	Yes,I can	相信自己有潜能,勇往直前步青云
Z	Zero	从零开始向前看,每日都是新起点

资料来源:浸会大学学生事务处辅导中心编,1998;清华大学樊富珉改编,2001。

练习 3-5-3

时间馅饼

以大圈代表一天 24 小时，请按你自己现在一天的平均活动状况，在上图圈内画出比例图。如：自己一天需睡眠 8 小时，则圆的 1/3 即为睡眠占据，其余继续依自己的活动状况填入馅饼内。下图圈内画出你希望的比例图。比较一下这两个图有何区别，你打算怎样改善。请与组内成员分享。

实际的时间使用情况　　　　　　理想的时间使用情况

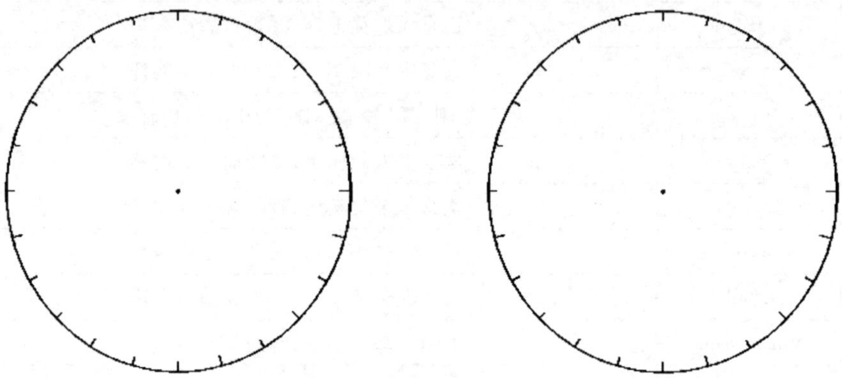

练习后我的心得：________________________________

【单元六：花样年华】

目标：处理离别情绪；引导成员思考和规划未来，自信、乐观地面对未来；结束团体辅导。

内容与操作：

目的：让成员体验关爱他人和被他人关爱的感受，增强团体情感和凝聚力。	1. 播撒爱心祝福 操作：在活动开始前，让成员将写好的祝福纸条集中放到某处，领导者当众宣读纸条，并把他们交给被祝福对象。 注：这个环节有热身作用，让成员满怀感激之情地开始活动。
目的：让成员展望未来，思考理想。 时间：约 20 分钟。	2. 分享作业：十年后的我 操作：让成员围坐成圈，轮流向大家介绍自己的画。自由发言，不一定每个同学都要讲。

续表

目的：让成员将眼光从未来收回到当下，规划大学生活。 时间：约 40 分钟。	3. 花样年华 准备："花样年华"习作纸（见练习 3-6-1）。 操作：让大家填写习作纸，并在小组内分享。需要填写几个部分：大学阶段的中心目标；大学生活的各个方面；实现生活规划的信念和行动。小组分享后每组派出代表在大组分享。
目的：学习发现别人的优点并欣赏之，促进成员的相互肯定和接纳。 时间：约 40 分钟。	4. 戴高帽 准备：几张报纸。 操作：将成员分成小组（每组 7 ~ 8 人），发给每个组一张报纸，让组员合作将其折成一顶高帽子。每个组的成员围圈而坐，请一位成员坐或站在团体中央，其他人轮流说出他的优点及欣赏之处（如性格、相貌、为人处世……）。然后被称赞的成员说出哪些优点是自己以前察觉的，哪些是不知道的。每个成员到中央戴一次高帽。规则是必须说优点，态度要真诚，努力去发现他人的长处，不能毫无根据地吹捧，这样反而会伤害别人。参加者要注意体验被人称赞时的感受如何；怎样用心去发现他人的长处；怎样做一个乐于欣赏他人的人。练习结束时，大家心情愉快，相互接纳性增高。
目的：每个成员和自己的爱心小天使相认，互相祝福，增进成员之间的感情。 时间：约 30 分钟。	5. 爱心小天使 操作：大家围坐成圈，将一把椅子摆在圆圈中央。随便请一位成员坐到椅子上（可以选择年纪最小的，或者采取别的选择方式产生），猜猜自己的小天使是谁，说出为什么，然后闭眼，这位成员的小天使做出飞翔的姿势来到椅子背后，成员睁眼，与小天使相认，并互相问候和祝福。相认结束后，成员回到座位，他的小天使坐到椅子上，猜测自己的小天使，重复前面的过程。以此类推。如果这种接替顺序中途中断，则任选一位成员坐到椅子上，继续游戏。
目的：温暖团体气氛，增进团体信任和凝聚力，在积极良好的氛围中结束团体辅导。 时间：约 10 分钟。	6. 合唱《阳光总在风雨后》（作词：陈佳明　作曲：陈佳明） 准备：播放音乐，每人一张歌词。 操作：全体成员站立并围成一个圈，肩搭肩。领导者解释歌词，并祝福大家，希望大家在风雨之后都能见到彩虹和阳光，合唱歌曲。在歌曲的间奏阶段让每位成员说一句送给大家的话。 结束团体辅导。

练习 3-6-1　　花样年华(大学生活规划图)

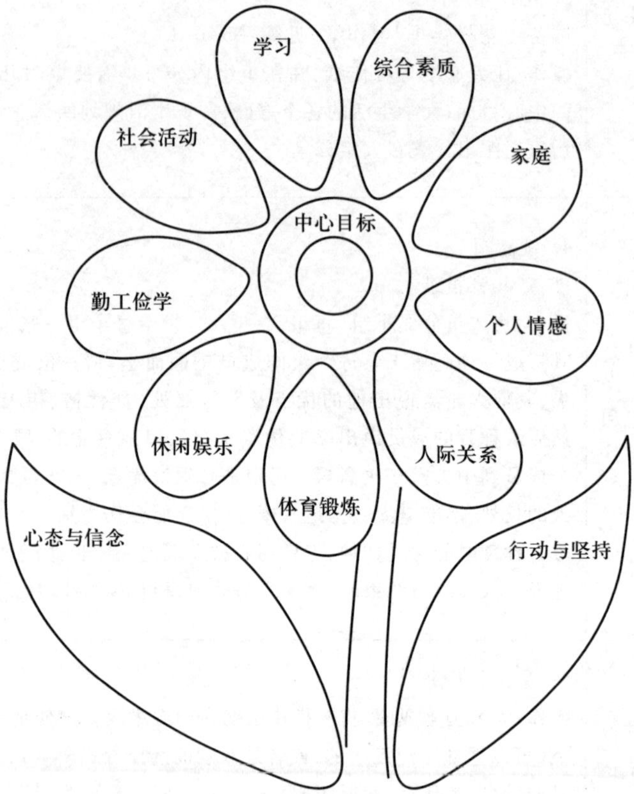

【备选活动】

在实际带领团体时,因为时间的关系可能需要减少或者增加一些热身活动,下面提供一些备选活动供大家参考。

目的:热身活动,让成员体验团体的重要性。消除成员彼此间的陌生感 时间:约 15 分钟	1. 松鼠与大树 操作:三人一组,两个人双手拉成圈,将另一个人包围起来,圈中的人是松鼠,围圈的两个人是大树。当领导者喊"松鼠"时,所有大树不动,松鼠换位到别的大树中;当领导者喊"大树"时,所有松鼠不动,两个大树解体,重新和别的大树组合,包围新的松鼠;当领导者喊"地震"时,所有松鼠和大树变换角色,重新组合。这时候会多出来一些"松鼠"无家可归,领导者可以随机应变安排一些惩罚措施,或者让其分享感受。

续表

目的:打开话匣子,练习沟通,让成员尽快相识,思考和了解彼此的价值观。 时间:约 20 分钟。	2. 循环沟通 操作:成员 1、2 报数,分成两组,里一圈、外一圈,里圈面朝外,外圈面朝内,一一对应,面对面而坐,交流 2 ~ 3 分钟。交流的主题根据领导者的指示来定。领导者叫停,里圈不动,外圈站起来,向右挪一位,坐下继续与新的朋友交流下一个话题。如此循环往复,一圈下来,认识了不少人。这种方法有点强制谈话,变化很大且快,成员常常很兴奋。这个活动一举两得,一方面让成员迅速相识,另一方面让成员觉察自我价值观,并得到他人的反馈。但是这个活动人数不宜太少或太多,太少不成圈,太多时间花费多,一圈 10 ~ 15 人较好。 注:交流的话题领导者可以自己设计,或者是让成员自我介绍,或者是回答一些有趣的问题,可以参考练习 3-B-1。
目的:热身,让成员互相配合,增进感情。 时间:约 10 分钟。	3. 午睡起来做午操 操作:领导者示范给大家看,然后小组成员互相配合完成。 口诀:做午操嘞,做午操嘞,午睡起来做午操嘞。 先用大拇指做,然后用手掌做,然后用胳膊做,最后两两配合用整个身体做。(动作略。)
目的:让成员觉察使用时间的状况,学习管理时间。 时间:约 30 分钟。	4. 时间流水账 准备:"时间流水账"习作纸(见练习 3-B-2)。 操作:让大家填写习作纸,计算每天、每周在各种生活事件上花费的时间,觉察自己的时间管理状况,与小组成员分享,思考节约时间的方法。
目的:增进彼此合作,建立信任感,培养团体气氛。 时间:约 25 分钟。	5. 信任跌倒 操作:每组围圈,邀请一位成员到中间,其他成员手拉手围圈。练习开始时,圈内人闭上眼睛,自发舒适地倒向任何一方,其他成员必须手挽手,形成保护圈给予保护,不能让圈内人摔倒。他往哪儿倒,团体就往哪里去接住他,给予保护,将他推到中间的位置。如此倒下、接住,使中间的成员从紧张到很放松。可以换人到圈内去体验。

练习 3-B-1

循环沟通问题集锦

1. 如果每天突然多出来两个小时,我会用它做什么?
2. 如果我突然有五百万元,我会怎么使用它?
3. 如果我突然有三个月假期,我会怎么使用它?

4. 如果我可以选择世界上任何一个角落,我会选择去哪儿居住?
5. 如果我的宿舍突然着火,而我只可以抢救三样东西,那么我会抢救什么?
6. 三十年后,我希望自己在什么地方?做些什么?
7. 如果我的生命只剩下一个月,我会做些什么?
8. 临死前,如果我还可以说三句话,我会说些什么?对谁说?
9. 我死后,希望我的墓志铭上写着什么?
10. 一百年后,当我在天堂俯瞰世界时,我希望能看到什么?

练习 3-B-2

团体练习:时间流水账

事情	每天花费时间	每周花费时间	备注
睡眠(包括午睡)			
吃饭(每日三餐)			
个人卫生 (洗漱、洗衣、洗澡)			
上课			
自习和作业			
上网			
阅读报纸杂志			
运动锻炼			
娱乐(看电视等)			
社团和社会活动			
朋友聚会(聊天等)			
打电话发短信			
其他			
总计	24 小时	168 小时	

主要参考文献

1. 樊富珉. 团体心理咨询[M]. 北京:高等教育出版社,2005.

2. 樊富珉. 团体咨询的理论与实践[M]. 北京:清华大学出版社,1996.

3. 诺斯拉特·佩塞施基安. 积极心理治疗:一种新方法的理论和实践[M]. 白锡堃,译. 北京:社会科学文献出版社,2004.

4. Seligman, M. E. P., Csikszentmihalyi, M. Positive psychology: An introduction[J]. American Psychologist,2000.

5. Seligman,M. E. P.,Steen,T. A.,Park,N.,& Peterson,C. Positive psychology progress: Empirical validation of interventions[J]. American Psychologist,2005.

6. 任俊. 积极心理学[M]. 上海:上海教育出版社,2006.

7. 克里斯托弗·彼得森. 积极心理学[M]. 徐红,译. 北京:群言出版社,2010.

8. 芭芭拉· 弗雷德里克森. 积极情绪的力量[M]. 王珺,译. 北京:中国人民大学出版社,2010.

9. 何瑾,樊富珉. 团体辅导提高贫困大学生心理健康水平的效果研究——基于积极心理学的理论[J]. 中国临床心理学杂志,2010,18(3):397-400.

专题四

让我们扬帆起航:大学新生生涯规划团体辅导[①]

樊富珉

这是一位大学新生给樊老师的来信,述说了自己找不到未来发展方向的烦恼,以及强烈渴望有人可以协助他规划前途的愿望:

一直以来都是按别人给安排的路走。上大学前选择专业时不知所措,上了大学对自己的发展很迷茫,对今后的职业定位和抉择很困惑。上大学之前我对生涯规划没什么概念,几乎从没想过我的未来是什么样的。十几年来唯一的心愿,就是从父母那儿遗传下来的对繁华大都市的期盼。随着年龄增长,我的学习成绩一直很好,父母亲友都觉得快熬出头了,我就是他们的希望啊,他们对我都特别好。我也春风得意,相信自己有一个美好的未来,但具体是什么样的却从没想过。从上小学开始便是按照社会上公认的最好的道路走下去,小学拔尖、重点初中、重点高中、高考大捷……走出了优越也走出了压力,却也越走越迷茫。考虑专业时才发觉,我喜欢过不一样的生活,享受多味人生。于是我选了对我来说完全陌生的管理专业,据说这个专业是最轻松的,学生有时间去学习专业以外的各种知识。我的专业就这样草率地定下了,如同一场赌局,前途未卜,希望缥缈,我也迷茫。上大学以后看到有些学生已经开始做兼职,大二就准备分专业,大四一开学就制作简历、关注各种招聘信息了。原来远在天边的事业,瞬间变得很现实,仿佛就摆在眼前,伸手就可以抓到。我将去向何方? ……我在盲目地出发后,渴望有人能帮我理一理头绪,规划前途。

职业生涯规划指的是一个人主动地、自觉地对其一生中所承担的职务及其发展历程进行预期、计划,并根据变化进行调整。生涯规划是每个人一生都要面对的重大课题。大学生正处在对个体职业生涯的探索阶段,这一阶段对职业的选择对大学生今后职业生涯的发展有着十分重要的意义。生涯规划的目的绝不仅是帮助个人按照自己的资历、条件找到一份合适的工作,达到与实现个人目标,更重要的是帮助个人真正了解自己,为自己定下事业大计,筹划未来,拟定一生的发展方向。对自己职业生涯的规划就是将自己的理想化为现实的人生,把对未来事业发展的预期转变为明确的行动步

① 本方案是作者为清华大学新生研讨课专门设计的,目的是带领新生探索自己未来的人生目标与职业理想。

骤。但是，目前的教育制度和考试模式常常导致大学生在入学前一心只想考出好成绩，上心仪的大学，进入大学后，大多数学生都会出现迷茫、困惑、徘徊、犹豫，不知道自己喜欢什么，不知道自己能做什么，不知道社会需要什么样的人才，不知道自己所学专业将来可以在哪些领域发挥作用，以致到大四求职择业时面临许多困惑，遭遇许多挫折。大学不仅要教给学生专业知识和技能，更要协助每一个学生找到适合自己的发展方向和职业领域。团体辅导的方式能够针对大学生的共性问题进行发展性教育和引导，具有其独特的优势。本团体辅导是针对大一新生从入学后开始的生涯探索而设计的。实践证明，该团体辅导方案适应面广，辅导效果好，可以在高校推广和应用。

一、　团体理论

（一）帕森斯的特质因素理论

职业生涯辅导的先驱者是弗兰克·帕森斯（Frank Parsons），后人称之为“职业辅导运动之父”。1908 年，帕森斯在美国波士顿成立了世界上第一个职业辅导机构，1909 年，他所著的《职业选择》（*Choosing a Vocation*，1909）一书出版，这是世界上最早的职业指导书籍之一。《职业选择》一书详尽地叙述了系统职业辅导的指导思想和技术。帕森斯概括了职业辅导的三个要素：① 清楚地了解自己的态度、能力、兴趣、智谋、局限和其他特性；② 了解有关职业的知识与信息，即成功的条件及所需知识，在不同工作岗位上所占有的优势、不足和补偿、机会和前途；③ 上述两个条件的平衡，即根据自身条件及职业信息恰当地判定职业方向。因此，个人选择职业的关键，就在于个人的特质和特定行业的要求条件相配。这种方法被称为特质因素理论（trait-and-factor theory），是大专院校中许多职业辅导方案的基础。

（二）霍兰德的类型理论

霍兰德（John L. Holland）是著名的职业心理学家。他的类型理论的基本假设是：第一，同一种职业吸引具有相同经验和人格的人，职业选择是人格特质在职业中的体现。第二，人格特质与职业都可以分为六类：实际型、研究型、艺术型、社会型、企业型和常规型；第三，六种类型依其之间的相似程度构成一个正六边形；六种类型之间距离越近，相似程度越高，见图 4-1。第四，人格特质与职业类型之间的一致性决定了工作上的适应、满足与成就。

霍兰德认为，一个人如果知道自己的人格类型和职业类型，就可以预测自己的职业选择、工作变换、职业成就和教育及社会行为。个人的工作满意度、职业稳定性和职业成就感取决于个人人格特质和职业类型之间的适配度。

（三）舒伯的生涯发展理论

舒伯（Donald Super）把职业生涯的发展看成一个持续渐进的过程，一直伴随个人的一生。舒伯提出一个人在一生的职业发展过程中要经历五个阶段：成长阶段、探索阶段、建立阶段、维持阶段、衰退阶段。职业发展的五个阶段并不完全和年龄相关，而且各阶段之间并不存在严格的界限，可能有交叉，在人生中的不同时期，都可以经历由这五个阶段

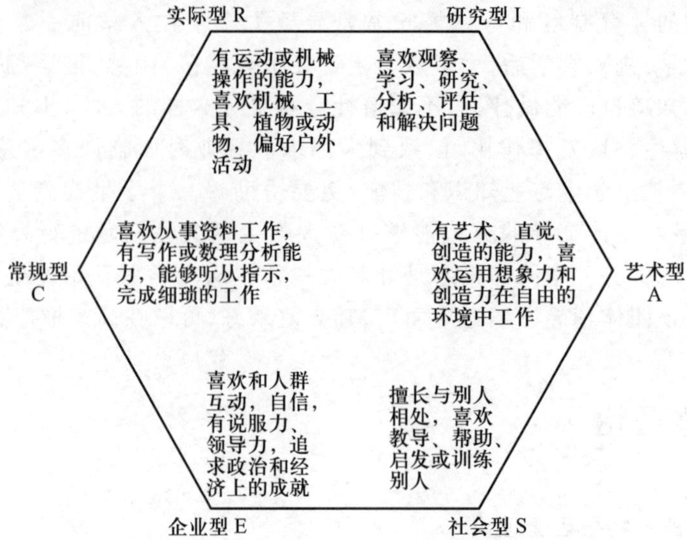

图 4-1　霍兰德六边形理论

构成的一个"小循环"。例如,一个大学生在大学期间对大学生活的适应要经历一个成长、探索、建立、维持、衰退的过程,而大学生活中的"衰退",又是社会职业活动的开始,又要经历一个新的五个阶段的过程。人生的每一个发展历程的结束都是下一个历程的开始,而且为下一个循环做了准备。职业生涯发展是一个循环往复的过程。大学生正处于生涯探索期和建立期之间的转换阶段,主要的发展任务就是通过探索,发现自己及工作世界,包括有关工作或工作世界的资料及信息,结合对个人需要、兴趣、人格、价值观、工作角色及能力的深入了解,从而为未来的职业生涯发展确立明确的目标和方向。

二、团体设计

(一) 团体成员招募与甄选方式

本辅导方案基本适合所有的学生。如果该辅导方案列入大学课程,学生通过网络选课无法甄选,导师可以在正式上课前进行一次预备课程,介绍本课程的特点,以及团体辅导的要求,给学生一次再选择的机会,看看自己是否适合和适应这类独特的上课方式,以及是否能够遵守团体辅导的要求。

如果是课外的特定主题团体辅导,可以通过贴招募广告吸引学生报名,进行面谈甄选,判断一下想参加团体的学生探索生涯的动机,是否了解团体辅导的进行方式,以及承诺遵守团体规则的决心。

(二) 团体设置

1. 团体名称

宣传名称:让我们扬帆起航

学术名称:大学新生生涯发展与规划团体

2. 团体目标

本团体的整体目标是:辅导大学生进行职业生涯规划,提高大学生的生涯规划能力,帮助大学生根据自己的特点初步确立生涯发展的目标。

本团体的具体目标是:

(1) 促进成员进行自我探索,协助成员了解自己的个性、价值观、兴趣、能力等;

(2) 促进成员进行生涯探索,了解适合自己的职业、行业及其特点等;

(3) 协助成员进行生涯计划、时间管理,尝试规划个人的生涯发展。

3. 团体性质

本团体属于心理教育成长性团体,以成员的生涯发展为主要目标;本团体是结构性团体,每次团体活动都有明确的目标和方案设计;本团体是同质性团体,团体成员都是在校大学生,且都对生涯发展存在困惑,有强烈的探索意愿。

4. 团体时间和次数

团体共分为八个单元,每个单元为一次会面。建议每周一次,持续八周,每次团体活动时间为两小时。

5. 团体进行场所

封闭、安静的活动教室,有可以移动的椅子。

(三) 团体领导者与团体成员

1. 团体领导者及其训练背景

团体领导者一名,要求有心理咨询理论与实践的专业背景,以及个体、团体咨询的丰富经验。团体副组长(助手)兼观察员 1 ~ 2 名(视团体成员人数而定),性别最好与团体领导者形成互补,有心理学专业背景及心理咨询实践经验,参加过团体并经受过团体观察训练,在团体活动前需统一接受团体领导者的培训。

2. 团体成员

本科新生 24 名左右。由于同质性,成员有更多相似话题,也更容易投入学习和交流。成员最好在性别、专业上平衡,对生涯探索和职业规划有强烈需求,具有主动参加团体的意愿。(24 人可以根据各个单元的目标和团体练习的难易、多少,任意分成 3 人、4 人、6 人、8 人组进行讨论和分享。)

(四) 团体流程设计

单元	主题	目标	研讨与练习
一	有缘千里来相会——建立学习团队	介绍团体的目标和活动方式;建立团队;让成员相识;让成员谈谈对课程的期望;拟定团体规范	1. 面对面:生涯人物采访 2. 对对碰:介绍自己的伙伴 3. 八人组:连环自我介绍 4. 进入大学后的“五个最” 5. 讨论团体契约 6. 布置作业

续表

单元	主题	目标	研讨与练习
二	我将去向何方——生涯觉察	协助成员彼此建立信任；对生涯有初步的认识，了解理想、专业与生涯的关联	1. 相亲相爱 2. 复习团体契约 3. 交流："生涯联想"——何谓生涯 4. 讲解：生涯的特点与要素 5. 分组交流：理想与专业知多少 6. 布置作业
三	我是谁——认识我自己	协助成员了解自己的个性，接纳自己	1. 分享专业访谈的心得 2. 小小动物园 3. 自我盾牌
四	喜欢与所能——探索兴趣与能力	协助成员了解自己的兴趣、能力以及兴趣、能力与职业、休闲以及个人发展的关系	1. 继续分享专业访谈的成果 2. 我最喜欢做的事清单 3. 自我生涯状态和能力评估表 4. 布置课后作业：霍兰德 SDS 职业自我探索
五	我想要什么——价值观探索	帮助成员了解生涯规划的影响因素，澄清个人的工作价值观	1. 讲故事——小猴觅豆 2. 探讨人为什么要工作 3. 人生价值拍卖 4. 价值观探索
六	行行出状元——了解职业偏好	让成员初步探索工作的世界，了解自己的职业偏好	1. 我所熟悉的职业 2. 我想从事的职业 3. 工作选择衡量表 4. 布置课后作业：撰写个人简历
七	做生活的主人——时间管理技术	协助成员更高效地掌握及运用时间，在学习与生涯规划上掌握主动	1. 管理时间、运用时间调查 2. 时间流水账 3. 时间馅饼 4. 布置课后作业：参观就业指导中心
八	我的未来不是梦——规划大学生涯与初步的职业理想	协助成员对大学生活和未来生涯发展进行初步的规划，总结在团体中所学所获，处理团体辅导结束的情绪，鼓励成员从此踏上自觉主动的生涯探索之路	1. 大学生活拼图 2. 生涯初步规划表 3. 结束与总结 4. 合唱《同一首歌》

（五）团体效果评估

自我评价量表

姓名：　　　　　　　　　　性别：　　　　　　年级：

你认为参加生涯规划团体以来自己在哪些方面有所改变？请填写以下各项。以刚参加时为0，正负各有5点表示程度，如果未改变则为0，如果有改变则标出改变的方向和程度。

1.
−5　−4　−3　−2　−1　0　1　2　3　4　5
我不了解自己　　　　　　　　　　我很了解自己

2.
−5　−4　−3　−2　−1　0　1　2　3　4　5
我不愿理解别人　　　　　　　　　　我愿意理解别人

3.
−5　−4　−3　−2　−1　0　1　2　3　4　5
我不善与人沟通　　　　　　　　　　我会与人很好沟通

4.
−5　−4　−3　−2　−1　0　1　2　3　4　5
我总是紧守自己的秘密　　　　　　　　　　我乐于与他人分享

5.
−5　−4　−3　−2　−1　0　1　2　3　4　5
我总是以自我为中心　　　　　　　　　　我总是关心别人

6.
−5　−4　−3　−2　−1　0　1　2　3　4　5
我对生涯茫无头绪　　　　　　　　　　我对生涯有了方向

7.
−5　−4　−3　−2　−1　0　1　2　3　4　5
我总是怀疑自己的能力　　　　　　　　　　我总是相信自己

8.
−5　−4　−3　−2　−1　0　1　2　3　4　5
我不合群　　　　　　　　　　我乐于交友

三、团体实施

【单元一：有缘千里来相会——建立学习团队】

目标：介绍团体的目标和活动方式；建立团队，让成员相识；让成员谈谈对课程的期望;拟定团体规范。

内容与操作:

目的:让成员彼此相识,建立互动关系,分享对团体的期望等。 时间:约 10 分钟。	1. 面对面:生涯人物采访 操作:领导者发给每个成员一个胸卡,请成员写上自己的姓名、班级和专业,把胸卡别在胸前。先让成员在房间里自由漫步,见到其他成员,微笑着握握手。给一定时间让成员自然相遇,鼓励成员尽可能多地与其他人握手。当领导者说"停"时,每个成员与面对或正在握手的人就成了朋友,两人一组坐下,互相做自我介绍。按照"生涯人物采访"(见练习 4-1-1)上的内容,每人进行约 5 分钟的访问。领导者要鼓励成员尽量记住对方的信息。
目的:扩大交往圈,让更多的成员相识。 时间:约 10 分钟。	2. 对对碰:介绍自己的伙伴 操作:刚才互相访问的两个组合并,形成 4 人一组,进行他者介绍。每位成员将自己刚才访问的朋友介绍给另外两位新朋友,每人 2 ~ 3 分钟。
目的:进一步扩大交往范围,引发个人参与团体的兴致,让更多成员相识。 时间:30 分钟。	3. 八人组:连环自我介绍 操作:两个 4 人小组合并,8 人围圈而坐。从其中一个人开始,每人用一句话介绍自己,一句话中必须包括五项内容:姓名、专业、家乡、年级、一个与众不同的特征。规则是:当第一个人说完后,第二个人必须从第一个人开始讲起。第三个人一直到第八个人都必须从第一个人开始讲起,这样做使全组成员注意力集中,相互有协助他人表达完整正确的倾向,而且在多次重复中,不知不觉地记住了他人的信息。 注:可以根据成员总数调整每组的人数。
目的:帮助学生了解自己目前的状况,通过分享找到支持。 时间:约 40 分钟。	4. 进入大学后的"五个最" 准备:进入大学后的"五个最"练习(见练习 4-1-2)。 操作:将成员分为 7 ~ 8 人一组,发给每名成员一张练习纸,让成员自己填写,写好后在组内分享自己上大学的感受。小组分享结束后,领导者组织每个组派代表在大组分享自己进入大学生活后的感受。 注:此活动的目的是促进成员的相互了解,同时寻找上大学后的相似生活感受,发现共同的问题和需求。
目的:为保证团体正常发挥功能,实现团体领导者与成员之间的相互尊重与配合,建立团体成员需要共同遵守的契约和规范。 时间:约 20 分钟。	5. 讨论团体契约 准备:领导者准备一些 A4 白纸,以及大白纸两张,黑色粗白板笔一支。 操作:把团体成员分成几组(每组 7 ~ 8 人),发给每个组一张 A4 纸,让组内成员头脑风暴,共同探讨团体规范,并在规定时间内(5 分钟)尽可能完善地写出多条团体契约,然后领导者请每个组派代表宣读本组的规范,并强调保密、守时、不可身体攻击等原则,鼓励团体成员对规范提出自己的建议。最后用黑色粗白板笔把团体规范写在大白纸上。团体契约建立后请每位成员在写有契约的大白纸上签下自己的名字。 注:此后每次团体活动时都将契约挂于活动室内,可强化成员对契约的重视。

续表

目的：布置课后作业，让学生完成下次活动中要分享的练习。 时间：约5分钟。	6. 布置作业 准备："生涯联想"练习（见练习4-1-3）。 操作：将练习发给每一位成员，领导者讲解练习内容，让成员根据自己的真实感受完成练习。

练习 4-1-1

生涯人物采访

采访者姓名：　　被访者姓名：

被访者专业：　　被访者班级：

被访者来源地：　　被访者爱好：

被访者生日：　　被访者高中的学校：

被访者现在住所：

被访者对中学生活的满意程度：（1～10分）

被访者对现在生活的满意程度：（1～10分）

被访者对本课程的期望：

____

____

其他想要记录的内容：

____

____

练习 4-1-2

进入大学后的"五个最"

进入大学后，我最满意的是________________________________

____

____

进入大学后，我最高兴的是________________________________

____

____

进入大学后，我最关心的是________________________________

____

____

进入大学后,我最担心的是________________________________

____

进入大学后,我最想做的是________________________________

____

练习 4-1-3

生涯联想

在你心目中,什么是“生涯”? 什么是“生涯发展”? 什么是“生涯规划”? 请分别写下你对“生涯”、“生涯发展”和“生涯规划”的联想,然后与你的同学分享你的看法。

生涯就像……

____

生涯发展是……

____

生涯规划是……

____

【单元二:我将去向何方——生涯觉察】

目标:协助成员彼此建立信任,同时对生涯有初步的认识,了解理想、专业与生涯的关联。

内容与操作:

目的:温暖团体的气氛,增强团体凝聚力,让成员在音乐和手语操中减少陌生感,形成团队意识,促进进一步相识。 时间:10 分钟。	1.《相亲相爱》(作词:陈涛　作曲:丁于) 准备:歌曲与歌词,播放设备。 操作:全体成员围成圈坐下,领导者说明团体正式成立了,团体成员要成为相亲相爱的一家人。领导者讲解歌词的含义和手语操的动作,领导者先示范,成员后模仿。然后成员跟着音乐边唱边做边体会。领导者示范的关键是介绍歌词与团体的关系,“有缘才能相聚,有心才会珍惜”,“有福就要同享,有难必然同当”,强调全体成员要相互关心、相互支持、相互帮助、共同成长,彼此建立起亲密的关系。所有成员都要做动作,团体气氛热烈亲密,增强团体成员间的亲密感。
目的:重申团体契约,建立团体规范。 时间:约 5 分钟。	2. 复习团体契约 操作:让成员以自由发言的形式回忆上次活动时约定的规范。让尽可能多的成员发言。 注:这个环节也起到热身和进入状态的作用,同时在团体成立初期,让成员对团体契约有更明确的认识。
目的:帮助成员思考和交流对生涯的理解,为讲解生涯的知识热身。 时间:约 25 分钟。	3. 交流:“生涯联想”——何谓生涯 操作:让成员按 6~7 人一组分组交流,分享“生涯联想”练习,在组内交流自己对生涯、生涯发展和生涯规划的认识。组内交流结束后,领导者让所有成员围坐成大圈,在大组内自由发言,分享自己对生涯的看法。 注:这个环节是为领导者讲解生涯知识进行热身,让成员思考什么是生涯,什么是生涯发展,什么是生涯规划,交流各自的看法,互相启发、互相参考。
目的:通过知识讲解和学习,让成员更全面、具体地了解生涯和生涯规划的概念,以及生涯规划的重要性。 时间:20 分钟。	4. 讲解:生涯的特点与要素 操作:领导者进行“生涯知识”的讲解,主要内容包括生涯发展的特点、过程和要素。具体内容包括与生涯相关的概念介绍(工作、职业、职位、生涯、生涯发展、生涯规划、生涯教育、生涯辅导等);为什么要做生涯规划(大学生活有目标、方向,大学生活高效率,提高抉择能力,为未来发展打下基础);生涯发展的目的(了解自己、了解他人、了解专业和职业、规划大学生活、规划未来发展)等。 注:在讲解概念的同时,领导者要尽可能地举例说明生涯的重要性,尽可能运用大学生身边熟悉的案例进行讲解。
目的:通过练习,帮助学生发现现在的自己和期望的自己之间有何差距,认识生涯的发展性、自主性。 时间:约 30 分钟。	5. 分组交流:理想与专业知多少 准备:“理想知多少”练习(见练习 4-2-1)和“我的专业‘谁’选择”练习(见练习 4-2-2)。 操作:将成员按 6~7 人一组分成小组,发给每个成员“理想知多少”和“我的专业‘谁’选择”练习,填写之后在小组内分享,回顾自己的理想在不同阶段的发展变化,分享自己对目前所学专业的认识和态度。小组交流结束之后,领导者引导成员在大组内交流分享。

续表

目的:让成员开始生涯探索历程,实地去了解自己所学专业及其发展前景。	6. 布置作业 操作: (1) 给成员布置访谈作业,要求每名成员在一周内访问一名本专业高年级的同学、一名本专业老师,了解自己所学专业的现状与发展。访谈的内容可以是:本专业要学习的主要课程,哪个年级课程最重,哪门课最难学,将来可以干什么,本专业的发展现状与前景,就业机会等。按照访谈目的、访谈对象、访谈时间与地点、访谈提纲、访谈过程、访谈心得,写出100字以上的访谈笔记,下一次活动时分享。 (2) 发给成员阅读材料“当你二十来岁的时候”(见练习4-2-3),强化成员对生涯发展重要性的认识。

练习 4-2-1

“理想”知多少?

我的理想:

1. 小学三年级时__________
2. 初中一年级时__________
3. 高中一年级时__________
4. 现在(大一)__________

比较之后我发现:__________

练习 4-2-2

我的专业“谁”选择?

1. 我的专业是怎样选择的__________
2. 我对专业的了解情况是__________
3. 我对专业的总体感觉是__________
4. 我的专业今后可以做__________
5. 我最喜欢的专业是__________
6. 如果有重新选择的机会,我会选择哪个专业?为什么?

____

____

上述练习给我的启发是:__________

____

____

练习 4-2-3

当你二十来岁的时候

如果你现在二十来岁,你会相信自己正面临人生中他人不曾面对过的种种问题。那么,现在你可以放松了,因为我们都有过二十来岁的时候。

二十来岁时,我们忙着**寻找自我**。如今长大成人,我们又在寻找一个**生存的目标**。这一目标将进一步把我们塑造成为良民、好人和颇受欢迎的人物。

无论你是否为那些问题所困扰——比如在大学里读哪门课程,或在市场上谋哪份工作——那都是你要经历的正常生活状态。这也是一个结识新朋友的时候;一个做出将影响你未来人生决定的时候;一个向父母证明他们养育了你的时候。害怕吗?是,但你会活下去,就像先于你经历了这个时候的我们都活着一样。

你是不是认为美国二十来岁的年轻人各不相同?其实不然。**寻求自我、追求个性是世人共有的特点。**也许由于机遇或某些挑战而会产生些许差别,但我们作为人都是相同的。美国年轻的成年人正如中国的年轻人一样,也在探寻。

问题是相同的。**我该上哪所大学?我是不是应该找份工作?我应该现在结婚还是再晚些时候?如果我选择了这些道路中的一条,我的人生将会有怎样的遭遇?**

对你而言,重要的是放松。多花些时间去决定自己的未来,世界末日不会降临。试着去享受一点生活。去看场有趣的电影。想想所有那些不管你做出怎样的选择都会爱你的人。

最后,你将会长大一些,变得聪明一些,你的二十来岁终将过去,随之而去的还有你将会怀念的那一段困惑的时光。你将做出决定,满怀希望地成为一个幸福的人,并因而成为一个良民。

有朝一日,你自己的孩子会问起你是怎样度过二十来岁的。确信那时你会面带微笑地回忆从前。

(摘自《今晚报》2005 年 3 月 25 日,汤雪玲,译)

【单元三:我是谁——认识我自己】

目标:协助成员了解自己的个性,接纳自己。

内容与操作:

目的:让成员分享专业调研报告的内容,客观全面地看待所学专业。 时间:40 分钟。	1. 分享专业访谈的心得 准备:专业调研的作业报告。 操作: (1) 全体成员围坐成大圈,分享专业调研的情况,以及自己的收获和体会。 (2) 讲解:生涯发展的基础是了解自己。领导者强调探索自我生涯发展的重要内容,为后面探索自我的内容做铺垫。

续表

目的:让成员探索自己的个性特点,同时也在分享中增进相互了解。 时间:约40分钟。	2. 小小动物园 操作:将成员按6~7人一组分成小组,每个小组就是一个动物园,请每名成员迅速把自己比作一种动物,在小组内交流。交流的内容包括:我是什么动物?为什么?小组交流结束后,领导者引导大家在大组内分享自己参加这个活动的感受和收获。领导者可以通过这个活动引导大家认识到:人与人之间是很不同的,在个性、能力等许多方面都有差异,但是每个人都是有价值的,都能在动物园内找到自己的位置,可以发挥自己的优势和作用。
目的:让成员在思考和分享中了解自我,全面了解自己的能力、兴趣、个性和理想等。 时间:40分钟。	3. 自我盾牌 准备:"自我盾牌"练习(见练习4-3-1) 操作:发给每个小组成员"自我盾牌"练习,让其填写,并在小组内分享。练习中"我的特质"属于个性部分;"我的希望"属于理想部分;"我喜欢"属于兴趣部分;"我的能力"属于能力部分。领导者在总结时要引导成员看到每个人的独特之处、与他人的不同,学习接纳不同的人。同样,领导者要强调生涯发展与规划也要根据自己的特点,探索自我是生涯规划的第一步。

练习 4-3-1

自 我 盾 牌

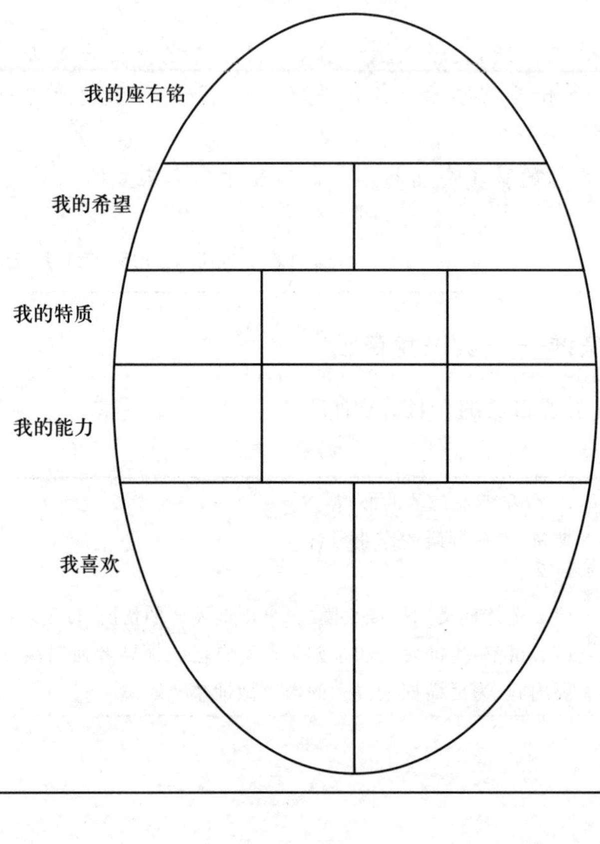

【单元四:喜欢与所能——探索兴趣与能力】

目标:协助成员了解自己的兴趣、能力以及兴趣、能力与职业、休闲以及个人发展的关系。

内容与操作:

目的与时间	内容与操作
目的:热身,让学生思考专业学习和生涯发展的状态。 时间:15 分钟。	1. 继续分享专业访谈的成果 操作:让成员继续分享上次专业访谈的收获,自由发言。
目的:让学生通过思考和交流明确自己的兴趣爱好。 时间:约 35 分钟。	2. 我最喜欢做的事清单 准备:“我最喜欢做的事清单”练习纸(见练习 4-4-1)。 操作:将成员按 6~7 人一组的规模分组,发给每人一张练习纸,让成员填写好之后在小组内分享,组内分享结束后,领导者引导大家在大组内分享感受。该活动一方面让成员觉察自己的兴趣爱好,另一方面让成员感受到人与人在兴趣爱好方面的差异。
目的:协助学生了解自己应对未来生涯的各项能力的准备状况。 时间:约 40 分钟。	3. 自我生涯状态和能力评估表 准备:“自我生涯状态和能力评估表”(见练习 4-4-2)。 操作: (1) 领导者发给成员每人一份“自我生涯状态和能力评估表”,让成员先自我评估(填写评估表)。 (2) 四位成员组成一个小组(成员彼此越熟悉越好)。请三位组员就对一位组员的了解,评定这位组员的各项能力,并请大家说明对他的建议。四个人轮流成为焦点,请其他三位组员给予回馈。 (3) 请每组派一名代表将该组讨论的结果与全体成员分享。 领导者可以在全体成员面前进行总结和引导,重点如下: 通过别人的评量是否更进一步认识了自己呢? 是否更清楚自己的能力与未来就业间的关系? 自己是否正计划为未来就业加强自己的生涯规划能力? 或许可以利用还在学校的这段时间,努力改进自己的不足之处……
目的:让成员通过心理测试、游戏和听讲解的方式探索自身的职业兴趣。	4. 布置课后作业:霍兰德 SDS 职业自我探索 准备:“霍兰德的生涯理论简介”阅读材料(见练习 4-4-3),“霍兰德 SDS 职业适应性自我判断测验(15—成人)”(见练习 4-4-4)。 发放“霍兰德 SDS 职业适应性自我判断测验(15 —成人)”,供学生自测。领导者在下次会面时给学生核对测验结果,并讲解如何看待测验结果,以便学生了解职业测验的作用,以及如何通过测验结果了解自己。

练习 4-4-1

我最喜欢做的事清单

请列出10件你最喜欢做的事：

事件　　　　　　　　　　英文代号

1. ________________________(　　)
2. ________________________(　　)
3. ________________________(　　)
4. ________________________(　　)
5. ________________________(　　)
6. ________________________(　　)
7. ________________________(　　)
8. ________________________(　　)
9. ________________________(　　)
10. ________________________(　　)

英文代号代表这10件事对你的意义,请选择合适的英文代号填在上面括号内。

a. 3年前没有这想法　　　　f. 需要极大信心

b. 3年前已有这想法　　　　g. 最优先的

c. 要冒险　　　　　　　　h. 晚年才做

d. 要放弃某些东西　　　　i. 与我的人生观有关

e. 有人反对　　　　　　　j. 这是原则

练习 4-4-2

自我生涯状态和能力评估表

目的：本练习协助成员了解自己应对未来职业生涯的各项能力的准备状况。

过程：自我评估—小组分享和反馈—提出建议—在全体成员中分享。

项目	自我评价		
1. 我清楚自己的兴趣(我的兴趣是:____________)	优	可	劣
2. 我把自己的兴趣安排在生活中	优	可	劣
3. 我把自己的目标安排在生活中	优	可	劣
4. 我的人际交往能力	优	可	劣
(1) 说的能力	优	可	劣

续表

项目	自我评价		
(2) 听的能力	优	可	劣
(3) 说服的能力	优	可	劣
(4) 社交的能力	优	可	劣
(5) 领导的能力	优	可	劣
5. 我的策划能力	优	可	劣
(1) 文字能力	优	可	劣
(2) 创造能力	优	可	劣
(3) 协调能力	优	可	劣
(4) 组织能力	优	可	劣
(5) 寻找信息资料的能力	优	可	劣
6. 我的其他能力	优	可	劣
(1) 外语听的能力	优	可	劣
(2) 外语说的能力	优	可	劣
(3) 外语读的能力	优	可	劣
(4) 外语写的能力	优	可	劣
(5) 数学能力	优	可	劣
(6) 美工(空间关系)的能力	优	可	劣
(7) 学习新事物	优	可	劣
(8) 我的仪态	优	可	劣
7. 我的工作习惯	优	可	劣
(1) 秩序性	优	可	劣
(2) 持续性	优	可	劣
(3) 合作性(与人共同合作)	优	可	劣
(4) 变化性(工作有挑战性与变化)	优	可	劣
(5) 责任感	优	可	劣

练习 4-4-3

霍兰德的生涯理论简介

个人风格	类型	职业环境
积极,偏好具体而非抽象性的工作,基本上较不具社交性,人际间的互动不佳	实际型	具技能性的行业,例如水电工、机器操作员、飞机技师、抄写员及部分服务业
有智慧的、抽象的,分析能力佳,独立,有时是激进的,且是任务导向的	研究型	例如化学家、物理学家及数学家等科学家;或实验室技师、程序员及电子工人等技术人员
想象力丰富,重视唯美主义,偏好经由艺术的自我表达,相当独立且外向的	艺术型	如雕塑家、画家、设计师等艺术工作者;音乐老师、乐团指挥等音乐工作者;编辑、作家等文学工作者
偏好社会互动,出现于社交场合,关心社会问题、宗教,社区服务导向,并对教育活动感兴趣	社会型	教师、教育行政人员及大学教授;社工人员、社会学家、咨询师及专业护士等社会福利工作者
外向、积极,具有高冒险性,偏好领导的角色、主控、说服以及应用良好的言辞技巧	企业型	如人事、生产及业务经理等管理工作者;各种销售的职位,如寿险推销、房地产以及汽车销售人员
务实的、自我控制良好的、善社交的,略为保守,偏好结构性工作以及社会认可的一致性	常规型	办公室及事务性人员,如作业时间管理员、档案员、会计、出纳、电脑操作员、秘书、书记员、接待以及资金管理人员

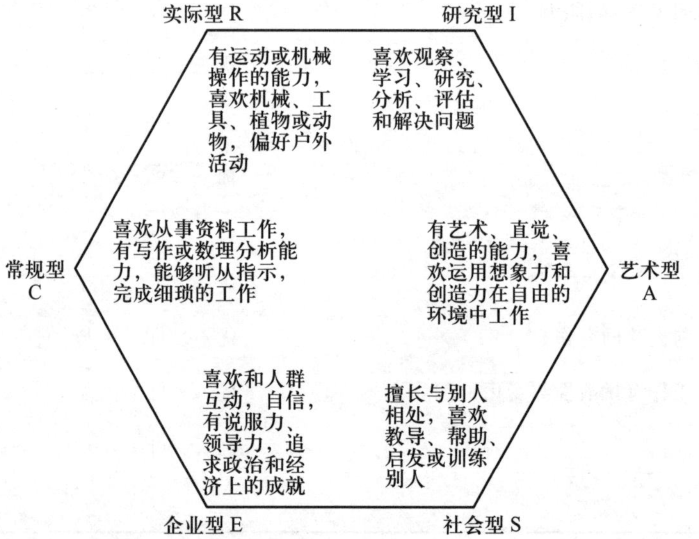

练习 4-4-4

霍兰德 SDS 职业适应性自我判断测验(15—成人)

(The Self Directed Search)

原著者/John L. Holland, Ph. D.

日本版作者/武田正信·森下高治

中文编译者/樊富珉(清华大学)

1. 测验目的

这份测验是为了让人们了解自己适合做哪方面的工作。回答中无所谓正确与错误,结果也没有好与坏之分,按自己的想法填写即可。

2. 测验构成

测验分活动性、能力、职业兴趣、自我评价(1)、自我评价(2)共5部分。每部分都分为R、I、A、S、E、C六类,其含义如下:

R:实际型(realistic)

这种类型的人喜欢身体的、运动的、技术性的活动。男性较多。与抽象的东西相比,更喜欢处理具体的问题。倾向于以机器、物体为对象,以室外活动为特点的工作。适合这类人的职业有机械工人、现场技术人员、驾驶员等。

I:研究型(investigative)

这种类型的人喜欢独立的和富有创造性的工作。知识渊博,有学识才能,不善于领导他人。适合的职业有科研人员、教师、工程师、电脑编程人员、医生等。

A:艺术型(artistic)

这种类型的人和他人的接触是间接的,他们通过音乐、美术等创作过程表达自己。此外,他们的感情表达直接,回避和他人相处产生的问题。适合的职业有作家、音乐家。

S:社会型(social)

这种类型的人喜欢照顾别人、教别人这类活动,语言表达能力强,善于和人接触,他们主要的价值观偏重于人道的、宗教的。这类人倾向于从事以与人接触为中心的服务性工作。适合的职业有教师、咨询人员。

E:企业型(enterprise)

这种类型的人在指挥他人、监督他人或销售物品的场合下,具有使用巧妙的语言技巧吸引人的能力。适合的职业有销售、经营方面的工作,推销员、制片人等。

C:常规型(conventional)

这种类型的人显示出对计算等活动的偏好。适合的工作有事务管理方面的工作,会计师、办事员、银行工作人员等。

3. 测验前的准备

姓名________性别________年龄________学校________班级________

今后的发展方向　升学　就业　未定(在符合你的情况的项目上画"○",如果选

择升学，请写下你所希望的专业或学科：________________________________

____

志愿职业　请写下你所希望从事的职业，尽量写得具体些，如果没有决定，请注明未定。

第一志愿________第二志愿________第三志愿________

4. 测验内容

(1) 活动性

下面列举了各种活动，请就这些活动判断你的好恶。请在喜欢的活动栏里打√，相反请在不喜欢栏里打×，请务必按顺序回答全部问题。

R：	喜欢	不喜欢
电器的组装、调整、修理	○	○
修理自行车	○	○
机器的组装、调整、修理	○	○
用木头做东西	○	○
开汽车	○	○
用机器或工具做东西	○	○
参加木工技术学习班	○	○
参加制图和描图学习培训	○	○
参加制造技术学习班	○	○
参加机械和电气的学习	○	○
改装和调整汽车和摩托车	○	○
	R 得分	(　　)

A：	喜欢	不喜欢
画素描和画	○	○
参加话剧、戏曲社团	○	○
设计房子或家具，或布置室内	○	○
参加管弦乐队或其他乐队	○	○
练习乐器	○	○
去欣赏音乐或戏剧	○	○
看小说	○	○
拍艺术照片	○	○
读剧本	○	○
写诗或吟诗	○	○
进艺术(美术、音乐)培训班	○	○
	A 得分	(　　)

续表

I:	喜欢	不喜欢
读科学类图书和杂志	○	○
在研究室工作	○	○
参加新的研究	○	○
改良水果品种,培育新的水果	○	○
调查了解土壤和金属等物质的成分	○	○
研究自己选择的特定的问题	○	○
解算式或玩数学游戏	○	○
参加物理培训班	○	○
参加化学培训班	○	○
参加几何培训班	○	○
参加生物培训班	○	○
	I 得分	(　　)
S:	喜欢	不喜欢
给朋友写信	○	○
参加社会服务或宗教活动	○	○
参加俱乐部活动	○	○
帮助有烦恼的人	○	○
照顾儿童	○	○
出席晚会	○	○
和大家一起出去郊游	○	○
获得关于人的心理方面的知识	○	○
参加各种团体活动	○	○
参加体育运动会	○	○
交新朋友	○	○
	S 得分	(　　)
E:	喜欢	不喜欢
说服、鼓动他人	○	○
卖东西	○	○
谈论政治	○	○
自己创业	○	○
制订计划,参加会议	○	○

续表

E：	喜欢	不喜欢
将自己的想法告诉别人	○	○
做召集活动的干事	○	○
指挥工作	○	○
和重要人物面谈	○	○
指导具有某种目标的团体	○	○
参加政治活动	○	○
	E得分	（　）
C：	喜欢	不喜欢
整理好桌面和房间	○	○
写文件和信	○	○
在事务和算账工作中用乘法、除法	○	○
使用各种办公机械、仪器	○	○
详细记录支出	○	○
参加打字培训班	○	○
参加算盘、文稿秘书等实务培训	○	○
参加商业会计培训班	○	○
参加情报处理培训班	○	○
整理信件、报告、记录等	○	○
写商业贸易信	○	○
	C得分	（　）

（2）能力

下面列举了各种活动，对于你能做或大概能做的事，请在“能”栏里打√，反之，在“不能”栏里打×，请回答全部问题。

R：	能	不能
能使用电锯、电钻和锉刀等木工工具	○	○
知道万用表的使用方法	○	○
能够调整汽车的发动机	○	○
能使用电钻床、磨床或缝纫机	○	○
能给家具和木制品刷漆	○	○
能看建筑等的设计图	○	○
能修理简单的家用电器	○	○

续表

R:	能	不能
能修理家具	○	○
能绘制机械图	○	○
能修理收音机和电视机	○	○
能简单修理水管	○	○
	R 得分	(　　)
A:	能	不能
能演奏乐器	○	○
能参加二部或四部合唱	○	○
能独唱	○	○
能演剧	○	○
能创作简单的乐曲	○	○
会跳舞	○	○
人物素描画得好	○	○
能画画和雕刻	○	○
会做陶器	○	○
能设计广告画、西服或家具	○	○
会写小说或作诗	○	○
	A 得分	(　　)
I:	能	不能
懂得真空管和晶体管的作用	○	○
能够列举三种含蛋白质多的食品	○	○
理解铀的裂变	○	○
能使用对数表	○	○
能用计算尺计算乘法、除法等	○	○
会使用显微镜	○	○
能找到三个星座	○	○
能叙述白血球的作用	○	○
能解释简单的化学公式	○	○
理解人造卫星不落地的原因	○	○
经常参加学术会议	○	○
	I 得分	(　　)

续表

S：	能	不能
有向各种人说明解释的能力	○	○
常参加社会福利活动	○	○
能和大学生一起友好地相处和工作	○	○
能照顾上了年纪的人	○	○
会邀请人、招待人	○	○
能懂得简单地教孩子们	○	○
能计划集会等活动	○	○
能成为有苦恼的人的谈话伙伴	○	○
曾参加过帮助卧床病人的义务活动	○	○
能制定学校、同学会等举办活动的方案	○	○
能和别人亲切交谈	○	○
	S 得分	（　　）
E：	能	不能
曾被选为班委	○	○
工作上能指导和监督他人	○	○
很有积极性，充满活力的	○	○
有效地用自身的做法调动他人	○	○
销售能力强	○	○
曾作为团体负责人，领导他人	○	○
能说服他人，领导他人	○	○
能出色地交朋友或召集他人	○	○
有开创事业的能力	○	○
知道怎样成为一个优秀的领导者	○	○
健谈、善辩	○	○
	E 得分	（　　）
C：	能	不能
会打字	○	○
会用复印机	○	○
能快速记笔记	○	○
能整理保管文件和资料	○	○
能从事事务性的工作	○	○

续表

C：	能	不能
会用算盘	○	○
能在短时间内写很多文书	○	○
能使用计算机	○	○
能搜集数据	○	○
能记账	○	○
能正确地制订销售额和支付传票	○	○
	C 得分	(　　)

（3）职业兴趣

下面列举了多种职业，请一个一个认真看，如果是你关心的、有兴趣的工作，请在“感兴趣”栏里打“√”，如果是你不太喜欢的、没兴趣的工作，请在“不感兴趣”栏里打“×”，请全部回答。

R：	感兴趣	不感兴趣
飞机机械师	○	○
野生动物的自然保护监察员	○	○
汽车装备工	○	○
木匠	○	○
土木用铲车操作员	○	○
测量工程师	○	○
建筑工地现场监督指导员	○	○
无线电通信工	○	○
加油站工作人员	○	○
园艺师	○	○
长途公共汽车驾驶员	○	○
火车司机	○	○
机械工	○	○
电子工	○	○
	R 得分	(　　)
A：	感兴趣	不感兴趣
诗人	○	○
管弦乐队指挥	○	○
演奏家	○	○

续表

A：	感兴趣	不感兴趣
小说家	○	○
商业设计师	○	○
摄影家	○	○
作曲家	○	○
书法家	○	○
歌唱家	○	○
雕刻家	○	○
剧作家	○	○
漫画家	○	○
	A 得分	（　）
I：	感兴趣	不感兴趣
气象学者	○	○
生物学者	○	○
天文学者	○	○
医学实验室的技术人员	○	○
人类学者	○	○
动物学者	○	○
化学者	○	○
数学者	○	○
科学书籍的作家	○	○
科学杂志的编辑	○	○
地质学者	○	○
植物学者	○	○
研究所研究人员	○	○
物理学者	○	○
	I 得分	（　）
S：	感兴趣	不感兴趣
社会学者	○	○
高中教师	○	○
青少年辅导员	○	○
语言治疗师	○	○

续表

S:	感兴趣	不感兴趣
校长	○	○
临床心理学者	○	○
人文社会课教师	○	○
福利机构负责人	○	○
青少年野外活动指导员	○	○
专职咨询师	○	○
图书馆的咨询员	○	○
就业咨询师	○	○
	S 得分	(　　)
E:	感兴趣	不感兴趣
投机商	○	○
经纪人	○	○
广告业经营者	○	○
厂长	○	○
电视片制片人	○	○
旅店经理	○	○
公司经理	○	○
饭馆经理	○	○
报幕员(主持人)	○	○
销售员	○	○
不动产销售员	○	○
广告部长	○	○
体育活动主办者	○	○
销售部长	○	○
	E 得分	(　　)
C:	感兴趣	不感兴趣
簿记人员	○	○

续表

C:	感兴趣	不感兴趣
商业课程教师	○	○
图书管理员	○	○
金融信用调查员	○	○
打字员	○	○
银行出纳员	○	○
税收管理员	○	○
仓库管理员	○	○
计算机操作员	○	○
财政顾问	○	○
成本估算员	○	○
工资管理员	○	○
文书档案管理员	○	○
	C 得分	(　　)

(4) 自我评价

下面列出6种能力,请按顺序看,正确评价自己。各种能力中最高等级是7,最低等级是1,请客观地评价一下自己的各种能力,在适当的等级数字上画○。

自我评价(1)

	与机械有关的能力	艺术能力	科学能力	讲教能力	销售能力	事务能力
高	7	7	7	7	7	7
	6	6	6	6	6	6
	5	5	5	5	5	5
中	4	4	4	4	4	4
	3	3	3	3	3	3
	2	2	2	2	2	2
低	1	1	1	1	1	1
	R	A	I	S	E	C

自我评价(2)

	科技能力(动手的技术)	音乐能力(唱、演奏欣赏)	数理能力(计算和解应用问题)	社交能力(与众人和睦相处)	管理能力(组织人和安排工作)	书写能力(正确快速书写)
高	7	7	7	7	7	7
	6	6	6	6	6	6
	5	5	5	5	5	5
中	4	4	4	4	4	4
	3	3	3	3	3	3
	2	2	2	2	2	2
低	1	1	1	1	1	1
	R	A	I	S	E	C

5. 数据处理方法

对活动性、能力、职业兴趣、自我评价中六个领域(R、A、I、S、E、C)打“√”的数目加以统计,有多少个“√”,就记几分,记录在各个计分栏内。然后,记录如下,算出:

活动性 R ________ A ________ I ________ S ________ E ________ C ________

能力 R ________ A ________ I ________ S ________ E ________ C ________

职业兴趣 R ________ A ________ I ________ S ________ E ________ C ________

自我评价(1) R ________ A ________ I ________ S ________ E ________ C ________

自我评价(2) R ________ A ________ I ________ S ________ E ________ C ________

综合得分① R ________ A ________ I ________ S ________ E ________ C ________

实际型　艺术型　研究型　社会型　企业型　常规型

综合职业码(从综合得分中选出得分最高的三项,由高到低排列,记入字母。)

第一位	第二位	第三位

6. 职业分类一览表(根据个人的职业码查找合适的职业)

说明:这份一览表用于查找理想的职业相对应的职业码。即:想选择职业的人通过在一览表上查到的职业码和通过 SDS 综合得分确定的职业码进行比较,来选择自己适合的职业。特别说明,这些职业是在日本适用的职业。

一览表的使用方法有两种:

(1) 找出自己愿意从事的职业的职业码

① 将各项纵向相加。

首先,了解一下六个领域各自的特征,看看自己希望从事的职业属于哪个领域,再从这个领域内所排列的职业中找到与自己愿意从事的职业一致或接近的职业,这个职业对应的职业码就是你愿意从事的职业的职业码。

(2) 根据SDS综合得分中所确定的职业码寻找职业

首先,根据职业码第1位的字母从职业码一览表中寻找相应的职业,如果某个职业码没有,则根据职业码第2位的字母寻找相应的职业。

5和6的水平　要求大学或大学以上文凭

3和4的水平　要求高中毕业或大专毕业

2的水平　　　要求初中毕业

这些水平是大致的标准,仅作为参考,并不是指达不到这个水平绝对不好。

实际型职业(R)——以机械和物品为对象,或以户外活动为中心的工作

职业	水平	职业	水平
RIA		车工	4
建筑师	4~5	园艺工	2
牙科技术员	4	检验员	3
RIS		印刷工	3
通信员	4	干洗工	2~3
电工	3~4	磨工	2~3
玻璃工	3~4	锻压工	2~3
染色工	3~4	园艺师	4
面包工	3	排字工	4
厨师	3	造纸工	3
焊接工	3	RSE	
RIE		消防员	3
工程师(汽车、机械)	6	军官	3
RAI		列车乘务员	3
制造技术员	5	列车司机	3
机场管制员	4	家具工	3
飞机机械师	4	餐馆服务员	3
汽车装备工	4	加油站加油工	3
制图员	4	停车场管理人员	2
机械工人	4	RSC	
自营农业	3	仓库事务员	3
房顶敷瓦工	3	电梯操作员	2~3
木柜工	4	检票员	2~3
钣金工	3	RSI	
机械操作工	3	教师(农业科目)	5
RIC			
分配商品运输工作	4		

续表

实际型职业(R)——以机械和物品为对象,或以户外活动为中心的工作			
REC		出租车司机	3
农政员(料理家务)	2	警卫	3
REI		RSC	
车间主任	4	泥瓦匠	3
RES		马赛克工	3
牧场主	4	制砖工	3
火车司机	4	公共汽车司机	3
RCI		西服裁制工	3
测量技师	5	裁剪工	3
放映员	4	邮递员	3
办公机械修理工	3	RCE	
木匠	3	卡车司机	3
油漆工	3	起重机驾驶员	3

研究型职业(I)——科学的、专业的工作,技术性的工作			
IAS		电气技师	4
学者(经济学)	6	IRC	
学者(数学、统计学)	6	飞机驾驶员	5
IAR		计算机程序师	5
教师(数学)	5	机械修理工	4
生产计划员	5	仪器观察员	3~4
ISR		医生(内科、精神科)	6
牙科医生	6	学者(心理学)	6
教师(自然科学)	5	临床化验技师	5
视力矫正师	5	IES	
ISA		药剂师	5
心理学家	6	ICR	
医生	6	计算机操作员	4
护士	5	研究室助手	4
IRS		IRA	
学者(动物学、植物)	6	医生(外科)	6
兽医	5	气象观测技师	5
农业、水产技师	5		
工程师(电气、飞机、化学、土木)	6		

续表

艺术型职业(A)——美术、音乐、文艺工作			
ASE		AIS	
教师(语文)	5	作家	6
新闻记者	5	编辑	5
口语翻译	5	制片人	5
演员	5	设计师	5
服装模特儿	3	插图画家	5
ASI		AIE	
教师(美术、音乐)	5	装饰家	4
音乐家	5	AIR	
画家	5	建筑技师	6
工艺美术家	5	摄影家	4
ASE			
广告、宣传计划员	5		
社会型职业(S)——以与人接触为中心的工作			
SRC		SEA	
理发美容师	3	保健福利负责人	4
照料病人的工作	3	SCE	
SIA		剧场经理	5
临床心理学者	6	保健所工作人员	4
学者(政治学、社会学)	6	售票处卖票员	3
护士长	5	SRE	
社会工作者	5	教师(体育)	5
保健员	4	体育辅导员	4
SIE		家政服务	3
营养师	4	宿舍女管理员	3
质量检查员	4	警察	3
SIC		SAE	
学校校长	6	咨询师	5
教师(社会)	5	教师(家庭科)	5
SIR		教师(外语)	5
理疗师	4	小学教师	5
针灸、按摩师	3	幼儿园教师	4~5
SEC		空中乘务员	4~5
宿舍督导	5	SAC	
饭店经理	5	保育员	4
公务员(接待)	4	美容师	3
饭馆服务领班	4	SAI	
饭馆接待工作	3	图书馆员	5
酒吧服务员	3	特殊学校教师(残疾儿)	5
SER		护士	4
医院院长	6	牙科护士	4
教育训练部长	6		

续表

企业型职业(E)——经营、销售、管理类工作	
ECI	
银行董事长	5
ECS	
房地产估价员	5
房地产介绍人	4
ERS	
仓库管理员	4 ~ 5
ERC	
私立邮局局长	4 ~ 5
EIS	
销售工程师	5
EAR	
广播、电视播音员	5
ESC	
分店经理	5
营业部长	5
生产管理部长	5
批发商	4
售货员	3
上门收款员	3
ERI	
制造技师	6
出租公寓管理人	3
车队调度	3
推销员	3
ESR	
汽车推销员	4
ESI	
民间生活指导部长	5
计算机系统分析员	5
寿险推销员	4
零售商人	3
ESA	
法律专家(律师、法官)	6
人事部长	5
国家高级公务员	5
司法书士	4 ~ 5
饭馆经理	4
导游	4
客户服务(飞机、轮船)	3 ~ 4
售货员(照片、乐器店)	3 ~ 4
常规型职业(C)——以事务性活动为中心的工作	
CRI	
收款员	3
计算机程序穿孔员	3
CIS	
会计师	5
预算员	4
商社办事员	4
CIE	
办事员(办公室)	4
发工资的人	4
校对员	4
CIR	
办公机械操作	3
电传操作员	3
CSE	
教师(商业)	5
接待收发工作	3
打字员	3
电话总机话务员	3
银行办事员	3
CRA	
缝纫工	3
装配工	3
CRS	
文书档案保管	3
CSR	
交通工具预约处	3
行李存放处	2
CSI	
书记员	4
出纳	4
CSA	
秘书	4
私人医生秘书	4
办事员(女子)	3
CER	
资料整理	4
邮局事务员	4
CES	
会计	5
税务管理员	5
速记员	4

【单元五:我想要什么——价值观探索】

目标:帮助成员了解生涯规划的影响因素;协助成员澄清个人的工作价值观。

内容与操作:

目的:作为热身活动,让成员开始思考价值观的多样性和个体间的差异。 时间:10 分钟。	1. 讲故事——小猴觅豆 操作: (1) 领导者讲故事:从前有只猴子,拿着一把豆子,行走时不小心掉了一颗豆子在地上,它便将手中的豆子放在地上,回头去找掉失的一颗。结果不但没找到,放在地上的豆子还被鸡都吃光了。 (2) 让成员思考以下问题: ① 如果你是猴子,你会如何做? ② 你是否曾经为了追求某种东西而把其他都放弃了? ③ 如果你很重视的事物无法得到,你会如何? (3) 领导者引导大家分享和思考: 豆子就像每个人所拥有的一切,如健康、金钱、爱情、面子、尊严、学位,为了某一种而舍弃其他到底是因小失大,还是有可取之处?
目的:热身,让成员思考工作的目的,为价值拍卖活动做准备。 时间:约 15 分钟。	2. 探讨人为什么要工作 准备:"工作可以达到的目的"参考材料(见练习 4-5-1)。 操作:所有成员围坐成一圈,领导者根据参考材料,和成员一起探讨人们工作的目的。期间领导者可以先让成员自由讨论,分享自己能想到的工作的目的,然后再梳理和总结成员的发言,介绍参考材料上的"工作可以达到的目的"。
目的:让成员通过拍卖价值观的游戏,思考自身的价值观,认识到个体的差异,并懂得取舍的道理。 时间:约 40 分钟。	3. 人生价值拍卖 准备:"人生价值清单"参考材料(见练习 4-5-2)。 操作: (1) 领导者发给每位成员一张"人生价值清单",引导成员思考:"请大家自己排列这些价值在自己心目中的优先地位,并对每项价值进行标价。" (2) 分组,每组以 6~10 人为宜。 (3) 每组由一名成员担当拍卖师,主持喊价拍卖,进行"价值拍卖"活动。规定好每个人拥有的总钱数,以及拍卖的起拍价和最低加价,出价最高者购得该项价值观,逐一拍卖,以澄清个人的价值观。 (4) 小组内分享、讨论对自己的生涯规划之影响: ① 由"拍卖成交价"最高的项目开始讨论,请得标的成员分享为何要买这项。 ② 请其他与这位成员一同竞标的成员说明他们看重此项价值的原因,并说明竞标失败后的心情。 ③ 依照上述方式,讨论"拍卖成交价"第二的项目,以此类推。 ④ 针对没有拍卖出去的项目,请成员讨论为何不看重它。 ⑤ 请成员分享:就个人所重视的价值而言,对你的职业选择有何影响? (5) 请每组派一名代表将该组讨论的结果与全体成员分享。

续表

目的：让成员深入探讨彼此的价值观，根据自己的价值观思考今后的行动计划。 时间：约 40 分钟。	4. 价值观探索 准备："价值观探索"参考材料（见练习 4-5-3）。 操作：成员分成小组，分发"价值观探索"材料，让成员根据材料上的要求，进行探讨和分享。

练习 4-5-1

工作可以达到的目的

（Herr & Cramer，1996）

经济的	社会的	心理的
物质需要的满足	一个与人们会面的地方	自我肯定
对未来发展的安全感	潜在的友谊	角色认定
可用于投资的流动资产	人际关系	秩序感
购买休闲和自由时间的资产	工作者与家庭的社会地位	可信赖感
购买物品和服务	受人尊重的感觉	胜任感
成功的证明	责任感	自我效能
	被人需要	投入感
		个人评价

练习 4-5-2

人生价值清单

工作不仅带来物质满足，也带来个人内在需要的满足，人通过工作上的表现来寻求人生的意义和价值。个人看重的价值影响职业选择，如收入、时间、利他等，让我们来探索一下。

在下面的表格中，列有 20 项与人生有关的价值项目。请你排列这些价值在自己心目中的优先地位，1 表示最重视，20 表示最不重视，填在下表中的第一栏排序内。假设你有十万元可用于买这些价值，对于各个人生价值项目，你愿意投资多少？也就是你愿意出价多少？请将自己预估的数额填在下表中第二栏预算价格内。

填写时请注意：

1. 不必每项都写。
2. 如你想对某一项出价，起价不得少于 5 000 元。
3. 在拍卖时，可以变更原定的价码，但如你想加价，每次加价至少 500 元。

项目	排序	预算价格	购得价格	得标人
1. 有一个幸福美满的家庭				
2. 赚大钱				
3. 长寿而无大病痛				
4. 继续进修学习				
5. 有一些知心的朋友				
6. 从事适合自己又可发挥专长的职业				
7. 拥有一栋舒适又漂亮的房子				
8. 考取公务员,有稳定的职位				
9. 有充裕的金钱与休闲				
10. 谈一次最完美的恋爱				
11. 和喜欢的人长久相处永不分离				
12. 担任公司的主管				
13. 到处旅游吸收新知				
14. 成立慈善机构救助他人				
15. 享受结交朋友的乐趣				
16. 工作有挑战性而不单调				
17. 成为有名的人				
18. 随心所欲地布置自己的环境				
19. 无拘无束地生活				
20. 担任社会声望高的职位				

拍卖后讨论拍卖对自己职业生涯规划的影响:

(1) 由"拍卖成交价"最高的项目开始讨论,请得标的团体成员分享为何要买这项及心情。

(2) 请其他与得标者竞标的成员说明他们看重此项价值的原因,并说明竞标失败后的心情。

(3) 依照上述方式,讨论"拍卖成交价"第二的项目,以下类推。

(4) 针对流拍的项目请团体成员讨论:为何大家不看重它?

(5) 你所重视的价值对你的生涯规划和职业选择有何影响?

练习 4-5-3

价值观探索

美国心理学家 Milton Rokeach 于 1973 年在《人类价值观的本质》一书中提出十三种价值观:

(1) 成就感:提升社会地位,得到社会认同;希望工作能受到他人认可,对工作的完成和挑战成功感到满足。

(2) 美感的追求:能有机会多方面地欣赏周围的人、事、物,或任何自己觉得重要且有意义的事物。

(3) 挑战:能有机会运用聪明才智来战胜困难。舍弃传统的方法,选择创新的方法处理事务。

(4) 健康(包括身体和心理):工作能够免于焦虑、紧张和恐惧;希望能够心平气和地处理事务。

(5) 收入与财富:工作能够明显、有效地改变自己的财务状况;希望能够得到金钱所能买到的东西。

(6) 独立性:在工作中能有弹性,可以充分掌握自己的时间和行动,自由度高。

(7) 爱、家庭、人际关系:关心他人,与别人分享,协助别人解决问题;体贴、关爱,对周围的人慷慨。

(8) 道德感:与组织的目标、价值观和工作使命能够不相冲突,紧密结合。

(9) 欢乐:享受生命,结交朋友,与别人共处,一同享受美好时光。

(10) 权力:能够影响或控制别人,使他人照着自己的意思去行动。

(11) 安全感:能够满足健康需要,有安全感,远离突如其来的变动。

(12) 自我成长:能够追求知性方面的刺激,寻求更圆满的人生,在智慧、知识与人生的体会上有所提升。

(13) 协助他人:感受到自己的付出对团体是有帮助的,别人因为你的行动而受惠许多。

针对上述价值观,请问自己(1 ~5 排序,1 代表重要,5 代表不重要)

(1) 我最重视的五种价值观是什么?

(2) 我所选择的五种价值观是我一直都重视的吗? 如果曾经有所改变,是在什么时候?

(3) 有哪些价值观是我父母认为重要而我却不同意的? 有哪些价值观是我和父母共同拥有的?

(4) 价值观的改变是否曾经改变我安排生活的方式?

(5) 我理想的工作形态与我的价值观之间是否有任何关联?

(6) 我是否因为谁说的一句话或某件事,例如考试的成绩,而对自己的价值观产生怀疑?

(7) 以前我曾经崇拜哪些人？他们目前对我有什么影响？

(8) 我的行为是否反映我的价值观？例如重视工作的变化、成长与突破的你能适应一成不变的工作吗？你会在父母的期待下选择他们认为理想的工作吗？

【单元六:行行出状元——了解职业偏好】

目标:让成员初步探索工作的世界,找出自己熟悉的三种职业,再从“精彩人生”练习中找寻自己最想从事的3~4种职业,并对这些职业进行分析,从而了解自己的职业偏好。

内容与操作:

目的:通过熟悉的职业,了解过去生活和父母职业对自己的影响。 时间:约40分钟。	1. 我所熟悉的职业 操作:分组,6~8人一组。发给每个人“我所熟悉的职业”练习纸(见练习4-6-1),请每个人根据自己的经验写出三种熟悉的职业,一般都与父母的工作、教师的工作以及亲人的工作有关,也有可能是从影视作品中了解的职业。通过分享,运用成员已有的资源,互相开阔思路,了解不同的职业,了解父母以及亲人的职业对自己的影响。
目的:挑选自己希望今后可能从事的职业,了解职业偏好。 时间:约40分钟。	2. 我想从事的职业 操作:从领导者发下的“精彩人生——各行各业”练习纸(见练习4-6-2)中的职业中选出自己最喜欢的10种左右职业,看看自己的职业偏好;然后从选出的10种职业中挑选出3~4种你最有可能从事的职业。在小组分享过程中说明自己选择的理由。
目的:让成员进一步明确自己喜欢的工作。 时间:约40分钟。	3. 工作选择衡量表 准备:练习用纸。 操作:发给每个人一张“工作选择衡量表”(见练习4-6-3),根据练习4-6-2选出的3~4种职业,从工作报酬、工作内容、工作环境等多个视角分析,了解职业选择中可能需要考虑的因素。
目的:让成员进一步明确自己喜欢的工作。 时间:约10分钟。	4. 布置课后作业:撰写个人简历 撰写简历是每一个学生必备的能力,无论是找工作,还是应聘社会工作,都需要推荐自己。通过撰写简历,了解怎样介绍自己,也是对自己的最好的整理和觉察。

练习 4-6-1

我所熟悉的职业

职业名称________________
职业环境________________
入职条件________________
待遇薪水________________
发展机会________________
主要压力________________
其他________________

职业名称________________
职业环境________________
入职条件________________
待遇薪水________________
发展机会________________
主要压力________________
其他________________

职业名称________________
职业环境________________
入职条件________________
待遇薪水________________
发展机会________________
主要压力________________
其他________________

练习 4-6-2

精彩人生——各行各业

以下表格中列出了100多种职业。请你先从中选出你最喜欢的10种左右职业，看看自己的职业偏好；然后从选出的10种职业中挑选出3~4种你最有可能从事的职业。

1. 机械工程师	35. 精神科医生	69. 人类学家
2. 戏剧演员	36. 哲学家	70. 天文学家
3. 兽医	37. 土木工程师	71. 病理学家
4. 生理学家	38. 飞行员	72. 物理学家
5. 新闻记者	39. 政治家	73. 节目主持人
6. 服装设计师	40. 外交人员	74. 林务人员
7. 地理学家	41. 警官、侦探	75. 城市规划设计师
8. 园艺学家	42. 广告设计师	76. 汽车商
9. 会计师	43. 化学工程师	77. 时装模特儿
10. 气象学家	44. 法院观护人	78. 花卉商
11. 航空工程师	45. 电机工程师	79. 铁路工程师
12. 牙科医师	46. 化学家	80. 厨师
13. 进口商	47. 作家	81. 数学家
14. 专业护士	48. 房地产销售员	82. 工业工程师
15. 编辑	49. 电脑程序设计员	83. 银行家
16. 系统分析员	50. 农艺学家	84. 家政学家
17. 社会服务部主任	51. 采矿工程师	85. 内科医生
18. 运动选手	52. 中小学老师	86. 人事经理
19. 药剂师	53. 美容师	87. 贸易部经理
20. 动、植物学家	54. 外贸办事员	88. 细菌学家
21. 汽车机械师	55. 人事主管	89. 政府官员
22. 珠宝商	56. 钢琴调音师	90. 经济学家
23. 航空导航员	57. 艺术家	91. 电子工程师
24. 海洋学家	58. 电脑操作员	92. 大专院校教师
25. 遗传学家	59. 劳工代表	93. 地质学家
26. 社会学家	60. 电视播音员	94. 景观设计师
27. 导游	61. 保险业者	95. 体育教练
28. 历史学家	62. 图书管理员	96. 生态学家
29. 音乐家	63. 律师、法官	97. 秘书
30. 外语翻译	64. 生化学家	98. 戏剧导演
31. 职业辅导师	65. 零售商	99. 室内装潢家
32. 冶金工程师	66. 营养专家	100. 外科医生
33. 统计学家	67. 建筑师	101. 航空服务员
34. 财务分析员	68. 摄影师	102. 农牧场主人

续表

103. 出租车司机	106. 户政人员	109. 心理咨询师
104. 海关稽查员	107. 旅行社业务员	110.（其他，请注明）
105. 出纳员	108. 股票经纪商	________

你最有可能从事的职业：1. ________　2. ________　3. ________　4. ______

练习 4-6-3

工作选择衡量表

吸引你的原因		重要性
工作报酬	社会地位高	3　2　1
	权力大	3　2　1
	待遇好	3　2　1
	福利制度健全	3　2　1
	升迁快	3　2　1
工作内容	工作任务少、压力轻	3　2　1
	富有变化	3　2　1
	有挑战性	3　2　1
	有创造机会	3　2　1
	能独立作业	3　2　1
	为社会服务	3　2　1
	领导性强	3　2　1
	流动性强（常出差）	3　2　1
	常需进修	3　2　1
工作环境	室内	3　2　1
	室外	3　2　1
	跟人接触	3　2　1
	跟机器接触	3　2　1
	舒适	3　2　1
休闲时间	工作时间不固定	3　2　1
	工作时间固定（不常加班）	3　2　1
人际关系	工作伙伴相处融洽	3　2　1
	与上司相处融洽	3　2　1
工作地点	离家近（可常回家）	3　2　1
	离家远（需住宿舍）	3　2　1

【单元七:做生活的主人——时间管理技术】

目标:帮助成员更高效地掌握及运用时间,在学习与生涯规划上掌握主动。

内容与操作:

目的:帮助成员觉察自己的时间使用情况,认识到时间管理的重要性。 时间:约 30 分钟。	1. 管理时间、运用时间调查 准备:“管理时间、运用时间调查”练习纸(见练习 4-7-1)。 操作:让全体成员围坐成一圈,领导者和成员一起根据调查表上的问题分享和探讨自己使用时间的状况。
目的:帮助成员进一步具体地审视自己使用时间的情况。 时间:约 40 分钟。	2. 时间流水账 准备:“时间流水账单”练习纸(见练习 4-7-2)。 操作:让成员分成小组,每组 6 ~ 10 人。给每位成员发一张“时间流水账单”,让大家根据实际情况填写,分析自己使用时间的情况,并在小组内分享感受。
目的:让成员具体分析自己每天的生活结构和时间安排,思考理想生活的时间安排,确定时间管理的具体目标和改变途径。 时间:约 50 分钟。	3. 时间馅饼 准备:“时间馅饼”练习纸(见练习 4-7-3)。 操作: (1) 发给每位成员“时间馅饼”练习纸。 指导语:你可曾想过在每天忙碌的生活里,你都在做些什么?假如我们把一天的时间当成一块大馅饼,这块大馅饼中有目前生活中的读书、学习、睡眠、社团活动、朋友聊天、休闲活动、用餐、独处等每项活动所花费的时间。请你依据自己流水账的统计,将每项活动所花费的时间填入所发的“时间馅饼”。 完成实际的时间馅饼后,请你看看自己的馅饼,并问问自己:① 你对自己目前使用时间的情形满意吗? ② 在你的理想中,应该怎样使用时间? ③ 你希望能花更多的时间做什么? ④ 你希望减少做哪些事的时间? ⑤ 三件你想要去做,却一直还未去做的事是什么? 然后再画一个你理想中的时间馅饼。你理想中的时间使用情况与现实有哪些不同?你将采取哪些行动,改变你目前的时间使用情况,让它更接近你理想中的生活?最后同组同学分享。 (2) 请每组推派一名代表将该组讨论的结果与全班同学分享。 (3) 领导者总结: 当你认真地了解自己运用时间的情况,并了解其他同学的时间分配后,你是否想要调整一下自己的生活步调?在你理想的生活安排中,哪些是你生活的重心?课业、社团、亲情、爱情?你将如何排出轻重缓急,分配你的时间,让你的大学生活充实愉快、收获良好?
目的:让成员参观学校的就业指导中心,了解学校的就业服务机构。	4. 布置课后作业:参观就业指导中心 课外活动:组织成员参观学校的就业指导中心,了解学校为学生提供的就业服务,如就业信息渠道、生涯辅导、职业能力训练等。鼓励成员在有需要的时候善用就业中心的资源。

练习 4-7-1

管理时间、运用时间调查

1. 你一天中最高效的时间是什么时候?

2. 你一周中最高效的时间是星期几?

3. 你睡眠最高效的时间是什么时候?

4. 你每天在读书、学习上花费的时间是多少?

5. 你每天浪费的时间有多少? 是做哪些事情浪费的?

6. 如果每天有额外的两个小时,你想用来做哪件事?

7. 在过去几个月里,你是否曾花费一些时间来记录你运用时间的情况?

8. 你是否对事件的紧迫性与重要性进行分类?

9. 你是否总有时间做最重要的事情?

10. 你是否能够按计划在预定的时间内完成工作?

练习 4-7-2

时间流水账单

(你生活中典型的一天)

事情	每天花费时间	每周花费时间	备注
睡眠(包括午睡)			
吃饭(每日三餐)			
个人卫生(洗漱、上卫生间、洗澡等)			
上课			
个人自习和做作业			
上网			

续表

事情	每天花费时间	每周花费时间	备注
阅读书籍、报纸杂志			
运动、锻炼			
娱乐(看电视等)			
社团和社会工作			
朋友聚会(聊天等)			
打电话、发短信			
兼职工作			
其他			
总　　计	24 小时	168 小时	

做完流水账后,你的发现是:________________

练习 4-7-3

时间馅饼

以大圆代表一天 24 小时,请根据你一天的平均活动状况,将各类活动所花费的时间按比例在圆内画出。圆内每格表示 1 小时。然后画出你个人期望的时间安排图。

目前的时间馅饼

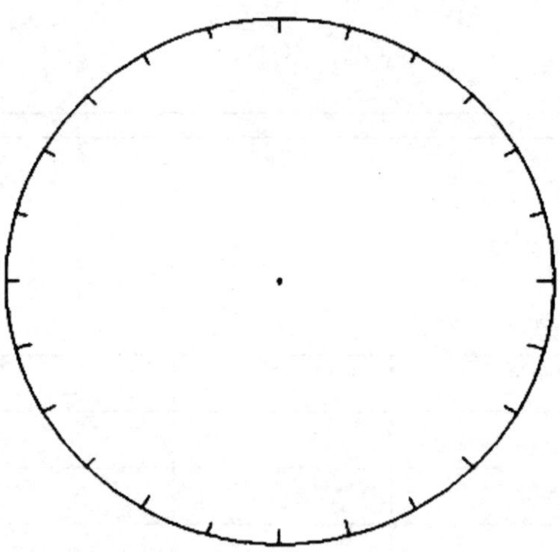

理想的时间馅饼

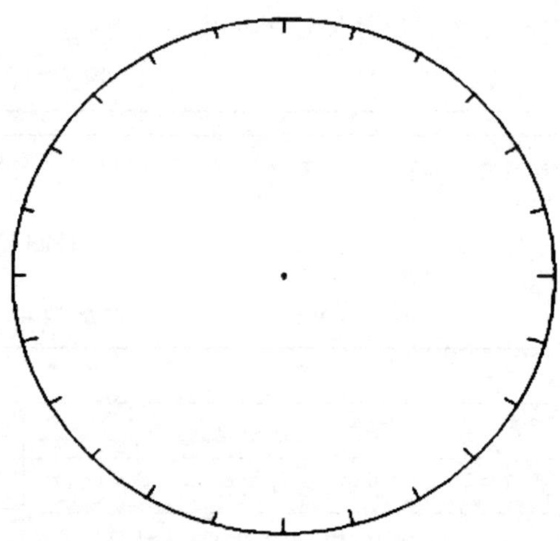

做完这个练习,你有什么发现:________________

【单元八:我的未来不是梦——规划大学生涯与初步的职业理想】

目标:协助成员对大学生活和未来生涯发展进行初步的规划;总结在团体中所学所获;处理团体辅导结束的情绪;鼓励成员从此踏上自觉主动的生涯探索之路。

内容与操作:

目的:协助成员了解大学生活的不同领域,从多个方面规划自己的大学生涯,为职业生涯规划奠定基础。 时间:约 50 分钟。	1. 大学生活拼图 准备:"大学生活拼图"练习纸(见练习 4-8-1)。 操作:发给每名成员一张练习纸,简略说明把握人生要从现在做起。大学生活丰富多彩,可能涉及的领域和内容至少有九个方面。请成员写出自己在各个方面所希望做的事和实现的目标,为大学生活规划蓝图。 (1) 将全体成员分组,每组以 4 ~6 人为宜。 (2) 个人完成拼图后,与组内成员分享自己的规划,领导者进一步提出下列问题,作为各组讨论的方向: ① 在你的规划中,有哪些是较容易达成的? 为什么? ② 在你的规划中,有哪些是较难达成的? 为什么? ③ 如果你希望它们能实现,你还需要做哪些努力? (3) 请每组推派一名代表将该组讨论的结果与全体成员分享。
目的:帮助成员总结参加团体的收获,练习做初步的生涯计划。 时间:约 50 分钟。	2. 生涯初步规划表 准备:"生涯初步规划表"练习纸(见练习 4-8-2)。 操作: (1) 下发"生涯初步规划表",请成员先填写。 指导语:生涯发展是否在自己的掌控中,取决于你是否有目标,是否能积极行动达成设立的目标,实现自我的抱负,并在其中自我成长。因此,了解自己、确立目标非常重要。请想一想自己的长远目标(5 ~10 年)、中期目标(3 ~5 年)、短期目标(1 ~3 年)都是什么,以及目前看来理想的工作是什么,做出初步的规划。 (2) 将全体成员分组,每组以 4 ~6 人为宜。 (3) 成员在小组中分享自己的规划,并了解其他成员所思考的内容,如有必要,针对规划的可能性提出质疑。
目的:让成员回顾参加生涯团体八次活动的感受,总结收获。评估团体辅导效果。 时间:约 15 分钟。	3. 结束与总结 操作:全体成员围坐成一圈,领导者让每名成员用一句话向各位分享自己参加生涯团体的收获,并彼此祝福和道别。 领导者可以发团体辅导评估表(练习 4-8-3)给每位成员,让其评估自己参加团体后的收获。

续表

目的：处理离别情绪，鼓励成员踏上自我探索和生涯规划之路。结束团体辅导。 时间：约5分钟。	4. 合唱《同一首歌》 操作：全体成员站起来，围成一圈，合唱《同一首歌》并道别。

练习 4-8-1

大学生活拼图

说明：本练习的目的是帮助你了解大学生活所要规划的内容。请将你要规划的内容逐一填在表格中。

课程学习	专业发展	人际关系
个人情感	身心健康	休闲生活
自我成长	社会工作	兼职工作

练习 4-8-2

生涯初步规划表

1. 我这样描述自己的个性或特质________
2. 我所具备的能力或专长是________
3. 我最重视的价值观或最重要的事是________
4. 到目前为止，我生活中最大的成就是(2～3 件)________
____
5. 到目前为止，我生活中最大的挫折是(2～3 件)________
____
6. 我最理想的工作是________
7. 我最理想的生活形态是________
8. 我的长期目标是________
9. 我的中期目标是________
10. 我的短期目标是________
11. 根据我目前的情况，我实现这些目标的可能性________
12. 阻碍我达成理想的原因是________
13. 凭借我的资历，技能或经验，如何达成我的理想________
14. 在职业生涯规划方面，我目前暂时的决定是________
15. 我做这一规划的理由是________

练习 4-8-3

团体辅导评估表

团体学习结束时你的感受和心得：

____
____
____
____

主要参考文献

1. 樊富珉,王建中.当代大学生心理健康教程[M].武汉:武汉大学出版社,2007.

2. 林清文.生涯发展与规划手册[M].北京:世界图书出版社,2003.

3. 樊富珉,何瑾.团体心理辅导[M].上海:华东师范大学出版社,2010.

4. 樊钉.起步人生:职业生涯规划卷[M].北京:人民邮电出版社,2001.

5. 徐端华,樊富珉.做早起觅食的鸟儿:把握生涯发展的机会[M].北京:中央广播电视大学出版社,2013.

专题五

快乐成长之家：初中生班级团体辅导①

刘晓玲　樊富珉

刘晓玲：2002 年考入清华大学，就读于中文系汉语言文学专业，2006 年免试进入清华大学教育研究所攻读应用心理学硕士学位，师从樊富珉教授，研究青少年成长班级团体辅导。2008 年进入华东师范大学研究生院工作，负责研究生教育国际化的管理工作，2011 年考入华东师范大学特殊教育学系攻读博士学位。参与了《奥巴马的教育蓝图》（科学教育出版社，2010 年出版）一书的翻译工作。

初中生是一个比较特殊的群体，他们年龄大多在 12 ~ 16 岁，开始进入人生的第二次成长高峰期——青春期。这一时期，是个体心理成长的重要阶段，也是由儿童向成年人过渡的最为关键的时期：开始摆脱旧的思维和行事习惯，心理发展趋向成熟，人格发展趋向定型，人生观、世界观开始形成并逐步确立。这一时期的身心健康是个体一生健康的基础，关系到个体能否顺利完成青春期的调适、顺利步入社会。如果这一时期出现了心理方面的问题而得不到及时和正确的引导和帮助，会对个人、家庭和社会都造成不良影响。

初中阶段也是个体发展最不稳定，心理矛盾与冲突最为激烈的时期。德国青年心理学家斯普兰格（E. Spranger）将这个时期比喻为“疾风怒涛”阶段；霍林渥斯（L. S. Hollingworth）称这个时期为“心理断乳期”。这个时期的初中生在生理上迅速发育成熟，尤其是性器官和性功能迅速成熟，而心理发展却相对不成熟，因此导致这个阶段的青少年在发展过程中面临着许多的矛盾：自我意识与社会角色的矛盾；要求他人尊重与不能充分尊重他人的矛盾；理想自我与现实自我的矛盾；情感波动性与内隐性的矛盾；性发育迅速成熟与性心理相对幼稚的矛盾，等等。② 因此，初中阶段是个体心理冲突和行为、情绪问题发生的高危阶段。国外有研究表明，青少年中有心理问题的占 11% ~ 26%，③④近年来，国内的心理学和教育学工作者对中小学生的心理健康状况做了大量调查研究，发现当前我国

---

① 本项目由北京光华慈善基金会资助，是刘晓玲在樊富珉教授指导下完成的应用心理学硕士论文（2008 年）的一部分。

② 余圣陶. 上海市中学生心理健康及其自评量表的研究[D]. 上海：华东师范大学，2004.

③ Brandenburg, N. A., Friedman, R. M., Sliver, S. E. The epidemilolgy of childhood psychiatric disorders: Prevalence findings from recent studies[J]. Journal of the American Academy of Child and Adolescent Psychiatry, 1987.

④ Costello, E. J. Psychiatric disorders in pediatric primary care. The new hidden morbidity[J]. Pediatrics, 1988.

中小学生心理健康状况不容乐观。初中生有心理和行为问题的占15%左右,①具体表现为嫉妒、自卑、任性、孤僻、焦虑、逆反、情绪反常、神经衰弱、社交困难、学习不良、学校恐惧、吸烟酗酒、网络成瘾乃至自杀、犯罪等心理和行为问题。

20世纪80年代中后期以来,我国中小学校陆续开展了心理健康教育工作。目前,中学的心理健康教育有开设以讲授为主的心理健康课程、开设心理辅导活动课、结合班级团队活动来开展心理辅导、在学科中渗透心理辅导、个别辅导、团体辅导等方式。但是在实践中仍然存在一些误区和困境,集中表现为以下几种倾向:形式化倾向、个别化倾向、医学化倾向、课程化倾向和德育化倾向②,致使学校心理健康教育或流于形式或效果甚微。

班级团体辅导是团体辅导的一种,是团体辅导与中国学校特色相结合的本土化的团体辅导方式。它是以班级为单位, 以同班内所有学生的成长需要为辅导目标,以团体心理辅导相关的理论与技术为指导开展的心理辅导活动。在我国的学校中,尤其是中小学,班级是最基本的单位,学校的教育与教学工作大多是以班级为单位进行的,学生的学习和生活也全部都是在班级环境中进行的,班级可以说是除了家庭之外,学生接触最多的团体,是他们学习和生活最为重要的场所,为学生提供了人际交往和个体社会化的重要环境。班级团体辅导既可以利用班级本身的团体动力促进班级内每个学生个性健康地发展,也可以在班级内营造温馨的氛围,增进同学间的人际交往,不仅有助于提高学习效果,对于学生人格健康发展和预防及解决学生在发展过程中出现的心理问题也是非常重要的。

一、 团体理论

(一)初中生的心理特点与需要

初中生正处于青少年期,这一时期是人体生理发育的第二高峰,是由儿童向成人过渡的时期,也是人生发展变化的重大时期,俗称"心理断乳期"。生理的发展给青少年带来了不同于儿童期的重大心理变化。这个时期的个体其生理成熟程度高于心理成熟程度,于是在心理特征上就表现出半独立性与半依赖性、半成人与半儿童、理智性与冲动性、逆反性与顺从性、开放性与闭锁性、言与行、自觉性与幼稚性等矛盾错综复杂的特点。身处此阶段的青少年感到心理上激荡不安、心绪难宁、矛盾重重。因此,国外很多学者又把这个时期叫作"疾风骤雨期"或"危机期"。中学生的心理特点主要源于下面五大矛盾。

1. 自我意识与社会角色的矛盾

青少年时期是自我意识迅速增长的时期。自我意识表现为自我评价、自我尊重、自我监督等。从少年时代开始,他们就感觉自己是"大人"了,希望跟父母和其他成年人一样获得平等的独立生活权,他们与父母在教育问题上发生冲突时,往往会出现"脱离家庭约束"的幼稚想法,因此这一时期被称为青少年的反抗期。这一阶段的少年,虽在主观上感

① 俞国良. 我国中小学心理健康教育的现状与发展[J]. 教育科学研究, 2001(7):62-66.

② 姚本先. 当前学校心理健康教育的消极倾向与发展趋向[J]. 中国教育学刊,2000(8).

到自己已经是有能力、有气魄的成人，但他们的思维和行动还没有脱离稚气，常常做出一些不自量力的举动。他们渴望独立，但没有经济来源，生活中遇到问题时又不得不请教父母。这种高傲的成人意识被现实无情地阻隔时，他们又渴望得到父母和成年人的帮助指导。

进入青年期，这种成人感和独立性越来越强，他们渴求自治，期待个人的见解能够得到社会的承认与尊重，并试图在平等的基础上，重新建立与父母或其他成年人的关系。他们不想依赖成年人，但自己又不具备经济基础和物质条件，他们凡事都有自己的见解，会发表自己的看法，但受到思维和认识能力的限制，意见多，建议少。

2. 要求他人尊重与不能充分尊重他人的矛盾

著名心理学家马斯洛在他的需要层次理论中，把自尊放在很重要的位置上，成年人看重自尊，青年人更要面子。由于青少年的自我意识不断加强，他们的自尊心、自信心越来越强烈，如他们渴望自己的观点、看法得到成年人的重视，他们不希望别人对自己指手画脚、横加指责，他们渴求平等对话。然而青少年在要求他人尊重自己和自己尊重他人之间却存在着矛盾。有的学生自以为是、唯我独尊、唯我最强，在某些方面自视清高，看不起别人，听不进不同意见，不能正视社会环境，不能摆正个体与集体、自身与他人的相互位置，不懂得尊重他人，这是典型的不成熟心理，需要老师进行正确的教育和引导。渴望被尊重是人格自立的必然，但不懂得尊重他人则是人格不成熟的表现，两者的矛盾性是青少年心理上的客观现实。

3. 理想自我与现实自我的矛盾

理想自我是将来要实现的自我，是现实自我努力的方向；现实自我则是生活中实实在在的自我，两者是不同的。当这两种形象混淆起来时，就会产生矛盾。一方面社会对他们有所期望，另一方面他们对自己也有所评价。当周围的人对自己的评价或自己的亲身经历让他们感觉到自己不过如此，社会对自己的选择是严格甚至是苛刻的，这都会让青少年在理想自我与现实自我之间产生矛盾，这种矛盾会给他们带来苦闷、抑郁等消极的情绪体验。

4. 情感波动性与内隐性的矛盾

进入青春期后，由于神经系统和内分泌系统的影响，青年学生身体的生长发育十分迅速，同时性机能趋向成熟，容易产生情感上的动荡。从身心调节的正常规律来看，这种动荡应该通过适当的释放才能获得平衡。但是青少年个性的发展和控制能力的增强，使他们内在的情感释放被压抑起来。他们在情绪表现上呈现出冲动性、不稳定性、爱走极端的特点。他们已懂得情绪上的大喜大悲是不成熟的表现，他们有心里话想找人倾诉，可碰到长辈或其他熟悉的人，又迟迟不肯开口。对一个想了解的问题常常要绕圈子、不切主题，成年人感觉孩子想问题多、不听话、难管，孩子则认为大人太武断专横，不能理解他们。青少年得不到成年人的安慰、鼓励、帮助，便会把注意力转移到同龄人中，那些对他们富有同情心、给他们提供支持的伙伴会被他们所接纳。

5. 性发育迅速成熟与性心理相对幼稚的矛盾

这可以说是青春发育期最突出的矛盾。性器官、性机能的迅速发育成熟要求青少年的性心理发育紧紧相随，但青少年由于认识能力和个性发展的限制，特别是在教育引导不及时、不得力的情况下，其性心理发育表现出相对的幼稚性。学生盲目早恋和冲动性的异性交往行为便是这种幼稚性的表现，是学生性心理发育不成熟的标志。学生早恋带有很大的好奇和模仿的成分，尽管陷入这种现状的学生都表白自己是认真的，不是儿戏，但他们对什么是真正的爱情及爱情所包含的社会责任和义务缺乏真正的了解。

（二）初中生的心理健康问题

本团体辅导设计是基于对初中生的心理健康状况进行实证调查基础上的。研究选取了西部贫困地区陕西蓝田县四所中学的500名初中生作为被试，运用《一般健康问卷》（GHQ-20）、《中国中学生心理健康量表》和《自尊量表》，考察了贫困地区初中生的心理健康状况。结果表明，贫困地区初中生的心理问题检出率较高，主要的心理问题具体表现在：自尊水平相对较低；焦虑等负面情绪较多，情绪不稳定；反复检查作业，总担心考试考不好等强迫倾向较多；适应不良；学习压力大；人际关系紧张与敏感等方面。初一和初二学生的心理健康水平差异不显著；性别对贫困地区初中生心理健康的影响不大；学习成绩对贫困地区初中生的心理健康状况有显著的影响作用，学习成绩好的学生心理健康水平显著高于学习成绩差的学生。在此基础上编制提高贫困地区初中生心理健康水平的班级团体辅导方案，并以蓝田初中初二某班72名同学为被试，采用2（实验组、对照组）×2（前测、后测）的实验设计，对实验组同学进行了12次班级辅导干预，采用《一般健康问卷》（GHQ-20）、《中国中学生心理健康量表》和《自尊量表》在辅导前后进行测量，并在辅导结束一个月、三个月和半年后对两组被试进行追踪调查，考察班级团体辅导对提高贫困地区初中生心理健康水平的作用。研究发现，班级团体辅导可以显著提高贫困地区初中生的心理健康水平，具体表现在：班级团体辅导可以帮助成员认识自我、悦纳自我、悦纳他人、提升自信心；改善成员的情感体验，帮助他们克服焦虑、敌对、偏执、情绪不稳定等问题；发展成员的适应能力，训练其交往技巧，提高其人际交往能力。

（三）班级团体辅导及其特色

班级团体辅导是团体辅导的一种，以班级为单位，以全班学生为对象，运用团体辅导的策略或方法，借助于团体互动，协助学生重新评估自己的思想、情感和行为，调整认知并增进适应能力，以预防或解决学生成长中的问题并激发学生的潜能。团体辅导具有以下功能：

1. 成员在积极的互动中增进了解

团体辅导提供了互动性的活动，在活动中，成员可以让别人更好地了解自己，也会对别人有更多更深入的了解，同时还可以通过聆听他人的意见等促使自己反省，帮助自己更好地了解自己。

2. 团体提供了各种不同的信息以及多元反馈

团体成员因为各自具有不同的生活成长背景和经验，对同一个问题会有不同的见解，因此会提供多种观点和解决问题的方案。这样可以开阔成员的视野，满足他们吸收不同信息的需要，也可以弥补这一年龄阶段的学生认知上的片面性带来的各种偏差和不足。

同时，团体辅导可以给成员提供接受回馈的机会，听到别人对自己的看法以及对自己的建议，这样可以帮助成员重新认识自己。

3. 团体能使成员之间产生共同的感受或体验

当个体遭遇困难或情绪不佳时，常常会产生无助、孤独等负面情绪。在团体中，个体可能会发现与自己情况类似的成员，孤独感便会大大降低，关于应对困难矛盾的办法也会从团体中获得启发。

4. 团体提供了模拟现实生活的情境，使辅导效果持久

团体是社会的缩影，是对社会的真实反映。利富特(1972)说过："团体咨询给成员提供一个与真实生活类似的情境，在这个情境中，成员接受多元的刺激，来学习面对，处理自己的困难和问题。"

二、 团体设计

(一) 班级团体辅导设置

1. 辅导目标

本班级辅导的总体目标是提高初中生的心理健康水平，协助他们健康成长。

本班级辅导的具体目标是：

(1) 促进成员认识和接纳自我，增强自尊和自信；

(2) 提高成员的人际交往和团队合作能力，改善人际交往状况，尤其是与异性之间进行正常的交往；

(3) 帮助组员改善与父母的关系，改善家庭关系和家庭氛围；

(4) 帮助成员解决实际困难，如时间管理、压力管理、规划未来等。

2. 辅导性质

本班级辅导的性质是成长性、教育性和预防性团体辅导，以解决成员的心理困扰，促进班级成员的健康发展并预防心理疾病的发生为目标。

3. 时间和次数

班级辅导共分为 12 个单元，利用班会时间，固定为每周一次，每次一课时，即 45 分钟，共持续 12 次，约一学期。同时，辅导老师也可以根据班级状况和同学的需要，选择其中一个单元或者几个单元实施辅导。

4. 辅导进行场所

教室或安静的活动室，有可以移动的桌椅。

(二) 辅导老师与辅导对象

1. 辅导老师

了解初中生心理发展特点，并接受过班级团体辅导培训的班主任、学校心理健康骨干教师，或其他接受过班级团体辅导培训的任课教师。

2. 辅导对象

初中学生，以班级为单位进行。根据经验，辅导时学生 6 ~ 7 人分成一组比较合适。

(三) 班级团体辅导设计整体计划

该辅导活动方案共 12 个单元总体介绍如表 5-1 所示。

表 5-1 初中生班级辅导总体方案

次数	单元名称	单元目标	活动内容	所需材料
1	有缘来相聚	团体成员互相认识,消除陌生感,建立团体凝聚力和信任感,阐明辅导契约	1. 简单介绍活动目的和意义 2. 刮大风 3. 寻找我的快乐组合 4. 介绍和商定团体契约	胸卡 彩笔 双面胶 卡片
2	相亲相爱一家人	增强团队成员的信任感和团结协作能力	1. 解开千千结 2. 建高塔	报纸 剪刀 透明胶
3	Who am I	引导成员认识和接纳自我	1. 我的西红柿 2. 自画像	西红柿(或其他可替代品) 白纸 彩笔
4	天生我才	帮助成员发现并认识自己的优点,提升自信,学会欣赏别人的优点	1. 天生我才 2. 优点轰炸	天生我才练习表 报纸
5	我爱我家	帮助成员重新认识父母的关爱,改善与父母的关系	1. 当我小的时候 2. 我所了解的父母	白纸 练习表 音乐
6	做一个受欢迎的人	提高人际交往能力,改善人际交往状况	1. 单向沟通和双向沟通 2. 倾听练习 3. 我欣赏的男生和女生	练习表
7	五彩心情	帮助成员认识和了解情绪,并学会管理情绪	1. 情绪脸谱 2. 情绪知多少 3. 情有可原	纸笔 彩笔
8	“画”说生活	帮助成员用积极的态度看待生活,乐观地面对困难	1. 命运纸牌 2. 生活线 3. 感恩的心	纸牌 轻音乐 彩色纸 彩笔
9	DAY DAY UP	帮助成员提高时间管理能力,更高效地学习	1. 成长三部曲 2. 一分钟的价值 3. 时间馅饼	时间馅饼图 白纸
10	调一调心灵的弦	帮助成员认识压力,解决困扰,缓解压力	1. 压力大搜查 2. 秘密大会串 3. 放松训练 4. 作业:绘画“未来的我”	白纸 小盒子 冥想音乐
11	未来的我	帮助成员了解自己的才能,初步规划未来	1. 了解自己的才能 2. 两个未来的我	多元智能练习表
12	明天会更好	整理收获,帮助成员自信乐观地面对未来,结束团体	1. 写给自己的信 2. 手语操:《相亲相爱一家人》	信封 卡片 白纸 音乐

（四）班级团体辅导效果评估方法与工具

可以采用前后测对照组实验设计，比较实验组和对照组被试在班级团体辅导前后的心理测量数据。前后测问卷主要采用《一般健康问卷》（GHQ-20）、《中国中学生心理健康量表》和《自尊量表》考察学生的心理健康水平和自尊等心理状况。

1.《一般健康问卷》（GHQ-20）

采用 Goldberg 编制、清华大学教育研究所李虹等人修订的《一般健康问卷》（GHQ-20），见表5-2，测量学生的心理健康水平。该问卷共20个题目，包括自我肯定、忧郁和焦虑三个分量表，具有较高的信度和效度。20个题目以"是"和"否"计分，"是"计1分，"否"计0分。自我肯定量表得分越高，表示自我肯定程度越高；忧郁和焦虑量表得分越高，表明忧郁和焦虑程度越高；将自我肯定量表计分进行反向转换后与忧郁、焦虑量表分合成，形成心理问题总分，总分越高，心理健康水平越低。

表5-2　一般健康问卷（GHQ-20）

下面有20个句子，请你根据自己近期的实际情况，将代表"是"的数字1或"否"的数字2写在题目序号前。

（　　）1. 大致来说样样事情都颇开心。
（　　）2. 做事情都能够集中精神。
（　　）3. 满意自己做事情的方式。
（　　）4. 最近很忙碌，并能充分利用时间。
（　　）5. 处理日常事务和别人一样好。
（　　）6. 觉得自己在很多事情上都能帮忙或提供一些建议。
（　　）7. 觉得很不开心及闷闷不乐。
（　　）8. 能够开心地过平日正常的生活。
（　　）9. 容易与人相处。
（　　）10. 觉得人生完全没有希望。
（　　）11. 觉得做人没有什么意思。
（　　）12. 对自己失去信心。
（　　）13. 觉得自己是个无用的人。
（　　）14. 整天觉得人生好似战场一样。
（　　）15. 觉得自己的将来还有希望。
（　　）16. 因为担心而睡不着。
（　　）17. 心情烦躁睡得不好。
（　　）18. 因为神经太过紧张觉得有时什么事情都做不到。
（　　）19. 觉得整天有精神压力。
（　　）20. 整天觉得心神不安与紧张。

2.《中国中学生心理健康量表》

《中国中学生心理健康量表》，见表5-3，由王极盛编制，共包括60个题目，采用五级评分，包括强迫症状、偏执、敌对、人际关系紧张与敏感、抑郁、焦虑、学习压力、适应不良、情绪不平衡、心理不平衡10个分量表。其中分量表2～2.99分，表示该因素存在轻度问题；3～3.99分，表示该因素存在中等程度的症状；4～4.99分，表示该因素存在较重的症状;5 分,表示该因素存在严重的心理症状。总均分 2 ~ 2.99 分,表示存在轻度的心理健康问题;3 ~ 3.99 分,表示存在中等程度的心理健康问题;4 ~ 4.99 分,表示存在较严重的心理健康问题;5 分,表示存在非常严重的心理健康问题。

表 5-3 中国中学生心理健康量表

下面有 60 个题目,每个题目后边都有五个等级供你选择,分别按照程度的高低用 1、2、3、4、5 表示。

从无	轻度	中度	偏重	严重
1	2	3	4	5

(　　)1. 我不喜欢参加学校的课外活动。
(　　)2. 我心情时好时坏。
(　　)3. 做作业必须反复检查。
(　　)4. 感到人们对我不友好,不喜欢我。
(　　)5. 我感到苦闷。
(　　)6. 我感到紧张或容易紧张。
(　　)7. 我学习劲头时高时低。
(　　)8. 我对现在的学校生活感到不适应。
(　　)9. 我看不惯现在的社会风气。
(　　)10. 为保证正确,做事必须做得很慢。
(　　)11. 我的想法总与别人不一样。
(　　)12. 总担心自己的衣服是否整齐。
(　　)13. 容易哭泣。
(　　)14. 我感到前途没有希望。
(　　)15. 我感到坐立不安,心神不定。
(　　)16. 经常责怪自己。
(　　)17. 当别人看着我或谈论我时,感到不自在。
(　　)18. 感到别人不理解我,不同情我。
(　　)19. 我常发脾气,想控制但控制不住。
(　　)20. 觉得别人想占我的便宜。
(　　)21. 大叫或摔东西。
(　　)22. 总在想一些不必要的事情。
(　　)23. 必须反复洗手或反复数数。
(　　)24. 总感到有人在背后谈论我。
(　　)25. 时常与人争论、抬杠。
(　　)26. 我觉得对大多数人都不可信任。
(　　)27. 我对做作业的热情忽高忽低。
(　　)28. 同学考试成绩比我高,我感到难过。
(　　)29. 我不适应老师的教学方法。
(　　)30. 老师对我不公平。
(　　)31. 我感到学习负担很重。
(　　)32. 我对同学忽冷忽热。
(　　)33. 上课时,总担心老师会提问自己。

续表

	从无	轻度	中度	偏重	严重
	1	2	3	4	5
(　　)34. 我无缘无故地突然感到害怕。					
(　　)35. 我对老师时而亲近,时而疏远。					
(　　)36. 一听说要考试,心里就感到紧张。					
(　　)37. 别的同学穿戴比我好,比我有钱,我感到不舒服。					
(　　)38. 我讨厌做作业。					
(　　)39. 家里环境干扰我的学习。					
(　　)40. 我讨厌上学。					
(　　)41. 我不喜欢班里的风气。					
(　　)42. 父母对我不公平。					
(　　)43. 感到心里烦躁。					
(　　)44. 我常常无精打采,提不起劲来。					
(　　)45. 我的感情容易受到别人的伤害。					
(　　)46. 觉得心里不踏实。					
(　　)47. 别人对我的表现评价不恰当。					
(　　)48. 明知担心没有用,但总害怕考不好。					
(　　)49. 总觉得别人在跟我作对。					
(　　)50. 我容易激动和烦恼。					
(　　)51. 同异性在一起时,感到害羞不自在。					
(　　)52. 有想伤害别人或打人的冲动。					
(　　)53. 我对父母时而亲热,时而冷淡。					
(　　)54. 我对比我强的同学并不服气。					
(　　)55. 我讨厌考试。					
(　　)56. 心里总觉得有事。					
(　　)57. 经常有自杀的念头。					
(　　)58. 有想摔东西的冲动。					
(　　)59. 要求别人十全十美。					
(　　)60. 同学考试成绩比我高,但能力并不比我强。					

3.《自尊量表》

《自尊量表》,见表5-4,由Rosenberg编制,共包括10个题目,由5个正向题和5个反向题组成,采用四级评分,总分范围为10~40分,分值越低,自尊程度越高。量表具有很好的信度和效度。

表5-4　自尊量表

下面有10个问题,请你根据选项在答卷上画出一个与你自己的符合程度一致的数字。

	很同意	同意	不同意	很不同意
	1	2	3	4
(　　)1. 我认为自己是个有价值的人。				
(　　)2. 我觉得我有许多优点。				

续表

	很同意 1	同意 2	不同意 3	很不同意 4
( )3. 总的来说,我倾向于认为自己是一个失败者。				
( )4. 我做事可以和大多数人一样好。				
( )5. 我觉得自己没有什么值得自豪的地方。				
( )6. 我对自己持一种肯定的态度。				
( )7. 整体而言,我对自己感到满意。				
( )8. 我要是能更看得起自己就好了。				
( )9. 有时我的确感到自己很没用。				
( )10. 我有时认为自己一无是处。				

三、团体实施

【单元一:有缘来相聚】

目标:团体成员互相认识,消除陌生感,建立团体凝聚力和信任感,阐明辅导契约。

内容与操作:

目的:让成员对活动有所了解。 时间:约5分钟。	1. 简单介绍活动的目的和意义 操作:在只有凳子的教室中,全体成员围成圈坐好,领导者对活动的内容、形式、持续时间进行简单介绍。
目的:热身,消除成员的陌生感,打乱开始时的座位。 时间:约5分钟。	2. 刮大风 操作:全体成员围圈坐好,领导者介绍活动规则:领导者说"刮大风,刮大风,大风刮到××(具有某一特征的人,比如说'戴眼镜的人')身上",那么具有这些特征的人就必须立刻离开自己的位子,重新寻找空位子坐下。
目的:热身,通过这一活动将成员分为若干组,并让他们初步感受团体对个人的重要性,增强团体凝聚力。 时间:约20分钟。	3. 寻找我的快乐组合(见练习5-1-1) 操作:事先准备好与成员人数相等的纸条,用来分组,按照打算划分的小组数目写好与小组数目相等的几种不同的话。让成员每人抽取一张纸条,由成员自愿起来读自己抽到的纸条上的话,抽到写有同样话的成员为同一小组成员。也可以按照练习5-1-2中的备选活动来分组。最后,将所有成员分为若干小组,也让成员感受由个人到团体的内心变化,并感受团体的形成。小组全部形成后,让小组成员一起为自己的小组设计组名,并共同为小组设计一个标志,画在自己的胸卡上。

续表

目的:为保证团体正常发挥功能,实现团体领导者与成员之间的尊重与配合,建立团体成员需共同遵守的规范。 时间:约 15 分钟。	4. 介绍和商定团体契约 操作:每个小组一张 A4 白纸,让小组成员共同讨论班级辅导规范,并在规定时间内(5 分钟)尽可能多地写出辅导契约,最后领导者请每个组代表宣读本组的规范,并强调保密、守时、尊重、接纳、不评价等基本原则。团体契约建立后请每位成员在契约上签下自己的名字。

练习 5-1-1

寻找我的快乐组合材料

We are together
找呀找呀找朋友
相亲相爱一家人
伸出友爱的双手
有缘千里来相会
海内存知己,天涯若比邻
友情是坚不可摧的
团结就是力量

练习 5-1-2

分组备选活动

准备几种不同颜色的彩色纸或者不同图案的卡片,让同学挑选自己最喜欢的,然后拿到相同颜色的或者相同图案的同学组成一组。设计组名和小组的标志,增强成员的互动和联系。

【单元二:相亲相爱一家人】

目标:增强团队成员的信任感和团结协作能力。

内容与操作:

目的:通过这一活动,让成员体会团结协作解决困难,感受个人在集体中的作用以及集体对于个人的意义和重要性。 时间:约 10 分钟。	1. 解开千千结 操作:将成员分为 8 ~ 10 人一个小组,领导者让每组成员手拉手围成一个圈,看清楚自己的左手和右手分别是谁,确认后松手,在自己的圈内自由走动,领导者喊停时,成员停住,相对位置不动,左右手分别拉住开始时分别拉住的那个成员的手,从而形成许多结或扣。成员不能松手,但可以钻、跨、绕,要求成员设法解决难题,恢复到初始状态。手的位置若没有拉错,最后一定可以恢复到初始状态。如果有的小组做得比较快,可以再做一次。
目的:通过团体工作,了解合作的过程与重要性,学习互相配合,学习用非语言的方式表达,增进团体信任和生产力。 时间:约 35 分钟。	2. 建高塔 操作:按单元一活动时组成的小组,领导者说明活动规则: 每个小组用报纸搭建一座高塔,全程不许说话,只能用非语言沟通,搭塔时间为 30 分钟。结束后每组推荐一人代表小组向全体成员介绍自己组的塔,说明塔名是什么,为什么,塔的特色是什么,这个塔是怎么搭建起来的,创意是怎么产生的,又是怎样执行的,小组内的每个成员的贡献都是什么,搭塔过程中的感受是什么。全部介绍结束后,评比哪组的塔最坚固,哪组的塔最高,哪组的塔最美丽,哪组的塔最有创意。最后,由小组成员与自己小组的塔合影。

【单元三:Who am I】

目标:引导成员认识和接纳自我。

内容与操作:

目的:帮助成员学习识别和接纳人和事物的独特性,并进而认识到自己也是独特的,促进他们对自我的进一步思考和探索。 时间:约 10 分钟。	1. 我的西红柿 操作:成员按小组坐好,每人发一个小西红柿,让成员花 3 分钟时间认真观察自己的西红柿,尽量调动一切感觉通道:视觉、听觉、嗅觉、触觉等,先用眼睛观察,然后闭上眼睛,感觉西红柿的触觉特征。5 分钟后,小组成员将西红柿混在一起,看看每个人是否能找到自己的西红柿。然后成员在小组内分享自己的西红柿有哪些特点,自己是怎样找到的,找到后的感觉如何,找西红柿的练习给自己哪些启发。然后每个小组推选一名同学在团体中分享自己小组的交流和自己的收获。领导者在总结的时候可以引导成员认识人和事物的独特性,学习接纳这种独特性,并学习比较的方法。活动结束时,可以带领成员朗读练习 5-3-1。

续表

目的:强化成员对自己的认识,促进对自我的觉察,并加深对团体中其他成员的认识和理解。 时间:约35分钟。	2. 自画像 操作:成员按小组坐好,领导者给每位成员发一张图画纸,每个小组一盒彩笔或油画棒。然后请成员画自己,把自己心中最能够代表自己的东西画出来,可以是任何形式的:抽象的、形象的、写实的、动物的、植物的等。作品没有好坏之分,关键在于能不能代表自己。画完后贴在墙上,开"画展",成员自由观看他人的画,不加评论。欣赏完毕,请每一位画家对他自己的画进行解释,大家也可以对他的画进行提问,画家答疑。这是一种独特的自我探索、自我分析、自我展示的方法,自画像用非语言的方法将画者的内心投射出来。

练习 5-3-1

做最好的自己

道格拉斯·马罗区

如果你不能成为山顶的一棵松
就做一丛小树生长在山谷中
但须是溪边最好的一小丛

如果你不能成为一棵大树,就做灌木一丛
如果你不能成为一丛灌木,就做一片绿草
让公路也有几分欢娱

如果你不能成为一只麝香鹿,就做一条鲈鱼
但须做湖里最好的一条鱼

我们不能都做船长,我们得做海员
世上的事情,多得做不完
工作有大的,也有小的
我们该做的工作,就在你的手边

如果你不能做一条公路,就做一条小径
如果你不能做太阳,就做一颗星星
不能凭大小来断定你的输赢
不论你做什么都要做最好的一名

【单元四:天生我才】

目标:帮助成员发现并认识自己的优点,提升自信,学会欣赏别人的优点。

内容与操作:

目的:帮助成员了解自己的优点,珍惜自己的潜能,学习自我欣赏、自我肯定,学习欣赏别人,增强自信和信任。 时间:约20分钟。	1. 天生我才 操作:成员按小组坐好,领导者先介绍活动,每人一张"天生我才"练习表(见练习5-4-1),请成员填写,然后请成员在小组中讲出自己所填的答案。要求:每位成员说出同一项的答案后,再开始下一项。所有成员全部讲完之后,开始小组内讨论:你是否同意"每个人都有长处"?原因是什么?你向别人介绍自己优点时的心情怎样?这个练习让你对自己的认识跟以前相比有没有不同?当你发现自己有这么多优点的时候,你的感受是什么?同学在介绍自己的优点的时候,你觉得跟以前自己对他(她)们的认识有没有不同?当你发现别人有这么多优点时,你的感受是什么?
目的:学习发现别人的优点,学会欣赏别人,促进成员之间的互相肯定和接纳。 时间:约25分钟。	2. 优点轰炸 操作:成员按小组坐好,每个小组发一张报纸,用报纸折一顶帽子。请一位成员坐在小组中央,将帽子戴在头上,接受小组其他成员的轰炸:小组每位成员轮流说出他(她)的优点及所欣赏之处(如性格、相貌、待人方式等),被轰炸者要真诚地对赞扬他的人说"谢谢"。小组所有成员依次接受"优点轰炸"。要求:必须称赞别人的优点,称赞时要具体,态度要真诚,要努力去发现别人的长处,不能毫无根据地吹捧,这样反而会伤害别人。结束后,成员在小组内讨论,被称赞时哪些优点是自己以前觉察到的,哪些是自己以前所不知道的。被人称赞时的感受如何,称赞别人时感受如何。

练习5-4-1

天 生 我 才

我最欣赏自己的外表是:________________

同学最喜欢我的是:________________

在学习中我最有成就感的事情是:________________

我最喜欢的一门课是:________________

我最欣赏自己对学习的态度是:________________

我最欣赏自己的一次成功是:________________

我最让父母满意的是:________________

【单元五:我爱我家】

目标:帮助成员重新认识父母的关爱,改善与父母的关系。

内容与操作:

目的:帮助成员回顾幼年的生活和经历,重新认识并澄清自己与父母、家庭的关系,认识到家庭对自己的重要性和影响。 时间:约20分钟。	1. 当我小的时候 操作:成员按小组坐好,领导者给每个小组发一盒彩笔或油画棒,每人发一张白纸,命题绘画,题目为“当我小的时候”。让成员回想小时候住过的地方、读书的地方、家里的人、周围的环境、平时所做的活动等。画完后小组内交流,小组成员逐一向其他人介绍画的内容:画的是什么?为什么选择画这些?画上有没有爸爸妈妈?他们在哪儿?在做什么?你自己在做什么?帮助成员重新了解并澄清与家人,尤其是与父母的关系。领导者要对成员在练习中触发的情绪非常敏感,及时给予支持和处理,避免因此给成员带来的伤害。
目的:帮助成员重新整理并加深对父母的了解,用感恩的心对待父母,改善与父母的关系。 时间:约25分钟。	2. 我所了解的父母 操作:成员按小组坐好,领导者给每位成员发一张“我所了解的父母”练习表(见练习5-5-1)。成员填写完毕后,以小组为单位,每位成员依次分享自己对父母的了解。要求成员认真填写,不知道的可以空着,但不要随便填写。 交流之后,请成员思考: 对于父母,我了解多少?父母的哪些信息是我了解的?这些信息我是怎么知道的?哪些信息是我所不知道的? 如果我对于父母非常了解,我的感受是什么?如果对于父母我不太了解,我的感受是什么? 做完这个练习,我的感受是什么? 作业:请成员回家后仔细阅读《贱贱的爱》(见练习5-5-2),并将“我所了解的父母”练习表补充完整,并在下次活动时分享自己的感受。

练习 5-5-1

我所了解的父母

- 爸爸的生日
- 爸爸最喜欢的食物
- 爸爸的腰围
- 爸爸鞋子的尺码
- 爸爸的业余爱好
- 爸爸年轻时的理想
- 爸爸最得意的一件事
- 爸爸最后悔的一件事
- 爸爸对我的期望
- 爸爸做家务的时间
- 爸爸的优点

- 妈妈的生日
- 妈妈最喜欢的食物
- 妈妈的腰围
- 妈妈鞋子的尺码
- 妈妈的业余爱好
- 妈妈年轻时的理想
- 妈妈最得意的一件事
- 妈妈最后悔的一件事
- 妈妈对我的期望
- 妈妈做家务的时间
- 妈妈的优点

练习 5-5-2

贱贱的爱（罗西）

朋友阿忠因手术住院，我常去陪他，也因此认识了他那个仍住在乡下的老母亲。也许是心情不好，阿忠的胃口一直很差，这让他妈妈很焦虑，在这位没文化的人看来，不爱吃东西是很可怕的，更何况在医院里。

为了给儿子买份“对口”的饭菜，这位连电梯都不会坐也毫无方向感的老母亲，在车水马龙的街头，不知要遇到多大困难呀！可是，每次母亲提来温热的饭菜时，阿忠总是有点不耐烦地皱着眉头，并大声叫她以后别“多事”了……可是妈妈每次总是慈眉善目地面对着儿子，那种心疼的神情，我看了都心疼。

这天，我又看见她汗流浃背地拎着汤面回来，气喘吁吁地说：“我只敢跟别人坐电梯，结果人家只到三楼……”所以，她只好从三楼走到八楼，更可叹的是，千辛万苦上了八楼，发现走过头了，儿子住在七楼……

不知为什么，我的眼睛有点湿。这回，朋友阿忠一句话都不说，低头一口气吃个精光。我明白，这个时候这个举动，就是对母爱最好的回应。

表姐也曾在电话里给我讲她儿子的事。儿子说没空吃早餐,快迟到了,趁他弯腰穿鞋准备出门的当儿,表姐硬是把儿子平常最爱吃的巧克力甜甜圈塞进他的背包里。他发现了,臭着一张脸叫:"老妈,你烦不烦!"不过,这回他没有当场扔掉。可惜几分钟后,表姐下楼开启信箱时,发现那甜甜圈完整地、残酷地夹在报纸里。如此践踏一个母亲的爱心,表姐很伤心地问我:"难道爱也有错误?"

台湾作家小野在一本书中写到他儿子租屋在外,他老婆雨中送葡萄去,结果三番两次被拒绝。小野气得吼她:"真是贱啊!"可他太太完全不否认:"是的,贱贱的爱,永不止息。"

(摘自《读者》2002 年第 14 期)

【单元六:做一个受欢迎的人】

目标:提高人际交往能力,改善人际交往状况。

内容与操作:

目的:帮助成员了解人际沟通是双向的过程,单向沟通可能会为人际交往带来一些困扰,学习如何避免或者减少人际误解,提升人际交往能力。 时间:约 10 分钟。	1. 单向沟通和双向沟通 操作:事先准备好两幅由几个简单几何图形组成的不同图形(练习 5-6-1)。 (1) 成员坐成一个大圈,由一名成员自愿到前面描述图形的内容,其他成员根据听到的信息,按照自己的理解画图。全程不可以提问。画完之后,临近的成员互相看一下其他成员画出的图形,看看跟自己画的是否相同。然后由描述的成员负责在黑板(或者白板)上画出正确的图形。成员讨论有没有成员画的图形跟原图完全相同。(一般而言,相同的极少。)自己画的与原图有哪些地方相同,哪些地方不同,为什么。 (2) 再选一名成员当志愿者,向成员描述第二幅图形,其他成员根据描述自己画,如有疑惑可以随时提问。画完后,再相互看一下其他成员画出的图形,然后由描述的成员将正确图形画出,成员再次讨论自己画出的图形与原图是否相同,为什么。
目的:帮助成员体会在人际交往过程中倾听的重要性,并学习怎样做一个好的倾听者,以改善人际关系。 时间:约 10 分钟。	2. 倾听练习 操作:成员"1、2"报数,分为两个小组,领导者的助手将其中"1"组成员先带出教室或活动室,安排任务:接下来的两分钟向自己在"2"组中的伙伴讲述一件最开心或者最有趣的事情。"2"组成员由领导者安排任务:接下来的一分钟内,要求成员认真倾听"1"组中伙伴的话,当领导者发出一个口令,比如咳嗽,或者说"一分钟到"时,不再认真倾听伙伴的讲述。接下来,"1"组成员和"2"组成员一一结对,开始讲述和倾听,时间共两分钟。领导者在一分钟过去后发出口令。活动结束后,由"1"组成员谈谈自己的感受:自己在对同伴讲述的时候,同伴的表现怎样?自己的讲述是否顺利?有没有感觉到同伴中间有没有变化?如果有,是什么变化?他的变化对自己的讲述有没有影响?如果成员没有感觉到同伴在倾听中的变化,请"2"组成员告诉"1"组成员自己的任务,以及自己是怎样完成任务的。

续表

目的:帮助成员更好地了解异性的想法,以及自己所欣赏的异性的特点,增强对异性的了解。 时间:约 25 分钟。	3. 我欣赏的男生和女生 将成员按性别分为若干小组,每组 8 ~ 10 人,每组一张“我欣赏的男生和女生”练习表(练习 5-6-2)。小组内头脑风暴,一人负责记录,其他成员一起开动脑筋想都欣赏什么样子的男生和女生,想到的所有结果都要记录下来,中间不加任何评论。然后由每组选派一名成员向全体成员介绍自己小组讨论的结果,让成员有机会说出自己眼中欣赏的是什么样子的男生、女生,男生和女生所欣赏的男生和女生在哪些方面是相同的,在哪些方面是不同的,从而帮助他们做一个受欢迎的学生。

练习 5-6-1

沟通练习表

图形一:

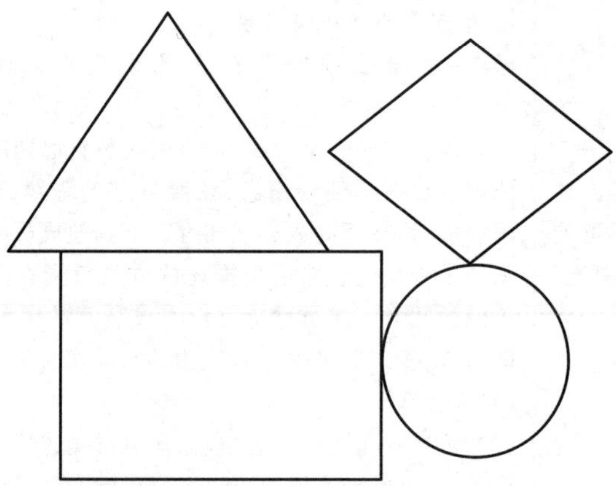

图形二:

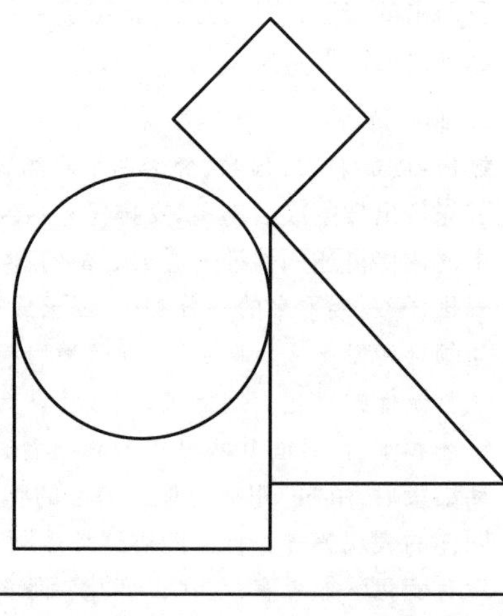

练习 5-6-2

我欣赏的男生和女生

我欣赏的男生	我欣赏的女生
请写下你欣赏的男生的特征:	请写下你欣赏的女生的特征:
1. ______	1. ______
2. ______	2. ______
3. ______	3. ______
4. ______	4. ______
5. ______	5. ______

【单元七:五彩心情】

目标:帮助成员认识和了解情绪,并学会管理情绪。

内容与操作:

目的:热身,帮助成员了解几种常见情绪。 时间:约 5 分钟。	1. 情绪脸谱 操作:事先准备好情绪脸谱图(练习 5-7-1),画在黑板上,并将几种情绪名称打乱顺序写在黑板上,由同学一一连线,找到脸谱所对应的情绪名称。
目的:帮助成员认识情绪,学会表达和识别自己以及他人的情绪,并了解和掌握生活中不同的情绪是由哪些事情引发的。 时间:约 20 分钟。	2. 情绪知多少 操作:事先准备写有几种常见情绪的卡片,最好积极和消极情绪都包含。成员按小组坐好,每个小组派一名成员到领导者那抽取一张情绪卡片,然后各小组用非语言形式,或者情景哑剧的形式将抽到的情绪表演出来,其他小组竞猜是哪种情绪。对表演情绪的成员以及竞猜优秀的成员可以给予小小礼物作为奖励。之后,小组成员头脑风暴,将生活中引发此种情绪的事情一一罗列。最后,推荐一名成员向其他成员介绍自己小组讨论的内容。
目的:帮助成员觉察和表达自己的情绪,并思考情绪产生的原因。 时间:约 15 分钟。	3. 情有可原 操作:请成员想一下最近一星期自己的情绪如何。与成员确定各种颜色所代表的情绪。请成员将这一周的情绪画在纸上,各种颜色代表这一周的各种情绪,而各种颜色的面积代表该情绪所占的比重。成员画好之后,在小组内分享。分享的内容可包括:① 此画中的颜色分布;② 为何分布成这样子;③ 是否有特殊事件发生等。

练习 5-7-1

情绪脸谱

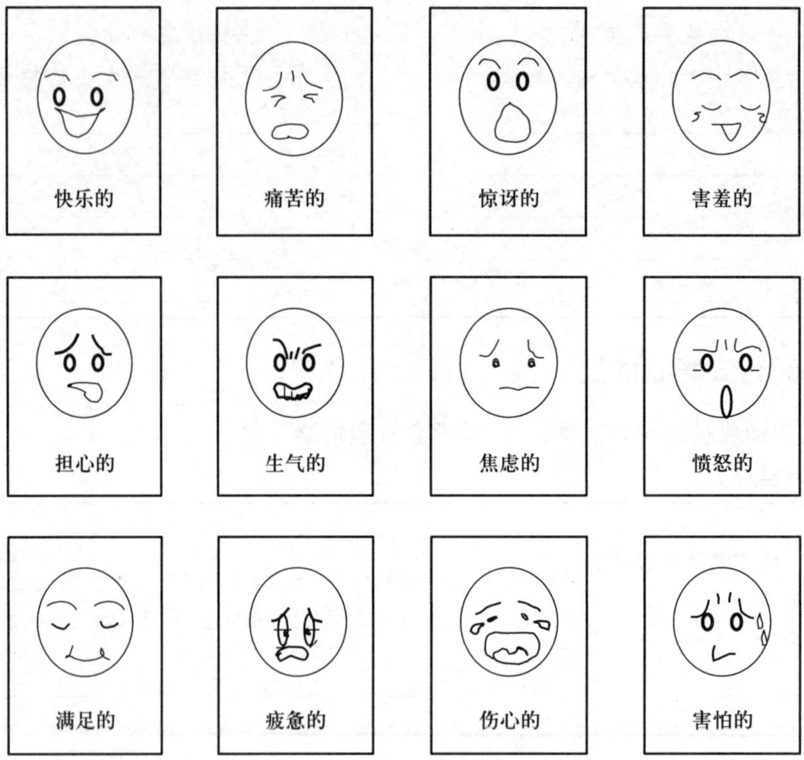

【单元八:“画”说生活】

目标:帮助成员用积极的态度看待生活,乐观地面对困难。

内容与操作:

目的:让成员学会接纳生活,懂得并珍惜现在所拥有的一切。 时间:约 20 分钟。	1. 命运纸牌 操作:事先准备好写有不同命运的纸牌(见练习 5-8-1)。 成员按小组坐好,领导者把纸牌放在一个盒子里,让成员随机抽取一张,不得更换,卡片上写有全新的一种命运安排。成员在小组内告诉其他成员全新的自己是什么样的,并说明自己是否满意纸牌上的自己,为什么。跟现在的生活相比,自己更喜欢哪一种。如果是更喜欢现在的生活,那么该怎样面对已经拥有的生活。 注:在制作命运纸牌时,应根据团体成员的实际情况设计,纸牌的内容不要太尽如人意,要让成员意识到生活不可能是完美的,所有的生活都有好的一面,同时也有不好的一面,应该接纳并珍惜现在的生活。领导者要对可能引发的负面效应非常敏感,对成员给予支持并及时处理。

续表

目的：帮助成员对自己的生活进行简单的回顾和评估，理解生活中都有曲折和不如意之处，要学会面对和接纳生活中的不如意。 时间：约 20 分钟。	2. 生活线 操作：事先准备几种不同颜色的彩色纸。每位成员选择一张最适合自己现在心情的彩纸。将彩纸对折，最左端代表生命的开始，依次向右延伸，折痕上部代表积极的生活事件，下部代表消极的生活事件。让成员回忆一下，然后画出自己的生活曲线，并对未来做一个预测。画完之后，贴在墙上，给一定时间让成员参观别人的生活曲线。然后讨论： （1）有没有完全一样的生活曲线图？ （2）与其他成员的生活曲线图相比，有哪些相同的地方？哪些不同的地方？ （3）看完其他成员的生活曲线图，你有什么发现？ 注：领导者要注意引导，让成员发现其实每个人的生活都不是一帆风顺的，都是有曲折的。生活中都有一些不如意的事情存在和发生，要学会面对和接纳生活中的不如意。并让成员看到所有人的生活曲线都是在向着积极的方向延伸和发展的。
目的：帮助成员以感恩之心看待生活，无论如意还是不如意之处。 时间：约 5 分钟。	3.《感恩的心》（作词：陈乐融　作曲：陈志远） 阅读练习 5-8-2"挣脱'自我设限'"和练习 5-8-3"化蝶的过程"图片。 手语操：《感恩的心》 全体成员围成圈站好，领导者先将《感恩的心》的手语动作教给成员，然后播放音乐，成员跟着领导者一起做手语动作。

练习 5-8-1

命运纸牌

每一种都要分开，一张纸条一项。

（1）家中父母离异，经济困难，读书条件很差。

（2）父母下岗，家庭经济困难，不能支付目前的学习费用。

（3）与周围的同学人际关系紧张，很不受大家欢迎。

（4）学习成绩优秀，但人缘很差，不受老师和同学欢迎。

（5）家里很富有，但父母忙于工作，很少有时间陪伴自己。

（6）家庭条件很好，但学习成绩比较差，努力用功后效果仍然不明显。

（7）家庭条件很好，但自己患有小儿麻痹症，生活很不方便。

（8）以前家里很富有，现在却因意外事故而陷入经济拮据状态。

（9）自己除了学习，其他业余爱好基本没有。

（10）家庭条件很好，但父母不幸患有重病。

练习 5-8-2

挣脱“自我设限”

1920 年,美国田纳西州的一个小镇上,有个姑娘降生了。她的妈妈给她取了个苔丝的小名。苔丝渐渐懂事后,发现自己与其他孩子不一样:她没有爸爸,她是一个私生子。小伙伴不跟她玩,人们明显地歧视她。

上学后,歧视并没减少。于是她变得越来越懦弱,开始封闭自己,逃避现实,不与人接触。

在美国,有许多教堂,人们经常到那儿做礼拜。苔丝非常羡慕别的孩子一到礼拜天,就和自己的父母手牵手地走进教堂。她曾多少次躲在远处,看着人们兴高采烈地从教堂里面出来。有一天,她终于鼓起勇气,待人们进入教堂后,偷偷地溜进去,躲在后排倾听牧师正在讲:

“过去不等于未来。过去你成功了,并不代表你未来成功;过去失败了,并不代表你将来就要失败。因为过去的成功或失败,只能代表过去,未来是靠现在决定的。现在干什么,选择什么,就决定了未来是什么。失败的人不要气馁,成功的人也不要骄傲。这个世界上不会有永远成功的人,也不会有永远失败的人。

苔丝被深深地打动了,她感到有一股暖流充盈着她那孤寂的心灵。但她马上提醒自己:趁人们没有发现她时,赶快走。

第一次听过以后,就有了第二次、第三次、第四次冒险——但每次都是偷听几句话就快速躲开。因为她胆怯、自卑,她认为自己没有资格进教堂。

终于有一次,她听得实在入迷了,忘记了时间,直到教堂的钟敲响才猛然惊醒,但已经来不及了。人们已经挡住了她的去路。她只得随着人群,慢慢移动。突然,一只手搭在了她的肩上,她惊慌地顺着这只手臂望上去,正是牧师。

苔丝完全惊呆了,她不知所措,眼睛里满是泪水。

这个时候,牧师脸上浮起慈祥的笑容,说:

“过去不等于未来——不论你过去怎么不幸,这都不重要。重要的是你对未来必须充满希望。现在就做出决定,做你想做的人。孩子,人最重要的不是你从哪里来,而是你要到哪里去。只要你对未来保持希望,你现在就会充满力量。不论你过去怎样,那都已经过去了。只要你调整心态,明确目标,积极行动,成功就是你的了。”

从此,苔丝变了……在她 40 岁那年,任田纳西州州长。之后,她弃政从商,成为世界 500 强公司的总裁。67 岁,她出版了自己的回忆录《攀越巅峰》。在书的扉页上,她写下了这句话 :过去不等于未来!

练习 5-8-3

化蝶的过程:从痛苦到飞翔

【单元九:DAY DAY UP】

目标:帮助成员提高时间管理能力,更高效地学习。

内容与操作:

目的:热身,让成员意识到成长中伴随着困难,学会正确地面对和看待困难和挫折。 时间:约 5 分钟。	1. 成长三部曲 操作:所有成员都蹲在地上扮演“鸡蛋”,然后两人一组“石头剪刀布”,赢的一方成长为“小鸡”,“小鸡”半蹲着走路,输的一方继续为“鸡蛋”,蹲在地上。同为“鸡蛋”的两人继续“石头剪刀布”,赢的成长为“小鸡”,输的继续作“鸡蛋”;同为“小鸡”的两人也继续“石头剪刀布”,赢的成长为“大鸡”,“大鸡”站着走路,输的退化为“鸡蛋”。大鸡之间进行“石头剪刀布”,赢的成长为“凤凰”,可以回到座位,输的退化为“小鸡”。最后剩下“鸡蛋”、“小鸡”和“大鸡”各一个。让成员分享感受。
目的:帮助成员认识时间的意义和价值,学会珍惜时间。 时间:约 15 分钟。	2. 一分钟的价值 操作:成员按小组坐好,每个小组一张白纸,小组成员头脑风暴,尽可能多地写下一分钟能够做多少事情。如果成员觉得很困难,领导者可以加以启发引导,比如一分钟可以背诵 8 个单词,等等。写完之后,每个小组选派一名代表向其他成员介绍。

续表

目的:帮助成员梳理目前的时间规划,并制定合理的时间规划。 时间:约 25 分钟。	3. 时间馅饼 操作:按小组坐好,请成员填写"时间馅饼"练习表。大圆代表 24 小时,成员以圆心为基点,划分出睡眠、学习、运动、吃饭、看电视等所占据的平均时间。在小组内分享,讨论自己的时间安排是否合理,有没有哪些可以改进的地方。领导者要注意正确引导。然后让成员再次填写"理想的时间馅饼",填完后再次在小组内讨论。

【单元十:调一调心灵的弦】

目标:帮助成员认识压力,解决困扰,缓解压力。

内容与操作:

目的:帮助成员认识并整理学习以及生活中的压力事件。 时间:约 15 分钟。	1. 压力大搜查 操作:请成员按小组坐好,填写"我的压力"(练习 5-10-1),写完后在小组内分享每个人的压力,看看大家的压力都有哪些,有没有共同的压力。
目的:帮助成员学会处理压力,并学会通过寻求帮助来解决个人的困扰。 时间:约 25 分钟。	2. 秘密大会串 操作:成员恢复大圈坐好,每位成员一张纸,领导者请成员把目前最大以及最想解决的压力写在纸上,不署名。写完折好,放在盒子中,领导者随机抽取一张,大声念纸上的内容,请成员共同思考,帮助提问题的人解决困难。讨论完一张再讨论下一张,直至所有纸条上的问题都得到解决。最后,领导者引导成员思考怎样从他人的经验中学习成长。
目的:学习放松,缓解压力。 时间:约 5 分钟。	3. 放松训练 见练习 5-10-2。
目的:帮助成员看到未来和希望。 时间:约 10 分钟。	4. 作业:绘画"未来的我"

练习 5-10-1

我的压力

1. ______________________________

2. ______________________________

3. ______________________________

练习 5-10-2

放松训练的材料

我仰卧在水清沙白的海滩上,沙子细而柔软。我躺在温暖的沙滩上,感到舒服,能感受阳光的温暖,耳边听到海浪声音,感到温暖舒适。微风吹来,使我有说不出的舒畅感觉。微风带走我的思想,只剩下一片金黄阳光。海浪不停地拍打海岸,思维随着节奏飘荡,涌上来又退下去。温暖的海风吹来,又离去,带走了心中的思绪。我感到细沙柔软、阳光温暖、海风轻缓,只有蓝色天空和大海笼罩我的心。阳光照着我全身,身体感到暖洋洋的。阳光照着我的头,我感到温暖和沉重。

轻松暖流,流进右肩,感到温暖沉重。呼吸变慢、变深。轻松暖流,流进我右手,感到温暖沉重。轻松暖流,流进我右臂,感到温暖沉重。又流进我后背,感到温暖沉重,从后背转到脖子,脖子感到温暖沉重。

我的呼吸变慢、变深。轻松暖流,流进我左肩,感到温暖沉重。轻松暖流,流进我左手,感到温暖沉重。又流进我后背,感到温暖沉重,从后背转到脖子,脖子感到温暖沉重。呼吸变慢、变深。轻松暖流,又流回左臂,感到温暖沉重。

我呼吸变慢,变得轻松。心跳也慢,有力。轻松暖流,流进右腿,感到温暖沉重。呼吸变慢变深。轻松暖流流进右脚,感到温暖沉重。呼吸变慢变深 。轻松暖流,又流回右腿,感到温暖沉重。

呼吸变慢,越来越深,越来越轻松。轻松暖流流进腹部,感到温暖轻松;流到胃部,感到温暖轻松;最后流到心脏,感到温暖轻松。整个身体变得平静。心里安静极了,已经感觉不到周围的一切,四周好像没有任何东西。我安然躺卧在大自然中,十分自在。

【单元十一:未来的我】

目标:帮助成员了解自己的才能,初步规划未来。

内容与操作:

目的:帮助成员更好地了解自己的才能。 时间:约 10 分钟。	1. 了解自己的才能 操作:成员按小组坐好,填写"多元智能测试"(练习 5-11-1)。该测试共 20 个题目,分为语言、音乐、数理逻辑、空间、身体动觉、自我认识和认识他人七项才能。测试结束后,以小组为单位分享。讨论这个测试让自己有什么收获,以前有没有认识到自己的这些才能,对自己的未来有哪些启发
目的:帮助成员对未来做初步的规划。 时间:约 30 分钟。	2. 两个未来的我 操作:根据多元智能测试的结果,重新以绘画的形式合理地设计"未来的我"。然后比较课前、课后两个"未来的我"有什么不同。

练习 5-11-1

了解自己的才能

测试说明:每道题可以选 1~5 分,非常不符合你的情况 1 分,比较不符合你的情况 2 分,比较符合你的情况 4 分,非常符合你的情况 5 分,请将每道题的选择分数填在题号前的方框内。

□ 1. 我在背诗和有韵律的词句时很出色。

□ 2. 我能注意到别人愁闷和高兴的情绪变化。

□ 3. 我常常问诸如"从什么时候开始"这样的问题。

□ 4. 我很少迷路。

□ 5. 我的动作很优美。
□ 6. 我唱歌时音很准。
□ 7. 我经常会问打雷、闪电和下雨是怎样形成的等问题。
□ 8. 经常说的一个词别人用错了,我就会纠正。
□ 9. 我很早就会系鞋带,出人意料地早会骑车。
□ 10. 我特别喜欢扮演什么角色并编出剧情。
□ 11. 外出旅行时,我能记住沿途标记,并指出我们曾到过这个地方。
□ 12. 我喜欢听各种乐器,并能分辨它们的音色。
□ 13. 我地图画得很好,对物体描绘清晰。
□ 14. 我善于模仿各种身体动作以及面部表情。
□ 15. 就像喜欢根据大小和颜色把玩具分类一样,我善于划分种类。
□ 16. 我长于把动作与情感联系起来,譬如说:我发昏了才做这事。
□ 17. 我能够相当精彩地讲故事。
□ 18. 我能够对不同的声响发表议论。
□ 19. 某人被引荐,我有时会说:你使我想起了谁。
□ 20. 对别人能完成与不能完成的事我能做准确的评论。

分数统计

	题项得分			合计得分
语言才能	1	8	17	
音乐才能	6	12	18	
数理逻辑才能	3	7	15	
空间才能	4	11	13	
身体动觉才能	5	9	14	
自我认识才能	10	16	20	
认识他人才能	2	10	19	

【单元十二:明天会更好】

目标:整理收获,帮助成员自信乐观地面对未来,结束团体。

内容与操作:

目的:整理收获,结束团体,帮助成员自信乐观地面对未来。 时间:约25分钟。	1. 写给自己的信 操作:每人一张信纸、一个信封,在信封上写下自己的地址,信纸上称呼写自己的名字,内容写: 我感谢自己的是: 我欣赏自己的是: 我祝福自己的是: 我对自己的希望是: 写完后,交给领导者,由领导者待辅导全部结束后寄还给每位成员。
目的:结束团体,帮助成员自信乐观地面对未来。 时间:约20分钟。	2. 手语操:《相亲相爱一家人》 操作:全体成员围成圈站好,领导者先将《相亲相爱一家人》的手语动作教给成员,然后播放音乐,所有成员跟着领导者一起做手语操。

附录1 参加活动者问卷

亲爱的同学:

感谢你参加这个班级团体的辅导活动!我们很想了解你的感受和意见,作为今后改进工作的参考,请填好以下问题并交回。

我能达到如下目标:(1~10分别代表不同的分值,目标完成得越好,则分值越高。请在合适的分值上打“√”。)

目标	1	2	3	4	5	6	7	8	9	10
团结协作										
认识自我										
自信										
与父母关系										
人际交往										
情绪										
感恩生活										
学习										
压力调试										
未来规划										

附录 2　成员自我评估表

参加团体辅导的经验对你个人的生活有哪些影响?

团体辅导给你留下的最深刻的印象是什么?

你喜欢团体辅导的哪些方面,不喜欢团体辅导的哪些方面?

你生活中的哪些改变来自团体辅导经验?

有什么特别的原因使你对于自己的生活、个人态度和人际关系更为了解?

如果你没有参加这次团体辅导,你的生活与现在的生活会有什么不同?

你对团体领导者带领团体的方法有什么意见?

如果用一两句话来说明团体辅导对你的意义,你将如何回答?

主要参考文献

1. 樊富珉. 团体心理咨询[M]. 北京:高等教育出版社,2005.
2. 樊富珉,何瑾. 团体心理辅导[M]. 上海:华东师范大学出版社,2010.
3. 吴增强,蒋薇美. 心理健康教育课程设计[M]. 北京:中国轻工业出版社,2007.
4. 钟志农. 心理辅导活动课操作实务[M]. 宁波:宁波出版社,2007.

专题六

鸡蛋团:地震灾后青少年心理康复艺术治疗团体①

陶　婧　樊富珉　赖念华

陶婧:清华大学心理学系应用心理学专业研究生毕业,获专业硕士学位。师从樊富珉教授和赖念华教授,学习团体心理咨询与表达性艺术治疗。2009—2010 年曾多次赴四川参与“5·12 汶川地震”后的心理重建研究及实务项目,担任清华大学、香港大学等机构联合组织的“以艺术为媒介治疗项目”中学组的协调员,负责设计与检验干预方案,设计、撰写针对中学教师的训练手册。曾参与组建和管理国内最大的与“拖延症”相关的知识分享和互助团体——“我们都是拖延症”豆瓣小组以及战拖会,组织翻译并出版《终结拖延症》及《拖延心理学 2》。现于香港从事高端人才搜寻工作。

赖念华:台北教育大学心理与咨商系教授,台湾艺术治疗学会、台湾辅导与咨商学会理事,台湾心理剧学会常务理事。具有台湾心理咨商师执照、“国际哲卡马任诺”学院心理剧导演认证,是第一位在本土培训且通过美国心理剧、社会计量与团体心理治疗考试委员会“心理剧导演”(clinical practitioner,简称 CP) 及“心理剧导演、训练师、教育者”认证者,同时也是第一位取得美国“螺旋心理剧治疗模式”(The Spiral Therapeutic Institute,简称 TSI)团体领导者及训练师认证资格的华人。赖念华教授多年来结合不同国家和地区(中国台湾、中国大陆、马来西亚、美国等地)华人社群工作经验,发展出“画说灾难——艺术减压模式”并运用在危机干预工作中,此外研究出“应用表达性艺术治疗于创伤幸存者的治疗模式”。

近年来,地震灾害频发,给人们带来了巨大的身心创伤。尤其是在 2008 年 5 月 12 日发生的汶川大地震中,遇难 69227 人,受伤 374643 人,失踪 17923 人。由于“地震”是无法预知的自然灾难,同时人们无论是以直接或间接的方式都会共同经历这场灾难,容易产生“集体创伤”的经验。根据创伤理论,灾难后的影响过程可以分为以下五个阶段:预影响阶段(灾难发生前)、影响阶段(灾难发生时)、退缩阶段(灾难发生后即刻)、后影响阶段(灾难发生后几天到几周)、恢复和重建阶段(灾难发生后几个月到几年),而其中对恢

① 本研究得到加拿大何鸿毅家族基金资助。本研究也是陶婧在樊富珉教授、赖念华教授指导下应用心理学硕士论文(2008 年)的一部分。

复和重建阶段的研究最多①。陆汝斌提出灾区的心理重建工作可分为四个阶段:① 危机处理,灾后一周内,以心理咨询为主;② 心理辅导,灾后一周到六个月,以精神医疗与心理卫生的咨询为主;③ 心理复建,灾后六个月到一年,包括创伤后压力疾患的治疗、高危险人群的追踪及社会功能的重建;④ 心灵恢复,灾后一年至三年或更久,重建健康的心灵及美好的家园,特别是家庭及社会功能的复原。可见,心理重建历程需要历经一段漫长的时间。

我国目前对于灾后心理干预的实证性研究较少,特别是对于不同心理阶段心理干预的特点缺乏经验。本研究在评估地震灾区青少年心理健康的基础上,设计开发了一套可以在学校使用的灾后艺术干预团体方案,并评估了该艺术团体方案的干预效果。本研究使用 UCLA-PTSD RI 以及《一般健康问卷》(GHQ-20)对 112 名来自汶川、茂县等重灾区到北京异地复学的青少年进行了调查,以了解在汶川地震后近一年的时间点,青少年的灾后心理健康状态与创伤后应激障碍(PTSD)症状。研究者对 11 名志愿者进行半结构式访谈,从志愿者与灾区学生的接触中了解灾后青少年的心理健康状况。然后,在对艺术治疗干预模式和方法的相关文献进行研究的基础上,确定了包含安全、探索、统整三原则的理论框架,设计了结构化艺术治疗团体干预方案。将预实验后修改完善的艺术治疗团体辅导方案应用于在绵阳异地学习的来自北川职业中学的 25 名有明显创伤后应激障碍症状的青少年(实验组),进行了 8 次结构化的艺术治疗团体辅导。使用《创伤后应激障碍反应量表》(青少年版)(UCLA-PTSD)、《一般健康问卷》(GHQ-20)对实验组和对照组进行前后测、追踪评估,运用主观效果评估、历程记录、艺术作品、研究者田野笔记等质性资料评估了团体辅导结果。结果表明:① 灾后青少年的创伤后应激障碍检出率在 10% ~ 12.7%,无性别和年龄差异。灾后青少年表现出较多的焦虑和抑郁情绪。青少年集体认同高,但社会关系破损,支持系统受损严重。② 艺术治疗团体辅导可以对创伤后应激障碍症状,抑郁、焦虑症状有一定的改善作用。艺术治疗团体辅导能够从个人和团体两个层面对行为、认知、情绪产生积极正向的作用。在艺术治疗团体中,成员能够通过自我探索、自我表露、提供社会支持等方式增进自我了解和自我接纳,宣泄和疏通情绪,重构生命故事和意义,练习正面的应对方式。艺术治疗团体可以发展性、创造性地促进灾后青少年的心理健康成长。

一、团体理论

(一) 地震灾难和创伤

灾难是指一种造成心理及身体功能严重损毁的事件或者冲击。Carlson 认为,灾难之所以会带来创伤,第一是由于人们对灾难缺乏控制力。第二是由于人们将事件界定为负

① La Greca, A. M., Silverman, W. K., Vernberg, E. M., et al. Children Experienceing Disasters: Definitions, Reactions, and Predictors of Outcomes: Helping Children Cope With Disasters and Terrorism[M]. Washington: American Psychological Association, 2002:11-34.

性的。客观上,由于灾难会造成个人身体上的创伤和心理上的威胁,因此容易被觉知为是极端负性的。第三就是由于突发性,突发的事件容易引发强烈的害怕感①。地震是属于一种地表下发生的自然灾害,它具有如下特点②:

(1) 无法预知性:没人知道它什么时候发生。

(2) 立即的重创:造成即刻的死亡、受伤以及建筑物的倒塌。

(3) 集中性:极其快速地摧毁一切。

(4) 无法控制性:急性发作,不能改变。

(5) 强烈性:造成范围很广的毁坏。

(6) 难以看见:原因是看不见的,只有影响可见。

(7) 完全的卷入:包括和影响了人所有的感官感觉。

(8) 不能预计持续多久:地震余波导致高度的警觉。

地震常常伴有余震,因为不知何时结束,所以可能增加心理的压力。受害者很难作出调整,控制感降低,也没有进一步的警告以及立即的准备。无论一个人原先的功能如何,这种经验常常是超越人类正常经验范围的,所以极易引起心理上的灾后创伤反应。

地震后,满目疮痍,爆炸声声,余震连连,毒气烟雾蔓延,焦糊味遍地,幸存者的普遍想法包括害怕被活埋、砸死、憋死,跑不出去等。对于每一个亲历了大地震的人,强烈的心理作用常常引起极度恐惧、害怕、无助,部分人更有强烈的情感、躯体状态及行为的改变。伤亡重大的地震有可能导致个体出现短时的心理障碍,灾难后的早期容易形成急性应激障碍(acute stress disorder,ASD),但是也有可能导致长期的心理创伤,比如创伤后应激障碍(post-traumatic stress disorder, PTSD)。创伤后应激障碍也是最为常见的灾难后创伤反应。创伤后应激障碍,指对创伤等严重应激因素的一种异常精神反应,它是一种由突发性、威胁性或灾难性生活事件导致的个体延迟出现和长期持续存在的精神障碍。

创伤后应激障碍在临床上的表现包括:① 反复体验创伤主题,其中包括经常性或侵入性的想法或有关该事件的线索和事件提醒物或紧张窘迫的梦。② 拒绝和麻木,包括拒绝关于创伤事件的思想、感受、对话,拒绝引起创伤事件联想的东西,对正常活动的兴趣减退,以及感觉到与他人的疏离。③ 超唤起反应,包括睡眠和集中注意力的障碍、易怒、情绪爆发、超级警觉、夸张反应。

创伤后应激障碍并不是灾难后必然出现的反应,也不是唯一的灾后反应。除了创伤后应激障碍以外,灾后幸存者还常常出现抑郁和焦虑的症状。有研究发现,77%的创伤后应激障碍患者同时符合一个以上的其他诊断标准,其中最常见的并发疾病是抑郁症(51%)、泛焦虑症(39%)、恐慌症(27%)、畏惧症(33%)、强迫症(13%)以及躁症(8%)③。对于青少年的研究发现,在被诊断出创伤后应激障碍的青少年中,抑郁和焦虑

① Carlson,E. B. Trauma Assessment: A clinician's guide[M]. New York: The Guilford Press, 1997.

② Mccaughey,B. G., et al. The human experience of earthquake: Individual and Community Responses to Trauma and Disaster[M]. New York: Cambridge University Press, 2001:411.

③ McFarlane,A., Papay,P. Multiple diagnoses in posttraumatic stress disorder in the victims of a natural disaster[J]. The Journal of Nervous and Mental Disease,1992,180(8): 498-504.

这两种障碍的发病率都极高①。

（二）地震灾难后心理问题及创伤后应激障碍相关干预方法

我国对于创伤后应激障碍的相关干预和研究还处于一个比较初步的阶段。有研究者认为,国内目前关于灾难及危机的心理卫生服务与世界上发达国家的情况相比差距还比较大,主要表现是人力资源匮乏;未建立专门的组织系统,导致相关的研究和实务都不够系统和规范;相关研究少,且大部分集中于对灾难后心理影响的调查研究②。对于灾后不同阶段的干预,付芳等建议:首先进行精神障碍的识别、评估,对已经表现出相关疾病症状的人群进行治疗。其次,对一般性问题进行持续干预有助于预防症状的恶化。而对于受灾比较轻的地区,此时主要的问题已经转化为生活中的一般性问题。这些问题呈现出某种信号:一方面,灾难的持续影响还存在;另一方面,这些后遗症不可忽视,要尽量避免它们进一步演化为严重的心理障碍。最后,减少精神病理症状的危险因素。灾后中长期的阶段需要注意尽量减少可能加重心理症状的因素③。

从现有的文献看,自然灾害后受灾青少年中创伤后应激障碍的发生率相当不一致,而且差异很大。国内学者赵丞智等人(2001)对张北地震中受灾青少年的研究显示,地震后 17 个月,受灾青少年中创伤后应激障碍的发生率是 9.4%④。而汶川地震后,出现情绪低落、不愿与人交谈、容易哭泣、睡眠差、多梦、夜间惊醒、便秘、易发脾气、怕看电视中有关"5・12"大地震的节目、怕看见高楼、怕过高架桥、怕雷暴雨等症状,并且上述症状明显并持续一周以上的被调查者接近八成(SRQ≥7 者占 78.18%),这一数据显然高于我国历次大地震后的普遍水平⑤。范一鸣等对在山东省某地对口援助四川灾区的几所中小学里学习的 330 名来自灾区的青少年进行调查发现,异地复学的灾后青少年中有近四成出现创伤后应激障碍相关症状(轻度者占 15.38%,中重度者占 24.00%)⑥。廖强等人(2008)的调查显示,震后 1 个月成都市区中灾后青少年创伤后应激障碍检出率为 22.1%⑦。

对于灾后心理干预的具体策略和方法,有学者认为,当前灾后主要的干预措施是认知行为治疗、心理疏泄、严重应激诱因疏泄治疗、想象回忆治疗以及其他心理治疗技术的综合运用⑧。另有研究表明,5・12 大地震过后最常使用的灾后干预方法包括:哀思传统表达训练,哀伤辅导,心理宣泄法,灾后的绘画活动,班级辅导,灾害教育⑨。

（三）艺术治疗团体干预

美国艺术治疗协会(American Art Therapy Association,简称 AATA)将艺术治疗定义

---

① La Greca, A. M., Silverman, W. K., Vernberg, E. M., et al. Children Experienceing Disasters: Definitions, Reactions, and Predictors of Outcomes: Helping Children Cope With Disasters and Terrorism[M]. Washington: American Psychological Association, 2002:11-34.

② 张黎黎,钱铭怡.美国重大灾难及危机的国家心理卫生服务系统[J].中国心理卫生杂志,2004,18(6):395-398.

③ 付芳,等.自然灾难后不同阶段的心理干预[J].华南师范大学学报(社会科学版),2009(3):115-120.

④ 赵丞智,等.地震后 17 个月受灾青少年 PTSD 及其相关因素[J].中国心理卫生杂志,2001(3):145-147.

⑤ 郭阳,等."5・12"汶川大地震伤员心理应激状况调查[J].2008(28):1114-1122.

⑥ 范一鸣,等.异地复学震区中小学生 PTSD 及心理健康状况的调查[J].心理科学进展,2009,17(3):527-531.

⑦ 廖强,等.汶川地震后 1 月成都市区中学生心理状况[J].预防医学情报杂志,2008(12):930-932.

⑧ 秦虹云、季建林.PTSD 及其危机干预[J].中国心理卫生杂志,2003,1(9):614-616.

⑨ 扶长青,等.儿童心理危机的干预策略[J].心理科学进展,2009(3):521-523.

为:一种能够通过创造性的艺术创造过程来帮助所有年龄段的人们增强身体、精神和情绪上的健康的精神健康专业活动①。英国艺术治疗师协会(British Association of Art Therapists,简称 BAAT)将艺术治疗界定为:一种治疗的方法,在艺术治疗师的协助下,通过绘画、塑造等艺术行为,从事视觉心象(visual images)表达,借此表达存在于内心未表达出来的思想与情感,并向外呈现出来。这一表达过程和呈现出来的心象产品,具有治疗和诊断功能,给治疗者和当事人提供治疗期间的处理指标。治疗期间,当事人的情感常常包含在艺术作品里,并在治疗关系中加以处理与解决。

艺术治疗指的是结合美术的相关活动,包括了绘画治疗以及使用其他艺术媒介的心理疗法,如泥塑、折纸等,而表达性心理治疗可以说涵盖了艺术治疗,活动形式更加广泛,包括戏剧、书法、舞蹈、音乐等,其关系如图 6-1 所示。由于绘画治疗材料过于简易,表达途径较为有限,而表达性治疗范围过于宽泛,包含的技术和因素太繁杂不易于控制,学界也倾向于每种艺术形式的作用方式有所不同,比如舞蹈治疗和绘画治疗的理念就完全不同。为了设计出生动有趣的团体活动,又便于控制,本研究选择艺术治疗作为手段。

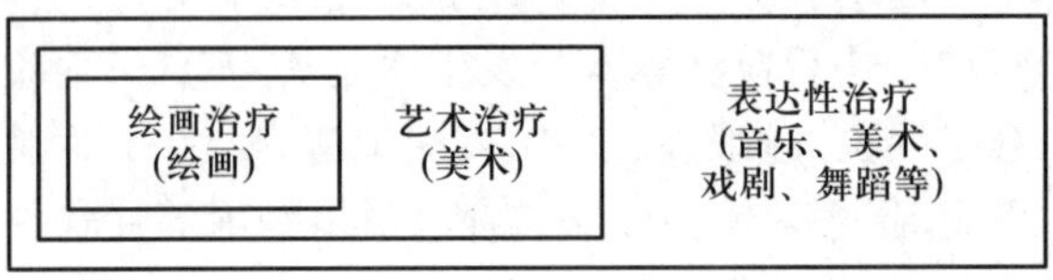

图 6-1　艺术治疗、绘画治疗与表达性治疗的关系

艺术治疗过程包括心理治疗与创造两个平行的过程。除心理治疗之外,创造过程也为患者提供一种看待自己所面临问题的新方式。比如,当个体面对伤痛无力改变时,艺术可以帮助他抚平心灵所受的伤害。艺术治疗的产品——患者的创作作为媒介,可以协助患者将潜意识浮出表面,更经由重新赋予意义帮助患者达到宣泄和顿悟。由于艺术治疗整合了言语和非言语的沟通模式②,适用于不善于言语表达的人群,拓宽了以谈话为主的治疗领域,使得意义表达更为充分。

艺术治疗特别适用于有创伤的患者,灾难中的幸存者倾向于把创伤的情绪体验内化为躯体应激反应,因此创伤后应激障碍患者常常表现为难以把强烈的情绪体验变成言语的概念宣泄出来,大多数患者都不善于表达与创伤有关的体验,更不善于宣泄他们的痛苦情绪。对于存在情绪障碍的个体而言,他们受困于自身的情绪冲突和强迫性想法,将自己锁闭在自我的世界里,极易受到外界的刺激,艺术创作对他们的自我觉察有特别大的帮助③。艺术过程对年轻的患者尤为适用,因为儿童和青少年相比成人更有意愿参与到想象的澄清过程之中去④。青春期涉及复杂的内在改变,青少年常常发生自我认同动摇。

① Aata. About Art Therapy. http://www.arttherapy.org/aboutart.htm.

② Riley, S. Contemporary Art Therapy With Adolescents[M]. London: Jessica Kingsley Publishers, 1999.

③ Edith, K. 儿童艺术治疗[M]. 江学滢,译. 台北: 心理出版社, 2004:40.

④ Eaton, L. G., et al. A review of research and methods used to establish art therapy as an effective treatment method for traumatized children[J]. The Arts in Psychotherapy, 2007(34):256-262.

青少年在这个时期模仿他人，也愿意探索自己的心灵①。在人格变动大、尚未发展定形时进行创作最好。艺术同时给青少年提供了一种安全、有趣的活动方式，因此艺术治疗对于青少年是一种比较好的干预方法。

Liebmann 指出艺术治疗团体可以达到个人与社会两方面的目标②，见表 6-1：

表 6-1　艺术治疗团体的个人与社会层面的目标

个人目标	社会目标
(1) 启发个人的创造性与自发性	(1) 觉察、辨视并欣赏他人
(2) 建立信心、提高自我价值、促进自我潜能的实现	(2)合作并专注投入团体活动
(3) 增强个人的自主性及动机，并发展自我	(3) 沟通(口语与非口语)
(4) 有做决定、实验以及试着将想法付诸实践的自由	(4) 问题、经验及洞察的分享
(5)表达感受、情绪、冲突	(5) 发现共有的经验与个体的独特性
(6) 处理幻想与潜意识的内容	(6) 在团体中与其他成员发生关联，并了解自己对他人以及他人对自己的影响
(7) 产生洞察、自我觉察及反思	(7) 社会的支持与信任
(8) 以视觉和口语的表现方式来整理经验	(8) 团体的凝聚力
(9) 放松自我	(9) 审视团体中的主题与事件

陆雅青认为当艺术治疗团体中的团员在陈述其作品和团体分享时，常能唤起或刺激旁观成员的情绪反应，加强其他成员积极参与活动的动机，增进团体的互动与凝聚力③。

通过回顾文献，研究者发现，用艺术治疗干预地震人群主要以个案研究的方式居多。艺术治疗的有效证据大多来自临床报告和个案研究，而艺术治疗团体咨询的建构与相关研究较为少见。艺术治疗被证实有效的干预人群包括：自恋型人格障碍、性创伤、孤独症、酒精成瘾、危机干预以及心理调试等④。绘画艺术疗法可以促进患者自我形象改变；可以加强患者自我概念或自尊改善；有助于患者改进社交技巧，增强他们的自我意识，改善愤怒管理技巧和社会化技能，从而帮助他们获得持久的友谊和社会支持，促进患者语言发展、认知能力改善⑤。但是，运用艺术团体治疗促进地震灾区青少年心理康复的相关研究还未见到。

按照 Appleton 关于创伤转变的四阶段理论(影响、退行、承认和重建)，艺术治疗也可

① Edith，K. 儿童艺术治疗[M]. 江学滢，译. 台北：心理出版社，2004：197.
② Marian，L. 艺术治疗团体：实务工作手册[M]. 赖念华，译. 台北：心理出版社，2002.
③ 陆雅青. 艺术治疗绘画诠释：从美术进入孩子的心灵世界[M]. 台北：心理出版社，1999.
④ 周红. 美术治疗的发展与应用现状[J]. 中国心理卫生杂志，2007(3)：200-203.
⑤ 孟沛欣. 精神分裂症患者绘画艺术评定与绘画艺术治疗干预[D]. 北京：北京师范大学，2004

以采用四阶段模式①,见表6-2。

表6-2 Appleton的艺术治疗四阶段模式

创伤阶段	艺术治疗阶段目标	创伤的心理社会主题	艺术创作主题	绘画可能出现的特征
阶段一:影响期	创立统一体	创伤、否认、惊吓	创伤事件的故事	空间感的迷失、退化的线条、象征性的色彩、媒介使用的限制感
阶段二:退行期	创立治疗性的联盟	退化、依赖、社交退缩、抗拒他人关怀	幻想、日落、超人、英雄、放松的图像	未完成的、抽象的概念,色彩使用的增加,对媒介的探索
阶段三:承认期	克服社会污名以及通过掌握感进行分离	悲伤、社交互动、资源的核查	心理上的痛苦、悲痛与失落,社交关系	以线条与色彩传递情绪,探索不同的媒介,拼贴
阶段四:重建期	产生意义	价值观与心灵上的澄清、掌控感、独立自主、关心未来	家、工作、学校的图像、未来、希望感、恐惧	象征性的色彩,对美术拼贴、油画、亚克力颜料的探索

资料来源:由Appleton论文内容整理而来。

Kahn提出了艺术治疗对自我表达的三阶段模式②。这三个阶段分别是:进入阶段——建立信任感;探索阶段——让患者发现自己的问题,产生自我表达;行动阶段——使用艺术指导语帮助患者为改变设立目标或为达到目标阐述需要的行为。

艺术治疗团体干预采用的方法包括:

(1) 安全前提下的暴露

暴露是为了区分创伤后应激障碍的症状。这里的暴露包括两个向度:既包括从外向内的暴露,例如要求重新经验事件、脱敏等③,也包括从内向外的暴露:表达,述说身心、情绪、行为,换句话说就是促使患者袒露内心、表达感受、将情绪外化等。但是所有过程进行的前提是有一个安全、包容、接纳的环境,另外团体成员个人应该有一定的安全工作的基础。很多研究指出发掘个人的积极力量,以及过往的成功经验具有重要的意义(例如安全岛技术)。由此可见,安全是心理治疗工作顺利开展的一个必要前提。

(2) 在安全的氛围中探索

① Appleton, V. Avenues of hope: Art therapy and the resolution of trauma[J]. Journal of the American Art Therapy Association, 2001(18):6-13.

② Kahn, B. B. Art therapy with adolescents: Making it work for school counselors[J]. Professional School Counseling, 1999(2):291-298.

③ Kozlowska, K., Hanney, L. An art therapy group for children traumatized by parental violence and separation[J]. Clinical Child Psychology and Psychiatry, 2001, 6(1):49-78.

从认知、情绪、情感的角度探索事件本身，在团体内进行讨论和分享，协助患者建立新的认知和行为模式。探索主要是帮助患者疏通情绪，确认创伤事件，探索事件的意义。

（3）身心症状的管理

行为训练能够协助患者建立应对可能威胁的新的模式，能够起到预防的作用。有研究者指出，只进行暴露和探索并不能有效降低症状或提升生活质量，加入对生命史的整合和症状管理能够提高时间效能和治疗效果①。

二、团体设计

（一）团体方案设计的构想和目标

创伤治疗有两个目的：降低负面感受出现的强度和频率，增加正面生活经验②。图6-2是本艺术治疗辅导团体的设计构想，表6-3是本团体的目标与核心内容。

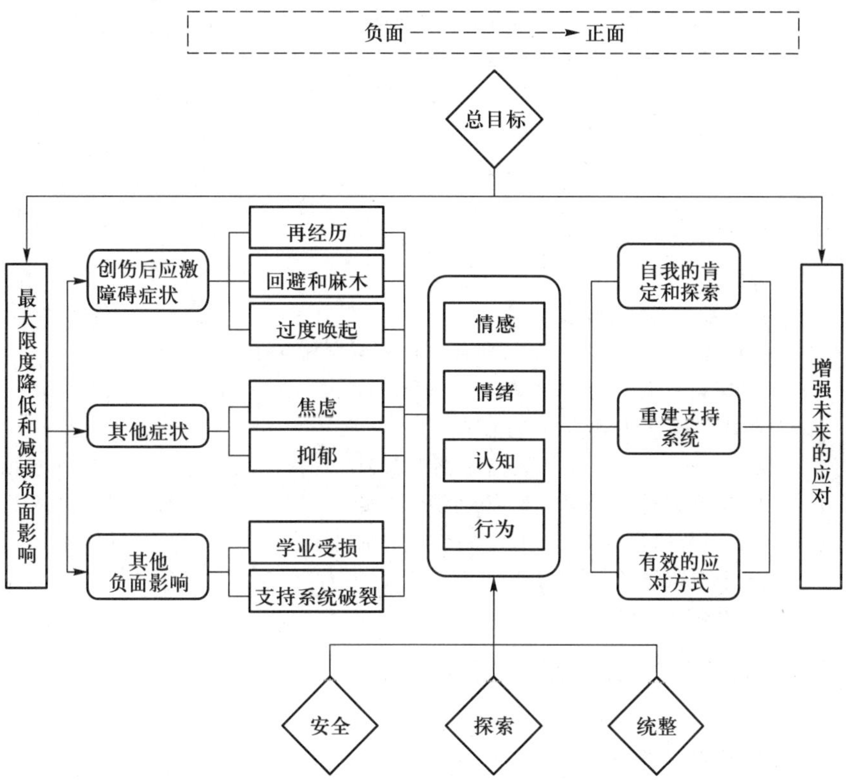

图6-2　本艺术治疗团体整体辅导方案设计构想

①② Rankin, A. B., Taucher, L. C. A task-oriented approach to art therapy in Trauma treatment[J]. Journal of American Art Therapy Association, 2003, 20(3): 138-147.

表 6-3 本团体的目标与核心内容设计

核心目标	安全	探索	统整
时序阶段	准备先导阶段 （正面增强） （过去和现在）	工作阶段 （负面消减） （现在）	训练阶段 （巩固） （现在和将来）
文献基础	从最安全的做起，即自我肯定	创伤理论：没有办法具象化图像 创伤后应激障碍：再经历，回避，过度唤起；焦虑，抑郁	创伤理论：缺乏控制感，因此增强指导。但是同时也注意强调自发应对，回归到认知层面
阶段目标	1. 建立安全的氛围，建立团体工作的基础，处理部分焦虑 2. 自我的增强 3. 建立团体的力量和支持资源 4. 建立基本安全线	（再经历、回避和麻木） 1. 情绪控制：降低抑郁，降低焦虑 2. 行为控制：减少负面行为，减少过度唤起 3. 暴露相关经验：明确探讨创伤体验，外化以及具体化灾难体验	1. 确认以及检查转化和觉察 2. 认知训练：重获意义，增强控制感 3. 行为训练：增强自我管理和支持系统，以及寻求帮助的能力（自我和关系的发展） 4. 回归现实：对未来的应对，结束团体
核心内容	1. 团体成员相识；团体契约的建立；对材料的熟悉，降低对艺术的焦虑 2. 探索自我已有的资源，制作资源提示物 3. 探索团体内或者社区内能够获得的资源，相互赋能 4. 安全岛（此处需要检查核对成果）	1. 直面自我：探索自我当前的情绪；练习表露情绪；学习如何处理情绪 2. 如何控制行为 3. 直面创伤事实 4. 检查统整情绪和行为	1. 检查核对成果：周年再面对灾难 2. 意义的获得： 巩固自我管理技巧，增强支持系统，寻求助人和互助，获得支持的力量 3. 重建家园 4. 告别团体

（二）团体辅导基本设置

1. 团体名称

学术名称：灾后青少年艺术治疗辅导团体

宣传名称：鸡蛋团（积极、淡定、团体）

淡定在先——处理和平衡情绪，起到治愈和恢复的作用

积极补充——学会应对、成长，起到预防作用

2. 团体性质

同质的、封闭式的结构式治疗/成长团体。确定全封闭团体的原因是，创伤青少年使用适量的指令和材料比用太多或太少指令或材料有更好的效果。从经验来看，结构化的活动在一个长期的辅导背景下更有利于帮助青少年应对灾难。结构化但不失灵活的辅导工作可以更好地帮助青少年建立自身的复原力量，因而可以更好地帮助青少年①。

3. 团体活动时间

每周一次，共 8 次，每次不超过 2 小时。

4. 团体领导者及训练背景

有两名治疗师同时进行辅导②。团体领导者为清华大学心理学系应用心理学二年级研究生，接受过系统的团体心理咨询训练以及近 100 小时表达性艺术治疗培训，有专业的戏剧表演的学习、训练和演出经验。2009 年春季，特别去台湾一学期，跟随参与台湾"9·21"大地震心理救援工作的艺术治疗专家赖念华博士学习艺术治疗对创伤者的干预方法。在带领本团体过程中，同时接受导师樊富珉教授和赖念华博士的督导。

5. 团体成员甄选

本团体成员来自于北川职业中学。北川职业中学是"5·12"汶川地震极重灾区北川羌族自治县的两所中等学校之一，在地震中学校宿舍楼一层全部坍塌，100 多名师生死亡。灾后师生全部异地搬迁到绵阳，在板房校舍复课。

为避免不适合参加团体的成员进入团体，使用了 UCLA-PTSD RI 问卷青少年版，以及《一般健康问卷》(GHQ-20)进行前测和面谈筛选。159 名接受测量的学生中 PTSD 量表得分在 38 分以上者有 20 名，占样本的 12.7%。最终进入团体的成员共 22 名，分成两组实施艺术治疗团体辅导。

团体成员基本资料如下：

14 名(63.6%)创伤后应激障碍阳性，15 名(68.2%)焦虑阳性，12 名(54.5%)抑郁阳性③；性别比例为，男生 10 人(45.5%)，女生 12 人(54.5%)；年龄从 14 至 18 岁不等；其中 7 名(31.8%)在地震中身体受伤，16 名(72.7%)目睹房屋倒塌、大地裂开，16 名(72.7%)报告了害怕、担心、恐惧的反应，11 名(50%)有丧亲情况，其中最多的全家死亡 20 名亲属，1 名成员核心家庭亲属全部丧生。

6. 团体实施场所

绵阳市北川职业中学临时板房学校教室内，选择安静的房间。

三、 团体实施

(一) 艺术材料的选择

材料：彩色粉笔、油性蜡笔、黏土、颜料、纸、铅笔、彩色铅笔、毛笔、排笔、水粉、水彩、广

① Orr, P. P. Art therapy with children after a disaster: A content analysis[J]. The Arts in Psychotherapy, 2007(34): 350-361.

② Foa, E. B., et al. Guidelines for Treatment of PTSD[J]. Journal of Traumatic Stress, 2000, 13(4): 539-588.

③ 根据中科院研究结果得到。

告色、卡片、培乐多(playdoh)泥、塑像用黏土、水性黏土(water-based clay)、裁剪好的杂志形象、建筑用纸、卫生纸、绳子、纱线、固体胶、白浆糊、水桶、剪刀、刷子等。选择这些材料的原因除了方便购买、便于运输之外,也有治疗性因素。绘画材料是为了讲故事,也便于控制。三维的材料是为了建筑和重新建筑环境和物体①。

本研究选择材料以丰富适用为原则,尽量多地使用艺术素材。考虑四川当地的情况,尽量使得符合四川文化特点的材料。每次活动时所用的艺术材料应该保持干净整洁。

(二)艺术治疗团体实施方案

艺术治疗团体实施方案中的活动次数、阶段目标、单元目标及活动内容用表6-4列出。

表6-4 艺术治疗团体实施方案

活动次数	阶段目标	单元目标及活动内容
第一次	建立安全感	团体领导者自我介绍:初步相识,消除陌生感 练习1.刮大风 练习2.无家可归 练习3.相似圈:找到自我支持的资源,建立安全的氛围;培养小组氛围,建立团体工作的基础 练习4.处理部分由于对艺术媒介感到陌生而出现的焦虑情绪;订立团体契约
第二次		练习1.社会测量:测查团体的初始动力 练习2.集体创作:"四川是个好地方"—"幸运草"—"生命的一抹":建立团体的力量和支持,提供团体资源,突出文化特异性
第三次		目标:自我安全的确认和建立 练习1.音乐冥想:《隐形的翅膀》 练习2.黏土创作:我的天使——请让我来保护你:带来安全的感觉;保护性角色的建立;内部力量;外化安全的感受;向外赋能
第四次	表达探索和开放	目标:自我探索 练习1.热身:四川特色的变脸 练习2.我的自我画像:探索自我形象 练习3.整合创作:我的世界 探索世界观、生活架构和社会支持系统
第五次		练习1.吹画创作:我的情绪图:用颜色和材料表达情绪:探索各种情绪,探索自己的压力,练习表露情绪 练习2.宣泄,愤怒解决:处理负面情绪 练习3.身体练习:甩手功,拍手功
第六次		练习1.叙事练习:故事大王:直面旧经验,重构新经验;讨论生存困境 练习2.多媒体创作:自己的电影自己做:对事件进行探索和澄清,处理哀伤和失落,推动真实表达,促进重新整合 练习3.冥想:回忆博物馆

① Schiraldi,G.R.创伤后压力调试[M].台北:五南图书出版股份有限公司,2002:515.

续表

活动次数	阶段目标	单元目标及活动内容
第七次	重整和成长	练习 1. 拼贴创作：时间这棵树：处理哀悼，确认认知和意义的转化 练习 2. 纸笔练习：我的百宝箱
第八次		练习 1. 集体创作：我们的××× 练习 2. 诗歌创作：最真的祝愿：回归现实，对未来的应对，结束团体

（三）艺术治疗团体活动

【单元一：建立安全感（初识媒材）】

（一）练习 1. 刮大风

1. 练习目的：寻找彼此间的相似性。迅速热身，打破一开始座位的安排。

2. 活动规则：全体成员围圈坐好，领导者介绍活动规则：领导者说“刮大风，刮大风，大风刮到××（具有某一特征的人，比如说‘戴眼镜的人’）身上”，那么具有这些特征的人就必须立刻离开自己的位子，重新寻找空位子坐下。

3. 时间和材料：10 分钟左右。

4. 注意事项：这个活动常用于热身阶段，由于带有运动的成分，容易使气氛快速活跃起来。但是要注意，内容容易流于表面，因此活动时间不宜过长。

（二）练习 2. 无家可归

1. 练习目的：让成员体会到团体对个人的重要性，从而更愿意投入团体，增强团体凝聚力。

2. 活动规则：

（1）全体成员围圈手拉手，充分体会大家在一起的感觉；

（2）领导者说“变，四个人一组”，成员必须按照要求重新组成四人组，形成新“家”；

（3）领导者可以多次变换人数，让成员体会团体的意义。

3. 时间和材料：10 分钟。

4. 讨论内容：在步骤（2）时，可以请那些没有找到家的成员谈谈游离在团体之外的感受。成员可能会谈到“孤独”“被抛弃”“没依靠”“失落”等主题，可以据此启发大家联想在地震中失去家园的学生是什么样的感觉。也可以请那些找到家的成员分享和大家在一起的感觉，他们可能会谈到“温暖”“有力量”“安全”“踏实”等感觉，可以据此启发大家联想学生在班集体里渴望获得什么样的感觉。

（三）练习 3. 相似圈

1. 练习目的：促进团体成员相识、互动和分享。

2. 活动规则：全体成员站在一个圆圈里面，然后由任意一个人提出一个对全体成员好奇的问题“谁和我一样，×××”，例如：“我想知道，在我们的团体中有谁和我一样喜欢上网？”所有和他相似的人向前迈一步，形成一个相似圈，然后站回大圈。下一个成员继续发问，直到每一个成员都有机会问彼此好奇的问题。

3. 时间和材料:10~15分钟。

4. 注意事项:相似圈的主题必须首先是提出者本人具备的特点。

(四) 练习4. 订立团体契约

团体成员各自谈谈自己希望进入一个什么样的团队,大家需要遵守什么样的规则。然后,全体人员进行充分讨论,达成一致,立下契约。契约内容一般包括守时、专注、坦诚、活动中暂停评价、保密等原则。

【单元二:建立安全感(主题创作)】

(一) 练习1. 社会测量

1. 练习目的:了解团体初始状态和基本的团体动力;观察初始状态中哪些成员的力量可以被利用,哪些需要进一步调动,以及需要特殊照顾的成员;进一步促进团体成员相识和分享。

2. 活动规则:搭肩式的社会测量

领导者提出一个关于成员特质的问题,然后每个成员都把手搭在符合他心目中答案的那个人身上。问题举例:

谁最有创造力?(创造力)

谁最会说话?(个人特质)

谁最会学习?(学业)

谁最喜欢交朋友?(人际)

你最喜欢和谁一起玩?(人际)

如果心情不好的话,最愿意找谁倾诉?(倾听者)

如果想要找人静静地陪着你,你想要找谁?(陪伴者)

如果有一个秘密,不说出来就会爆炸,你想要告诉谁?(信赖者)

3. 时间和材料:10~15分钟

(二) 练习2. 集体创作:“四川是个好地方”—“幸运草”—“生命的一抹”

1. 练习目的:建立团体的力量和支持,提供团体资源,同伴间获得支持,突出文化特异性,团体凝聚力进一步形成。

2. 活动规则和讨论:

(1)“四川是个好地方”

指导语:

我不是四川人,但是听上去四川是一个非常棒、非常特别的地方。如果现在让大家自由创作一幅题为“四川是个好地方”的画,大家想怎么样呈现?我们想让大家分成小组(按人数分成四个小组),每一组在一张规定的纸上作画。注意我们的规则只有一条,为了不影响大家创作,请作画时不要互相交谈。我相信你们的“心有灵犀”可以让大家画出有默契的作品。

(2) 分享

“我喜欢你的画的方面是……”把大家的画拿出来分别欣赏,告诉其他人自己在每一幅画中看到了什么。

(3)“幸运草”

把四幅画钉在一起，拼成幸运草，在作品之间找相似性。

指导语：看到大家很类似的部分……这可能是我们共有的。

(4) 语词联想

“四川对我而言是……”

“四川人是……”

“今天是……”

(5)“生命的一抹”

选一种能够代表你的颜色，如果只能画一笔，你想画什么？

最后把绘画统一挂在一个地方。

3. 时间和材料：“四川是个好地方”创作20分钟，分享15分钟；“幸运草”5分钟；语词联想5分钟。裁好的桃心形状的纸四张（每个小组一张），可旋转图钉若干，彩色油画棒若干盒，万能黏土（或者胶水）。

4. 注意事项：强调默契。提醒我们的团体就如同幸运草一样，随时随地都在。

【单元三：建立安全感（黏土创作）】

（一）练习1. 热身音乐冥想《隐形的翅膀》

指导语：有一个天使，有可能是你的朋友，有可能是你的老师，有可能是你自己。分享讨论：觉得保护我的是“一个人”“一种力量”“一个东西”。可以把安全比喻成什么？讲一个被关怀、被照顾、关于安全的故事。

（二）练习2. 黏土创作：我的天使——请让我来保护你

1. 练习目的：讨论和确认“安全感”“安全线”，建立保护性角色，发现自我的内在力量，外化安全的感受。

2. 活动规则：用材料做一个结实的小物品。

指导语：这个小东西可以带在你的身边，可以是钥匙链、手链、项链等，你随时都可以看见，是结实的，不会丢掉的。说明我们希望他们随时把安全戴在身上，让你的安全可以常常和你在一起。

3. 沉淀和分享：想象整个制作过程，分享制作的过程，制作的意义，观察如何制作那个物体的意义、功能，在什么时刻制作，为什么有持续的力量。

对自己的物品命名：充分讨论物品对自己的意义，“我想要什么样子的物品”，“我可以让它变成什么样子”。

4. 时间和材料：冥想5分钟，分享15分钟；制作黏土30分钟，分享25分钟，命名讨论20分钟。

5. 需要准备：音乐《隐形的翅膀》，彩色黏土（或者培乐多泥，或者软陶），牙签，纸巾，胶水等。

6. 注意事项：如果出现负性的东西，就及时停止，让成员回到对安全的描述上。一定要注意不同材料的不同特性。教授成员如何把珠子粘得更紧，绑得更紧；或者如何搓软陶，如何排除水分等。如果是软陶，制作时间会非常长。如果是装饰物品，多余时间可以用来做一个可以祝福别人的纪念品。

【单元四:表达探索和开放(整合创作)】

(一)练习1. 热身“四川特色的变脸”

指导语:变脸是川剧的一种绝活,这是一个非常具有象征性的过程,也是一个动态的过程。人有很多种样子,我们画一些画来探索自己的不同样子。

问题:大家看过变脸吗?变脸有哪些意义?不同的脸有什么差别?(性格?情绪?)

(二)练习2. 我的自我画像

1. 在脸谱里面画:过去的我、现在的我、将来的我。

2. 分享和讨论:我是什么样子的?用一个词语来描述和总结。讲一个与这个我相关的故事。

3. 继续作画:在上面三幅画的基础上,选择最接近自己的一幅作品继续作画:用比较象征的画法,画自己的核心特质(比如温柔、安静、坚强)和自己的突出优点。

4. 重新绘画:在上幅画的基础上,重新整理绘画一幅“别人眼中的我”(第4幅画),将这幅画任意放大或缩小在一张纸上。

5. 指导语:如果这张纸是你生活的现实世界,你的自我占多大的比例?在什么位置?为什么?这个我和内在看到的我可能是不同的。因为有时候我们知道直接面对别人是很困难的,有时候我们也想让别人看到开心的我。你可以看看这幅画和其他几幅作品有什么不同,哪些是你省略了的,哪些是……

只思考不讨论。

(三)练习3. 整合创作:我的世界

在这个新的作品上画出你所知道的自己的世界,包括你觉得最重要的人、事和物。

讨论:什么是你觉得重要的东西?这些东西如何与你的生命相关?这些东西如何影响你的生活?这些东西如何帮助你面对未来?

(四)时间和材料:热身10分钟;自我画像30分钟,讨论10分钟;继续作画4分钟,重新绘画10分钟,整合创作20分钟,讨论20分钟。

蜡笔和打印好的脸谱,每人8张白纸,彩色蜡笔。

(五)注意事项:强调可以画得很抽象。如果不能描述具体的事物,则尽量描述看到作品的感觉。

【单元五:表达探索和开放(吹画创作)】

(一)练习1. 吹画创作:我的情绪图

1. 练习目的:探索各种情绪,学会用艺术表现的方法表达情绪;通过情绪与艺术材料和颜色的连接描述自己的压力;练习表露情绪,察觉情绪是否有变化。要特别关注情绪差距悬殊的成员,邀请压力弹性高的成员介绍经验(特别是新增经验)。

2. 活动规则:

(1)从基本情绪切入:最近有什么样的心情和情绪。

(2)脑力激荡:你曾经有过什么样的情绪?

参考:常见的灾后的情绪有害怕、担心、悲伤、内疚、郁闷、恐惧、失望、思念、无聊、麻木、压抑、焦虑等。

四川文化特色:舒适、安逸、爽。

(3) 探索情绪和色彩之间的关系

选三种喜欢的颜色,三种讨厌的颜色。

可以分享的问题:它给你什么感觉,使你喜欢/讨厌它?

每一种颜色给你什么感觉?

每一种情绪可以用什么颜色来表示?

每一种材料给你什么感觉?

讲解吹、涂抹以及调颜色的深浅的方法。

(4) 画出一个月(一段特定时间)以来的心情。

指导语:用广告色来创作一幅关于你的感受的作品,使用不同的颜色来代表以下感觉:快乐、害怕、悲伤、对自己的爱、对他人的爱、愤怒。让你心中的力量和感受的性质决定你所表现的感受的大小、形状、颜色。不要用棍子人和快乐的脸这些来代表你的感受,不要担心大小、形状等,要让这些感受从你的内心流露出来。

3. 时间和材料:视时间而定,1 小时左右。

卡纸、剪刀、浆糊、用于创作的广告色、各种型号的刷子、广告色桶、毛笔、美术纸(A4 大小)。

4. 注意事项:强调情绪本身并无好坏之分,不要互相比较和评判,强调每个人都有自己的感受和想法。

(二) 练习 2. 宣泄:愤怒解决

1. 练习目的:用不伤害别人的办法宣泄负面情绪。

2. 活动规则:

(1) 用铅笔开始涂抹,感受最难过的一种情绪,一定把纸涂黑、涂满。

(2) 指导语:刚才我们画出来的情绪中,有你觉得很熟悉的情绪,也有一些负面的情绪。有的时候情绪是很难自己控制的,明明觉得不好,可是好像很难摆脱。今天我们试试看能不能把它扔掉。想象你觉得最讨厌、最难以摆脱的一种情绪。完全地感觉它,然后开始在纸上慢慢画圈。感觉可以把情绪通过你的铅笔都画在纸上。这种情绪促使你想要站起来,把这整张纸涂黑。我想要你感觉到这种情绪从你身体里流到这张纸上。用尽你所有能用上的力气来涂黑。看看你把这张纸涂到多么黑。如果它破掉了,不要担心,继续画,直到你觉得把它全部画出来为止。

休息片刻,然后远远地看看你的画。

(3) 分享在远处看这些画的感觉,以及画完以后的心情。

(4) 自己选择一种方式来处理掉这种坏情绪。

(5) 讨论。

3. 时间和材料:涂抹 15 分钟,休息 2 分钟,处理 10 分钟,讨论 10 分钟。

纸、坚硬的铅笔、橡皮。

4. 注意事项:必须由领导者引导和带领进行。引导出情绪宣泄后,不要引导处理情绪的方法,以看到自发性和创造性。

(三) 练习 3. 身体练习:甩手功,拍手功

1. 练习目的:放松,促进血液循环,集中注意力,体会分享和获得。

2. 活动规则:

拍手功:双脚与肩同宽,两掌正对与肩同宽,用力击掌(图 6-3),大力击 30 下。重复。

图 6-3

甩手功:双脚与肩同宽,立正站好。手从前往后用力甩,同时说指导语:“把别人的爱接过来。”手从后往前用力甩,同时说指导语:“把自己的爱送出去。”

3. 时间和材料:10 分钟。

4. 注意事项:尽量用力,时间不宜过长,适合中场休息时做。

【单元六:表达探索和开放(绘画与叙事)】

(一) 练习 1. 叙事练习:故事大王

1. 练习目的:直面旧经验,重构新经验;讨论生存困境。

2. 活动规则:

(1) 热身:聊天,生活中曾经、现在或者以后可能面对的非常为难的局面、事情。

(2) 根据情况,选定一个主题。一人讲一句话开始故事接龙。要求每个人接的内容都必须是真实世界里可能发生的,有承启逻辑关系的。

比如领导者开头:“高三了,小明拿到了自己的考卷,他望着自己的卷子……(升学难主题)”

(3) 讲完一个故事以后,一起讨论剧情和处理方式。

3. 时间和材料:视情况而定。

4. 注意事项:成员容易陷入搞笑或者生硬的局面当中,领导者可以在轮到自己的时候出奇制胜改变故事走向,但多数时候还是要尊重成员的叙述。

要随时提醒成员:在你的人生中,你遇到这个事情会怎么办呢?

(二) 练习 2:多媒体创作:自己的电影自己做

1. 练习目的:对事件进行探索和澄清,记录存活下来的时刻,处理哀伤和失落,还原事实真相,推动真实表达,促进重新整合,练习使用多媒体记录他们的叙事和故事。

2. 活动规则:

(1) 热身:分享过去一年的经验。

地震把大家带到一起来,如果现在(强调当下)地震会给你带来哪三种影响?

(2) 生命线:地震之后发生了什么?是一个什么样的过程?

画一条生命线,从出生到今天的一条线,包括所有你的状态,以及重要事件对你的影响。

分享:回顾这条生命线。看看自己人生的起伏对你意味着什么;看看地震这个区间,对你的影响和改变。

(3) 绘画：根据这条生命线的曲线，如果以地震作为切点，选取你最想画的一个点(波峰或波谷)。指导语：地震可能改变了大家的人生命运，我想每个人都有自己的一个很特别的经验。请大家画出一个关于地震的让你印象最深刻的故事，可以是自己的，也可以是别人的；可以是具体的，也可以是抽象的。

(4) 分享：分享自己的故事，看看别人的画和你的有什么共同点，有什么启发。

(5) 重构新故事：把大家的作品排成一个横排，可以自由排列，直到排成一个完整的故事。

指导语：每个人眼里都有一个特别的故事，如果可以把我们的故事联系在一起，就好像一个纪录片一样，把不同的线索串联在一起，我们就看到了一个不是媒体创作的，而是我们的生命经验告诉我们的，和我们真正有关联的真实的地震过程。

(6) 分享：看到了什么新的故事？

一人一句轮流讲这个关于地震的新的故事(每个人也许讲到的不是自己的故事)但是请根据画面来讲述。

分享听到别人讲这个故事的感觉，有人记录重点内容并整理为字幕或者旁白。

(7) 电脑制作 PPT 或者短片。

3. 时间和材料：创作约两小时，后期不计。

画笔、白纸、数码相机、电脑软件。

4. 注意事项：如果引发了创伤，要小心地呵护和帮助。用新的叙事进行取代，强调成员重构的部分。

(三) 练习 3. 冥想：回忆博物馆

1. 练习目的：对于无法处理的哀伤进行暂时处理。

2. 活动规则：

(1) 以一个最舒服的姿势坐好。

(2) 闭上眼睛，跟随指导语冥想。

指导语：现在好像我们都有不想去回忆某些事情的时候，这没关系。实际上，这在短时间内是有帮助的。我们在之前的练习中，学习了怎样让自己不去回忆，比如通过听音乐，或者做自己最喜欢的事情。如果你觉得这个有帮助，你可以在你想做的时候继续做。但永远回避记忆很困难，它们以后会再次袭来。因此，最好的办法是当你准备好了之后勇敢地面对它们。最好是你主动自愿地去回想过去的记忆，而不是等着记忆浮上心头。创伤记忆最可恨的是我们往往在很长一段时间里都经常想起它。我们知道，当你有意地回想这些记忆，不再把它们埋在心底时，创伤记忆就失去了它的力量，而变得和普通的记忆一样了。接下来，我们要教你一些有意回想和面对这些记忆的方法，这样你们以后就不会这么害怕了。记住，现在控制你记忆的人是你自己。

你感受周围的风，感受灯光，听到每个小细节。你感受到自己真实地存在于这个房屋之中。你能感到你面前的每一样东西。是的，你的感觉很敏锐，所以什么你都能感觉到。

现在的心情好像平静了一些。我认真地回忆，那个我最不想要触碰的东西，因为它让我痛苦，让我煎熬。我敢现在开始触碰它，因为我知道我在房间里是安全的。我小心地把它从头脑中取出来。我能感到我打开的时候还是有点害怕。它就在我的手中，还在微微地动。我能感受到它的重量,它的质地,它的温度。一切我都不愿意接受,可是它现在就在我的手中。

我带着它走很久了,我累了,我想把它放下来。我知道外面有个地方可以放它。我慢慢走到大门外,向着金黄的阳光走去。那里没有黑暗,没有害怕。那是一个博物馆。通透的大门,金黄的把手,豪华的外墙。我拉开门走了进去。

我走到一个玻璃柜子前面,看到里面还放着很多很多别的回忆。我知道我不是唯一痛苦的那个。它还在我手中呼吸。我轻轻拉开门,把它放了进去。我知道把门关上的那一刻,我就把它留在了这里。这里是安全的,没有人知道。这里是自由的,只要我愿意,我随时可以来看。可是我更清楚地知道,从现在开始我不用背负它生活。

我伸了伸腰,感到肩上没有那么沉重了。我回头走出博物馆,越走越远。

我回到了刚才的房间,屋子里还和原来一样。一样的声音,一样的气息。但我知道,我终于可以休息了。(休息)我准备好了,没有它的新生活,于是我睁开眼睛,回到这个世界。

(3) 讨论整个过程中的感受

3. 时间和材料:15 分钟。柔和的音乐,舒服的可以坐的地方。

4. 注意事项:注意说话的语速、语气、语音、语调。

【单元七:重整和成长(拼贴创作)】

(一) 练习 1. 拼贴创作: 时间这棵树

1. 练习目的:认知上再强化,强调未来的应对。

2. 活动规则:

指导语:地震是一件改变了我们很多甚至是人生轨迹的事。也正是这个改变,让我们看到很多以前不曾关注的,以前觉得理所当然的事情,使我们对人生和世界有了新的认识。就好像过去的一切都化作尘土,地震后百废待兴,而未来像棵树,根植在过去的记忆里,长出新的枝丫。如果时间是一棵树,你希望这棵树长得怎样? 有多粗? 长多少枝丫? 结什么果实?(可以画对未来的规划,可以画对未来的期待,可以画未来的样子,可以画如何面对和应对未来的生活。)

(1) 用铅笔画树干和树根。

(2) 选择喜欢的图形和文字,拼贴这棵树。

(3) 分享自己的故事。

(4) 装置和修饰这棵树,使之成为想要的样子。

(5) 分享

3. 时间和材料:1 小时。

壁画,或者把纸贴在墙上,从底部往上长的一棵树,胶水、剪刀、废旧杂志、串珠等装饰物。

4. 注意事项:可以从画面上开始提问有共性的、特别的东西以及意义(树的隐喻)。

5. 讨论内容:

(1) 自己贴在地震以前的多,还是贴在地震以后的多?

(2) 自己贴的都是什么东西?
(3) 注意到别人贴了什么东西?
(4) 对整个作品的感受如何?
(5) 树是一个什么意象? 具体到这棵树,你有什么想法和联想?
(6) 对未来如何思考? 如何改变?

(二) 练习2. 纸笔练习:我的百宝箱

1. 练习目的:脑力激荡,澄清和寻找社会支持系统。

2. 活动规则:

当我有好消息时,最想和＿＿＿＿＿＿分享
当我生病的时候,最想＿＿＿＿＿＿陪在身边
当我困惑的时候,最想找＿＿＿＿＿＿倾诉
当我孤独的时候,最想找＿＿＿＿＿＿陪伴
当我要借钱的时候,去找＿＿＿＿＿＿帮忙
当我要旅行的时候,最想和＿＿＿＿＿＿同行
当我功课不懂的时候,找＿＿＿＿＿＿答疑解惑
当我遇到困难的时候,最想请＿＿＿＿＿＿一同分担

3. 时间和材料:30分钟,以上活动单。

4. 讨论内容:支持系统是否多元化? 结构是否合理?

【单元八:重整和成长(集体创作)】

(一) 练习1. 集体创作:我们的×××

1. 练习目的:再次强调团体认同,分享与他人融合和分离的感受;处理分离情绪;建立未来的支持系统。

2. 活动规则:四张纸的拼贴和作画。每人选择喜欢的一种颜色,自由选择位置作画。

指导语:大家相处了这么久,我们彼此都产生了很特别又很强烈的感情。最后我们集体创作一幅画,画出大家对这个团体的感觉。每人只能选一种自己喜欢的颜色,在纸上画20分钟,规则是一定要把颜料全部用完。

时间和材料:20分钟作画,20分钟讨论。黑色全开纸四张拼起来,广告色。

3. 讨论内容:

(1) 这幅画给你什么感觉?
(2) 你的颜色在图上是什么样子?
(3) 你最喜欢哪个部分?
(4) 你觉得自己的颜色和别人的颜色混合得怎么样?

(二) 练习2. 诗歌创作:最真的祝愿

1. 练习目的:团体结束和告别。

2. 活动规则:在分得的卡片后面写下:

"我看见自己＿＿＿＿＿＿＿＿＿＿＿＿＿＿＿＿＿＿＿＿＿＿＿＿
我可以＿＿＿＿＿＿＿＿＿＿＿＿＿＿＿＿＿＿＿＿＿＿＿＿＿＿

我能够____

地震是____

未来是____

你们是____

我祝福自己____________________________________

我祝福大家____________________________________”

之后把大家的卡片汇总，按照每一行内容分类即兴作诗。

3. 时间和材料：30 分钟，即兴配乐。

4. 注意事项：提示将团体经验带入生活。

（三）艺术治疗团体干预典型个案分析

1. 个案的基本信息

LL，女，15 岁，汉族，高二，独生女。在地震中失去了父亲、母亲、爷爷、奶奶，核心家庭只有她一人幸存。地震时目击周围房子瞬间倒塌。地震后其情绪表现两极化，抑郁和焦虑情绪较多。LL 自述：“我以前成绩很好，但是地震之后就不行了……我不太会画画……觉得干什么都没意思。烦。”“我愿意参加活动，反正平时挺没意思的。”

2. 个案在团体历程中的表现

活动	主题创作活动和作品	LL 的解释和在团体中的表现 （根据团体历程及田野笔记整理）
第一次活动：热身和相识	第一次活动的主要内容是团体关系的建立，属于团体初步相识阶段。	创作过程及作品解释：LL 每次作画前都要想很久。在刚开始自由作画的时候她画了一个人，研究者看到那个人的表情不太开心，问她这个人的表情是什么，她描述这个人在沉思。这大概反映出她个人的一些心理状态。我们观察到这个女生的情绪很不稳定，而且最近不太开心。（田野笔记——第一次） 全程表现和互动：第一次互动是比较少的。“事后我们讨论，（研究者）认为可能是因为他们不知道我们这个团体到底要做什么，从而产生一些对未知事物的不安全感。”（田野笔记——第一次）
第二次活动：建立安全感	主题创作：“四川是个好地方”—“幸运草”—“生命的一抹” 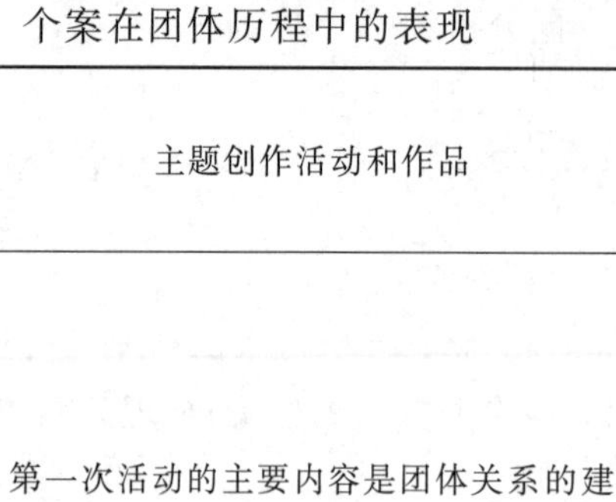 图 6-4	创作过程及作品解释：LL 在图 6-4 上用黑色画的部分是小蝌蚪。后来她又画了熊猫。LL 本人没有对自己的画做任何解释，LL 那组的画上写了“北川幸福”四个字。她在分享时谈到，他们画的都是北川以前的幸福，感觉地震发生了，幸福也没有了。（田野笔记——第二次）领导者让大家介绍四川的特色和吸引人之处时，“有人提到堰塞湖，说它很漂亮，这时 LL 就接着说它下面埋了很多尸体，还有很多鱼”，听到这里我有心里一沉的感觉。 全程表现和互动：女生们的问题。女生们自我介绍时，很多人会用“活泼开朗”之类的词来形容自己，但事实上和我们的观察不符，除了 XYY 之外其他女生都比较内向（田野笔记——第二次）。研究者认为团体处于初期关系建立阶段。

续表

活动	主题创作活动和作品	LL的解释和在团体中的表现 （根据团体历程及田野笔记整理）
第三次活动	目标：自我安全的确认和建立： 黏土创作：我的天使——请让我来保护你：带来安全的感觉；保护性角色的建立；内部力量；外化安全的感受；向外赋能。 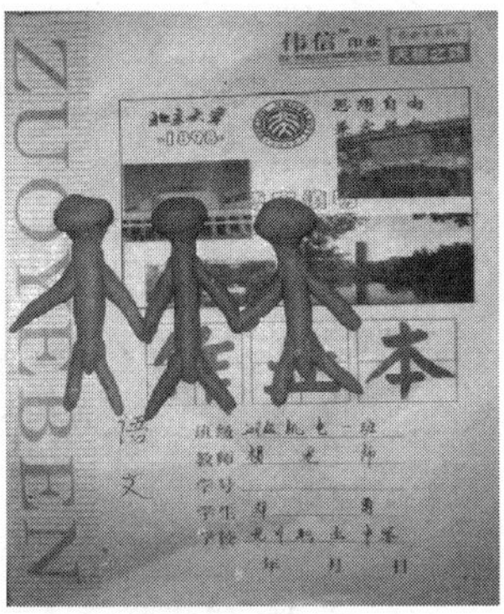 图 6-5	创作过程及作品解释：大家创作的时候，有一半人是很知道自己要做什么的，他们选定了颜色早早做好，然后就在发呆。对于自己的作品（图 6-5），LL说，这三个人是一家人，手牵着手。有父母在就是安全的。 全程表现和互动： 继续请大家分享一个关于安全的小故事……继续引导，有没有觉得自己的力量可以照顾自己的时候，特别是联系到《隐形的翅膀》这首歌。LL立刻说要照顾好自己，照顾关心自己的人。研究者知道她全家人在地震中丧生，但是她没有提及，研究者也没有继续深挖，就是鼓励她说出这些感受。 当天成员们普遍反映觉得活动很有意思，是自己参加过的最有意思的活动。
第四次活动	目标：自我探索 我的自我画像：探索自我形象  	创作过程及作品（图 6-6）解释： LL画的过去的她自己是一个头顶都是问号的小姑娘。画像中她睁着大大的眼睛，面带微笑。旁边她写着：以前的我活在童真的世界里。 LL画的现在的她自己，是一个头发长长的小姑娘，头上的问号只有一个。LL描述说她的表情很平静。她解释到：现在的我抓着梦想看未来。 LL画的未来的她自己有一些奇幻色彩。小姑娘带着一个形如草莓的帽子，但是仍然带着问号。旁边的话是：以后，我顶着生活现实给我的压力在一隙之间寻找快乐。 在个人绘画部分，LL描述到：我的人生一开始是一帆风顺的，后来遇到了很多波折（停顿），但是我觉得一切都在慢慢变好。以后也希望是平静的。

续表

活动	主题创作活动和作品	LL的解释和在团体中的表现 （根据团体历程及田野笔记整理）
第四次活动	 图6-6 个人绘画：我的生命线： 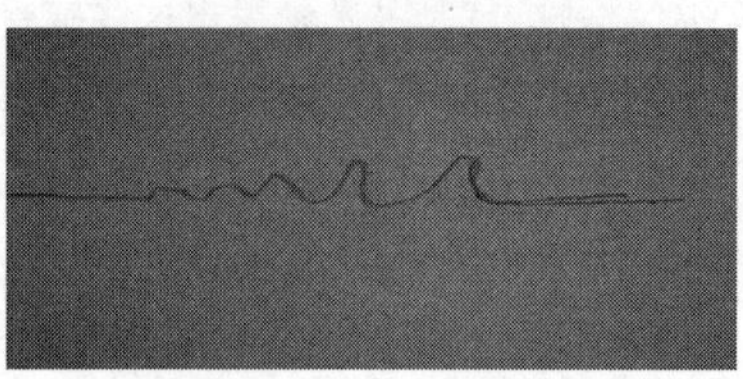	全程的表现和互动：LL在这次活动中投入程度比较高。多数时间都在比较专注地创作。她在画面上写字的时候思考了很久，下笔比较慢。特别是画最后一张“未来的我”的时候，她花了大量的时间填涂帽子的红色，很认真，表情也是后来画上去的。 当天的讨论中，LL多次主动发言，口气比较平静。
第五次活动	情绪表达和宣泄 吹画创作：用颜色和材料表达情绪：探索各种情绪 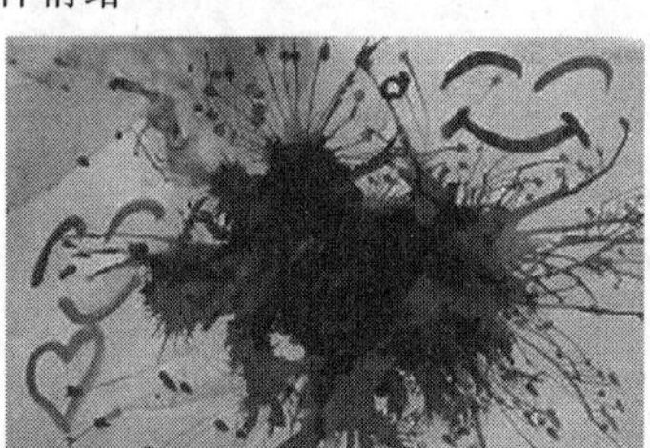 图6-7 愤怒解决：处理负面情绪	创作过程及作品解释： 当描述和表现当天的情绪的时候，LL选择了黑色，并且在图画（图6-7）上反复涂。 宣泄之后，LL在画面上画了两个大的笑脸和爱心。 全程的表现和互动： LL当天情绪比较亢奋。特别是在宣泄的活动/仪式完成之后，她比较放松，还开玩笑说自己手都涂酸了。

续表

活动	主题创作活动和作品	LL 的解释和在团体中的表现 (根据团体历程及田野笔记整理)
第六次活动	装饰原有的画 目标:分享过去一年的经验:直面创伤事实,对事件进行探索和澄清。 绘画,短片制作:告诉你真正的地震:处理哀伤和失落,纪念和哀悼。  图 6-8　叙事练习 "故事大王"重构新故事:用新的叙事来取代原有的叙事。 冥想:回忆博物馆	创作过程及作品解释: 邀请每个人画下地震与自己最有关系的、印象最深刻的一幕。LL 是第一个发言的人,讲述了地震之后同学们一起走出学校的情景(图 6-8)。画面上的注释是:风雨同行,我们向希望走去。带着求生的渴望,我们一直坚持。 在创作小影片脚本的时候,LL 主动请缨完整讲了一个故事。 全程的表现和互动: 当天在下雨,屋子里有点闷,让大家有"再经历"的触动。团体的气氛比较沉默。LL 是当天表现比较活跃的,反馈和分享比较多。LL 对一个哭泣的成员说:不能把伤痛停留在表面上,而应该继续往前走。
第七次活动	拼贴创作:时间这棵树:处理哀悼,确认认知和意义的转化  图 6-9	创作过程及作品解释: 要求先画一棵树,再继续在画面上进行拼贴。LL 和另一个女生贴的主要内容是叶子和水果。她很仔细地剪了叶子的边缘,在画面中间贴了手表,说意思是"珍惜过去,拥抱未来"。机会是时间长出来的枝条。 全程的表现和互动: LL 有很多的分享。她和 RLH 的关系比较密切,和别人的互动变多了。 大家认为树的意象是生命的循环,代表过去、现在和未来。整个过程大家很投入。 图片(图 6-9)上面的拼贴比较多,下面比较少。大家解释说,因为过去太痛苦,不愿去想。分享比较深入。

续表

活动	主题创作活动和作品	LL 的解释和在团体中的表现 （根据团体历程及田野笔记整理）
第八次活动	集体创作： 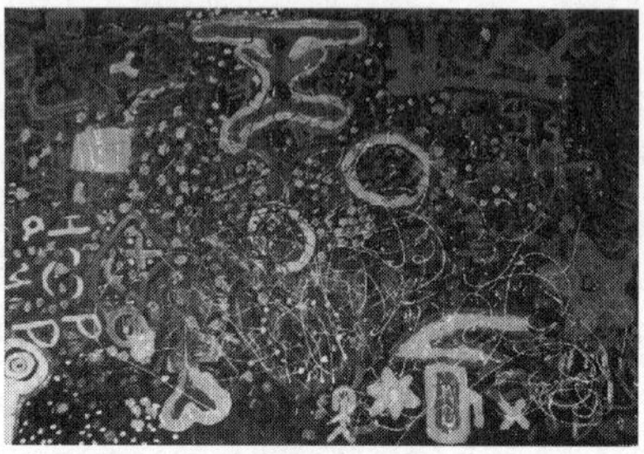 图 6-10 诗歌创作：LL 的诗 最真的祝愿 我发现自己比以前开心了 我可以放下自己以前放不下的 我能够开心地迎接每一天 过去是不开心的 现在是开心的 未来是有信心的 你们是可爱的 我祝福自己能够每天都开开心心的 我祝福大家都要幸福	创作过程及作品（图 6-10）解释： LL 使用的是草绿色。她一开始就选择了这个颜色。她说草绿色代表快乐的心情和满足。内容是智慧树和两个小人。结束的时候，她画了绿色和红色的草莓、卡通娃娃。在天天开心外面补了边缘。LL 表示蛋糕、草莓等都是自己喜欢的意象。 全程的表现和互动： 大家的分享比较多。当别人把 LL 的小人解释成猴子的时候，她表示很不高兴。结束的时候她和别人玩得很起劲。

3．个案在团体历程中的变化

Forth（1988）的研究发现，1988 年雅马尼亚地震后存活的儿童中，所有儿童都把太阳画成黑色的。作者认为，黑色表示未知的阴影、负面、阴暗思想的投射、威胁、害怕。红色表示活着的重要性、燃烧的问题、喷涌而出的情绪或者危险，或者身体上的急性疾病。① 颜色具有特定的情绪意义，例如红色最常被表征为情绪暴发，还有攻击、恨、热情、生气、爱与表情丰富。过度使用黑色，通常表达的是负向的感受。例如儿童常常倾向于将黑色与黑暗、恐怖联系在一起。LL 的作品一开始使用红色、黑色比较多，到后期可以用更多的颜色和意象表达更丰富的概念（详见表 6-5）。也有许多艺术治疗师并不同意特定颜色有其情绪意义，而认为色彩的意义因个体而异，是主观且个人化的②。在 LL 的色彩评估中，蓝色、橙色、浅紫色是她喜欢的、代表安全的颜色，而她后期的作品中更多地使用了这些颜色，表示她的情绪有积极的改进。

① Gregorian, V. S., et al. Colors of disaster: The psychology of the "black sun"[J]. The Arts in Psychotherapy, 1996, 23(1): 1-14.

② Lev-Wiesel, R. The self-revelation through color technique: Understanding clients' relation with significant others, silent Language, and defense mechanisms through the use of color[J]. American Journal of Art Therapy, 2000, 39(2): 35-42.

表 6-5　LL 的创作作品主题和意象以及意义的变化简图

活动次数和主要创作内容	色彩		意象	意义
	正向	负向		
第二次：集体创作	黑色	黑色	蝌蚪	父母，同伴
第三次：我的天使	蓝色、橙色、浅紫色		火柴人	丧失父母
第四次：自我画像，生命线	蓝色	黑色、红色	自我探索	自我变化历程
		红色		生命历程
第五次：情绪宣泄，情绪修补		强烈黑色	愤怒、创伤	创伤
	红色		爱心、笑脸	爱心、积极情绪
第六次：影片制作	蓝色、橙色、绿色、粉红色		火柴人	同伴、走过伤痛
第七次：拼贴	各种颜色		水果，手表	时间可以平复创伤
第八次：集体创作	绿色、红色（限制材料）		智慧树、两个火柴人、卡通娃娃、蛋糕、草莓	喜欢的意象

（1）主题变化

在 LL 的作品中，人是一个很常见的主题。她的作品中总是出现火柴人的意象，而且人总是成群出现。研究者估计这个意象来自于两个方面：一个是她对于丧亲的正常反应，怀念父母，有被抛弃、孤独感；另一个是她对来自周围社会关系的支持的渴望。她的矛盾也在其中反复出现。从画面风格上看，她的画从独立的人慢慢开始和别人的画产生互动和融合，在保持自我的情况下与他人形成互动，也体现了她在团体中受到的影响。此外，她的画中的元素也渐渐丰富，从一开始的线条到后期可以画比较多样的图形。

（2）研究者观察到的整体情况

LL 在团体中的投入程度逐渐增高。研究者观察到，她的自我表露增多，情绪较为稳定；对于自我有更多的认识和接纳；在团体过程中她完成了哀悼，对于未来有较为清晰的规划和具体的实施措施；在团体中，她与其他成员结成了比较亲密的朋友，与同学、同伴的互动明显增多。同时对于地震和丧亲话题，LL 的回避行为是比较明显的，这可能和她丧亲的严重程度有关。

4. 个案报告和分享的内容

LL 在团体结束时提交的半结构性访谈单的内容如下：

感觉到团体很团结，看到团体的重要性。对团体的印象是：自由、开放、开心、活泼。

最喜欢团体的部分是“团结”，可以和朋友一起玩得很开心。

懂得了很多做人的道理，人活着就要开心，要笑对人生。不知道，反正我已经看淡人生了，觉得活着就是要开心。（如果没有团体）我可能会对生活、对未来没有希望。

没有意见，觉得两位姐姐都对我们很好，我很欣赏她们。团结就是力量，坚强就有希望，勇敢就能战胜困难。

5. 个案在团体辅导前后测中心理健康水平变化情况

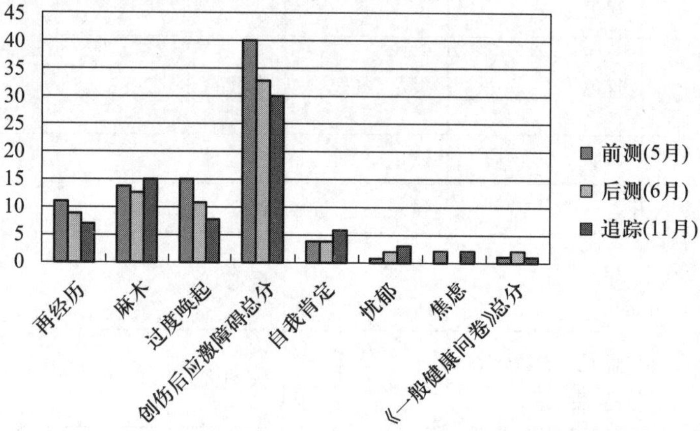

图 6-11　LL 的前测、后测、追踪分数

由图 6-11 可以看出，在创伤后应激障碍的分数上，LL 在前后测和追踪测验中都有稳定的改变。具体而言，团体辅导过后，她的创伤后应激障碍中的再经历、回避和过度唤起分数都有一定程度的下降，下降趋势比较明显。但是后测部分回避分量表的分数有一定的上升。研究者认为是由于对地震的过度暴露导致了回避分数的升高。另外，从《一般健康问卷》分数来看，自我肯定在后测有了进步，但是抑郁情绪较高，研究者认为是 LL 对生命意义的虚无感比较强的缘故。

6. 对个案变化的分析和讨论

青少年面临自己的情绪时有压制和回避的倾向，但随着团体辅导过程的进行会慢慢减轻。由不可说，到通过作品说，到可以表达，是个循序渐进的过程。在整个过程中，LL 随着团体辅导的深入、与其他人交往和关系的增多，有了更多的个人暴露和积极投入。在初期她自己可能也不是非常适应自己的改变和状态，特别是讨论到具有唤起意义的场景和事件的时候，她需要更多的时间来处理和整合自己的情绪。随着分享的深入，她从其他人处获得启发和鼓励，对于情绪的压制和回避就慢慢变少了，正向的、积极的变化也渐渐增多。

团体中促成改变的有效因素包括三个方面。第一，自我的统整。在团体中，各项活动（自我画像、自我赋能、保护天使等）的设计初衷都是通过对自我的探索和再认识进行重整。在此过程中，LL 的表现无疑是积极的。经过一系列的艺术活动，她对自我有了更多的了解、更多的接纳。同时她的表露也起到了榜样的作用。第二，社会支持的再建立。从 LL 的艺术作品来看，社会支持对她来说是重要的，有可能是因为丧亲切断了她之前的支持系统。在这个艺术团体里面，LL 通过与同学的互动建立了一个较为稳定的（学校系统内的)、有熟人参与的新的社会支持系统。可见基于学校的艺术团体可以帮助成员建立和维持一个较为稳定的社会支持系统。可以预计,这个团体所带来的友谊会持续影响 LL 未来的生活。第三,团体领导者的作用。LL 在团体结束后和研究者保持了比较密切的接触,曾经一起吃饭,一起看电影。可以看出在团体进行过程中 LL 对研究者产生了更为深刻的感情,可能是这种移情帮助 LL 在团体中获得了更多的成长和改善。

主要参考文献

1. 付芳,等.自然灾难后不同阶段的心理干预[J].华南师范大学学报(社会科学版),2009(3):115-120.

2. 高楠.艺术心理学[M].沈阳:辽宁人民出版社,1998.

3. 巩丽群.绘画艺术疗法在大学生心理辅导与咨询中的应用探索[D].上海:华东师范大学,2008.

4. 苏衡,等.认知暴露疗法治疗急性应激障碍的临床对照研究[J].第四军医大学学报,2004,25(22):2097-2100.

5. 赖念华.艺术治疗:转化丧亲儿童之悲伤与失落[J].学生辅导通讯,1999(66).

6. 陆雅青.艺术治疗绘画诠释:从美术进入孩子的心灵世界[M].台北:心理出版社,1999.

7. 孟沛欣,等.精神分裂症患者团体绘画艺术干预[J].心理学报,2005(3):403-412.

8. 张姝玥,等.受灾情况和复原力对地震灾区中小学生创伤后应激反应的影响[J].心理科学进展,2009(3):556-561.

9. 周红.团体美术治疗类型述评[J].中国心理卫生杂志,2009(6):385-387.

专题七

身心关怀之旅:地震灾后干部心理康复团体辅导①

樊富珉　陈丽云　张黎黎

陈丽云:教授,博士生导师,现任香港大学社会工作与社会行政学系主任,香港大学行为健康综合服务中心总监,香港大学自杀研究及预防中心副总监。陈丽云教授在香港推动病人互助运动,并建立了一套配合华人传统医疗文化的"身、心、灵"治疗法,帮助慢性病患者、癌症患者以及存在情绪困扰的群体感受到平安自在。在研究工作中已经出版著作十多本,发表论文200多篇。

张黎黎:北京大学心理学系博士,清华大学心理学系博士后,曾赴美国加州大学伯克利分校担任访问学者一年,现为个人执业心理咨询与治疗师。自2002年起开始接受心理治疗系统培训,并从事心理咨询与心理治疗的专业工作,积累了比较丰富的个体及团体心理辅导与治疗工作经验。中国心理学会注册心理师,中国心理卫生协会团体心理辅导与治疗专业委员会委员。

2008年5月12日14点28分,四川省阿坝藏族羌族自治州汶川县发生8级强烈地震,灾情严重,波及陕西、甘肃、重庆、云南等多个省市。在这场突如其来的巨大灾难中,8万多人死亡或失踪,几十万人受伤,数千万人受灾。灾区群众经历了亲人死亡、身体致残、房屋倒塌、财物损失、校舍被毁,心理上受到巨大的冲击与影响,产生无助、强烈的害怕、悲伤、恐惧、内疚、担忧、愤怒等情绪。目睹、经历灾难或有亲人遭遇灾难性事件的人们对危机的反应通常会经历急性期、亚急性期和恢复期三个不同的阶段,不同阶段对个体的心理有着不同的影响。因此,灾后心理援助工作得到了前所未有的重视。各个机构、各路人马纷纷奔赴灾区,为受灾群众进行心理疏导和心理干预。但是,经历如此重大的自然灾害,灾区群众心理的恢复和重建如同家园的重建一样,历程漫长,过程艰难。例如,如何接纳猝临的灾难?怎样摆脱灾难的阴影?怎样树立活下去的信念?如何从容应对未来,重燃对生活的信心和希望?

研究表明,许多经历了灾难或在灾难中幸存的人,摆脱这段经历所带来的心理困扰是一个艰难的长期过程。无论是与死神较量过的幸存者,承受瞬间亲人离去的巨大悲痛的

① 本方案得到香港大学行为健康综合服务中心资助,得到中国科学院心理研究所协助,2009年。

受害者，还是在焦虑恐慌中承受巨大心理压力的受灾民众，除了物质的救援、身体的医治、政府的补助外，更需要亲情的抚慰、压力的疏解和心理的干预，需要灾难过后内心的平复，需要重建对未来生活的勇气和信心。

汶川地震一年后，香港大学与中国科学院心理研究所对极重灾区北川县某镇的基层干部进行访谈和调查发现，该镇干部在地震中受创严重，大部分干部家里都有亲人遇难，灾后他们承担着重建的重任，工作压力很大，没有时间休息，没有机会处理失去亲人的伤痛，还要面对复杂的群众工作，身心疲惫。在辅导前的访谈中研究者发现，绝大多数干部承受了来自工作、家庭和生活方面的多重压力，如亲人丧失、工作时间长、难度大，物质和经济条件较差等，其中许多人出现了失眠、精力减退、易疲劳、烦躁、悲伤、难过甚至持有自杀观念等身心反应。

本团体辅导是针对汶川地震极重灾区北川县某镇干部设计的心理康复团体辅导。本辅导针对这些压力很大、身心疲惫、亲人遇难、同事遇难、工作忙碌、没有机会处理心灵创伤的干部，以身心灵关怀为主题，以心理压力管理为切入点。团体名称为“身心灵关怀之旅”，口号为“关怀身心灵，健康你我他”。事前通过访谈，了解干部们面临的困扰，有针对性地设计方案，集中周末两天进行辅导。经过两批干部的辅导，取得了良好的效果。

本方案不仅适用于灾后心理干预，也适用于生活中有失落、有哀伤，需要心理干预的人群。

一、团体理论

（一）灾后常见身心反应

“灾难是一种令人敬畏的事件。单单看到那种广大的破坏性及可怕的景象就会引起许多深刻的感觉。常常，那些灾难侵袭的社区居民会描述哀恸、悲伤、焦虑、愤怒等破坏性的感受，即使他们并非受难者……这种强烈的反应会困扰着他们，尽管他们似乎并没有什么损失。这些人在别人以各种方式告诉他这些是正常的反应以后，会感到轻松及安心；每一个见证灾难的人，某种程度而言，都是受难者。”灾难本质就是极大的压力事件，一方面造成资源的严重损害，另一方面个人与社会应对灾难和解决困境的资源不足，因此对受难者生理、心理、社会的健康状态均会造成负面的冲击。

地震发生之后，幸存者常常会在数周、数月甚至更长的时间内产生一些身心反应（见表7-1，表7-2），每个人的情况可能会有所不同，但是，所有这些在灾难后出现的反应都是正常的，是人对于非正常的灾难的正常反应。大多数人在灾难过去数月之内这些情绪反应与身体症状都会自行缓解。

表7-1　地震灾难后常见的心理反应

类别	表现
恐惧和担心	地震会再发生； 自己或亲人会受到伤害，害怕只剩下自己一个人； 自己崩溃或无法控制自己

续表

类别	表现
无助感	觉得人是多么脆弱，不堪一击； 不知道将来该怎么办，感觉前途茫茫； 觉得世界末日到来或一切转眼成空
悲伤	这是最常见的感觉和情绪，为亲人或其他人的死伤感到很难过、很悲痛； 大多数人会以大声嚎哭或不断啜泣来宣泄或疏解； 少数人以麻木、冷漠无表情来表达
内疚感	觉得没有人可以帮助自己，恨自己没有能力救出家人，希望死的人是自己而不是亲人； 因为比别人幸运而感觉罪恶； 感到自己做错了什么，或者没有做应该做的事情从而避免亲人的死亡
愤怒	觉得上天怎么可以对自己这么不公平； 救灾的动作怎么那么慢； 别人根本不知道自己的需要，不理解自己的痛苦
强迫性地重复回忆	一直想着逝去的亲人，心里觉得很空虚，无法想别的事； 创伤事件的画面在脑海中反复出现，一闭上眼就会看到最恐惧、最悲伤的画面
失望和思念	不断地期待奇迹出现，却一次一次地失望； 一种爱的失落感； 对死亡亲人的怀念常有如针扎心般的感受
过度反应	对于地震相关的声音、图像、气味等感觉过敏，反应过度； 感到没有安全感，易焦虑； 失眠，做噩梦，易从噩梦中惊醒

表 7-2 地震灾难后常见的身体反应

类别	表现
身体不适的症状	易疲倦； 发抖或抽筋； 呼吸困难； 喉咙及胸部感觉梗塞； 子宫痉挛； 记忆力减退； 肌肉疼痛（包括头、颈、背痛）； 晕眩、头昏眼花； 月经失调； 心跳突然加快； 反胃、拉肚子； 失眠、睡不着觉

（二）灾后的心理康复

灾后的心理康复工作分为救灾、筛检以及心理重建三个阶段，每个阶段都有其重点工作项目，虽然区分为三个阶段，但实际上是不断循环的历程。灾后心理重建是指个人内在的心理力量增强，不仅仅是能够恢复正常的功能，也包括提升今后应对灾难与危机的能力。灾后心理重建大致需要经历以下的过程：从无序到有序，从麻木到觉醒，从无力到有力，从异常到正常，从失衡到平衡，从无望到希望。灾后心理重建的基本目标是：协助幸存者应对现有的混乱状态，降低危机负面影响的程度，恢复到灾难前的功能与现实状况，降低今后出现创伤后应激障碍的可能性，提高幸存者成长的可能性，帮助他们学习新的应对方式和技巧，增加生活选择。

灾难中需要接受心理干预的人员不仅包括受灾的各个年龄段的人群，特别是那些劫后余生的幸存者，也包括各种参与救援的人员、组织机构和工作人员。这是因为不仅身处灾难现场的灾区受害者在心灵上受到了重大的创伤，那些与他们感同身受的救援者同样也经历着类似的痛苦，同时他们还担负着安抚、帮助幸存者的工作。因此，可以说，与灾难有关的每个人内心都承受着重大的心理压力，都需要心理干预协助他们恢复内心的平衡。压力的减轻、倾诉经验的增加以及时间的流逝都能让人重建平衡状态。媒体对于正常的反应、如何面对这些反应以及对于问题的症状在早期予以注意进行倡导，可以加速康复并避免长期问题的产生。图 7-1 是台湾 5・12 川震服务联盟编制的灾后心理重建计划，包括了灾后不同阶段的工作任务和主要方法。

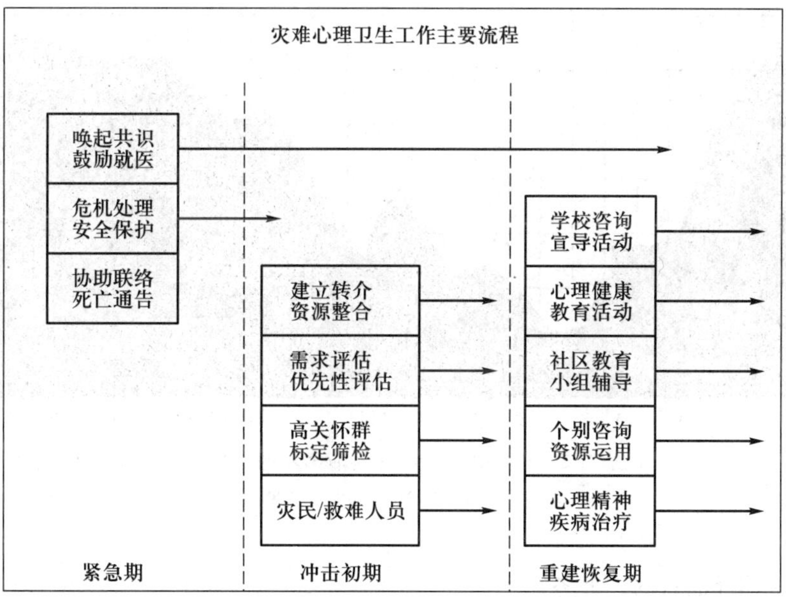

图 7-1　台湾“5・12”川震服务联盟《心理重建计划》

（三）哀伤与哀伤辅导

汶川地震使 8 万多人丧生或失踪，每一个人的离去对其活着的亲人而言，都是难以接受的事实和重大打击。痛失亲人是人生中最重大的丧失之一，它可能引起情绪、思维、行为各方面的改变，也可能引起人际关系和社会功能方面的改变，有时还会迁延成慢性状态，给个体及其家庭带来不可估量的损失。

1. 丧失亲人后的心理反应

通常来说，在丧失亲人以后，人们会依次经历以下几个心理阶段：

(1) 休克期：可能会出现情感麻木，否认丧失亲人的事实。例如，痛失孩子的父母可能会照样在餐桌上摆上给孩子准备的餐具。

(2) 愤怒期：有些人的愤怒会指向自己，自责没能救出亲人，有些人的愤怒会指向灾难本身，指向他人，甚至指向援助者。在哀伤辅导中最常见的是，丧亲者的愤怒会指向干预者，例如："你们告诉我的根本就没用！""你们完全没办法理解我，帮助我！"干预者要做好接纳这些愤怒的准备。

(3) 抑郁期：在这个阶段，丧亲者会出现情绪低落的状况。他们不愿意参加活动，不愿意说话，也不愿意见人。例如，丧失了孩子的家长会特别不愿意看到与自己孩子同龄的儿童。有些人什么都不想干，对什么事情都失去了兴趣。还有的人晚上可能会做噩梦、失眠等。

(4) 恢复期：从抑郁状态中解脱出来，不再做噩梦，开始适应新生活。

图 7-2 是美国学者对 1 200 名丧亲人士进行 10 年跟踪研究的结果中前两年生活功能的状况，可以发现生活适应远比想象的更需要时间，过程更艰难。丧亲后的半年、一年都是最难熬的阶段。

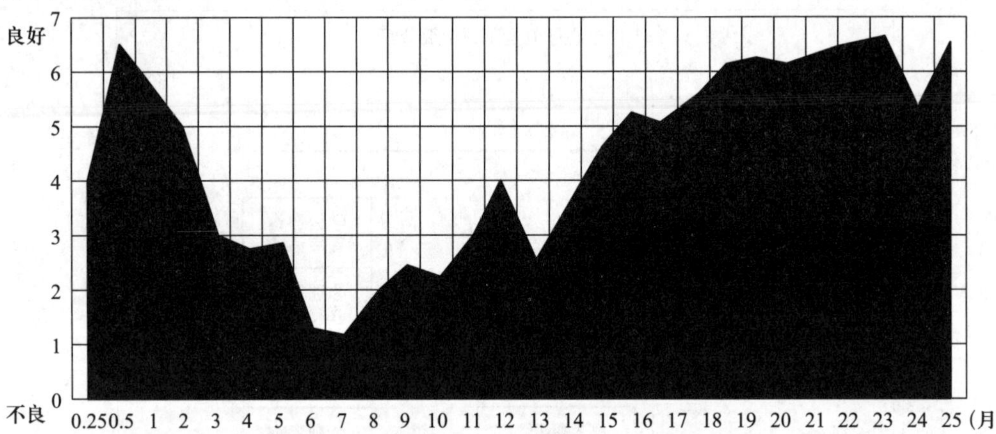

图 7-2 哀伤者在丧亲之后前两年的生活功能

资料来源：Neimeyer, R. A., 2008

2. 哀伤辅导的目的和任务

哀伤辅导是心理治疗中比较复杂和有针对性的技术，系统的干预工作最好在专业人员指导下进行。哀伤辅导的目的是引发丧亲者正常的哀伤，而不让哀伤在他们心目中成为未了情。干预者帮助丧亲者处理异常或复杂的哀伤过程。

在哀伤辅导中，丧亲者需要完成以下一些具体任务：

(1) 确认和理解丧失的真实性；

(2) 表达、调整和控制悲伤；

(3) 应对由于丧失所带来的环境和社会性的改变；

(4) 转移与丧失的客体的心理联系；

(5) 修复内部的和社会环境中的自我。

3. 哀伤辅导的基本过程

(1) 澄清丧失的有关事实；

(2) 建立良好的咨询关系，提供表达哀伤的环境；

(3) 表达因丧失导致的各种情绪感受；

(4) 为丧失寻找情感平衡；

(5) 探讨如何适应丧失后的社会环境；

(6) 对自我进行重新探索，建立新的自我。

4. 哀伤辅导的策略

(1) 支持与帮助

① 丧亲者在居丧之初多处于休克期，表现麻木。辅导目标应放在和丧亲者沟通，以提供支持；由志愿者担任安慰工作时，首先要取得丧亲者的信任，建立良好的关系；如果丧亲者这时不愿去处理他的哀伤，那么应当尊重他的意愿，在保持适当距离的基础上持续支持他、关注他，直到他做好接受干预的准备。

② 鼓励丧亲者表达内心的感情，向他们表示安慰和关心，进行实际的接触并给予具体的帮助。

③ 安排丧亲者的亲友暂时接替丧亲者管理日常事务。

(2) 鼓励丧亲者用言语表达内心的感受及对死者的回忆

① 帮助丧亲者认识、面对并接受丧失的事实，这是成功干预的第一步；

② 辅导者不加评价的倾听有利于丧亲者表达出各种想法；

③ 帮助丧亲者发现、接受和表达哀伤过程中的各种复杂的情感；

④ 允许并鼓励丧亲者反复地哭泣、诉说、回忆，人在痛苦时哭泣是一种很自然的情感表现，而不是软弱，这种表达方式不限性别；

⑤ 写日记等其他方式也有利于情感的表达。

(3) 支持丧亲者应对悲哀反应的过程

① 评估丧亲者的人格特点，这对于了解个体的独特反应是必不可少的；

② 虽然干预者和丧亲者都会体验到相当程度的痛苦，但仍然必须面对和经历丧亲过程，回避和试图绕过这一阶段是不现实的；

③ 在一开始就做好心理教育工作，告诉丧亲者应激反应到底是怎么回事，帮助丧亲者了解自身的哀伤过程，这样能减轻丧亲者害怕会因此发疯的恐惧感，也能帮助他们更好地了解将要面临的问题；

④ 帮助丧亲者适应丧失，并逐渐投身新的生活。

（四）身心灵全人健康辅导模式的理论基础和干预架构

1. 身心灵全人健康模式的理论基础

在身心灵全人健康模式的概念中，“身”“心”“灵”三个字的字面意义分别是：“身”，躯体;“心”,心理,主要指情绪范畴;“灵”,主要指精神和灵性状态,如人对生命意义、人生价值的思考,以及人的生死观、苦乐观等。身、心、灵三字的英文译词分别为 body 、mind 、spirit。在《新英汉辞典》中 body 有身体、躯体之意;mind 可解作心情、情绪;spirit 则意为精神、心灵。因此,身心灵全人健康模式也可以简称为“BMS 模式”。

身心灵作为一个整体,具有两层含义:其一,这种模式以身、心、灵三个层面作为主要介入途径。其二,三者之间有着互动互倚的关系,即该模式通过促进受助者身、心、灵三者的良性发展,以实现全人健康的目标(见图 7-3)。强调三者的互动关系,是身心灵全人健康模式的理论核心和应用依据。

人在社会生活中少不了人际互动。人们在与家人、朋友以及其他成员的交往和相互影响中不断成长,并获得社会技能。同时,个人的变化亦影响着周围环境。良性的互动有利于人们和周围环境的发展;相反,不良的互动则会降低沟通的质量,乃至影响个人与社会的进步与和谐。从天人合一、形神合一的中国传统观念可以看出,中国文化强调人与自然、人的身体与精神统一于一个系统之中,相生相克,相互协调。中国传统医学和养生学理论认为,身体健康是由于生命能量与气之间平衡,并与外在的环境或大自然协调,而内心保持平衡是抵御身体疾病和精神困扰的重要基础。因此,身心灵理论强调整体的、系统性的全人健康观念。

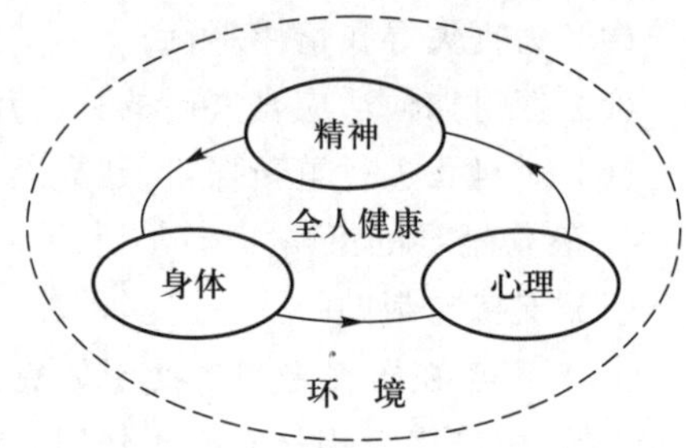

图 7-3 身心灵全人健康示意图

2. 身心灵全人健康模式的干预架构

身心灵全人健康模式的干预原则为采用多种模式的综合方法(multi-modal intervention)和能力取向(strength-focused)的干预措施,其中的活动内容也是根据全人健康的标准和相关原理设计的。在身心灵全人健康模式中,促进身体、心理和精神健康的活动贯穿于整个辅导过程始终。图 7-4 综合了身心灵全人健康模式的干预架构。

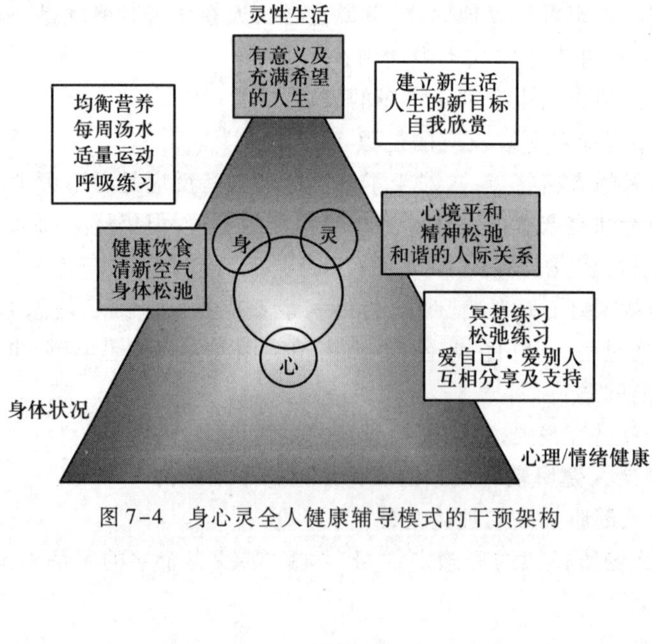

图 7-4 身心灵全人健康辅导模式的干预架构

(1) 身体健康的主要干预途径

① 健康饮食:培养健康饮食方式,保证均衡营养。

② 运动:通过健身练习,如按摩、经脉松弛练习、八段锦等增强体质,改善情绪。

③ 呼吸练习:调节情绪。

(2) 心理健康的主要干预途径

① 冥想练习:通过冥想方式进行心理放松,调节心境。

② 情绪调节练习:通过调节呼吸、小组内分享自我感受等方式宣泄、缓解不良情绪。

③ 自信心培养:通过自我鼓励、相互支持、寻找目标等方式提高自尊,增进自我接纳的信心。

(3) 精神健康的主要干预途径

① 确立生活目标:通过自我探索、小组讨论等方式思考人生真谛,建立有意义的人生目标。

② 培养积极的人生态度:通过引导、小组互助等方法让成员体验积极人生,培养健康生活的信心和信念。

总体说来,基于人的身体状况(身)、情感与社会关系(心)和生命价值或意义(灵)是人整体的组成部分这一前提,身心灵综合方法运用多种模式干预和介入身体、情感和精神。这一模式将可促进精神和情感状态发生积极变化的身体因素(呼吸调整、太极拳和气功练习、按摩、运动等)合并在一起。它也借用东方哲学思想中可能在生活中促进苦难意义更新和生命价值与目标重整的一些观点。因为任何一个层面的变化都可能导致其他层面的变化,领导者在制订治疗计划时,在整合不同的干预方法方面有很大的灵活性和创造性。此外,通过领导者的关注和启发,以及介绍别人战胜痛苦的经验,可以向受助者传递一种信息,灌输一种信念,那就是:生命中的困境是可以通过改变我们对待它的态度而得到改变的。另外,开展一些关于生命本质、生活意义的探讨,也可以帮助受助者进行深入的反思,促使他们建立有意义的生活目标。

(五) 身心灵全人健康辅导模式在灾后心理康复团体辅导中的应用

身心灵全人健康模式团体辅导是从身体、情绪、心灵和社会因素多个角度协助受助者进行心理康复活动,可以帮助受助者改善身体和心理状况、宣泄情绪、调整认知、体验积极心态、发现自己的能力和目标、重建自信(陈丽云,2003)。身心灵全人健康模式团体辅导可以使成员产生归属感和满足感。团体成为受助者的一面镜子,使成员从其他受助者和领导者的反馈中获得裨益。每位成员既接受其他成员协助,也同时帮助其他成员,以提升自我的能力与价值。团体提供检验实际行为和尝试新行为的情境和机会,鼓励成员勇敢做出承诺,并且以实际行动来改善生活。对于因遭受灾难、危机变故而出现心理危机和困扰的人,身心灵全人健康辅导模式非常适用,可以帮助成员运用调整躯体机能的身体治疗法改进健康状况,在团体成员的分享交流和支持中深化自我认识,增强克服困难的勇气,建立新的支持系统,重新审视生命的意义,寻找未来生活的目标。因此,身心灵全人健康模式的团体辅导在灾后心理重建方面具有较高的适用性。

1. 身心灵全人健康辅导模式的目标适合灾后心理重建

对于难以从灾难和挫折中摆脱痛苦情绪的人来说，身心灵全人健康辅导模式的目标主要在于帮助他们把自己的痛苦经历转化、升华为生活的动力，使自己能够摆脱精神的困扰，成为一个有能力感受快乐的人。身心灵全人理论强调个人自我成长的能力，认为个人的力量和优点若得到充分发掘，就能增强他们的自我接纳和自信。因此，重要的是帮助他们正面处理情绪，学习适应社会，并且能够关怀他人。例如：对于在地震灾难中的丧亲者，如果能够通过辅导，让他们认识到亲人丧失不是他的错，失去的不可能再回来，怀着对亲人的思念，自己能够重拾生活的信心和勇气，则有助于他们逐渐摆脱失落、抑郁、哀伤等情绪，不再长时间停留在丧失的阴影中，重新面对现实的生活。

2. 身心灵全人健康辅导模式的介入方法适合灾后心理重建

身心灵全人健康模式不仅直接运用许多中国传统的健身方法，而且从系统的观点审视健康，关注身心协调和全人健康。在“灵性”方面，主要依据中国传统哲学中如“拿得起放得下”“重人贵生”“道法自然”“清静无为”等生命观和人生观以协助受助者改变人生态度，重建生活理念和信心。在地震灾难中遭受心理创伤的人，往往出现多方面的适应不良症状，如失眠、厌食、头痛、抑郁、愤怒、焦虑、丧失信心、精神萎靡、缺乏生活目标等。身心灵全人健康模式是从身体、情绪、心灵和社会因素多个角度综合介入，协助受助者进行身心调节。在团体里，成员可以通过容易学习和掌握的穴位按摩、呼吸调整、放松、气功、舞蹈、瑜伽、冥想、唱歌、绘画、格言谚语、朗读等身心训练方法改善自身的身体和心理状况，全面调整身心状态。与此同时，受助者可以抒发情绪、调整认知、体验积极心境、发现自己的能力和目标、重新建立自信。通过主题讨论、专题讲座、人生思考、利他助人等活动，受助者可以学习帮助别人、关心社会，体验生命的过程，尝试改变自我，增强生命责任感，重新探寻生命的意义，确立生活目标，培养积极的人生态度，达到心理康复，强化社会支持系统，重燃对未来的希望。

3. 身心灵全人健康辅导模式的短程化、集中化实施方式适合灾后心理重建

身心灵全人健康辅导模式的一大特点是辅导的短程化、集中化和系统化。该辅导模式一般分为四至六个活动单元，每单元视参加对象不同而时间长短不同，通常为二至四小时，每次活动都有明确的主题。针对身、心、灵的不同层面设计不同的活动，协助曾遭受身心打击的成员解脱心理困扰，提高整体健康水平，增强社会适应能力。汶川地震受灾面广，需要接受辅导的人多。身心灵全人健康辅导模式作为一种短程、团体性辅导，其优势还是比较明显的。

二、团体设计

（一）成员的招募以及甄选方式

1. 招募

团体成员为自愿参加辅导的震后灾区干部（有失落和哀伤经验者优先）。也可以通

过工作单位或社区统一组织。

2. 面谈

在进入团体前,应对参与团体辅导的成员通过问卷和面谈方式进行调查和了解,有条件的情况下可对参加人员进行个别或集体的面谈,以了解参加者主要的压力来源及身心反应、丧亲情况以及哀伤反应的状况,以及他们对于心理辅导的期待,并向他们介绍心理辅导的活动形式及目的,进一步增强团体成员的参与动机。

(二)团体辅导设置

1. 目的:放松身心,管理压力,强化支持,促进成长,重塑信心。

2. 主题:轻松、自信、健康、快乐、希望。

3. 时间:集中两整天,四个单元,每个单元 3 小时,共计 12 小时。

4. 成员人数:20 ~ 30 人。

5. 地点:能容纳全部参加者,且具备活动座椅的会议室。

6. 方法:身心灵全人健康团体辅导模式。

7. 规则:守时,尽可能放松地参加,暂停评价,表达自己,聆听别人,手机静音。

8. 团体领导者:有团体心理咨询经验的,具备哀伤辅导、压力管理和积极心理治疗理论知识,且了解并能够熟练运用身心灵全人健康模式的社会工作者、心理咨询师和治疗师。

需要配备助手若干人,视团体成员受创伤的程度而定。如果丧亲者有多人,一般团体内成员 5 ~ 6 人一组,配备组长和工作者 3 人为宜。

(三)团体计划与安排

时间	目的	活动内容
单元一: 松弛有道	放松身心,活跃气氛,互助合作,形成小组	1. 相识 2. 圆圈测量 3. 身体扫描 4. 雨点变奏曲 5. 健脑操 6. 放松按摩 7. 变变变 8. 背靠背 9. 优点糖葫芦串 10. 枇杷的感悟 11. 同心同德 12. 相亲相爱

续表

时间	目的	活动内容
单元二：减压有方	评估压力，澄清压力，管理压力，增强自信	1. 健手操 2. 蝴蝶拍 3. 甩压功 4. 用身体写名字 5. 压力圈圈图 6. 放松训练： 回春功 拍手功 转手功 搓腰 躯体按摩 7. 怎样去爱自己 8. 合唱《咂酒歌》
单元三：成长有路	强化支持，逆境求存，缅怀亲友，告别昨天	1. 复习放松训练：拍手功，甩手功，放松按摩 2. 解开千千结 3. 我的观察 4. 哀伤模式讲解 5. 特别的你可以 6. 未完成的事件 7. 哀悼仪式（菊花、烧信、放飞氢气球） 8. 我的支持系统 9. 从头再来
单元四：未来有梦	明确目标，重燃希望，彼此欣赏，面向未来	1. 热身：跳舞唱歌 2. 冥想练习 3. 一年之计 4. 巧手绘蓝图：××的明天 5. 优点热板凳 6. 我的感言 7. 相亲相爱

三、团体实施

【单元一：松弛有道】

目标：放松身心，活跃气氛，互助合作，形成小组。

内容与流程：

活动名称	目的	时间	流程
1. 相识	介绍团体性质与规则，成员相识	20 分钟	首先，团体领导者介绍团体性质以及目的：“此次活动不是听讲座，无须记笔记，不是开会，无须回去传达，这是一次身心的旅行，最重要的内容就是放松身心、体验快乐。我们的主题是：关爱身心灵，健康你我他。”并对参加者提出要求：守时，尽可能放松地参加，暂停评价，表达自己，聆听别人，手机静音。 接着，全体成员围坐成大圈，进行简单的自我介绍。
2. 圆圈测量	评估成员所感受到的压力的程度	10 分钟	让全体成员站立，手拉手围成一个圆圈，依次询问以下问题，符合问题的成员向前跨一步，观察一下大家的反应后，再退回去，接着评估第二个问题：① 在目前工作和生活中明显感觉到压力的人跨前一步；② 最近两周内压力明显影响到自己的身体状况的人跨前一步；③ 最近两周内感觉到压力明显影响到自己的工作效率的人跨前一步；④ 对管理自己的压力有信心的人跨前一步。 通过自我评估引导成员认识到大部分人都有压力，以及压力给身体和工作带来的影响，评估自己对于管理压力的信心。领导者也可以对团体成员的压力状况有初步的了解。
3. 身体扫描	评估成员的压力对其身体的影响	10 分钟	给每位成员发一张“身体扫描”图（见练习 7-1-1），让大家把身体不舒服的部位用自己认为合适的色彩涂出来。（每人一盒蜡笔。）
4. 雨点变奏曲	缓解压力，营造团体氛围	5 分钟	团体领导者先教会大家从刮风到暴风雨的各种身体语言的表达方式，再带领大家一起做：① 刮风：搓手；② 小雨：用两根手指头击打另一只手；③ 中雨：换成四根手指头击打另一只手；④ 大雨：五根手指头一起敲击另一只手；⑤ 暴雨：拍手加上跺脚；⑥ 狂风暴雨：暴雨再加上大家的呼喊声。
5. 健脑操	放松身心	10 分钟	首先搓手，然后想象有一束光从一只手到另一只手，接下来把一只手放在头顶，另一只手放在丹田。闭上眼睛，想象那束温暖的光从头顶经过五脏六腑，到达丹田，传遍全身，给我们带来健康和快乐。 再搓手，然后用手拍拍自己的胸脯，像小孩子害怕的时候妈妈安慰他一样。接下来，肩膀往后用力，好像把肩上的重担放下来一样。

续表

活动名称	目的	时间	流程
5. 健脑操	放松身心	10 分钟	团体领导者要求大家同时右手顺时针转,左手逆时针转。成员会觉得很难。然后领导者教大家两只手同时从前往后转,再反过来,同样达到右手顺时针转,左手逆时针转的效果。并引导大家认识到:生活和工作中遇到的问题有时是采取了复杂的办法,才会觉得难以解决。如果换一种想法,就会很简单。 左右脑同时锻炼法:左手拍右脚,右手拍左脚,前面后面轮流拍。
6. 放松按摩	消除身体的疲劳,强化团队感,体验互助	5 分钟	团体领导者让大家手搭在另一个人的肩膀上面,形成一个圆圈。一边唱儿歌一边做运动。有五种运动:捏一捏、锤一锤、敲一敲、揪一揪、拍一拍。就是捏背、捶背、敲头、揪耳朵和拍背。然后再转过身来进行一次。过程中可以观察和了解团体成员的表情,并询问大家的感受,是否放松。
7. 变变变	感受团体的支持和温暖	10 分钟	请全体成员围成一个圈,手拉着手。然后请成员根据领导者说出的数字快速进行组合。例如,领导者说"3",那么 3 个人手拉手形成一个小圈。最后一次变化时形成两人小组。
8. 背靠背	体验成员互相扶持,在困难中互助	10 分钟	成员两人一组,在瑜伽垫子上挽起手臂背对背坐立,然后一人蜷缩身体,背起另一人让其在自己背上完全放松,坚持一段时间后两人互换角色。之后请两个人面对面分享体会,最后大组分享。可以引导成员讨论压力的感受以及如何管理压力。
休息 15 分钟			
9. 优点糖葫芦串	成员进一步相识,促进成员自我肯定和相互欣赏	30 分钟	首先让成员两个人一组,面对面坐在垫子上。第一个开始说话的人要以"认识我是你的荣幸"的句子开头,然后介绍自己的三个优点,并举例子加以说明。 然后两组合并,每位成员向另一组成员介绍刚才两人小组中同伴的三个优点。 再次两组合并,形成八人一组,每位成员依次介绍前面全部组员的姓名和三个优点,串成"优点糖葫芦串"。 先小组分享再大组分享,引导成员发现大家相似的地方,促进对他人的欣赏和接纳。(练习的前提是成员彼此相识,所以无须再介绍基本信息,增进成员进一步的了解和欣赏。)

续表

活动名称	目的	时间	流程
10. 枇杷的感悟	促进成员认识和接纳自己的独特性,也了解他人的独特性	30 分钟	在这个环节,每个人都拿到一个枇杷,请大家仔细观察一下手中的枇杷,然后把它们重新混在一起,看看能不能找到原先自己手中拿的那个枇杷。最后,请大家分享自己是怎么识别出来的。领导者可以引导大家认识到每个人都是独一无二的个体,以便后面的分享交流中更包容、更接纳、更尊重。
11. 同心同德	强化团体氛围和团队精神	5 分钟	教会全体成员"同心同德"的团队握手方法:每个人伸出右手的大拇指,平放,手背朝上,互相连接在一起,形成一个"同心同德"的圆,各成员之间彼此互相感谢。
12. 相亲相爱	通过手语帮助成员表达情绪,进一步营造团体氛围	15 分钟	团体领导者教会大家一起做手语歌《相亲相爱一家人》的练习。体验团体的力量,尤其是在灾后,面对亲人丧生、家园失去,人会有无助感、无力感。和他人在一起,可以形成新的支持系统,增强个人应对困境的能力。

练习 7-1-1

身体扫描

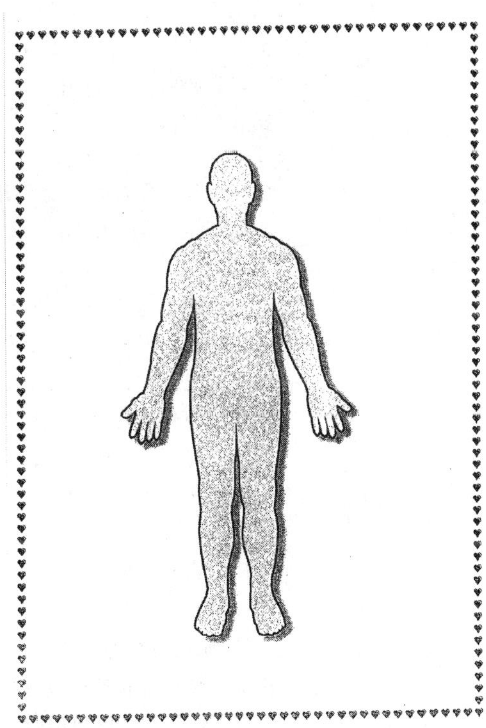

【单元二:减压有方】

目标:评估压力,澄清压力,管理压力,增强自信。

内容与流程:

活动名称	目的	时间	流程
1. 健手操	热身,缓解压力	10 分钟	团体领导者教会并带领大家一起做健手操(详见练习 7-2-1)。 做完健手操之后,请大家伸出双手,左手手心向上,右手手心向下,相邻两人的手尽可能地接近,但是不要碰到。请大家闭上眼睛,把注意力放在手心上,用心去体会。然后请大家睁开眼睛,两个人的手接触。领导者可以向大家解释:向上的手心代表接受别人的帮助,向下的手心代表我们给别人的帮助、付出。并带领大家一起说:"无论你多么富有,都富有不到不需要接受的程度;无论你多么匮乏,都匮乏不到给不出来的程度;让我们一起在付出中获得,在获得中付出,彼此支持,共渡难关。"
2. 蝴蝶拍	热身,缓解压力	5 分钟	请成员双臂交叉于胸前,右手拍打自己的左肩,左手拍打自己的右肩。然后双手拍打自己的大腿。最后,交叉拍打别人的腿。
3. 甩压功	热身,缓解压力	5 分钟	请大家用力向后甩肩膀,就像把压力向后甩掉一样。然后一边跳,一边甩,口中念到:"压力走吧,离开我,让我轻松一点。"当把压力扔掉之后,双手叉腰,跳一跳。(见练习 7-2-2。)
4. 用身体写名字	热身,缓解压力	10 分钟	团体领导者带领大家分别用自己的头、腰、手和腿等身体部位写自己的名字,让成员和自己的身体对话。
5. 压力圈圈图	帮助成员了解自己的压力源以及压力反应	60 分钟	成员按照每 5~6 人一组分成若干小组。 给每位成员发放一张"压力圈圈图"(见练习7-2-3)和一支笔,请大家在图中写出自己压力的来源。大小不同的圈代表程度不同的压力,远近不同的圈代表时间不同的压力。由小组长组织进行小组内分享,看看大家的压力来源有何异同。 进行大组分享。 发放"关爱健康:压力过大身体出现的警报信号"表(见练习 7-2-4),这张表上列出了消化系统、心血管系统、肌肉系统等在压力过度时的症状及可能出现的疾病。领导者对这张表进行讲解,并请大家对照着这张表,找寻自己身体的压力反应部位。

续表

活动名称	目的	时间	流程
休息 15 分钟			
6. 放松训练	减压,放松身心	50 分钟	团体领导者带领大家进行如下躯体放松训练: (1) 回春功:抖动身体的各个部分,让身上所有不通的地方都打通。领导者可讲解“痛”的重要性:痛给我们信息,让我们知道危险,防止伤害自己。 (2) 拍手功:脚和肩同宽,使劲拍手,直到手拍红为止。这种运动对表达哀伤和痛苦非常有用。 (3) 转手功:一只手握住另一只手的手腕,两只手同时向相反的方向转动。然后双手互换。 (4) 搓腰:先将两手搓热,然后用手搓肾所在的位置。 (5) 躯体按摩:领导者讲解一些身体上的穴位,并示范怎样对这些穴位进行按摩,然后两个人一组,互相按摩。
7. 怎样去爱自己	促进成员接纳自己的情绪,关爱自己	10 分钟	给每位成员发放《怎样去爱自己》(见练习 7-2-5),领导者带领大家一起大声诵读。
8. 合唱《咂酒歌》	建设团体氛围	15 分钟	最后领导者与全体成员一起在羌族民歌《咂酒歌》的歌声中结束当日的身心灵旅行

练习 7-2-1

健手操——十巧运动

手掌和手背上有许多经络的起始部位,含有很多重要的穴位,因此,进行手部的锻炼可以达到强身健体的目的。下面是健手操:健康在我手——十巧运动,练习方法如下:

(1) 双手前伸,手肘微屈,掌心向下,大拇指内缩平衡互相打击侧面 36 次	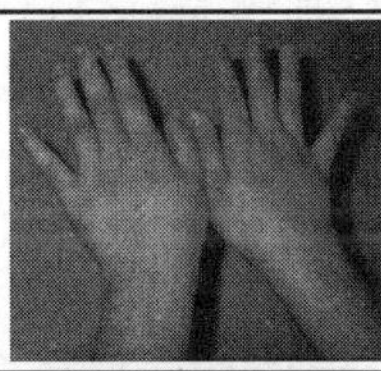	(2) 双手前伸,手肘微屈,掌心向上,平衡互相打击侧面 36 次	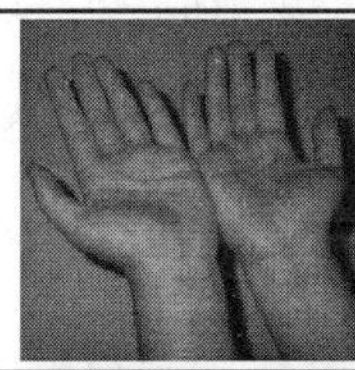
(3) 双手掌心向上,手掌相对,以手腕互相打击 36 次	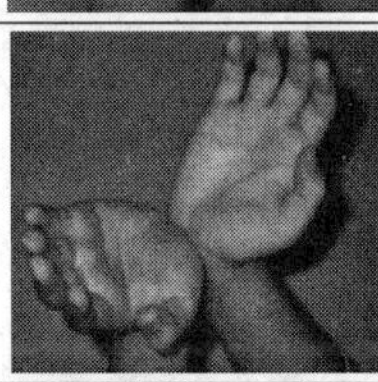	(4) 双手掌心向下,食指与大拇指展开成 90°,左右手虎口互相交叉打击 36 次	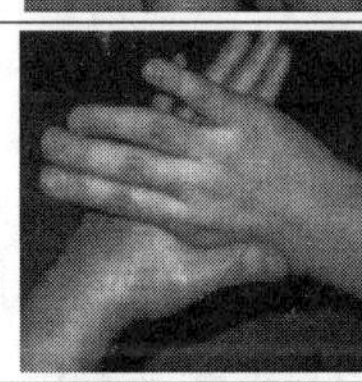
(5) 双手掌张开,手指互相分开,互相打击 36 次	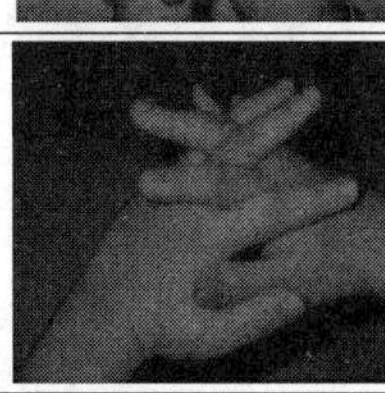	(6) 左手掌握紧,右手掌面向左手掌伸直,互相打击 36 次	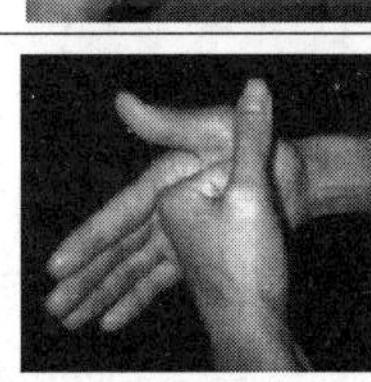

续表

(7) 右手掌握紧，左手掌面向右手掌伸直，互相打击 36 次。	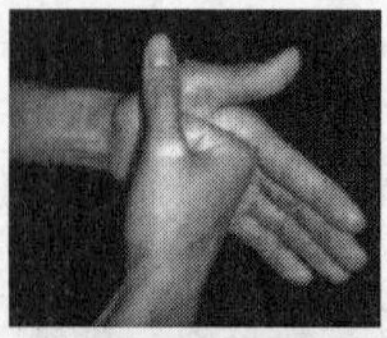	(8) 右手掌心向上，左手掌心向下，以手背互相打击 36 次。	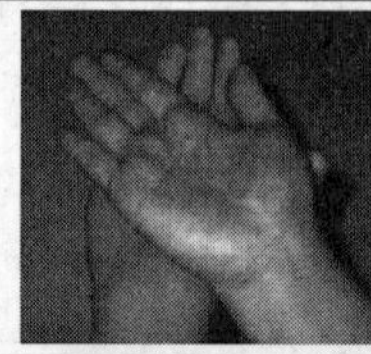
(9) 双手大拇指、食指拉左右耳垂 36 次。	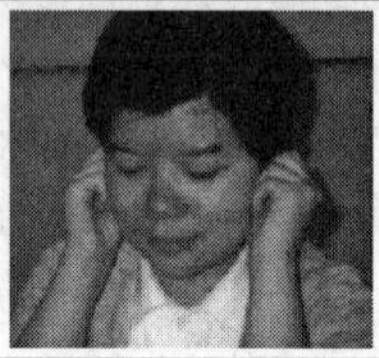	(10) 左右手掌心互相紧擦 6 圈至微热，双手掌心轻按双眼，眼球左右转 6 次；双手再搓热，轻合双眼……共 6 次。	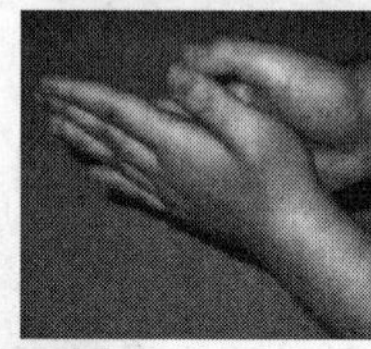
完成后，此刻的手掌心发热，全身血液回流顺畅，用发热的手掌心从头上沿着脸部做几次轻抚，或轻抚自身有疾病的部位，均可达到良好效果。		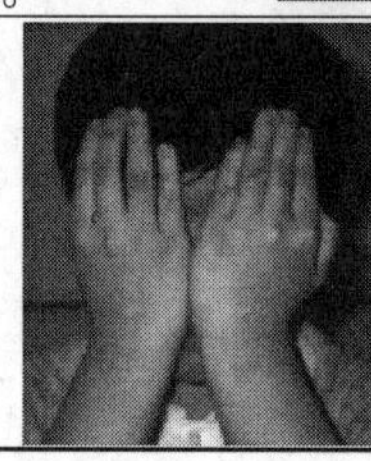	

练习 7-2-2

甩 手 操

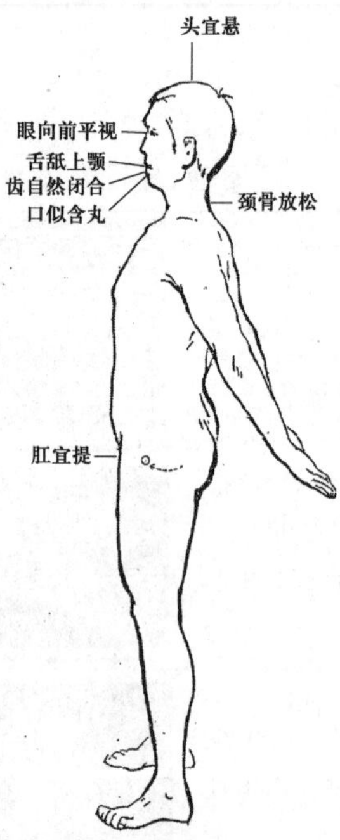

(a) 甩手操

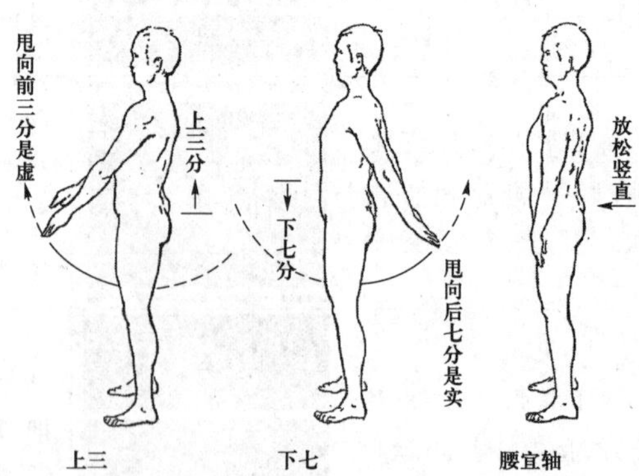

(b) 甩手操

练习 7-2-3

压力圈圈图

1. 在大小圈内写下最近生活中的各种压力(大圈代表大压力,小圈代表小压力)。
2. 分组分享与交流:
(1) 你的压力来源有哪些?
(2) 每个圈给你的感觉是什么?
(3) 压力很大时你身体的感觉如何? 哪一部分不舒服?
(4) 你如何处理这些压力?
3. 大组分享与讨论。

练习 7-2-4

关爱健康:压力过大身体出现的警报信号

	压力过度的症状	可能出现的疾病*
消化系统	无胃口、消化不良 频频进食 腹泻 便秘 恶心 饭后感到胀闷 过肥、过瘦 厌食、暴食	消化性溃疡 肠炎 习惯性便秘 贲门、幽门痉挛 胃酸倒流 胃癌 肠癌

续表

	压力过度的症状	可能出现的疾病*
心血管系统	心跳过速(怦怦跳) 心不规则跳动 头痛、偏头痛 感到眩晕 高血压	冠心病 心肌梗死 心律失常
肌肉系统	颈部、背部肌肉绷紧 四肢酸痛、无故抽搐 紧张性头痛 感觉过敏 颚痛	痛症会令人产生不舒服的感觉,但在医学理论上并不是疾病
呼吸系统	深呼吸有困难 呼吸困难 呼吸愈来愈急促	过度换气综合征 支气管哮喘
免疫系统	频繁伤风感冒	感染病菌 癌症
循环系统	四肢无故麻痹 手脚冰冷 大量出汗 头发枯黄、脱落 皮肤敏感与粗糙	湿疹 牛皮癣 皮脂溢出
泌尿生殖系统	尿频 经前期紧张症状 性生活出现问题	神经性多尿症 心因性排尿困难 性欲减退 月经失调 早泄、性冷淡 性成瘾
睡眠状态	难以入睡 半夜易醒 易做梦或经常做噩梦 早上不愿起床 醒后仍觉疲倦 无缘无故感到疲倦	左列各项本身在医学理论上并不是疾病,但却会严重影响一个人的日常功能

续表

	压力过度的症状	可能出现的疾病*
综合系统状态	眼睛疲倦、眼常起红筋、视觉模糊 发声困难、发声失控、失声 四肢活动不协调、平衡力欠佳,容易扭伤、跌倒 肥胖及淋巴系统阻塞 专注力差、记忆力减退、梦游	左列各项会令人产生不适与困扰,但在医学理论上并不是疾病

*这些症状的出现,只能说与压力有关,不能完全归咎于压力而忽略其他可能因素。例如,腹泻可以是压力造成的,也可能是因为着凉或吃了不洁食物所致,最好的处理办法是先请教医生,查明原因。

(林孟平,陆嘉贤,2007;关袁添,1994)

练习 7-2-5

怎样去爱自己

爱自己,是不责备自己的过错
爱自己,是不惊吓自己,不用痛苦笼罩心灵
爱自己,是不苛责自己
爱自己,是不用他人的错误惩罚自己
爱自己,是不用厌恶的眼光看待自己
爱自己,是不妄自菲薄
爱自己,是不拒绝友善的帮助
爱自己,是不性急,是忍耐和等待
爱自己,是不轻视自己的健康
爱自己,是不害羞,对自己说"我爱你"
爱自己,是不拖拉行事,是说做就做!

【单元三:成长有路】

目标:强化支持,逆境求存,缅怀亲友,告别昨天。

内容与流程:

活动名称	目的	时间	流程
1. 复习放松训练	热身,减压	15 分钟	团体领导者带领成员复习前一天学习到的放松训练:拍手功、甩手功、放松按摩等活动。

续表

活动名称	目的	时间	流程
2. 解开千千结	热身，减压，增进团体凝聚力，以及觉察互助解决问题的优势	10分钟	将成员分成若干小组，每小组成员手牵手围成一个大圈。 请每位成员看清自己左边和右边的人员，并要牢牢记住人员与方向。 听到领导者的指令后，各小组人员在自己的圈内任意走动数步，当听见口令“停”时，全体成员保持当时的位置不要改动。每个人在自己的圈内寻找在走动前自己原来身边左右手牵的人，并重新牵起手来。 请每个小组在手不能松开的前提下，无论用什么方法还原成开始时的圆圈。 可请大家分享这一过程中发生了什么，怎么去解决的，可以用什么方法解开生活中的结。也让成员体验大家在一起的力量。
3. 我的观察	帮助成员了解别人以及自己的哀伤反应	30分钟	给每位成员发放一张“常见的哀伤反应”(见练习7-3-1)，请大家认真地思考，再根据自己对灾区群众的观察填写此表。 给每位成员发“哀伤的正面反应图”[见练习7-3-2(a)图]和“哀伤的负面反应图”[见练习7-3-2(b)图]作为参考资料。 小组分享，讨论所观察到的群众有何正面的哀伤反应以及负面的哀伤反应。 每组派一个代表发言，全体成员分享。 整个过程也是成员自己整理和觉察哀伤反应的学习和接纳过程。
4. 哀伤模式讲解	帮助成员了解哀伤恢复的历程	10分钟	给每位成员发成人的哀伤模式(见练习7-3-3a)、儿童的哀伤模式(见练习7-3-3b)以及哀伤者在丧失后两年的生活功能图(见练习7-3-3c)。团体领导者进行讲解，使成员了解到丧失的恢复需要一个较长的过程，而且因人而异。
5. 特别的你可以	帮助成员接受自己的哀伤反应	10分钟	领导者带领大家一起朗读《特别的你可以》(见练习7-3-4)，帮助成员学会接纳自己在灾后的各种感受，将灾难发生后的反应正常化，对自己更加宽容，也懂得尊重别人的独特感受。

续表

活动名称	目的	时间	流程
休息 15 分钟			
6. 未完成的事件	帮助成员对丧生的亲人表达未曾表达的情绪	30 分钟	给成员发放练习单“未曾表达的……”(见练习 7-3-5)。 请每位成员回忆一个自己最想念的人,把最想对他说的话写在表中,把未表达的歉意、未说的原谅、未表达的感激和未表达的爱写下来。 领导者可以强调这些话不会在组里分享,在写完之后有一个哀悼仪式。大家可以把写完的信折成自己喜欢的样子,在仪式中把它们烧掉,送给在天国的亲人。 此时,许多成员第一次面对自己的哀伤,情绪反应比较强烈,事先要准备好纸巾,助手要注意观察和陪伴。
7. 哀悼仪式	帮助成员正面哀悼丧生的亲人	10 分钟	工作人员提前准备好两个盆,其中一个上面写“想对您说的话”;另一个写“对您的思念”,里面装满清水和菊花瓣。 在完成上面的信后,请大家把写好的信,折成自己喜欢的样子。每人拿一枝事前准备好的菊花,把信放到标志有“想对您说的话”的盆里,把花瓣洒在“对您的思念”的盆里,以寄托哀思。 工作人员烧掉所有的信;并给每位成员发放一只氢气球。成员在领导者的带领下放飞象征心愿的氢气球,送给天国的亲人。
8. 我的支持系统	帮助成员进一步确定自己的支持系统	40 分钟	给每位成员发一张白纸、一盒蜡笔。请大家闭上眼睛,伴随舒缓的音乐想一想,在我们的生活中,当遇到困难和挫折时,有谁会理解、关心、帮助和支持我们,陪伴我们在今后的人生道路中继续走下去。然后睁眼,在一张白纸上用蜡笔画出自己的支持系统。 画完之后,小组分享,互相交流。 大组分享。
9. 从头再来	帮助成员强化灾后重新开始的决心	10 分钟	领导者带领大家做手语操:《从头再来》(作词:陈涛　作曲:王晓峰)。

练习 7-3-1

常见的哀伤反应

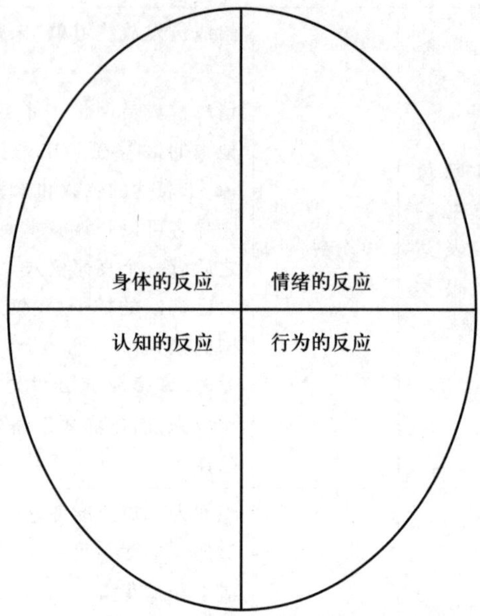

练习 7-3-2

哀伤的反应

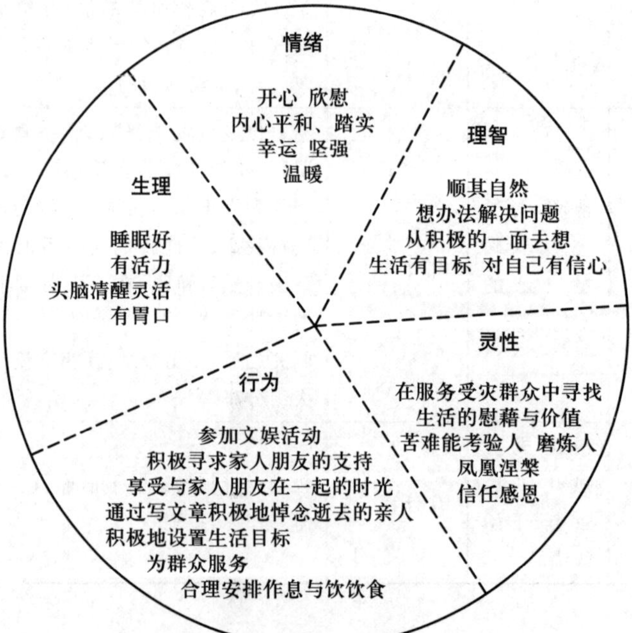

（a）哀伤的正面反应

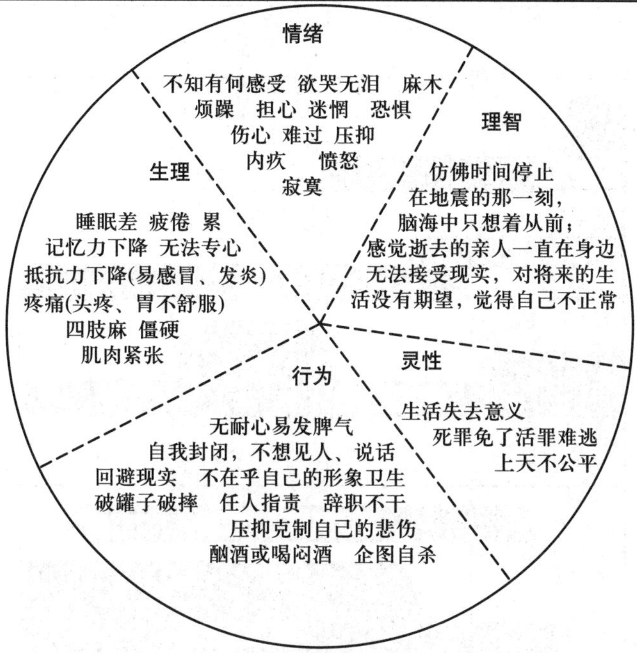

(b) 哀伤的负面反应

练习 7-3-3

哀伤过程模式

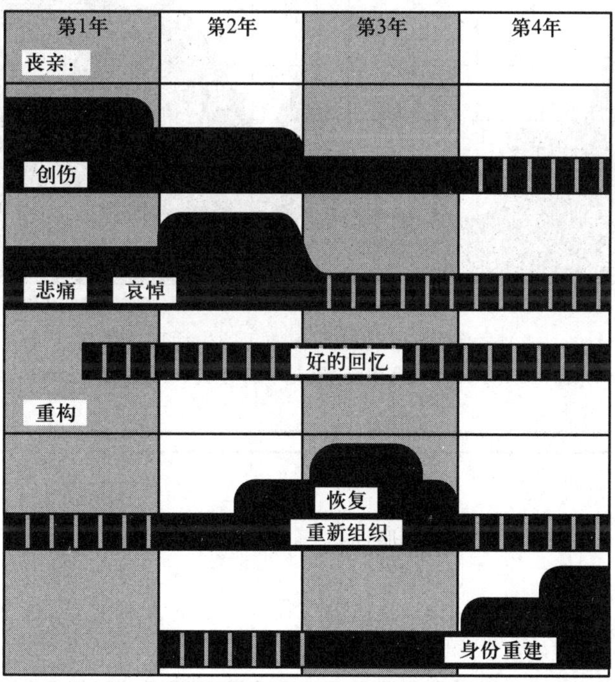

(a) 成人模式

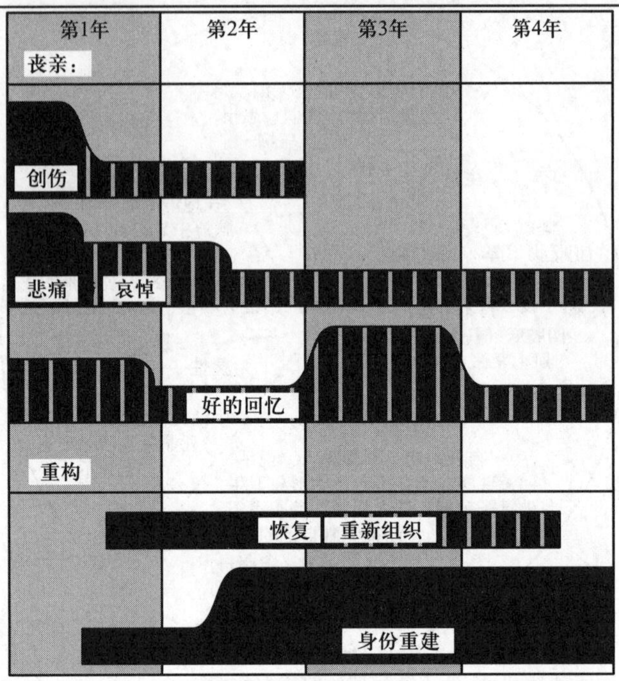

（b）儿童模式

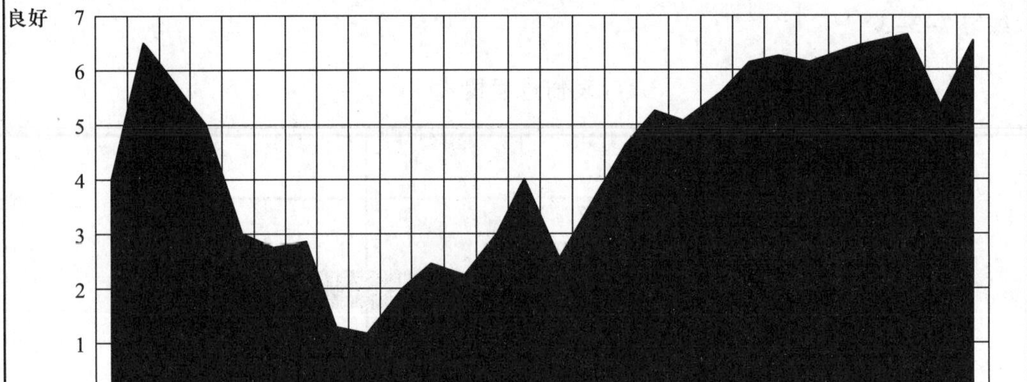

（c）哀伤者在丧亲之后前两年的生活功能模式

资料来源：Neimeyer, R. A. 悲伤因应指引手册. 台北：心理出版社，2008：11.

练习 7-3-4

特别的你可以……

学习接纳自己在灾后的各种感受，将灾难发生后的反应正常化，对自己更加宽容，也懂得尊重别人的独特感受。

你可以感到惧怕，也可以感到担忧；
　　你可以变得勇敢，也可以变得懦弱；
你可以感到焦虑，也可以保持平静；
　　你可以感到斗志昂扬，也可以感到情绪低落；
你可以把情绪感情流露，也可以将它们紧紧收藏；
　　你可以收起耳朵不去聆听，也可以竖起耳朵细细倾听；
你可以闭上眼睛不去观看，也可以睁开双眼尽情观察；
　　你可以享受独处，也可以与朋友共处；
你可以感到难过，也可以接受别人的同情；
　　你可以享受快乐，也可以感到悲伤；
你可以笑，也可以哭；
　　你可以要求他人帮忙，也可以给别人提供帮助；
你可以自私，也可以忘我；
　　你可以提出问题，也可以慢慢学习；
你可以享受生命，也可以预备死亡；
　　你可以拥有希望，也可以编织梦想；
你可以拥有与别人不同的感受，也可以改变自己迁就他人；
　　你可以要求他人拥抱你，也可以拥抱他人；
你可以去爱，也可以被爱；
　　因为我们每个人都是特别的，
　　所以，你可以做任何事情，
　　拥有任何感受。

练习 7-3-5

未曾表达的……

挚爱的＿＿＿＿＿＿：

未表达的歉意：对不起！我曾＿＿＿＿＿＿＿＿＿＿＿＿＿＿＿＿＿＿＿＿
＿＿＿＿＿＿＿＿＿＿＿＿＿＿＿＿＿＿＿＿＿＿＿＿＿＿＿＿＿＿
我觉得＿＿＿＿＿＿＿＿＿＿＿＿＿＿＿＿＿＿＿＿＿＿＿＿＿＿＿
＿＿＿＿＿＿＿＿＿＿＿＿＿＿＿＿＿＿＿＿＿＿＿＿＿我为此向你道歉。

未说的原谅：当你____
____
我觉得____
____今日开始，我原谅你。

未表达的感激：你曾____
____
我觉得____
____我很感激你！

未表达的爱：我很想你知道____
____
____
____

【单元四：未来有梦】

目标：明确目标，重燃希望，彼此欣赏，面向未来。

内容与流程：

活动名称	目的	时间	流程
1. 热身	热身，活跃团体气氛	20分钟	视团体情况可安排成员熟悉和喜欢的民族歌舞或放松训练，以缓解压力，活跃团体气氛。（例如，北川羌族喜欢跳锅庄舞。）

续表

活动名称	目的	时间	流程
2. 冥想练习	减压,放松身心	15 分钟	请大家坐在椅子上,尽可能地舒服,闭上眼睛,深深地呼吸。“在吸气的时候,想象大自然的阳光、新鲜的空气、愉快的心情,通过我们的呼吸,把它吸入我们的体内。在呼气的时候,想象把疲劳、不愉快的心情、身体上的疼痛通过呼气把它排出体外。你会觉得越来越轻松,越来越自然,越来越平静。继续调整呼吸,让自己平静下来。接着想象自己离开会议室,来到大海边,大海非常非常的辽阔,蓝天白云,海鸥飞翔。站在海边,呼吸着新鲜的海风,让凉凉的海水拍打着你的脚面。凉爽、细腻、自然、轻松,把长期积累的疲劳、不愉快的心情,装在小瓶子里面,扔得远远的,让它远离我们。留下的是轻松、愉快、满足和希望。请你继续享受在海边美好的景象。然后想象告别大海,回到会议室,坐在自己的小组里,继续保持放松、自然、宁静、舒服、惬意的感觉。数到三的时候,再慢慢地睁开眼睛。”
3. 一年之计	帮助成员进行目标和时间管理,从小事做起,提高个人的掌控感	30 分钟	给每位成员发纸笔练习单“一年之计”(见练习 7-4-1),请每人写下自己在接下来的一年中希望做到的具体事情。 小组内互相交流。 大组分享。
4. 巧手绘蓝图:××的明天	规划未来,重燃希望,增强信心	30 分钟	给每个小组发一张大白纸和一盒彩笔,请大家齐动手,共同参与进来,绘制某某镇美好的明天。 画好之后,把所有画贴在墙上,请每组派代表给大家讲解。 成员会很兴奋地投入创作中,将对未来的希望展现在集体绘画的过程中,体现在作品中,重燃希望。
休息 15 分钟			
5. 优点热板凳	增进成员的相互欣赏,强化积极的社会支持	40 分钟	领导者先介绍活动规则:在这个活动里,小组里的每位成员都要坐一回“热板凳”,其他人都要对他说“我喜欢你”,并说明理由。当全组成员都一一表达欣赏后,坐在热板凳上的成员表示感谢,并在听完大家的欣赏后表达自己的感受。 全体成员分小组进行这个活动。

续表

活动名称	目的	时间	流程
6. 我的感言	总结与结束团体	20 分钟	请成员在题为“关爱你我他，健康身心灵”的横幅上签字，许下对自己的承诺。 全体成员围坐成一个大圈，每人一句话，依次分享两天活动的感受。
7. 相亲相爱	体验温暖与支持，道别	10 分钟	全体组员一起再次合唱手语歌《相亲相爱一家人》，结束团体。

练习 7-4-1

一年之计

我希望在接下来的一年可以做到

1. ______

2. ______

3. ______

4. ______

5. ______

6. ______

7. ______

8. ______

9. ______

10. ______

主要参考文献

1. 陈丽云,樊富珉,梁佩茹,等.身心灵全人健康模式:中国文化与团体心理辅导[M].北京:中国轻工业出版社,2009.

2. Seaward,B. L.压力管理策略[M].许燕,等,译.北京:中国轻工业出版社,2008.

3. Myers,D.灾难与心理重建:心理危机干预实务手册[M].陈锦宏,等,译.北京:北京大学出版社,2008.

4. Neimeyer,R. A.走在失落的幽谷:悲伤因应指引手册[M].章薇卿,译.台北:心理出版社,2008.

5. 官锐园,樊富珉.大学生应对方式身心综合团体辅导模式干预效果[J].中国公共卫生,2008.

6. 樊富珉.四川地震灾后心理康复[M].北京:中国科学技术出版社,2009:55-63.

7. 樊富珉,支持性团体在地震灾后心理康复中的应用.//张侃.灾后心理援助名家谈[M].北京:科学出版社,2009:15-31.

8. 李虹,樊富珉,陈丽云.灾难赋予人们的积极意义[J].首都师范大学学报,2009(4):117-121.

9. 樊富珉.突发事件心理危机干预与和谐社会建设:临床与咨询心理学的挑战与机遇[J].心理与行为研究,2011.

专题八

知心至爱：恋爱与婚前辅导成长小组

萧庆仪　樊富珉

萧庆仪：香港资深心理辅导及培训师，现任香港溪水旁辅导轩心理辅导主任。从美国旧金山州立大学社会工作系毕业，获社会工作硕士学位，曾参加专业心理辅导及家庭治疗课程，获香港罗富国教育学院教育文凭。曾任香港浸会大学社会科学硕士（青年辅导）专业实习督导、香港宣道会沙田社区服务中心社会工作者、香港突破机构行政及人才资源主任、美国机构人才资源助理等。擅长个人成长、恋爱与婚姻辅导，具有丰富的婚姻辅导经验。曾多次在清华大学等高校培训国内心理咨询师。

要想爱一生一世、夫妻甜蜜共处，最好在婚前恋爱时，双方坦诚相交，深入认识，彼此接纳，了解婚姻所需的生活适应，愿意付出代价、作出牺牲，才能达至上述境界。

笔者少年时观察婚姻，觉得婚姻不一定愉快，当时与多位叔婶同住，见家中亲人甚至夫妻之间时有争执，彼此瞒骗，互不信任，对婚姻的观念蒙上了阴影。成年后因为基督教信仰，观察友人婚姻中的彼此尊重爱慕，互相体恤，呵护照顾，对婚姻开始产生了积极看法。但又发现婚姻中实在有痛苦的一面，内心充满好奇。三十多年前认识一对基督徒好友，夫妻二人在教育与辅导专业上都非常资深，他们为帮助因婚姻产生困扰的夫妇而伤透脑筋，经常举办夫妻相处的讲座，二十多年前尝试开办三天两夜的“恩爱夫妻营会”。笔者观摩其中，领悟出一点窍门。原来“爱”真是需要学习的情操，爱需要付出代价、愿意牺牲。更领悟到与其盲目进入婚姻，不如事前多做点准备，既可防止危机，又可加深认识，才能“执子之手，与子偕老”。

基于多年的观察，笔者发现，很多新人往往花一年甚至多年心思与时间，安排婚礼程序，精雕细琢；谈及对婚姻的认识、夫妇二人相处之道、彼此对家庭生活的期望与适应、一生一世的付出与牺牲，却茫然无所适从，笔者更感推行“婚前辅导”或“婚前教育”对健康亲密关系的积极影响及其长远的重要性。于是，从 1993 年开始，在香港开展了恋爱与婚前辅导服务，当时可能是第一个用成长小组形式提供恋爱和婚前服务的机构。在过去的二十多年里，带领好几百对恋爱中的男女稳步进入婚姻，也防止了未成熟男女谬然做出错误的决定。所使用的材料，便是笔者编写的《恋爱与婚前成长小组手册》。经过多年的观察、交流和非正式研究，发现参加过此类课程的夫妻在婚姻适应、彼此接纳、爱情培育、婚姻情趣等方面都变得更积极,婚姻出现问题的自觉力较敏锐,相应亦较愿意正面、积极处理婚姻中的困难。

1997 年由于参加清华大学与香港浸会大学联合举办的"大学心理辅导师资培训",认识了清华大学的樊富珉教授,她对恋爱和婚前团体辅导非常有兴趣,邀请我到北京、包头等地讲学,和我一起修改团体方案,一起培训团体领导者。我们的使命是通过提供恋爱与婚前团体辅导,让准备进入婚姻的男女,能享受婚姻之乐,同时也学会处理婚姻之难。这不但对夫妻二人是极大的鼓舞,也实际造福于下一代,更关系到社会的稳定与和谐。

一、 团体理论

恋爱是互相吸引的一男一女,建立较朋友关系更亲密的关系;婚姻是一男一女两个恋人承诺一生一世、一夫一妻、一心一意坚守誓约,身心灵契合,终身相伴相助,建立幸福家庭。恋爱和婚姻都是最亲密的关系。亲密关系是建立在信任的基础上,通常是一男一女之间遵循合作的社会原则, 具有高度的亲密感,不轻易以他人来代替对方,个体会通过相互妥协,为共同实现他们的目标而建立起来的关系(苏彦捷,高鹏,2004)。

(一) 斯腾伯格爱情三因素理论

斯腾伯格(1986)提出了爱情的三因素理论,他认为爱情应含有三个要素,即亲密、激情和承诺。亲密是指与伴侣间心灵相近、互相契合、互相归属的感觉,对彼此的喜欢、理解与期待,属于爱情的情感成分;激情是指强烈地渴望与伴侣结合,促使关系产生浪漫和外在吸引力的动机,也就是与"性"相关的动机驱力,属于爱情的动机成分;承诺则包括短期和长期两个部分,短期部分是指个体"决定"去爱一个人,长期部分是指对两人间的亲密关系所作的持久性承诺,属于爱情的认知成分。能传达承诺成分的行动有誓约、忠诚、共渡难关、订婚、结婚等。理想的爱情应该包括这三个因素,见图 8-1。

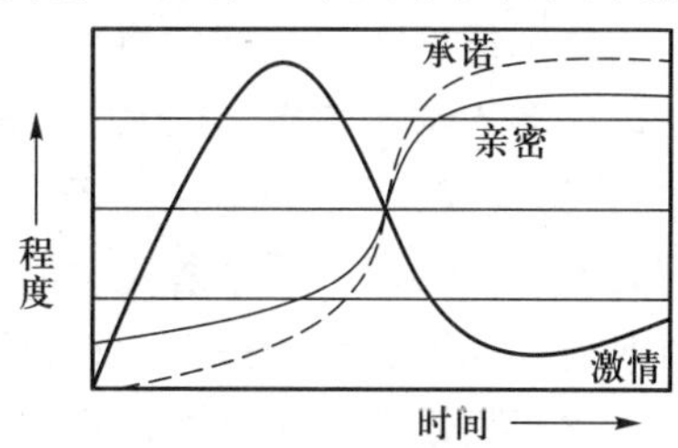

(采自 Sternberg,1988)

图 8-1　爱情三因素理论图示

(二) 影响亲密关系的因素

建立亲密关系的愿望可能是人类的本性之一,亲密关系能够满足人们对归属和关爱的基本需求。亲密关系至少应该在六个方面与其他的关系有所不同:了解、关心、信赖、互动、信任和承诺。值得注意的是,不是所有方面都是产生亲密关系所必不可少的,任何一项单独存在都可以产生亲密的关系,但是一般而言,最满意和最有意义的亲密关系都包括以上六个特点。

对丧失亲密关系的人群的研究表明,亲密关系的丧失影响人的身心健康。婚姻关系中愤怒和互相指责的夫妻以及近期离婚的配偶相对于亲密关系幸福的人而言,更加容易患高血压以及免疫系统功能衰退等病症。一项全面综合的研究表明,缺少亲密关系的人比有亲密关系的人死亡的可能性高出 2~3 倍。

稳固的恋爱和婚姻关系具有如下基本特征:

(1) 互守承诺。对于稳固的婚姻关系来说,夫妻双方能够互守承诺是婚姻关系健康的重要标志。能够互守承诺,意味着夫妻双方愿意履行自己的诺言来满足对方的需要,这也是双方能够互相信任的基础,而信任是婚姻关系稳固的前提。

(2) 积极沟通。观察众多幸福和稳固的婚姻可以发现,在这些家庭中,成员们都乐于表达自己的观点,即便是彼此对立的主张。这种积极互动的表现有利于在短时间内澄清彼此的误会,实现相互的安慰,形成对某件事情的共识。

(3) 拥有足够的共处时间。在生活节奏越来越快的今天,很多人不得不为事业或其他的事情而放弃与家人共聚的时间,而有的人则为了能和家人团聚而放下手边的工作。然而,对于婚姻来说,足够的共处时间是保持幸福温度的柴火,没有了继续加热的基础,婚姻的热度自然要下降。经常会听到相恋多年的恋人由于一方出国一段时间而分手,彼此并不是有很多矛盾,甚至还相互喜欢,但是,就是因为分开太久,彼此没什么话可说,也找不到恋爱时的感觉了。

(4) 彼此关爱和赞美。无论对于哪一种类型的幸福婚姻,夫妻之间的关照和欣赏都是必不可少的。彼此的关爱和照顾促进了两人的依恋,而相互的赞美可以让双方体验到自我的价值。谁不愿意生活在被关心、被欣赏的环境中呢?

(5) 保持心灵的连接。拥有相似或相同的价值观和精神追求,是婚姻关系稳固而且保持高质量的表现。很多人也想婚姻幸福而且做出各种努力,却又无力回天,其根源常常就在于两人没有精神层面的共同建设。

(6) 能够有效处理危机。"夫妻本是同林鸟,大难来时各自飞。"对于这句话,从逻辑上讲很多人都不理解,认为夫妻本应该患难与共,怎么可能相互拆台呢? 但是在现实生活中,人们发现,很多夫妻在孩子有病、亡故或者家庭遇到重大灾难时反而更容易离婚。原因并不一定是两人薄情寡义,而在于缺乏处理危机的能力。家庭作为一个整体在面对危机时处理失败,常常是一些家庭解体的导火索。

关于婚姻关系不良的原因研究发现有九类影响因素:① 婚前缺乏了解,如服从父母之命、换亲等勉强结婚;② 婚姻动机不良,如不是因为相爱而是为达到某种目的而结婚,如为地位、为金钱;③ 夫妻性格不合,如个性差异,兴趣不同,格格不入;④ 夫妻性格过分相似,不甘示弱;⑤ 夫妻角色期待差异,如双方对谁做家务的期待不同;⑥ 父母影响与干预,如父母干涉夫妻关系等;⑦ 夫妻沟通不良,如夫妻缺乏交流,同床异梦;⑧ 子女教育态度差异,如夫妻态度不一,一个唱红脸,一个唱白脸;⑨ 其他因素,如失业、疾病、意外事故、两地分居、第三者插足等。

(三) 亲密关系的冲突理论

由于恋爱和婚姻中的双方在年龄、性别、个性以及文化背景、家庭背景和社会经历等方面可能存在差异, 双方不可避免地会在生活、交友、思维和处理问题的方式等方面出现不一致, 冲突的产生也就在所难免了。并且由于处于亲密关系中的个体更多地受情感和情绪影响,使得亲密关系中冲突的强度和发生的频率比普通朋友高得多。处理冲突和矛盾对伴侣来说是日常生活中不可避免的部分,对个体身心健康和家庭健康有重要的影响。表 8-1 概括了男女在感情需求方面的差异。

表 8-1　男女在感情上的需求

女性需要得到：	男性需要得到：
1. 照顾(caring)	1. 信任(trust)
2. 了解(understanding)	2. 接纳(acceptance)
3. 尊重(respect)	3. 欣赏(appreciation)
4. 专一(devotion)	4. 羡慕(admiration)
5. 肯定(validation)	5. 认可(approval)
6. 保证(reassurance)	6. 鼓励(encouragement)

资料来源：Gray, J. 男人来自火星，女人来自金星。

导致亲密关系中冲突产生的因素很多，既有情绪情感、人格特征、认知、态度和信念等内因的作用，也有社会环境和文化背景等外因的作用。例如，双方沟通不顺畅，缺乏良好的沟通技巧或者方式；缺少正确的自我认知和自我觉察；缺少成熟的动机或者对恋爱存在不良认知；个人经历的影响，如父母的婚姻状况或自我的依恋类型，个人的感情经历等。

美国丹佛大学心理学教授、婚姻与家庭研究中心联合主任马尔克曼(H. Markman)博士认为：幸福的婚姻各有特色，而不幸的婚姻则十分相似。马尔克曼所在的丹佛大学婚姻和家庭研究中心对婚姻不幸和离婚问题进行了长达 25 年的研究，他发现，婚姻的发展也像人的成长一样，也会出现各种"病兆"。

(1) 病症一：不断升级的相互争吵

当夫妻两人一见面就吵架，一吵架就涉及能否在一起"过日子"的时候，夫妻的婚姻关系就很值得认真思考了。一般说来，不断的争吵是婚姻关系出现问题的重要表现。尽管有些夫妻也在争吵，但是常常仅此而已，并不会就此扩大化。而有些夫妻的争吵是不断升级的，最初可能是因为早上谁做早饭，然后就涉及谁对家庭更不负责任，再者可能谈到对于婚姻的失望，甚至指责对方扼杀了自己的美好前程。在不断升级的相互争吵中，夫妻二人将婚姻推到濒临破碎的边缘。

(2) 病症二：相互否定和侮辱

在共处时，如果二人不能相互欣赏和肯定，就会有意无意地相互伤害。如丈夫对总是出差的妻子说："你这样的女人或许根本就不必结婚。"而妻子也可能会对丈夫回敬："谁让我倒霉，碰上个没本事的男人，要我出去挣钱养家。"如果夫妻总是生活在这样的氛围中，危机早已潜伏其中。

(3) 病症三：以消极悲观的态度理解对方

双方在相处时，不能够以积极的态度来解决问题，而总是想到灰暗、消极的一面，即便是日常生活中的小事。如丈夫对妻子说："今天你别做饭了，我来做吧。"而妻子可能就开始猜测：怎么突然要自己做饭了？是不是嫌我昨天做的菜不好吃？不好吃就直说，何苦这么做呢？而丈夫看到妻子阴沉的表情，也在暗自揣摩：我都答应做饭了，你还不高兴，怎么这么不知足，还想要什么？这个女人真难伺候。婚姻有时就像是一堆火，都往里面加柴时，火就会越烧越旺，而如果都向里泼水，难保婚姻之火不会熄灭。

(4) 病症四：逃避，不面对问题

在夫妻冲突到一定程度，两个人不再争吵，也不再相互沟通，而是采取冷漠、回避的态度时，虽然出现了片刻的宁静，但是问题往往已到了非常严重的程度。有的夫妻在朋友或亲人面前勉强相互对视、讲话，但一到两人单独相处的时候，就各自做事，全当陌生人一样。这样的局面，如果没有孩子的牵扯，可能很快就会以二人婚姻关系的解体而作为结束。

台湾心理学家张春兴在《现代心理学》一书中提到对现代人婚姻的七点建议：一是幸福婚姻靠持续不断的经营；二是莫将对方的辛劳视为当然之事；三是容许并鼓励对方继续成长；四是容忍对方拥有相当自主的生活空间；五是保持人知觉的敏锐性；六是莫将外面的烦恼带回家；七是尝试培养夫妻的共同兴趣。

二、 团体设计

恋爱与婚姻生活是需要学习与经营的，婚姻幸福是从恋爱和婚前辅导开始的。

（一）设计理念

恋爱及婚前辅导成长小组的目的是协助恋爱中的情侣建立健康的亲密关系，探索婚姻旅途，改变对婚姻的幻想及非理性信念；学会良好地进行沟通，处理亲密关系中的冲突；深入认识原生家庭对双方的影响；帮助准备进入婚姻的人了解婚姻的相关事宜，评估对婚姻的准备程度，探讨可能出现的困难；计划婚礼事宜及婚后生活安排与适应；鼓励双方婚后继续成长。在离婚及婚外恋倍增的今天，婚前准备及教育实在不容忽视。

（二）主题与内容

本团体辅导的内容包括：① 认识彼此成长的背景及原生家庭的影响；② 学习异性沟通技巧和处理冲突的方法；③ 进行性向测验与成长经历探索；④ 了解美满婚姻是什么以及彼此对婚姻的期望；⑤ 了解婚前准备的内容、领域、技巧与方法。共有六个主题。

1. 主题一：你与他

重点：从两人的爱情故事、个人喜好、表达对优点的欣赏、弱点的认知，学习接纳，让两人建立亲密互信的关系。

因为这是团体成员第一次与不认识的参加者相聚，故先做热身互动游戏，让各对情侣互道姓名，初步认识，不用介绍很多资料，以保证个人隐私受到尊重。游戏适宜选择轻松热闹的。

在交流中，着重每对情侣间能四目交投，主动地聆听，坦诚地交流，彼此说出自我欣赏及欣赏对方的话，更多发掘彼此的独特之处。

<u>爱的表达：</u>让双方更了解对方喜欢自己如何表达爱意，更能爱得真、爱得深。

<u>伤心往事：</u>不必在小组时间分享，可留在私人时间互相交流，深入体会对方的经历。若发现事情仍在消极地影响着自己，需要与咨询师分享及处理，务求突破阴影，积极面对未来。

2. 主题二：沟通

重点：沟通包括聆听、表达、回馈，是两条交叉的对角线。不妨多用体验练习及游戏，可以充分帮助学员检视自己的沟通模式及需要改进的方向。过程中，领导者的个别观察、现场合宜的指导尤为重要。留意每对情侣的身体语言、眼神、表情、声调等是否表里一致。

美国家庭治疗及心理辅导大师萨提亚（V. Satir）发现，一般人在压力下沟通或处理冲突有四种模式，包括讨好/委屈型、指责型、打岔型、超理性型。这些都不是健康的交流方式,也不能达到交流的目的。

健康的沟通是真诚相对、心口如一,说出内心的感受与期望,彼此真正了解,才能解决难题。

学习处理冲突:请每对情侣各自选一个最近发生的小冲突,尝试用学员手册内的“锦囊”按步骤处理。

浅谈男女之别:可分男女组,让成员在同一性别的组内自由发挥,随之男女合组,互相交流刚才的发现,领导者作总结及补充。

爱与性亲密的操守:领导者请注意,不要把自己这方面操守的标准强加于成员,要求遵守,而是把婚前性亲密可能导致的后果详加解释,让成员自行抉择,并在团体中让情侣写下在这方面彼此的承诺,婚后也要留意性的操守。当然婚外恋不容发生,婚内性爱也要彼此尊重,切莫勉强对方就范。

沟通活动介绍:每对情侣分别讲一件最近发生的事,由一方讲三分钟,听的一方在对方全部讲完后,以“你的意思是……”为回应。随之向对方验证自己是否理解了对方的意思,如果错了可以再试,然后互换角色。完成这个活动后,让大家发表感受。学会这种健康的沟通方式,可减少彼此之间误解的可能性,沟通自然畅快与满足。

学习沟通的活动有很多种,领导者要多发掘资源,也可自行设计,方便在团体中使用。

3. 主题三:原生家庭与今天的你

重点:每人画一个详细的家谱图,互相代对方执笔,由执笔的人提问,代对方把答案写下。这种方式,一方面有利于学习聆听,一方面有利于详细认识对方,而对方也可专心回忆成长往事。

家谱图的内容:在表上书写下列各项:

(1) 现在每位家人的状况,参照学员手册。

(2) 填写家庭图成员在十八岁前下列各项:对每位家庭成员的描述(记忆中他的优点及缺点,每项写三点),包括祖父母、外祖父母、父母、兄弟姐妹、自己。

(3) 自己与每个成员的关系线(亲密、普通、疏离、冲突)。

(4) 家规。这是每个家庭的价值观和人际相处之道。家中每个成员可以做和不可以做的事,包括公开的和隐藏的行为与思想。

(5) 家中发生过的重要事件及秘密。

在成员完成家庭图后,领导者可解释每项对成员可能产生的影响。成员现在作为成年人,可以选择接受或改变家庭所带来的影响。

若成员在一至两年内还没有打算结婚,他们只需参加上述内容的恋爱成长课程,提醒情侣继续实践所有主题内容,多参加有益身心健康的活动,待恋爱成熟筹划结婚前再参加婚前成长课程。

婚前成长课程最适合在婚礼前一年至九个月进行。

4. 主题四:婚姻是一生的承诺

重点:检视结婚动机、期望、承担等各方面是否成熟,若过分理想化、不实际则要重新定位。

(1) 评估自己身体、心理、灵性、经济等各方面独立与成熟的程度。

(2) 有任何顾虑要恰当地处理,以免后悔。

(3) 要互相交流对婚姻的期望,若彼此期望不符合或冲突很多,要尽早协调。

(4) 对配偶的要求:包括希望对方扮演哪种角色(希望对方扮演自己的爸妈、保镖、密友、兄长、生意伙伴或是……),承担何种责任,双方建立怎样的人际关系。结婚不是找个代替者,弥补在原生家庭中失去的爱或期望。很多时候,如果期望达不到,会很失落,易被第三者侵入。

(5) 婚姻幻影:若单因憧憬幻影而结合,幻影破灭,婚姻就会出现危机。及早更正,才能实际地面对婚姻。

若以上各点都合格,男方便要正式地先向恋人求婚,再郑重地向未婚妻的家长提出结婚请求。这郑重的举动不仅向未婚妻展示自己的诚意,亦是向未来岳父母表达你对这段婚姻的诚意和承担。这两项举动不单是将来甜密的回忆,也是面对考验时一份爱的保证。

5. 主题五:婚前事务准备

重点:这个主题是很现实地探讨未来新家庭的夫妻生活、责任、繁琐的家务、经济预算、未来计划、生活小节的适应,不要以为相处多了,自然会水到渠成,少一些准备会多一份危机,不少问题都出自新婚第一年的适应。

这个主题需由成员做课外作业练习,不必在课堂上讨论。成员完成相关课外作业,领导者检视后,个别约见时,再提出要注意的地方,加以讨论。夫妻性生活可由领导者介绍书籍,阅读完成。

6. 主题六:幸福婚姻的建立

重点:牢记婚姻是恋爱的延续,是婚前双方的承诺,要实现便要双方持续守约,也要让双方估计可能面对的障碍,预先谈谈如何克服,避免婚后因步伐差距,冲突频频,失去婚姻的乐趣。这个主题可在团体中交流,领导者总结并补充。

(三) 带领方式

以体验游戏、个别沟通、小组互动、讨论、书写个人心得、领导者补充及讲解为主。每个主题团体活动时间约三小时,除团体内功课,成员需要在课外完成全部作业。

一般带领时请注意:

(1) 每次活动开始前,可用与主题相关的热身游戏让气氛更轻松温馨。设计活动亦需与主题有关,切忌为游戏而游戏。

(2) 每次活动过程中,留意观察每对恋人坦诚及表里一致的互动,发现有言不由衷的,必须尽快约谈,找出真相,及早补救,才能达到成长的目的。

(3) 平均分配时间,亲临每组指导。

(4) 建立团体的信任,有助于成员互相学习。

(5) 小组交流时,要注意尊重及保护隐私权及个人经历不受侵扰。

(四) 对团体领导者的要求

带领婚前辅导小组比带领治疗性的小组轻松,成就感较强,领导者对成员要求要严谨,避免浪费心力,对成员亦无裨益。以下三个 C 都是胜任的领导者应该努力达到的境界。

(1) 有自信(confident):虚心学习,力求上进,省察盲点,接受督导,积极热情,愿与有情人一起成长。

（2）称职能干（competent）：经常反省所学所用，培养优良阅读习惯，参加培训课程，专业个人都继续成长。

（3）表里一致（congruent）：多作自我反省，认识、接纳自己的优势和不足，爱护自己。对难以处理的个案，懂得求助和转介。

三、团体实施

【单元一：你与他】

先以彼此欣赏、称赞开始建立和谐关系，进而表达相异之处（喜好、表达方式、性情等），而后谈谈彼此期望自己或对方改变之处，逐步认识到在接纳自己及对方的过程中需要付出的代价。

1. 爱情故事与休闲

（1）你们的认识与爱情故事

简要写下你第一次遇见对方时对方留给你的第一印象（最少用三个形容词描述当时的他），什么时间、当时的情境、在场的其他人物 __________ __________ __________
现在的他与第一印象有何区别？ __________
有什么导致他的改变？哪方面是你对他的影响？ __________
你自己有改变吗？原因是什么？在变化中，对方如何影响你？ __________
你们的恋爱故事：（简要写下你与他感情发展的阶段，并附上日期） 第一次单独约会__________ 经常约会__________ 正式表白心意__________ 进入稳定男女朋友关系__________ 第一次和最近的冲突__________ 是否曾考虑过分手，原因是什么，后来复合的原因 __________ 学习化解冲突__________ 谈及嫁娶__________ 承诺成为夫妻__________

(2) 你们的闲暇活动

请选择:① 你俩喜爱的活动;② 希望对方与自己一起培养的喜好

a. 看与听

- 文娱表演(民乐、交响乐、话剧、音乐剧、舞台剧、歌剧……)
- 展览会(花展、书展、设计展……)
- 球类比赛 • 艺术中心 • 阅读
- 电影 • 博物馆 • 计算机游戏

b. 较多体力的活动

- 球类活动 • 划船 • 钓鱼 • 露营
- 远足爬山 • 放风筝 • 游泳
- 跑步 • 漫步 • 骑自行车

c. 交际式(邀数位友人参加)

- 野餐 • 生日会 • 卡拉 OK • 聚会 • 集体旅行

d. 社会参与及进修

- 志愿者活动 • 校外课程 • 讲座 • 研读文章书本 • 政治

e. 创意活动

- 绘画 • 手工艺 • 戏剧演出 • 写文章 • 演奏乐器

2. 认识自己

(1) 你对自己的印象

a. 写下你欣赏自己的特点,其中一项是外表方面的

____

b. 你希望改进的

____

c. 你的健康情况、疾病或隐疾

____

d. 你比较害怕或讨厌

____

(以上哪项是对方也认同/知道的,请用"√"表示。)

(2) 你的恋人:你选择对方成为恋人,写下他吸引你的特点,其中一项是外表方面的

____

在这些长处的背后,哪些可能是你在学习接纳的弱点

____

在哪(些)方面,你们能互补不足

____

在哪(些)方面,你希望他可以改变

____

(3) 我们相处

处境	没有	偶然	经常
1. 见面时会争吵或冷战			
2. 能认清冲突,学习处理			
3. 私下或公开场合都彼此尊重			
4. 珍惜对方			
5. 不见面时很想念			
6. 想花时间在一起			
7. 让对方惊喜			
8. 参加对方的家庭活动			
9. 介绍朋友认识			
10. 双方的共同兴趣			
11. 在发展共同兴趣			
12. 交谈的话题丰富			
13. 有相同信仰的话题			
14. 互相交流及协调人生观、价值观			
15. 感情表达自然而流畅			

(4) 爱的表达

你喜欢对方用下列哪种方式表示爱意?对方又喜欢你用哪种方式表示?请用 1 ~ 5 表示你和对方喜爱的程度,1 代表最喜欢的方式,5 代表最不喜欢的方式。

方式	自己	对方
• 为我服务(协助我赶功课、修理计算机之类)		
• 言语的肯定(称赞、甜言蜜语)		
• 身体接触(拥抱、触摸、拍拍背颈)		
• 送礼物(大小不拘,能表达心意)		
• 共度优质时光(同游玩、二人共度时光、花时间听我倾诉)		

注:上表引用 Chapman“爱的言语”

(5) 伤感往事

曾令自己伤心,至今仍耿耿于怀的事,包括人际、恋爱、家人、成长、工作等各方面。双方是否足够信任,放心分享,并且用心聆听。

【单元二:沟通与冲突的处理】

重点:认识健康与不健康的沟通模式。包括学习运用健康的模式,学习处理冲突,浅谈男女之别及如何影响沟通,沟通中的身体语言。

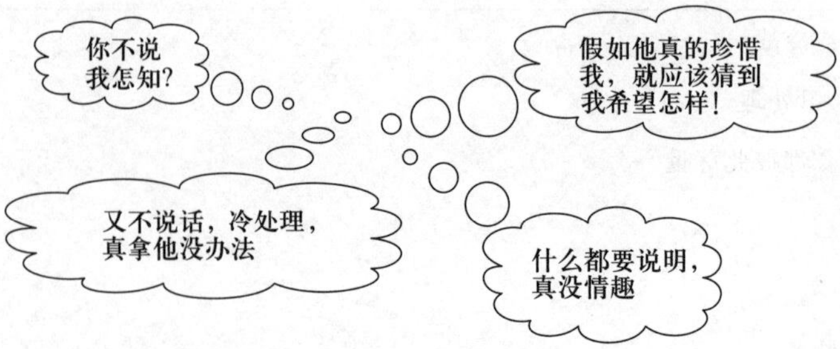

(1) 沟通的原则:沟通是条╳双行线

a. 聆听

- 细心、用心、留心地聆听
- 不暗地想如何给意见,不在内心胡乱地批评,而是在聆听中,让自己体验对方的经历和感受
- 不打岔、不辩护
- 遇有不明白时,可以问:“你的意思是这样吗?”或“我不明白,请再说一遍。”让对方有机会澄清。

b. 表达

- 留意身体言语的表达
- 心口如一的内容和表情
- 运用词、字、语句、图画或举例,表达感受
- 讲出事实

c. 交流

互相必须有回应,先回应对方的感受,并接纳彼此的感受,感受本身没有对错。先舒缓感受,才能平静地讨论事情。

(2) 沟通技巧

a. 对方分享时,听者要专注,多用眼神及表情回应,让对方能乐意分享

b. 勿挖苦对方

c. 选择适合的环境,让沟通更顺畅

d. 多用“我”字

- “我”觉得,“我”希望,“我”想
- 避免用“妈想我这样……”“爸爸说……”“你常常都是这样……”“他们说……”以免混淆你的意思或导致别人误会你的立场

e. 留意声调、语气、姿态、手势

f. 不要立刻提出意见或解决方案

g. 三种气质

恋人间的沟通不是演讲,不是话剧,是二人真我的表达与回馈,在心态上需要三种气质:温情、诚挚、同理心,才能达到完全开放、畅所欲言的沟通,触摸彼此心灵的需要,提高透明度。

h. 影响沟通的因素

① 观点与角度　② 先入为主　③ 原生家庭　④ 身体语言

⑤ 心理差异　⑥ 个性与风格　⑦ 兴趣喜好　⑧ 场所与环境

i. 自我评估:你的沟通倾向于哪方面,用"√"表示

1. 表达方面

- 反应冲动
- 言不由衷
- 不习惯表达
- 很想表达但缺乏词汇
- 心口如一,抒发感受与真情
- 说也没用,对方帮不了什么

2. 聆听方面

- 心不在焉
- 抱批判态度
- 认为无事生非
- 以感同身受的态度细听
- 猜对方的意思,不听也不问
- 一面听,一面很想提出意见

你认为你俩在沟通上最大的困难是哪方面?________________

你们期望自己及对方如何改善?________________

双方可以如何协助?________________

(3) 冲突的处理

因意见或期望不同而产生冲突是很容易发生的情况,婚后冲突可能更频密,因为我们本身的价值观、原则、信念影响对事物的意见、态度和处世方式,难免产生困扰。难题产生,重要的不是"难题本身"而是"如何面对"。

a. 根据过去数月你俩的紧密交往,写下最少三项

- 曾经意见不同,但双方同意不用解决的问题:________________
- 引起冲突而仍未解决的问题:________________
- 曾引起冲突,并已完全解决的问题:________________
- 你认为"完全解决"的定义是:________________

b. 一般处理形式

面对压力时,人人都有不同的保护自己及应对压力的方式,这也是必备的生存技巧。美国资深家庭治疗师萨提亚提出一般人在压力下沟通或处理冲突有四种模式,包括讨好、指责、打岔和超理性,这四种模式都是不健康的处理方式。健康的处理方式是真诚相对、表里一致。

① 指责:愤愤不平,别人一定错;

② 讨好/忍让:内心不好受,常觉得要迁就他人;

③ 打岔:不愿面对事情,顾左右而言他,打岔了事;

④ 超理智:纯理智处理,丝毫不表达感受;

⑤ 表里一致:真诚、和谐地表达自己的心意,真诚地表达自己的感受、需要、期望,同时亦顾及他人的感受,并留意情境作出表达。

以上前四种应对压力的模式,都不是健康的沟通方式,虽然可能暂时保护自己免受威胁或伤害,但长期运用会损害身心健康与人际关系,特别是对朝夕相处的夫妻及亲子之间的交往损害更大。

你常常使用的冲突处理模式是哪一种呢？下面的问卷可以帮助你了解自己的冲突应对模式。

了解并测试自己在与人相处感觉有压力、不如意或起争执时的反应。请看甲、乙、丙、丁各类，在“是”或“否”上画○，再找哪部分○最多“是”。

甲		乙	
1. 感到愤怒	是/否	1. 感到委屈	是/否
2. 感到失望	是/否	2. 感到无助	是/否
3. 心跳、呼吸加速	是/否	3. 觉得自己做得不够好	是/否
4. 单看到对方的不是	是/否	4. 自己让步	是/否
5. 容易批评指责	是/否	5. 担心对方不喜欢自己	是/否
6. 肌肉紧张	是/否	6. 胃部不适	是/否
丙		**丁**	
1. 坚守原则、一丝不苟	是/否	1. 混乱不清、毫无方向	是/否
2. 严肃处理、忽略感受	是/否	2. 满不在乎、不想面对	是/否
3. 着重说理及分析	是/否	3. 毫无感觉、忘掉烦恼	是/否
4. 注重客观事实及环境需要	是/否	4. 顾左右而言他、词不达意	是/否
5. 表现权威及知识	是/否	5. 嬉笑打岔、难以捉摸	是/否
6. 冷静沉着	是/否	6. 不闻不问、不理不睬	是/否

不同的应对模式对身心会带来哪些影响呢？

① 倾向“指责”的（甲类），容易引起高血压、精神紧张、人际关系恶劣，觉得被孤立。

② 倾向“讨好/委屈”的（乙类），易患肠胃病和抑郁症，由于对人多采用“退让”方式，给人“迁就人的感觉”故人际关系颇佳，但却会觉得失去自我，负担沉重。

③ 倾向“超理智”的（丙类），会易觉背痛、便秘，患激素失调，生活缺乏情趣。

④ 倾向“打岔”的（丁类），为了逃避压力易与现实脱节，精神难于专注，过度活跃。

“表里一致”是健康而且能达到沟通目的的沟通方式，只是要用心学习，因为此方式不是惯常用的，主要可能家里没有榜样，也可能是不了解。要学习使用，主要的窍门有：

① 讲有关此时此刻的内容；

② 感受一下自己内在的反应与情绪，也留意并体会周围的人或环境的情况再作出回应；

③ 直接、清楚、完整地让自己和对方都有机会表达和接收信息及意见。遇到意见不同，以尊重聆听，不用认为对方挑战自己，对不明白的，可要求澄清而不是猜测。

最近数月，你多数用上列哪种模式处理冲突？____________________

你当时感觉如何？____________________

评估你们常在哪些问题上产生冲突。________________

你觉得你处理的方式导致什么效果和反应？________________

哪方面要改善？________________

有何冲突的经历令你受伤，使得你愿意尝试正面处理，释放二人芥蒂，享受融洽？

____

1. 遵守沟通“十原则”

① 尊重对方感受，不轻视对方；

② 自己不压抑怒气，先承认生气并正面舒缓；

③ 言语绝不针对任何亲人；

④ 切不要用杀伤性字眼；

⑤ 不逃避问题，尽快处理，不要翻旧账；

⑥ 寻找冲突根源；

⑦ 每次针对一个难题；

⑧ 不用批评、自辩或沉默作为抗议；

⑨ 学习真诚地说：“对不起”“原谅我”“我爱你”；

⑩ 聆听、聆听、再聆听。

2. 善用锦囊（聆听、分析、列举、选取、总结）

冲突是因差异而产生的，包括文化上的、价值观的、原生家庭的等各方面影响。冲突像火焰，能发光也能烧毁。学习正面处理冲突能促进人的成长。先承认彼此不同，并静心细听不同的看法，才能分析不同之处。沟通过程中必须以尊重和信任面对对方。情绪容易影响表达方式，故此先容大家抒发情绪和感受，再分析事情也是必然步骤。处理好上列提示，便可提出解决方法，再选择其中一个或两个方案，经过讨论，作出共同的决定。

3. 婚前性亲密的操守

身体语言是沟通的重要环节，男女密友，在身体接触上也体现了彼此深交及委身的程度。为了防止未婚怀孕或性滥交，婚前婚后的贞洁操守十分重要。这并非传统的价值观，而是对彼此身体及婚姻的尊重。

夫妻自然要求彼此贞洁，婚前的贞洁当然也要尊重谨守，以免影响日后婚姻家庭生活及夫妻之间的信任。

(1) 浅谈男女之别

	男	女
言语表达		
情绪表达		
思维表达		
心理需要		
性欲反应		

(2) 现在我俩身体的接触包括________________

我对于这样的接触感到________________

(3) 对于“性生活只有夫妇才应享有”的说法

我认为________________

原因________________

(4) 下列说法,我认为可以/不可以

① 既是固定恋人,适宜单独外出旅游或参加旅行团又同住一室。

________________,

因为________________

② 已定了婚期,可以有极亲密的身体接触甚至性交________________

因为________________

③ 热吻和爱抚是性交前奏,已是固定恋人便可以________________

因为________________

④ 若对方拒绝我上述任何举动,我的感觉如何? 我会如何反应? ________________

你认为如何才是真正爱和尊重恋人? ________________

____

(5) 下列哪些情景,我容易被引起性冲动,请用√表示

- 热吻
- 看三级电影
- 昏暗灯光
- 身体上的接触
- 紧密的拥抱
- 对方衣着暴露
- 对方涂了香水
- 四周有很多动作亲密的情侣
- 与恋人独处一室
- 其他:________________

如何彼此提醒警惕________________

(6) 我与他承诺在身体亲密上的界限

可以________________

不可以________________

原因________________

(7) 若你与他已发生性行为或已同居,又未准备结婚,可以怎么办?

我建议密友们,婚前切勿欲多情少爱贫乏,也绝不能以性挂帅。一对负责任的恋人,婚前婚后都要彼此尊重,包括彼此的身体! 三蒲凌子在《感性世界》中写到:真正爱你的人,在结婚前是不会对你动手动脚的,因为他将与你共度一生,又何必急于对你在性方面有所求呢?

【单元三:原生家庭与今天的你】

重点:深入认识自己及对方的成长背景及其影响 。组员在过程中有所感触,领导者可处理情绪,请不要当时深入探讨,以免组员为难。

1. 先请画你的《家谱图》

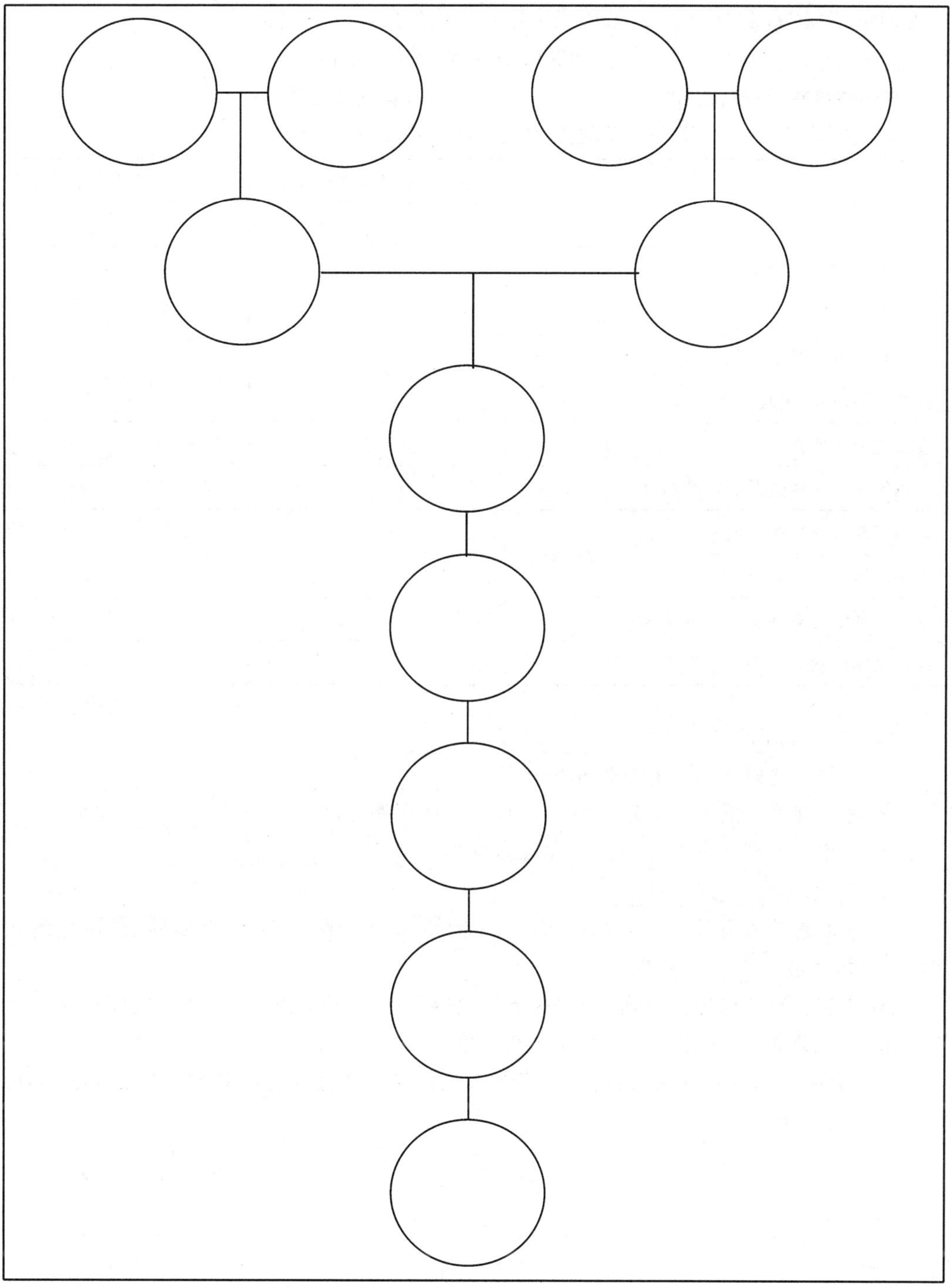

请写下每位人物现在的状况：年龄、受教育程度、职业、婚姻状况、宗教、籍贯，以及 18 岁前你对每位家人的印象，请用三个正面、三个负面的词汇描述（包括自己）。

家谱图亦请列出家规、重要事件、成员间的关系线（用下面的不同线型代表）、家人在一起时的气氛、家人沟通模式,另用三个形容词描述父母的婚姻关系。

________一般　　　〰〰〰冲突、憎恨

▬▬▬▬亲密、融和　　　------------疏离、少交流

(1) 家庭生活:(回想中小学时期和最近两年内的情况)

	中小学时期(18岁前)	现在(近两年内)
假期怎样度过		
家人在饭桌上讨论的话题		
家人在一起时的气氛		
家人间有冲突时如何处理		
家中谁做决定,过程如何		
金钱的地位怎样		
爸妈怎样表达相爱及欣赏的情怀		
爸妈怎样处理彼此间的冲突		
爸妈怎样和你讨论"性"		
爸妈怎样表达对儿女的鼓励和关怀		
爸妈怎样管教儿女们		

(2) 自我检视

① 你的沟通模式与家人有何相似之处? ________

② 你处理冲突的方式与家人有区别吗?体现在哪方面? ________

③ 有哪些家规你仍然遵守?对你有影响吗? ________

哪方面影响你? ________

④ 下面这些人有任何上瘾的嗜好吗?(例如:赌博、酗酒、吸毒、喝咖啡、阅读色情刊物……)祖父母________父母________自己________

⑤ 成长中有任何经历或伤害,现在仍然觉得困扰,希望处理,可以在个别面谈时与领导者商谈,处理创伤,未来可以活得更自由充实。

(3) 从你二人家世渊源,细心写出下列各项情绪表达方式,并用"√"表示可以接纳;用"△"表示想转变。

	自　己	对　方
愤　怒	________( )	________( )
担　忧	________( )	________( )
欢　乐	________( )	________( )

2. 在我成长中影响我的其他人与事

把下列事项与恋人沟通,目的是彼此深入了解。

宗教信仰

朋友

以前的恋情

同事/上司

我

亲友

宠物

师长

试以下列不同线型表达这些人与你的关系,并思考原因。

________	一般	～～～～	冲突、憎恨
━━━━━━	亲密、融和	--------	疏离、少交流

【单元四:婚姻是一生的承诺】

重点:检视情侣在各方面的成熟程度。领导者选择重点进行讲解,再让每对恋人自我检视,大部分作业可在家完成。“婚姻考虑”一项可在团体中分小组交流讨论。

是结婚的时机吗?

(1) 动机检视

下列各项是否你考虑结婚的唯一原因,若缺乏爱,后果堪虞,请三思:

- 报复(因失恋、被恋人抛弃)
- 性需要
- 移民需要
- 事业需要
- 社会、家庭、朋辈的压力
- 同情对方的遭遇
- 填补缺乏的爱
- 提供生活所需
- 逃避不愉快的家庭
- 购买房子的需要
- 已有性关系,有责任结婚
- 为讨父母欢心

(2) 成熟程度的自我评估(试用 1 ~ 3 表示程度,1 表示很勉强,2 表示愿意,3 表示很愿意)

① 爱的投身

1) 愿意付出

2) 欣赏对方的优点并接纳对方的缺点

3) 未来乐意与对方成为儿女们的爸妈

4) 经常为对方着想,满足他的需要

5) 愿意用时间栽培爱情,婚前婚后始终如一

6) 不准备在婚后要求对方在习惯或性格上有所改变

7) 对方的缺点带来负面影响,并且难以改变,我仍学习接纳

8) 爱得专一(是否三心二意)

9) 承担家庭、自己及配偶在未来的责任

② 经济方面

1) 已完全自给自足

2）万一配偶失业，亦可维持一年半载

3）仍需要原生家庭的经济支持（若你们是这种情况，必须郑重考虑结婚时机是否成熟）

③ 决定能力

1）仍依赖原生家庭给予意见（若是这种情况，反映依赖性很强，仍未能独立自主）

2）很怕自己的决定得罪父母（若是这种情况，你们可能仍是未成熟的个体）

3）完全独立自主

4）有自信根据情况，互相讨论后，能做出合宜的决定

（3）婚姻幻想：检视你对婚姻是否有这类幻想，如有三点或以上，你可能对婚姻仍有很多迷思以及非理性的信念，也表示你还未成熟，需要成长。

① 对方完全补我的不足

② 完全消除孤单寂寞

③ 甜甜蜜蜜共度一生

④ 解决经济问题

⑤ 应付所有外在，内在压力

⑥ 我定能改变对方

⑦ 很浪漫

⑧ 婚后我一定能改进自己

⑨ 示威于人前

⑩ 随时随地有人帮助我

⑪ 消除性引诱

⑫ 只要对方开心我就开心

⑬ 有时你对我不满，就等于不爱我

（4）婚姻的考虑：仔细思量，你准备好面对改变所带来的冲击了吗？

① 婚姻生活会带来哪些在单身时不用担负的责任？

____

____

____

② 会失去什么权利？

____

____

____

③ 有哪些是要适应的？

____

____

____

④ 会有什么样的收获？

____

____

____

（5）你对结婚的顾虑：考虑结婚时，在责任、健康、经济、性生活、与原生家庭分离等各方面，你有何顾虑____________________

（6）我认为已是/仍未是结婚时机，原因____________________

（7）我盼望与________结婚，因为____________________

(8) ________想与我结婚，因为________

(9) 用图像或文字写下你认为婚姻是什么

____

(10) 你对婚姻的期望是________

(这是一些举例：性爱伴侣、延续爱火、经济保障、自置居所、自选的家庭生活、苦乐相随、培育孩子、二人世界、共享娱乐)

(11) 你对配偶的期望／要求，尽量写得具体，包括身份、责任、人际关系等：

(交换阅读后，你认为很难满足对方要求的请写“？”)

(举例)身体亲密		
精神扶持		
协助经营生意		
夫妻在经济上个别或共同的责任		

(12) 根据上列的考虑，你认为自己／对方对结婚有多少准备(100%是完全准备好)

____

你和他仍需要在哪方面准备和成长，才能接受这委身？________

____

若认为是结婚时机，你如何设计你的求婚/接纳求婚？________

(13) 婚姻真谛

- 是一男一女、一夫一妻、一生一世、一心一意毕生委身的单程路
- 是不断地认识，彼此接纳，珍惜、爱护、建立与成长
- 是爱情的延续，是通过沟通、牺牲、付出代价培养出来的

(14) 根据上面的功课，再深思熟虑，写下你的结婚誓词

____

____

你期望的结婚日期是________

【单元五：婚前事务准备】

重点：让双方对婚前的婚礼筹备、婚后生活中琐碎而实际的事务有所认识，展示实际场景，可以防止仅仅有美好的憧憬而毫无正确的认识和心理准备。领导者可以选择重点讲解，亦可选取部分内容请成员团体交流，回家完成作业。

1. 婚礼筹备

项目	预计完成日期	费用	完成人	备注
一、婚前各项准备				
1. 辅导及有关教育				

续表

项目	预计完成日期	费用	完成人	备注
2. 健康检查				
3. 征求家长同意				
4. 双方家长会面				
5. 选择新居				
6. 设计新居装修				
7. 购置家具				
8. 定婚期及形式(教堂、婚姻登记处)				
9. 婚礼习俗(如:过大礼、订婚、酒席)				
10. 家人对新人婚后要求(同住、给家用、自租新居)				
11. 当日程序(如:接新娘、回门、敬茶、出门入门礼节)				
12. 宾客名单(婚礼、婚宴邀请之亲友、同学、同事)				
13. 设计、印刷请柬				
14. 请柬寄发日				
二、婚礼的安排				
1. 借堂、主持人、礼堂及花车布置				
2. 婚礼程序、主婚人、主席、伴娘伴郎、接待、收礼人、经理人				
3. 程序表印刷、选购 内容及负责人				
4. 当天各项目负责人(招待、摄影、交通、音响)				
5. 购礼服、戒指、襟花、新娘伴娘花束				
6. 摄影名单安排				
7. 茶聚或宴会形式、负责人、内容、酒水、糖果、招待、交通、 影音				
8. 彩排及出席者名单				
三、蜜月				
地点、日期、证件				
四、婚礼后				
1. 寄感谢卡、处理结婚照、结婚礼物				
2. 招待亲友到新居				

2. 婚姻生活适应之夫妻性生活

(1) 你认为性生活是______
(2) 对于美满婚姻来说，性生活的影响及重要程度是______
(3) 你觉得与配偶讨论关于性生活的问题，难处可能是______，好处可能是______
(4) 当想到“做爱”，你的心情是______
(5) 若性生活不理想或不协调，你会感到______
(6) 夫妻间，谁才可以主动表达“做爱”的要求？______
(7) 二人关系是否和谐会影响性生活吗？______
(8) 女性因为与丈夫生活和谐，才会享受性生活，你赞同吗？______
(9) 男性性欲较强，随时都可以与妻子有性生活，你赞同吗？______
(10) 你对性生活的期望或忧虑是______
(11) 因为以往某些经历，你担忧会影响未来的性生活，很想处理。（留待与咨询师约见时谈）
(12) 新婚夜你想象可能会怎样？______
(13) 性生活是探测夫妻关系的指标。对妻子来说，有爱情才有性；对丈夫来说，没有爱情也可以有性。
(14) 你们的蜜月计划

夫妻性亲密的关键是：夫妻二人相处，彼此尊重、体贴、关爱，自然性生活如鱼得水。切忌“性”挂帅，做妻子的特别难受，会有被贬值的感觉。

3. 生育计划

(1) 我们会否考虑节育______
(2) 节育方式是______
(3) 是否想要孩子______
(4) 不想要孩子的原因是______
(5) 渴望有孩子的原因是______
(6) 对是否生孩子的问题，内心很矛盾，是因为______
(7) 其他意见______
(8) 若生养孩子，首次怀孕最适当的时间是______
(9) 孩子的数目：男__个，女__个
(10) 抚养孩子最合适的人选是______
(11) 原因______
(12) 夫/妻如何配合______

4. 姻亲关系，婚后如何与家人交往

与自己家人联络和相聚方式	与配偶家人联络和相聚方式
奉养自己家人的方式	奉养配偶家人的方式
我喜欢与自己的父母和家人同住吗？原因	我喜欢与配偶的父母和家人同住吗？原因

续表

与自己家人联络和相聚方式	与配偶家人联络和相聚方式
若我与姻亲意见不合,我会	若配偶与我家人意见不合,我会
想及自己的家人,我的感觉是	想及配偶的家人,我的感觉是

5. 新家庭每月经济预算

总项	分项	丈夫	妻子	小计	备注
收入	薪金				
	佣金				
	其他				
	总计				
固定支出	捐款				
	税项				
	交通费（上班）				
	交通费（其他）				
	餐费（上班三餐）				
	餐费（在家三餐）				
	餐费（外出就餐）				
	供养父母				
	保险				
非固定支出	牙齿保健				
	医疗保健(看医生、药费）				
	进修				
	理发				
	化妆品、衣饰				
	个人零用				
二人共享	居所租金/银行贷款				
	管理费				
	土地税				
	电费				
	水费				
	煤气/石油气				

续表

总项	分项	丈夫	妻子	小计	备注
	其他				
	储蓄				
	康体(报纸、杂志、书籍)				
	娱乐(电影、郊游、其他)				
	出外旅游				
	与亲人聚餐				
	亲人礼物(过节、生日)				
	交际(礼物、礼金)				
	宴客、其他				
	银行户口(联名、独立)				
	其他				
总收入					
总支出					
盈余/赤字					

6. 理财能力检视,恳请诚实、具体回答:

根据上表每月花费

(1) 你是否有足够金钱运用? 有/ 尚欠

(2) 是否需要借贷? 不/ 可能要

(3) 你的支票户头是否有足够储备签发支票? 是/否

(4) 直至现在你有多少现金存款? ________

(5) 是否有储蓄可以应付突发开支? 是/否

(6) 计划何时有足够储蓄买房子、生孩子? ________

(7) 怎样支付信用卡签账? ________

(8) 婚礼的预算开支是否足够? 需否借贷? 若借贷如何还款? ________________________________

7. 家居生活

(1) 家务安排

一般要处理事项:室内清洁、屋内维修、做饭、衣物清洁、记账、美化家室、安排活动、孩子教养等都需要很好的认识和配搭,家庭生活才能愉快。

事项	丈夫责任	妻子责任
每周室内清洁		
屋内维修		

续表

事项	丈夫责任	妻子责任
做饭		
衣物清洁		
记账		
美化家室		
安排活动		
孩子教养照顾		
其他		

(2) 时间安排

每人每天都只有24小时,如何有效安排上表的各项,加上工作时间、二人约会、休息、睡眠、购物、进修等,才能好好享受在一起的生活。要有心理准备,婚后生活可能更忙碌,更少时间相聚,故必须多些准备始能配合。

事项	丈夫所需时间	妻子所需时间	备注
上班工作			
平时每天下班后			
周日休假			
每月/年休假			

8. 婚后计划

(1) 婚姻的未来

① 有信心能建立美满婚姻,原因________________

② 没有想到未来,原因________________

③ 担心配偶会否不忠,原因________________

④ 担心经济,原因________________

⑤ 担心与姻亲相处,原因________________

(2) 生活习惯的适应

① 列出从每天起床后至就寝的一些习惯,并用"√ "或"?"表示能否接受。

② 你们会如何适应?

(例) 未洗澡上床			
未换睡衣上床			
开灯睡觉			
饭桌不能摆放杂物			
睡前看书			
随便拆开其他家人的信件			

【单元六:幸福婚姻的建立】

重点:强调"婚姻"是"恋爱"的延续,爱莫停,婚后更需要,因为爱是永不止息的。团体活动中多练习如何表达爱的言语、练习认错与接纳道歉。在团体中让组员交流表达爱的方式。请牢记:结婚是恋爱的延续,这是箴言也是金玉良言。唯有夫妻两人都努力保持这种心态,才可以谈建立幸福婚姻。

1. 持续培养亲密关系,愿意付出时间与心思

设计活动:如,参加婚姻培育夫妇营,两人定期约会,安排个别独处时间,给予个人空间,多些相聚时间,定时检讨彼此的关系,常说肯定的言语,增添性生活情趣,偶尔送点小礼物,写心意卡传情达意,主动协助事务安排,维系其他情谊。

下表请你们写下你的设计及打算如何实践:

2. 亲密关系中的赞赏与宽恕

每天找机会说赞赏的话，很简单地为你服务，如烧菜熬汤，也要说声“谢谢”。对方穿上新买的衣服，好好欣赏他的品位。为你放水洗澡，就用拥抱他来表达你的感激。找机会谈谈彼此不开心的事，或自己感到困惑的事，就算无心之失，也得赔不是。切忌积怨日深，难以处理。诚心地说“对不起”“我爱你”“原谅我”，永操胜券，多说有益无损，爱情日添。

3. 计划未来

谈谈三年或五年的计划以及如何达成。

重要愿望（例如：经济、房子、孩子、事业、爱情、家庭、个人成长……）

参考：《爱一个人》，摘自《男女大不同》，约翰·葛瑞博士著

要了解	也要开解	要道歉	也要道谢
要认错	也要改错	要体贴	也要体谅
是接受	而不是忍受	是宽容	而不是纵容
是支持	而不是支配	是慰问	而不是质问
是倾诉	而不是控诉	是难忘	而不是遗忘
是彼此交流	而不是凡事交代		
是为对方默默祈求	而不是向对方诸多要求		
可以浪漫	但不可以浪费	可以随时牵手	但不要随便分手

以上都做到，即使不再爱一个人，也只有怀念，而不会怀恨。

课程结束时，领导者祝福语

再送给愿意继续培养感情和建立两人亲密关系的你：
很欣赏你们愿意花时间在影响你俩一生一世的大事上认真学习，
欣赏你用心地完成团体活动，也企盼你享受过去的时光，
既更深入地认识自己，也学习更坦然地面对恋人，
可以彼此开放，亦能互相信任，
经历冲突的同时，又可诚实地表达内心世界，
明白你我的差异，欣赏不同之美，鼓励一起成长，

学习:付代价、凡事包容、凡事相信、凡事盼望、凡事忍耐;
以爱、宽恕、珍重、接纳继续成长,共享一生,爱是永不止息的。

主要参考文献

1. 萧庆仪.婚前辅导手册[M].香港溪水旁辅导轩编辑,2005.

2. 骆锡. 运用成人依恋理论改善情侣亲密关系的探索性研究[D].上海:华东师范大学,2007.

3. 苏彦捷,高鹏.亲密关系中的日常冲突及其解决[J].应用心理学,2004,10(2):37-42.

4. 苏彦捷,高鹏.亲密关系伴侣在冲突中的行为及其归因[J]. 北京大学学报(哲学社会科学版),2005,42(4):122-130.

5. 樊富珉,费俊峰.青年心理健康十五讲[M].北京:北京大学出版社,2006.

专题九

家庭事业双优平衡：家庭工作平衡工作坊

樊富珉

事业和家庭几乎构成个人生活的全部，每个人的价值观不同，对它们重要性的判定也会有差别。无论你更偏向哪一方面，你都不能忽视另一方面的重要性。事业与家庭是生活的两翼，只有两翼对称，人才不会失重，才能够展翅高飞。事业和家庭就像是人的两条腿，两条腿结实，走路才能走得踏实、长远。事业和家庭是幸福钱币的正反两面，只有合二为一，幸福才能真正实现。工作出色，可以为家庭提供更好的经济保障，也给人带来自我价值实现的满足感；家庭幸福，可以为工作创造稳定的“后勤”，减少后顾之忧，带来情感的满足。对于大多数职场人士而言，平衡家庭与事业是生活中一个重要的课题。不要因为埋头事业而忽视家庭，也不要因为操持家庭而放弃事业。事业与家庭虽然有时候会有冲突，但并不矛盾，处理得当就会相得益彰。平衡家庭与事业不易但必须，做事业与家庭的双赢家，才能拥有真正的幸福。

一、团体理论

关于家庭事业平衡的理论主要有工作—家庭互相影响理论，工作—家庭边界理论。以往的研究主要集中在两类研究：家庭事业冲突与家庭事业促进。本团体工作坊设计依据家庭事业促进理论。尽管身兼工作家庭两种角色可能给个人带来紧张和压力，但个人同时也可以从中获益，同时从多个角色中获得成就和满足感也可以用来克服角色压力，这种相互促进可能让两种角色都表现得更好。人们会将他们在工作（家庭）中的情感、态度、技能和行为带进家庭（工作）。因此，一个领域（工作或家庭）中的变化会引起另一个领域（家庭或工作）相似的变化（Frone，2003）。工作家庭促进的前因变量包括：来自家庭的支持，来自组织的各种资源，来自个人的自我效能、工作认同和积极情感。本团体工作坊设计基于以下的基本认识。

1. 家庭事业需要同时经营

古人说，先成家，后立业。现代人则信奉先事业，后家庭。其实，事业与家庭没有谁先谁后的问题,它们是并列的关系,需要同时经营。如果经营得当,你就能自由地穿梭在事业与家庭之间,你就能在平衡中感受到人生的无限幸福。不要心存幻想,先干事业后理家庭,或者先经营家庭后打拼事业。很多时候当你做完了前者,你会发现来不及做后者了,往往会错失良机,而造成终身无法弥补的遗憾。可以想象一下,事业上蒸蒸日上,但家庭却一片混乱,婚姻破裂了,孩子出问题了,家里冷冷清清,连个说话的人都没有,即使事业成功,又与何人分享呢?所以,要改变这种先后的想法,树立起同时双赢的意识。也许在人生不同时期会有不同的偏重,但偏重不等于偏颇。只有事业与家庭都成功,才是真正的成功。事业与家庭可以相互促进、相得益彰。

2. 家庭事业平衡是动态的过程

事业和家庭的平衡是一种挑战,它需要我们劳心劳力、知难而进。如果不积极主动地寻求事业和家庭的和谐平衡,生活终将一片混乱而得不偿失。其实人生就是一个不断平衡的过程,必须把自己的精力有计划地加以分布,如此人生才是和谐的、圆满的。平衡不是一句空话,也不是一个神话,只要努力就有可能实现。

平衡是一种长久的过程,是一种动态的平衡,不断地从一种平衡走向另一种平衡。我们无法企及一种一成不变的平衡状态,而是需要持之以恒地努力维持平衡。自身变了,环境变了,原有的平衡状态会被打破。如果不善于调整,不能营造一种新的平衡状态,生活就会失衡,就会混乱。

3. 怎样才能平衡家庭与事业

平衡事业和家庭不是一件容易的事,既需要聪明智慧,又需要坚持不懈。合理安排自己的时间和精力,在保证完成工作的同时,经常和家人沟通,互相理解。把自己的烦恼和开心与家人分享,让他们觉得家庭是一个团队,有福同享、有难同当。不要有这样的心理误区,为了不给家人增加负担而独自承担一切,这样想的结果只会是在彼此间竖起一道厚厚的墙。

既要明白家庭与事业彼此相连,又要在必要时分清事业是事业,家庭是家庭。不能因为家庭出现了一些问题就影响了工作的情绪,也不能把在工作中受的气、窝的火全发泄到家人身上。不要把大量的工作任务带回家苦干,也不要在周末待在办公室加班而不带孩子去游乐场玩。分清两者也是一种平衡。

平衡的维持需要不间断的努力,任何时候都不能掉以轻心。如果放松警惕,就会出现严重的问题。可以常常问自己,是否忘记家人的生日了?有多久没有和一家人一起看电视剧了?也要常常反省,是不是沉溺于小家庭的甜蜜而遗忘了事业?有没有让家庭变成了事业的绊脚石?平衡的过程永不停歇,你的努力也永不停止。

4. 要会工作也会放松自己

很多追求成功的人,都舍不得在工作中停下脚步放松自己。在他们看来,放松是一种严重的浪费。他们以为只有永不停歇,才能早一点到达成功。即使已经精疲力竭,即使就要油尽灯枯,他们依然不会停止。这种精神的确难能可贵,但却不够聪明。从效率的角度看,必要的放松是更快实现目标的手段。放松不是放纵,而是养精蓄锐,是为了以一种更快的速度奔跑。懂得放松,就是一种难得的智慧。放松可以让人暂时从工作中抽身而出,以局外人的身份审视自己的工作。放松可以让人换一种思路思考,解开工作中百思不得其解的难题。

放松自己,让自己的身体和大脑好好休息一下。不要让自己整天处于过度疲劳和极度紧张之中,善待自己,健康才是人生第一大要务。放松自己,才能更好地认识自己,可以回首往事,也可以扪心自问,就能发现自己一直忽视的东西,也能够看清楚对自己而言什么才是最重要的。放松自己,能发现自己真正喜欢的东西,可以培养自己的兴趣爱好,让生活丰富多彩起来。放松自己,让自己真正体会到生活的乐趣,可以做平常想做而做不到的事情。可以实现自己梦想已久的旅行,也可以静心读一本好书,可以好好晒一晒太阳,也可以去看望遗忘许久的朋友。放松自己,才能欣赏人生的美景。匆忙的脚步必定错过很多美好的事物。用一颗宁静的心,感受人性的善良,体味爱情的可贵,理解生活的真谛。善于放松的人一定是善于享受生活的人。同一件事,在有些人看来是一件苦差事,而在另一些人看来则是一种难得的放松。比如说做家务,不要觉得家务活又脏又累,怎么都不愿意干。完全可以这样想,已经在办公室坐了一天了,回家干点活既锻炼身体,又能放松神经,更有助于建设幸福家庭,何乐而不为呢?经常换个思路看问题,就能经常体会到生活的乐趣,也就能放松自己。处理好工作与放松,需要一种平衡的能力。

二、 团体设计

1. 团体目标

(1) 协助成员深入认识自己,促进自我不断成长;

(2) 通过对自己在家庭关系中的角色探索,了解家庭对自己的影响;

(3) 通过工作价值观探索,了解工作对自己的影响,澄清职业发展中的困扰;

(4) 通过对目前家庭生活和工作状况的澄清,平衡两者,快乐生活、快乐工作。

2. 团体性质

发展性、教育性、预防性的结构式团体。

3. 团体设置

(1) 培训对象

职场工作人员,可以是公务员、教师、医生、警察、企业员工、管理者等,只要对平衡家庭与工作有需求、有兴趣的人都可以参加。人数 16 人或 32 人。

成员的招募可以是组织内部的培训报名者,也可以通过社会招募,面谈后进入团体。

(2) 培训时间

四个单元,两天,共计 16 小时。由于职场人士工作繁忙,连续数周的持续团体难以保证出勤率。为保证团体成员全程参加,建议集中在周末两天,每天 8 小时。最好远离日常生活的环境,在一个封闭的地方,排除各种干扰,保证团体辅导的效果。

(3) 培训方法

小团体形式,各类互动和体验式活动、纸笔练习、团队讨论、成员分享等。

4. 领导者的要求

最好有职场经验。由于成员都是职场人士,领导者也需要有一定的阅历。有婚姻经验更佳。领导者本人尽量在家庭事业平衡方面有心得体会,可以起到示范作用。最好根据团体人数,8 人配备一名领导者的助手,在分组活动中起到引领的作用。

5. 培训要求

(1) 遵守团体的契约;

(2) 以开放、坦诚的心态,积极参与所有活动;

(3) 专注于学习过程,减少各种形式的干扰;

(4) 尊重每一个成员的人格与隐私权。

6. 团体效果评估

(1) 成员自我主观感受;

(2) 自编工作坊评估表。

7. 培训内容总体设计

单元名称	单元目标	单元活动	所需材料与道具
单元一: 缘聚你我	明确团体目标 彼此相识 建立团体契约 整理生命中承担的角色	1. 让我们彼此熟悉:手动操、工龄圈、相似圈、连环自我介绍 2. 让我们互相欣赏:我的橡树籽 3. 让我们整理生活:真我角色	每人一个胸卡 每组(8 人)一张海报纸、一卷胶带、一套水彩笔 每人一颗橡树籽 “真我角色”练习用纸
单元二: 我与家庭	从家庭关系中认识自己,探究家庭给自己带来的感受和影响,明确家庭中支持的来源	1. 热身练习:动物操 2. 让我们描绘家庭:家庭水族箱 3. 让我们探清关系:家庭关系中的我	“家庭水族箱”绘画用纸 “家庭关系中的我”练习用纸 每组(8 人)一套油画棒
单元三: 我与工作	了解工作给自己带来的影响,探索解决工作压力的方法,了解自身对工作的憧憬和期望	1. 热身练习:身心放松 2. 让我们辨识压力:工作压力探索 3. 让我们管理压力: 突破困境	工作压力源分析表 “突破困境”绘画用纸
单元四: 平衡人生	澄清个人对平衡家庭和事业的认识,寻找平衡家庭和工作的方法 总结团体收获 彼此道别 结束团体	1. 让我们面对选择:家庭事业超市 2. 让我们脑力激荡:家庭工作平衡高招 3. 让我们彼此珍重:永怀一颗感恩的心(礼物大派送)	家庭事业超市购物清单 “礼物大派送”练习用纸 工作坊效果评估表

三、 团体实施

【单元一:缘聚你我】

目标:明确团体目标;彼此相识;建立团体契约;整理生命中承担的角色。

时间:4 小时(中间休息 20 分钟)。

内容与操作:

目的:让团体成员了解团体的目标和进行方式,做到心中有数、积极参与。 时间:10 分钟。	1. 领导者开场白 操作:全体成员先围成圈坐下,领导者自我介绍后,说明对于职场人士来说平衡家庭事业的重要性,说明团体的目标、进行的方式以及需要成员遵守的团体规则,如守时、保密、专注、坦诚、不指责、不批评。 然后发给每人一个胸卡,请大家选择自己喜欢的颜色,自制特色名片,写上喜欢别人这样称呼你的名字,为自己画一个小小的标志物,如熊猫、小草等。制作好后别在胸前。
目的:热身,消除成员的陌生感和焦虑情绪,活跃和温暖团体气氛。 时间:5 分钟。	2. 手动操 操作:领导者带领大家做手动操,从两手食指动,到两手手掌动,到两臂伸展动。边动边说:"来培训嘿,来交流嘿,家庭事业能平衡嘿!"通过该练习来强化团体主题,松弛成员的身心,营造轻松愉悦的团体氛围。
目的:通过非语言沟通,让成员互动,也为分组做准备。 时间:10 分钟。	3. 工龄圈 操作:领导者让成员起立,不说话,用非语言的方式沟通,达到按照工龄的长短顺序排队。领导者要提醒成员,注意自己是否善于用非语言沟通,是否善于读懂他人的非语言表达。队伍形成后可以开口说话,确认自己的位置是否准确。最后,按照工龄长短分成 7 ~ 8 人一组,小组围成圈。
目的:通过找寻与自己具有相似特征的人,拉近成员之间的关系,增进彼此的熟悉感。 时间:10 ~ 15 分钟。	4. 相似圈 操作:领导者先在一个小组中示范,领导者向小组成员提问:"我很想知道,在我们的小组里,有谁和我一样,喜欢游泳"。成员中有相似特点的人往小组中间跨一步,看看具有这个特点的人有多少,会心一笑后再后退。接着,顺时针,第二个成员再提问。提问的内容不限,但必须是提问者自身具有的特征,例如,爱睡懒觉、喜欢看韩剧、有一个女儿、每年外出旅游等。顺时针转 2 ~ 3 圈,视时间而定。过程中,气氛活跃,提高了成员间的熟悉程度,拉近了成员之间的关系,也找到了许多有兴趣沟通的话题,为进一步交流打下了基础。
目的:进一步增进成员之间的了解和熟悉,形成初步的团队意识。 时间:15-20 分钟。	5. 连环自我介绍 每个小组成员围圈坐下,用出手心或手背的方法,随机确定第一个开始自我介绍的成员。规则是:第一,每人用一句话介绍自己;第二,每句话要包含六方面信息(来自哪里,做什么工作,工龄多长,婚龄多长,个人特点,叫什么名字。如,我是来自清华大学的心理学老师,工作 44 年,结婚 34 年,热情开朗,我叫樊富珉);第三,自我介绍顺序是顺时针转;第四,每个人都要从第一个人开始介绍,就像串糖葫芦,越串越多,最后一个人要说出全组成员的信息;第五,不可以用纸笔或其他电子产品记录,但可以利用团队的资源。

续表

目的:扩大朋友圈,初步思考关于家庭和事业的相关问题。 时间:30~40 分钟。	6. 循环沟通 操作:两个8人小组合并,内外各一圈,里圈面朝外,外圈面朝里,成员两两相对,一对成员交流3~4分钟,除了握握手问个好、各自自我介绍外,还需要就一个话题开展探讨和交流(参考话题见练习9-1-1)。3分钟后,领导者叫停,内圈不动,外圈站起来,向右挪一位,坐下后与新朋友相识和交流话题。3分钟后叫停,外圈不动,内圈站起向左挪一位,再与新朋友交流。照此规则,一直到所有的人都交流过,都认识了。团体领导者可以邀请成员对这个练习分享感受。交流的话题涉及家庭和工作,以及生活的不同方面,常常会触动一些成员的情绪,也会引发深入的思考。
时间:15~20 分钟。	休息:成员自由交流。
目的:增强小组的凝聚力,制定小组的规则,形成小组的亚文化。 时间:30 分钟。	7. 形成工作小组 操作:回到连环自我介绍的8人小组内,民主选举组长,组长带领成员完成小组建设任务:起组名、画组徽、定组规。写在0号海报纸上,完成后张贴。每个组长代表自己的小组向其他小组展示。最后,团体领导者要求各个小组手拉手,共同承诺遵守组规。
目的:了解自己的独特性,了解其他组员的独特性,学习接纳和包容自己和他人,欣赏和聆听每一个不同的人。 时间:约 30 分钟。	8. 我的橡树籽 操作:每个组员发到一颗橡树籽,领导者要求每个人调动自己所有的感观,去用心、仔细地观察自己的橡树籽,看看它有哪些独特的地方。可以看,可以摸,可以嗅。2分钟后,小组成员将橡树籽放在一起,混淆后,再去找自己的橡树籽,看看能不能找到。然后组内分享找到了是基于什么原因,找不到又是为什么,以及通过看和找橡树籽的练习,有哪些觉察、发现、感悟和启示。领导者在各个小组分享后,强调每颗橡树籽都是与众不同的,每个人也是独一无二的,要尊重和接纳自己和他人的独特性,敞开心扉,聆听别人和自己相似或者不同的经历、故事,不要以自己的评价标准要求别人。
目的:整理自己在人生舞台上的角色,澄清什么最重要,也觉察家庭与工作对人生的意义和价值。 时间:约 50 分钟。	9. 真我角色 操作:领导者发下"真我角色"练习纸(练习9-1-2),请每个成员用心阅读后,按照练习的五个步骤,做出自己的回答和选择。首先自由联想,列出自己在人生的舞台上都扮演哪些角色,想到的越多越好。每个人都是一个角色丛,至少有十几种角色。每种角色都意味着一种责任,角色越多越忙碌。其次,从列出的角色中找出三种自己认为最重要的角色,想一想为了这三种角色,自己都做了些什么。大部分人会选择家庭和工作的角色。再次,从三种重要角色中选择放弃一种,并说明理由。最后只能留下一种角色,会选择哪种。选择的过程很痛苦,很艰难,但是对成员的触动很大,成员要重新思考自己的人生中什么才是最看重、最在乎、最不能放弃的角色。绝大部分成员最后留下的角色都是和家庭有关的。每个成员要在小组内分享自己的选择和做练习的感受,最后组长代表小组在整个团体中交流。这个练习让成员明白生活中最重要的角色就是家庭和事业,因此平衡家庭和事业是智慧人生必须面对的课题,再次凸显团体训练的主题。

续表

时间:约10分钟。	10. 领导者总结 对半天四小时的培训进行总结,强调遵守规则的重要性,欣赏成员的积极参与与投入,也带出下午培训的话题。

练习 9-1-1

循环沟通参考话题

以下的话题都是和家庭、工作有关的话题,请从中选择一些,每两人交流时,只谈一个话题。一圈转下来,每个人不仅认识了团体中的新朋友,也可以对自己和他人更加了解。

1. 请介绍一下你们各自的兴趣和爱好。
2. 请说说你最擅长的家务活是什么。你多久做一次?
3. 请说说家人能做的让你高兴的事是什么。你是否常常因此而高兴?
4. 请说说你能做的让家人高兴的事情是什么。你常常有机会做吗?
5. 请用一句话概括婚姻和家庭给你带来了什么。你会怎么说?为什么?
6. 请说说你在工作中最得意的事情是什么。
7. 请说说你的上司(或者同事、下属)能做的让你高兴的事情是什么。
8. 请说说你能做的,让你上司(或者同事、下属)高兴的事情是什么。
9. 如果你的职业可以自由选择,你还会继续从事你现在的工作吗?为什么?
10. 如果天上掉馅饼砸到你头上,你中了大奖,从此经济上此生无忧了,你还会继续工作吗?为什么?
11. 如果这个世界上任何地方可以自由选择,你最愿意和家人定居在哪里?为什么?
12. 如果由于意外或者健康的原因,你的生命还有最后三个月,你将怎样安排最后的日子?
13. 如果今天你将离开这个世界,你最想听到的、别人对你说的三句话是什么?你期望谁对你说?

练习 9-1-2

真 我 角 色

A. 请你列出自己在生活中所扮演的各种角色(尽可能多列)

__________ __________ __________

__________ __________ __________

__________ __________ __________

__________ __________ __________

B. 请从上面各种角色中挑选出你认为最重要的三个,并写下你为此做了些什么

角色一__________做了什么____________________

角色二__________做了什么____________________

角色三＿＿＿＿＿＿做了什么＿＿＿＿＿＿＿＿＿＿＿＿＿＿
C. 如果有一天你必须要放弃某一个角色时,你的选择以及理由
放弃的角色是:＿＿＿＿＿＿＿＿＿＿＿＿＿＿＿＿＿＿＿＿＿＿＿
选择的理由是:＿＿＿＿＿＿＿＿＿＿＿＿＿＿＿＿＿＿＿＿＿＿＿
D. 当只可能剩下一种角色时,想一想你在扮演这个角色时及选择时的感受
最后的角色是:＿＿＿＿＿＿＿＿＿＿＿＿＿＿＿＿＿＿＿＿＿＿＿
决定的理由是:＿＿＿＿＿＿＿＿＿＿＿＿＿＿＿＿＿＿＿＿＿＿＿
选择时的感受:＿＿＿＿＿＿＿＿＿＿＿＿＿＿＿＿＿＿＿＿＿＿＿
E. 在这个练习中我受到的启发是:
＿＿＿＿＿＿＿＿＿＿＿＿＿＿＿＿＿＿＿＿＿＿＿＿＿＿＿＿＿＿

【单元二:我与家庭】

目标:从家庭关系中认识自己,探究家庭给自己带来的感受和影响,以及自己对家庭责任的承担,找到来自家庭的支持力量。

时间:4 小时(中间休息 20 分钟)。

内容与操作:

目的:热身,引发成员的兴趣,让成员的注意力集中到团体中,温暖团体气氛。 时间:10 分钟。	1. 动物操 操作:领导者示范:第一节,金猴缩颈(双手合掌,向中间使力,同时缩脖子,感觉到颈部、背部、肩部、手臂、手掌都很紧张,坚持再坚持,然后放松,可以反复做几次);第二节,仙鹤展翅(两手交叉放到脑后,胳膊肘是翅膀,向后打开,再打开,坚持数秒,再收翅,可以反复做);第三节,憨熊探宝(两手叉腰,慢慢转动头部,先向右看一看,再向左瞧一瞧,再向右探一探,再向左找一找);第四节,青龙摆尾(双手合掌举过头顶,恰似龙的尾部,往右弯腰再往左弯腰,最后向上伸,一直到极限,再放松)。 这个练习会给成员带来身心的放松,也会将成员的注意力集中到团体中来,为开始团体活动做准备。
目的:探索家庭中的关系,明确自己在家庭中的位置和感受。 时间:约 90 分钟。	2. 家庭水族箱 准备:每组两盒油画棒,每盒最好 16 色以上。每人一张绘画用纸。 操作:成员回到自己的小组,拿到绘画用纸和油画棒。指导语:现在请各位想一想,如果将你的家庭比作一个水族箱,你和家人都在这个水族箱中,你们都在什么位置,用什么来代表。请你用绘画的方式呈现。绘画不需要担心画得像不像,画得好不好,只要把你想要表达的内容体现出来就可以。 绘画需要 15 ~ 20 分钟。绘画结束,小组每个成员分享自己的作品,其他人可以通过提问、反馈和分享,促进画家的自我觉察。绘画方式更容易带出潜意识的内容,可以协助成员对家庭关系和自己在家庭中的角色有更深刻的洞察。
时间:20 分钟。	休息。

续表

目的:进一步觉察自己与家庭不同成员之间的关系,体验自己在家庭中的作用。 时间:60 分钟。	3. 家庭关系中的我 准备:发给成员每人一张练习纸,见练习 9-2-1。 操作:每个成员拿到练习纸后认真思考,分别填写自己在家庭中不同人眼中的形象。待成员都完成了填写后,组长邀请成员分别交流自己的练习以及做完练习后的感觉与发现。例如:你觉得,在家庭不同成员眼中的你哪个最难写?哪个最容易写?为什么?你在不同的家庭成员眼中的形象是一致的,还是不同的?为什么会有这些不同?哪个才是真正的你?家庭中谁是你的支持力量?当你在生活、工作中遇到不顺心的事时,最有可能向哪个家人倾诉?如果家人中没有人在你困难时能和你同舟共济,原因是什么? 每个成员通过自我探索和成员分享,对自己有更多新的发现,对于改进家庭关系有许多参考和帮助。 领导者也可以用“阅读材料一”,请成员阅读后谈感受,从而进一步认清家庭对人自始至终的无条件支持的重要。
目的:体验被支持、被信任的感觉,同时也觉察自己是否容易信任别人。 时间:20 ~ 25 分钟。	4. 支持圈 操作:此练习也称为“不倒翁”“信任圈”。小组成员起立,围成圈,其中一名成员到圈内,作为准备跌倒者,成员分别把手放在他身体的不同部位,让他感觉到被支持、被照顾。组长说“开始”,中间的人就自由地向不同方向倒,无论倒向哪个方向,都有成员会保护他,会接住他。中间的人更信任大家,更放松地享受在支持圈中随意倒下后被接住的感觉。 这个练习也是建立信任、享受信任的过程。可以换不同的成员进到支持圈内,轮流体验被支持的感觉。 然后组内讨论从这个练习中学习到什么。领导者再邀请每组派代表在团体中交流。
时间:10 ~ 15 分钟。	5. 领导者总结 社会心理学家坎贝尔、康弗斯和罗斯对职场人士进行过调查,结果大多数被调查者认为,金钱和事业,与拥有好朋友,拥有美满的婚姻和幸福的家庭生活相比,是相对次要的事情。也就是说,一个人在生活中不能缺少亲密关系,爱情、婚姻和家庭生活是幸福的最主要的来源。职业心理学家雪恩(Schein,1992)也说过:“我们作为子女、父母的角色是不可逆的。我们能放弃一项职业,却不能放弃这些角色;相反,我们要设法完成这些角色。”和家人保持亲密关系比起其他任何事情都更为重要。通过这节练习,大家对自己在家庭中的感觉、关系、角色期望等有了新的认识,也更了解家庭中谁是你的支持力量。想从家庭中获得幸福,你需要为家庭和家庭成员做出哪些努力呢?相信各位都有些新的发现和思考。心动不如行动,改善从今天开始吧。

练习 9-2-1

家庭关系中的我

父亲眼中的我	母亲眼中的我
兄弟姐妹眼中的我	爱人或恋人眼中的我
孩子眼中的我	亲戚眼中的我
现实的家庭我	理想的家庭我

我的反思：我在家庭中的感受如何？家庭中谁是我最重要的支持力量？

阅读材料 1

你心中谁最重要

三年前，我和母亲吵过一架，那是很伤感情的一架。起因是我工作太忙，忙得没有时间经常去看她，即使去看她，也是从进门那一刻起电话就不断。有一次，从她做饭开始我就在打电话，是和我的一位顶头上司。凡是在职场历练过的人都知道这种电话的重要性。我妈的脸色越来越难看，最后几乎是把饭菜摔到桌子上。其实我已经委婉地暗示过我的上司,但是显然我的上司没有接招儿。没有接招儿的原因我也能理解,因为事情压到那儿了,否则,谁愿意大星期天跟下属费唾沫星子谈工作?

我捂着话筒对我妈小声说明这个电话的重要性,但是老太太已经出离愤怒——她当然愤怒,她打电话到我办公室,往往才说两句就被我挂断,在挂断之前我总是那句:"妈,我正忙,一会儿给你打。"然后这一会儿就可能是一个小时,一天,一个星期,甚至可能是她下次再打来电话。天地良心,不是我故意的。我是真的忙,忙得连上厕所都是一路小跑。

那个星期天,我妈旧仇新恨涌上心头,说出的话句句悲愤,如匕首如投枪,稳准狠地扎向我:"你心里还有这个家吗?还有你妈吗?你妈跟你打电话,你永远忙,忙得都没有时间听我把话说完!"

我泪如雨下,对她说:"现在到处都在嚷嚷,不爱加班的员工不是好员工,您让我怎么着?您以为我是公主、皇亲国戚,您是圣母皇太后,王母娘娘?您说要过生日,全国上下放假一个星期?我跟单位领导说我妈不高兴了因为我工作太忙,他们能马上开恩让我回家陪您唠唠嗑说说话,工资奖金还照发?"

那次爆发以后,我和我妈很长时间冷战。我知道我伤害了她,但是,那不是我的本意——我并没有埋怨她不是皇亲国戚,或者没有家财万贯,我不能忍受的是她活了一辈子,为什么不能懂得作为小民百姓往上打拼的艰难?我照样上班,照样忙,甚至忙到连周末全搭上。我对她的愧疚就是寄钱——我们在同一个城市,但是我却通过中国邮政表达我的孝心。我妈是个倔强的母亲,她给我打电话,说你心里要是没有你这个妈,就不用寄钱。我也倔强,我说我寄钱是为了自己心里舒服一些。

那时候,如果要我排个次序,实事求是地说,我心中最重的不是亲情——当然有很多人会把亲情"口头"排在第一位,但在实际生活中,他们和我一样,总是先顾老板,再顾客户,然后依次是朋友、同事、有价值的人……

一个好朋友曾对我说,只有事业成功的人,才有资格享受亲情。普通人重亲情,那就是活该失败活该过苦日子,因为你连亲情的代价都不愿意付出,一天到晚要"热炕头",你凭什么成功?

那个时候,我认为他说得对。直到有一天,我忽然就病了,病得很严重——我在医院里待了有半年,身边的人最后只剩下母亲和老公。直到那一刻,我忽然明白,世界上对你最重要的人,其实就是你的亲人——无论你们之间发生过什么,有着什么样的前嫌,但是到你最困难的时候,能留在你身边,为你流泪,为你难过,为你风里来雨里去的,只有你的亲人。而其他的人,毕竟是其他的人。

摘自《读者》2006 年 24 期,陈彤

【单元三:我与工作】

目标:了解工作给自己带来了什么样的影响,探索解决工作压力的方法,了解自身对工作的憧憬和期望,从而能够从工作中获得更多的快乐和满足。

时间:4 小时(中间休息 20 分钟)。

内容与操作:

目的:温暖团体,引导成员以平静、放松的状态投入团体活动。 时间:15 分钟。	1. 放松身心 领导者说明:很多追求成功的人,都舍不得停下脚步放松自己。在他们看来,放松是一种严重的浪费。他们以为只有永不停歇,才能早一点到达成功。即使已经精疲力竭,即使就要油尽灯枯,他们依然不会停止。这种精神的确难能可贵,但却不够聪明。懂得放松是一种难得的智慧。放松可以让你暂时从工作中抽身而出,以局外人的身份审视你的工作。放松可以让你换一种思路思考,解开你在工作中百思不得其解的难题。如果你觉得累了,如果你的工作卡壳了,就请放松一下自己吧! 操作:在舒适的环境中,在柔和的灯光中,运用冥想放松指导语,让成员体验放松。(放松指导语见练习 9-3-1。)
目的:探索工作中的喜悦与烦恼,觉察工作对自己的影响。 时间:约 60 分钟。	2. 我的工作探索 准备:每人一张练习纸(见练习 9-3-2)。 操作:领导者邀请成员看练习纸,说明需要回答的五个问题:工作的名称和任务(可以写担任的各种职务或承担的各种任务,越具体越好),抉择的原因(为什么会做上这个工作,如领导任命、组织安排、竞聘上岗、主动求职等),工作中满足与快乐的来源(也要很具体,如自己的能力能够充分发挥、得到领导的肯定、有稳定的收入等),工作中烦恼和压力的来源(也需要具体,切忌笼统,如自身能力不足、工作任务太多常常加班等),从工作中你得到了什么(综合看工作对自己的影响),以及你对工作的满意程度,后续发展可能的选择。写完后,小组内分享,说说自己的,也听听他人的。成员会发现每一种工作都有压力,也都有喜悦,说出来就是减压的过程。其他人的经历让成员看到彼此的相似性,也会有释然感。工作中有压力是正常的,知道压力从何而来,可以有针对性地处理。(后续的练习见练习 9-3-3。)
时间:20 分钟。	休息
目的:找寻工作中最大的压力源,运用自身的资源去面对和解决,增强管理压力的信心。 时间:约 60 分钟。	3. 突破工作的困境 准备:“突破困境”练习用纸(见练习 9 3 4)、舒缓的音乐、笔。 操作:领导者要求成员坐得舒服些,放松身心,闭上眼睛,播放轻松的音乐,跟着指导语冥想。从调整呼吸开始,再到冥想去海边吹海风、踩沙滩、踏海浪,最后再回到教室,唤醒后一直保持和享受放松的感觉。放松训练的目的是让成员安静下来,放下杂念,集中精力思考问题。然后成员拿出练习用纸,在“绘画一”内画出此时此刻的状态;接着第二幅画出最近以来工作中最烦心、最有压力感的事情;第三幅画是针对这件烦心事有哪些方法可以应对和处理,尽可能想,把凡是有助于解决这个问题的方法一一画出来;第四幅画是想象问题解决以后自己可能的生活状态。完成后小组内分享和交流。 注意:团体成员会担心自己的绘画技术不行,领导者要在开始时提醒大家绘画技术不重要,可以用线条、用图形,可以抽象,可以具象,可用火柴人等各种形式。还有,注意等绝大多数成员都完成后再进入下一幅画。 一般成员分享绘画的过程就是减压的过程,问题澄清就是解决问题的开始,还有看到自己是有能力的,有资源的。要相信自己,通过练习提升了解决问题的信心和找到了解决问题的方法。

续表

目的：展望未来，对自己工作的开展充满憧憬和希望。 时间：50 分钟。	4. 五年以后的我 准备："生涯幻游"指导语（见练习 9-3-5）。 操作：请成员放松后，领导者进行生涯幻游引导。完成引导后，请成员回到当下，伸伸懒腰，转动身体，逐渐清醒，开始在小组里分享自己的幻游历程，包括一些个人对职业发展的期待和向往。看看现在做些什么，可以让自己有机会从事自己最希望做的工作。现在开始可以做哪些准备工作，积累一些什么经验，对今后职业的发展和转换有利。 各个小组派代表在团体中分享。
时间：10 分钟。	5. 领导者总结 工作不仅是谋生的手段，满足我们衣食住行的基本需要，工作也应该给人带来最大的精神满足，发挥个人潜能，实现自我价值。马克思在《青年在选择职业时的考虑》中谈道："如果我们选择了力不胜任的职业，那么我们绝不能把它做好，我们很快就会自愧无能，并对自己说，我们是无用的人，是不能完成自己使命的社会成员。由此产生的必然结果就是妄自菲薄。"因此，我们在选择职业的时候，"应该遵循的主要指针是人类的幸福和我们自身完美的统一"。戴尔·卡内基认为：有许多事情会造成成功，良好的健康、坚韧、常识、热忱和才能。但是，还遗漏了一件事，没有这一件，所有其余加起来都不能造成成功，那就是工作。通过这一节的探讨，相信各位成员更清楚工作给自己带来了什么，也对未来自己的生涯有了新的思考。从事自己喜欢的、擅长的工作是最大的快乐来源，因为喜欢，无须扬鞭自奋蹄；因为擅长而得心应手。找寻和从事适合自己的工作是职业生涯发展的重要任务。 注：推荐日常生活中可以自我保健的练习 9-3-6，建议成员练习。推荐阅读《心理资本渐成职场竞争力》（练习 9-3-7），了解职场发展的新因素——心理资本——对职业成功的影响。

练习 9-3-1

冥想放松指导语

在舒适的房间，让参与者找一个自己感到舒适的姿势坐好。准备好舒缓优雅的音乐。之后，轻轻念下面的指导语，让参与者自己去体会和想象。

指导语："请放松身体，静下心来，双目微闭，深呼吸，然后进入想象的空间，冥想大自然中一切美好的、令自己感觉舒适的美丽景色：一片蓝天，一望无际的草原，柔软的沙滩，清澈见底的溪水，小鸟自由穿越在翠绿的丛林中，鲜花盛开，芬芳扑鼻……想象自己身在这美妙的氛围里，自己融化在这美丽的景物当中，生命得到升华（音乐声响起）。

请闭上眼睛，放松身体每一部分，放松头部，放松我的手、脚，身体觉得好舒服，很松弛。我静静地坐着，觉得很舒服，周围很宁静，我的身体很轻松，很轻，慢慢地升起来，飘着，飘着，离开了这间房间，我看见自己在一个很舒服的大自然环境中。我感觉到阳光很温暖，很舒服。我感觉微风吹着，觉得很舒畅。我听到流水的声音，水在流着，发出悦耳的声响。我听到鸟儿的歌声，它们在唱着歌。我看到蝴蝶在飞着，蝴蝶的颜色很美丽。天空很蓝，白云在飘着。大自然真的很美妙，原来是这样美好。我感觉着和暖的阳光、舒畅的微风；我听到流水的声音、鸟儿的歌声；我看到美丽的蝴蝶、很蓝的天空、很白的云。我感到很舒服，我感到很轻松，感到很美好。我的身体很轻松，飘着飘着，飘到这屋子里面，我看见自己很舒服地躺着。我回到这房间，慢慢地集中精神。我感到身体的移动及周围一些细微的声音。我们回来了。"

练习 9-3-2

我的工作探索

工作的名称：

____

____

工作的任务：

____

____

抉择的原因：____

____

工作中满足与快乐的来源：

1. ____________________
2. ____________________
3. ____________________
4. ____________________
5. ____________________

工作中烦恼和压力的来源：

1. ____________________
2. ____________________
3. ____________________
4. ____________________
5. ____________________

你对工作的满意程度：

1. ____________________
2. ____________________

后续发展可能的选择：

1. ____________________
2. ____________________

练习 9-3-3

工作压力源分析

一、列举你现在工作中的压力源

1. ____________ 4. ____________
2. ____________ 5. ____________
3. ____________ 6. ____________

二、根据你列举的压力源,区分哪些是急性(短期)压力源,哪些是慢性(长期)压力源

急性压力源(持续几分钟到几小时)	慢性压力源(持续几天、几周或几个月)
1. ____________	1. ____________
2. ____________	2. ____________
3. ____________	3. ____________
4. ____________	4. ____________
5. ____________	5. ____________

三、根据上面的压力源,区分出是属于心理、生理、情绪的还是精神的范畴

心理的 受打击的/烦躁的	生理的 受伤/生病	情绪的 愤怒或恐惧	精神的 人际关系/价值观/目标
1. ________	1. ________	1. ________	1. ________
2. ________	2. ________	2. ________	2. ________
3. ________	3. ________	3. ________	3. ________
4. ________	4. ________	4. ________	4. ________
5. ________	5. ________	5. ________	5. ________

练习 9-3-4

突破困境

(放松后的感觉和状态) 绘画一	(近期工作中最烦心和最有压力的事情) 绘画二
(有哪些方法和措施可以应对和处理) 绘画三	(压力处理后生活可能的状态) 绘画四

练习 9-3-5

生涯幻游指导语

五年以后的我

前提：充分放松

让我们一起坐在时光隧道机，来到五年后的世界，也就是××年时的世界。请算一算，此时你是多少岁？容貌有变化吗？请你尽量想象五年后的情形，越仔细越好。

好，现在你正躺在家里卧室的床铺上。这时候是清晨，和往常一样，你从睡梦中醒来，先看到的是卧室里的天花板。看到了吗？它是什么颜色的？

接着，你准备下床。尝试去感觉脚趾头接触地面那一刹那的温度。凉凉的，还是暖暖的？经过一番梳洗之后，你来到衣柜前面，准备换衣服上班。今天你要穿什么样的衣服上班？穿好衣服，你看一看镜子。然后你来到了餐厅，早餐吃的是什么？一起用餐的有谁？你跟他们说了什么话？

接下来，你关上家里的大门，准备前往工作的地点。你回头看一下你家，它是一栋什么样的房子？然后，你将搭乘什么样的交通工具上班？

你快到达工作的地方。首先注意一下，这个地方看起来如何？好，你进入工作的地方，你跟同事打了招呼，他们怎么称呼你？你还注意到哪些人出现在这里？他们正在做什么？

你在你的办公桌前坐下，安排一下今天的日程，然后开始上午的工作。上午的工作内容是什么？跟哪些人一起工作？工作时用到哪些东西？

很快地，上午的工作结束了。中餐如何解决？吃的是什么？跟谁一起吃？中餐还愉快吗？

接下来是下午的工作，跟上午的工作内容有什么不同吗？你在忙些什么？

快到下班的时间了，或者你没有固定的下班时间，但你即将结束一天的工作。下班后你直接回家吗？或者要先办点什么样的事？或者要做一些什么其他的活动？

到家了。家里有哪些人呢？回家后你都做些什么事？晚餐的时间到了，你会在哪里用餐？跟谁一起用餐？吃的是什么？晚餐后，你做了些什么？跟谁在一起？

睡觉前，你正在计划明天参加一个典礼的事。那是一个颁奖典礼，你将接受一项颁奖。想想看，那会是一个怎么样的奖项？给你颁奖的人是谁？如果你将发表得奖感言，你打算讲什么话？

该是上床的时候了，你躺在早上起床的那张床铺上。你回忆一下今天的工作与生活，今天过得愉快吗？是不是要许个愿？许什么样的愿望？

渐渐地，你很满足地进入梦乡。睡吧！一分钟后，我会叫醒你……

（一分钟后）

我们渐渐地回到这里，还记得吗？你现在的位置不是在床上，而是在这里。然后，你慢慢地醒过来，静静地坐着。

引自：金树人. 生涯咨询与辅导. 北京：高等教育出版社，2007.

练习 9-3-6

自我治疗法或保健法

一、静坐或冥想

功用:可帮助人体血气运行,保持心平气和,消除压力及恐惧。

做法:

(打坐的姿势)最好坐在有垫的地上或床上,如有一支蜡烛点着在面前效果更佳,不然对着灯光亦可。

用口深呼吸两次(长且慢呼吸),第三次再吸时把气放在丹田(肚脐下面);坐时腰要直,右脚搭在左脚上;闭上眼睛,完全放松;两手放在两膝上,手心向上;幻想有一道光在头顶进入你的脑内,这道光慢慢照入你的身体,照着你的眉心,你的眼睛、鼻子、脸、耳朵、口内、体内、两手、两脚,你整个人被这道光包围了。

以丹田为中心,身体各部分肌肉尽量放松,接着你会感到意志渐渐脱离身体的束缚,到达一个安心放松、无忧无虑的境界。闭上眼睛,烛光(灯光)照着你最亲的家人、朋友(各人愉快的样子在你幻想中出现),然后光照中国、全世界。

完全关掉你的思想,不去想任何事情,让脑海里的意念空白一片。这时你已到了最深的境界,你会发觉体内有暖流。

二、气功

气功不但可以养身、保健,并且具有许多意想不到的疗效。人体血液若循环不好时,身体就会变得虚弱。以肾脏为例,如果血液循环不良,则肾脏血液将减少三分之一,此时肾脏功能就变得衰弱了。

气功的“气”作为一种压力渗入血管壁后,可将阻碍血液运行的障碍“推走”,使血管弹性恢复正常。血液因有“气”的帮助推进,循环便逐渐恢复正常流畅,心脏不必加压,血压亦会恢复正常,体内各器官的运作便能达到它应有的效用,人就会逐渐恢复健康。

三、自然呼吸法

每天散步或缓步跑一小时。

四、常常保持心境开朗

把一切烦恼事抛开(忧能伤人),这句话是非常对的。

五、抒发情绪

唱歌是抒发情绪很好的办法,欣赏音乐也是不错的办法,它们给我们的生命添上姿彩。也可以用写作去表达自己的经历和感受,与朋友讨论困难及分享经验,这些都是抒发情绪的正确途径。

练习 9-3-7

心理资本渐成职场竞争力

近两年,“心理资本”作为一个全新的概念,影响越来越大。所谓心理资本,说的是

“你是谁”,也就是指一个人的心理状态、心理素质。任何人,不论是管理者还是员工,都有自己的心理资本,资本状况是优良还是糟糕,对工作业绩至关重要。

其实,研究者对人的心理状态和心理素质的关注一直都有,但是直到最近,才把它作为企业或者职场上的一种资本概念提出来,并加以系统的分析研究。心理资本至少包含以下几个方面:希望,一个没有希望、自暴自弃的人不可能创造什么价值。乐观,乐观者把不好的事归结到暂时的原因,而把好事归结到持久的原因,比如自己的能力等。韧性,从逆境、冲突、失败、责任和压力中迅速恢复的心理能力。主观幸福感,自己心里觉得幸福,才是真正的幸福。情商,体验自己和他人的感受、进行自我激励、有效地管理自己情绪的能力。组织公民行为,自觉、自发地帮助组织,关心组织利益,并且维护组织效益的行为,它并非直接由正式的赏罚体系引起。

由于人的潜力巨大,所以相对于资金、市场和技术资本,心理资本的升值空间是最大的,最好的心理资本可以带来决定性的竞争优势。拥有过人的心理资本的个人,能承受挑战和变革,可以成为成功的员工、管理者和创业者,从逆境走向顺境,从顺境走向更大的成就。自信、乐观、坚韧的人,勇于创新,敢于创新,能够因地制宜地将知识和技能发挥最大的作用,成就自己也成就了所属企业。

对于企业而言,拥有出色的企业精神、团队文化、心理资本优秀的管理者和员工,就具备了最有价值的核心竞争力。正是由于这个原因,很多卓越的企业敢说,你能挖走我的人,但你不能复制我的精神和文化!

这些心理资本,无论对于企业还是个人,都可以有意识地去获得、保持和提升。如果企业仍然只强调资金、市场和技术,个人的充电仍然只局限于知识和技能,那必定会落后于时代竞争的步伐。通过拓展训练等活动,认识和提升自我,激发自我潜能,建设企业文化,将是终身学习的一项重要内容。

【单元四:平衡人生】

目标:澄清价值,善用团体资源集思广益,寻找平衡家庭和工作的有效方法,增强平衡家庭和工作的信心。

时间:4 小时(中间休息 20 分钟)。

内容与操作:

目的:凝聚团体人心,活跃团体气氛,连接团体成员,团队合作。 时间:15 分钟。	1. 拍你拍我 操作:以小组为单位,每个成员左手手心朝上,右手手心朝下,彼此连接在一起(右手搭左手)。开始时先集体说三遍“平衡人生”,每说一个字就拍一下手(说“平”就拍自己的手,“衡”拍他人的手,“人”再拍自己的手,“生”再拍别人的手)。接着,按照顺序每人说一个字,拍手的节奏不变,先拍自己再拍别人,一个字一拍。但要注意,每说一遍“平衡人生”,就要加一个“平”。例如,第一个人说“平”,第二个人说“衡”,第三个人说“人”,第四个人说“生”,第五个人说“平”,第六个人说“平”(每一遍加一个“平”),第七个人说“衡”,如此下去。哪个小组“平”字最多,就是优胜。 注:这个练习需要全组高度集中注意力,互相帮助,互相提醒,合作才能完成。

续表

目的：通过价值拍卖，澄清个人在家庭和事业方面最重视什么。 时间：约 90 分钟。	2. 家庭事业超市拍卖 准备：每组一把拍卖锤，每人一张“家庭事业拍卖清单”（见练习 9-4-1）。 操作：每组选一名拍卖师，拍卖师不参加竞拍，但组织竞拍和最后的讨论。 拍卖开始前，拍卖师要说明活动的规则：每人手上有 100 万元，有 15 种物品可以购买。每个人自由选择购买，可以都买，也可以买自己想要的部分，但所购总价不得超过 100 万元。竞拍时每次出价不得低于 10 万元，每次加价不得低于 1 万元。 三次叫卖后没人加价，落锤得标。拍卖师要一项一项叫卖，例如，现在拍卖“生活安定有保障”，谁买？有人叫 20 万元。20 万元一次，20 万元两次，20 万元三次，落锤敲定。在清单上记下得标人的名字，以及得标价。中间有人加价，就叫最新的价。如果都没有人买，就流拍。 拍卖结束时，要求每个得标人说明为什么重视这项，得标后的心情，与原计划购买的价格有无出入，在生活中要得到此项将做哪些努力。同时，也可以请想买但没有买到的人谈谈此刻的心情。 注：该练习不仅可以帮助每个人澄清自己在家庭和工作中最看重什么，也可以帮助大家发觉自己做决策的方式（志在必得型、优柔寡断型、他人影响型、哄抬物价型），增强对自己的了解和对他人的了解，学习在资源有限的环境中怎样获得自己想要的，同时学会放弃。
时间：20 分钟。	休息
目的：依靠集体的智慧，集思广益，群策群力，共同探讨平衡家庭和事业的方法。 时间：约 40 分钟。	3. 脑力激荡 准备：每组一套水彩笔、一张零号海报纸、胶带。 操作：领导者要求各个小组集中精力完成任务，并说明脑力激荡练习的规则：有一个明确的问题，有一位成员记录，每个人的意见都被尊重和记录，时间有限，共 20 分钟，办法越多越好，多多益善。记着讨论的问题是“平衡家庭与工作的有效方法”。小组成员围绕问题，集思广益，群策群力，提出自己的看法和做法，也倾听他人的方法，彼此启发，彼此参考，发挥集体的智慧，让思想的火花不断迸发。20 分钟后，全部停下笔，每个小组报告提出的“平衡家庭与工作的有效方法”。 一般每组至少提出几十种办法，办法最多的组胜出。领导者也可以提前设定一些奖项，如最幽默奖、最实用奖、最经济奖、最有创意奖等。在评奖的过程中，进一步深化成员对平衡家庭与工作可以运用的方法的觉察和认识，增强平衡调节的信心。如果可能，结束后请助手将这些方法整理并打印出来，发给每个成员，大家共同分享集体的智慧，在生活中参考和应用。
目的：给成员以正向的反馈，让成员带着温暖和满足的心情，带着其他成员的祝福和期待告别团体，结束团体。 时间：约 60 分钟。	4. 礼物大派送 准备：每人一张“礼物大派送”练习纸（见练习 9-4-2）。 操作：发给每人一张练习纸，请小组成员先写下每个人的名字，然后想一想，如果送礼物给每个人，你会分别给不同的小组成员送什么。礼物无须花一分钱，但需要非常用心。想一想在前几次团体活动中，每个成员表达的需要，然后写在第二列上。例如，某个成员因为工作忙碌身心疲惫，你可以送他假期；某个成员非常想深造，你可以送他研究生入学通知书；某个成员准备做母亲，你可以送她育儿百科全书。总之，只要用心了解每个成员的真正需要，送的礼物一定会给收礼者带来莫大的安慰和快乐。每个成员都写好，开始送礼和收礼。必须集

续表

	中收礼,也就是所有人先给一个小组成员送礼,这位成员将全组成员送的礼物一一记录在第三列中。收完礼以后,一定要表达自己此刻的心情和收到这么多礼物的感受。每个人都会非常非常感动,想不到短短几次团体聚会,成员对自己那么了解,那么贴心,有一种被理解、被聆听、被关怀、被认可的感觉。然后,按顺时针方向,每个人依次收礼。最后,小组成员道别。
时间;约 15 分钟。	5. 领导者总结 团体即将结束,成员会依依不舍,也会希望团体活动时间再长一些。但天下没有不散的宴席。现在到了我们要说再见的时候。通过一系列练习、深入讨论、思考和启发,我们每个人对目前家庭和事业的经营现状都有了洞察,也有了改善的信心和方法。希望大家把在团体中学到的东西迁移到日常生活中,有所改变和成长。作为团体领导者,我送给每位的礼物是健康快乐的六颗心(见练习 9-4-3)。同时,再次重申我们团体开始时的契约,保守秘密。(接着可以填写团体效果评估表,以便领导者了解成员的变化和对团体的评价,以便今后改进工作,见练习 9-4-4。)最后,请大家手拉手,一起和我做最后的道别,我说一句大家跟着说一句:我感谢你,我亲爱的伙伴,感谢你的倾听让我感到被尊重,感谢你的陪伴让我感到温暖,感谢你的分享让我开阔了视野,感谢你的礼物让我感到被理解。我承诺,保守秘密,留下每个人的故事,带走平衡家庭与事业的信心和方法。承诺人:(每个人大声地说出自己的名字)。最后,歌曲《感恩的心》响起,大家互相道谢和道别。

练习 9-4-1

家庭事业拍卖清单

说明:每人手上有 100 万元,有 15 种物品可以购买。自由选择购买,但总价不得超过 100 万元。竞拍时每次出价不得低于 10 万元,每次加价不得低于 1 万元。三次叫卖后无人加价则得标。拍卖结束时得标人要说明为此将做哪些努力。

物品清单	排序	出价/万元	得标人	拍卖价/万元	得标人的承诺
1. 生活安定有保障					
2. 身体健康,精神愉快					
3. 亲子之间融洽和美					
4. 夫妻恩爱,心心相印					
5. 个人事业非常成功					
6. 给家人更多关心、更多爱					
7. 孩子独立无须操心					
8. 有权力和地位					
9. 工作单位离家近,可以顾家					
10. 成为孩子最信赖的人					
11. 受他人推崇并尊敬					

续表

物品清单	排序	出价/万元	得标人	拍卖价/万元	得标人的承诺
12. 可以与家人一起共度周末					
13. 有稳定工作和丰厚收入					
14. 工作富有变化,不单调					
15. 经常回家看望父母					

练习 9-4-2

礼物大派送

序号	小组成员名单	赠予成员的礼物	从成员那里获赠的礼物
1			
2			
3			
4			
5			
6			
7			
8			

小组分享:____________________

收到礼物后你的感受:____________________

练习 9-4-3

让你健康快乐的六颗心

1. 童心:像孩子一样,天真活泼,纯洁无邪,无忧无虑,无怨无恨,并向上进取,不甘落于人后。

2. 舒心:要能自我调节,把烦化乐,将忧转喜。眼里总是叶绿花红,心中常刮宜人春风。

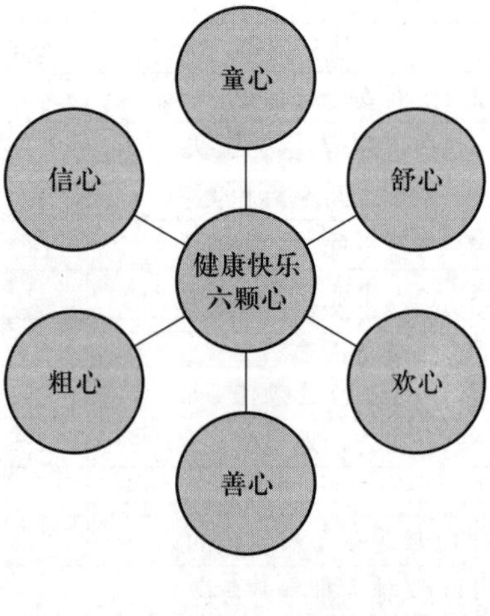

3. 欢心:豁达乐观,常喜无愁。纵有不快,也一笑了之。

4. 善心:与人为善,助人为乐,好事做过,心里坦然。同时,也能博取别人的相助和关照,融洽人际关系。

5. 粗心:在日常生活中,能将就则将就,不挑剔,不刁难,不计较,不责备,不生疑,无忌讳。

6. 信心:对生活抱有信心,什么难关都能渡过,这种信心是坚韧不拔的精神支柱。

练习 9-4-4

工作坊效果评估表

我觉得这次培训______________________

我觉得团体的氛围______________________

我觉得小组的伙伴______________________

我觉得团体的带领者______________________

我觉得我在培训中______________________

对我帮助最大的练习是______________________

用一句话来概括你参加工作坊的感受是______________________

我的收获：　5　4　3　2　1

非常同意　　非常不同意

(　)1. 对自己更了解了。

(　)2. 对他人更了解了。

(　)3. 澄清了自己目前工作与家庭的现状。

(　)4. 对平衡家庭和工作更有信心了。

我觉得可以改进的地方是______________________

姓名______________　　日期______________

主要参考文献

1. Corey, G. , Corey, M. S. 心理学与个人成长[M]. 胡佩诚, 等, 译. 北京: 中国轻工业出版社, 2009.
2. 斯宾塞·约翰逊. 快乐人生: 成功的资本[M]. 王岩, 译. 延吉: 延边人民出版社, 2001.
3. 李开复. 做最好的自己[M]. 北京: 人民出版社, 2005.
4. 李开复. 世界因你而不同[M]. 北京: 中信出版社, 2009.
5. 樊富珉, 费俊峰. 青年心理健康十五讲[M]. 北京: 北京大学出版社, 2006.
6. 何跃青. 如何进行压力管理[M]. 北京: 北京大学出版社, 2004.

专题十

做称职的好家长：父母效能团体辅导

钟思嘉

钟思嘉：美国俄勒冈大学教育心理学博士，现任浙江师范大学教师教育学院特聘教授，心理健康教育研究与指导中心首席专家。曾任台湾政治大学心理系教授、博士生导师、心理系主任、理学院院长、教务长，以及台湾健康家庭协会理事长、台湾辅导学会理事长。发表学术文章百余篇，出版著作有《少问孩子为什么，多问自己怎么做》《别让孩子输在情商》《父母效能培训手册》《单亲父母成功教子方案》《婚姻温度计》《智慧生活幸福满贯》《快乐就在方寸之间》《生涯咨询实战手册》《焦点解决短程咨询实务》等50余部。

多年前，笔者曾经做过一个小研究，在调查一百多位父母有关家庭价值观的问卷中，问及他们对于子女教育的期望，统计的结果以“有责任感”在众多选项中占第一位。由此结果显现，今日的父母十分重视孩子的责任感。之后，我在一些演讲场合每提到这项结果时，大多数的父母均纷纷点头认同。

虽然许多父母都肯定培养有责任感的孩子是自己最大的愿望，但是他们来寻求心理咨询时，发现这也正是他们在教养孩子上最大的困扰，亟须心理和教育工作者以及相关的学者专家给予协助，尤其是不少父母根本没有学习过如何来培养孩子的责任感，如何学习为人父母的教养之方。笔者依据多年来的研究和实践，本着“凡事做中学”(learning by doing)的理念，设计了适合中国人的社会文化和生活习惯的家长培训的实用手册，并且结合西方家庭教育的精华，以团体辅导的方式进行，取得了相当不错的成果。这一套系统的团体活动方案不仅让父母亲有很大的学习兴趣和动力，而且在实际运用上更能称心顺手。如今，不仅在中国台湾地区训练了超过几百位的团体领导者，开办不少的家长团体课程，并且也培育新加坡、马来西亚、中国大陆等地上百位亲职教育伙伴，受益于这套系列课程的父母亲已有数万人。凡是参加父母团体的成员很快地会从中享受到这套所谓“教育的太极基本功”课程和团体活动的乐趣，进而成为一个胜任、愉快的21世纪父母。这项有意义的教育工作仍在热烈的推展中，我们希望更多的家庭能因此而更加和谐美满，亲子关系更快乐融洽；当然，同时帮助我们的孩子将来成为一个个有责任感的未来社会的主人翁。

一、 团体理论

1. 阿德勒的亲职教育观点

心理学家阿德勒(A. Adler)主张社会是个人行为的决定因素。他认为心理学、精神医疗、辅导等的目标在于教育全体群众过上更有效的社会生活。阿德勒是第一位将家庭咨询运用到社区教育的人,他在1919年设立儿童辅导中心后,便联合父母、教师和有关的工作人员,共同处理儿童的问题,而发展出阿德勒家长研习团体的创新咨询方式。阿德勒学说与家庭教育工作者有关的主要观点有以下三点:

(1) 生命的主要力量就是追求优越或自我肯定

因为孩子在成长时期软弱无助,因接受父母全能的权威而容易产生“自卑情结”,之后必须通过“补偿作用”来隐藏或克服此种自卑情结,而生起“向上意志”来争取独立自主。这种需求与现实相适应,并与社会需求相整合,经由自我的成就而导致满足。

(2) 家庭是生活形态的决定因素

个体的生活形态是在家庭环境下因感到脆弱和不安全,为抵抗自卑情结所产生的补偿作用而逐渐发展出来的,形成于生命最初四五年,且能长期保持。因此,家庭气氛与价值观、父母的教养方式、性别角色、个人的出生顺序、兄弟姐妹间或其他同居亲属的关系以及邻里和社会的影响,都是个体生活形态的决定因素。

(3) 神经官能症源于幼儿期与父母的冲突

精神疾病患者常是因为个人需求与社会需求之间缺乏适当平衡的生活方式而产生阻碍。换句话说,他认为此病患是他在幼年时期与父母的冲突之表征。

阿德勒的学说经由美国一些精神医师和心理学者的拓展,理论更为清晰。这些学者认为人是一个能自主的社会性动物,一生中的主要目标就是寻找归属感(belonging)。在寻找的过程中,我们选择并运用自己觉得可以得到重视的信念、感觉及行为,逐渐形成自己的生活形态。

许多研究发现儿童会表现出一些不适当的行为,实际上在不当行为的背后常存有许多的目的或动机。表现出不当行为的儿童常觉得灰心、沮丧,他们不相信自己可以用良好的行为方式得到“归属”,但是又希望获得父母的注意和接纳,为了争取自己在家中的独特地位,他们只有以不适当的行动来追求自己的“归属感”。

2. 戴克斯的行为目的观点

美国精神医生戴克斯将儿童的不适当行为依不同目的分为四大类,事实上这些目的亦存在于较大儿童及成人的行为中。戴克斯所谓的行为目的如下:

(1) 获得注意

几乎所有孩子都有想得到他人注意的欲望。儿童学习良好的行为来获得他人注意,但是如无法以那些方法达到目的,则会以一些不当的行为来寻得他人注意。有些孩子认为唯有得到他人的注意才有归属感,即使得到的注意是负向的也比被忽视要好。例如,父母被孩子干扰了,常以提醒或哄慰的方式纠正孩子所表现的不当行为,反而使他获得所想要得到的注意。以后,孩子可能会再以相同的不当的行为来获得注意。

要帮助这些寻求注意的孩子,父母必须改变自己的反应,使孩子明白做一些大人所期望的好行为,比用不当的行为以求得注意或协助,更能受到重视。父母必须注意看重孩子的正向行为,忽视其不当行为或以不是孩子所期望的行为方式做反应。

父母绝不能在孩子要求得到的情形下给予“注意”,因为此种反应会增强孩子这种不当的行为。给予注意的适当时机,应在孩子没有预期的情况下,其重点是在“给”,而不是“得”。

(2) 争取权力

争取权力的孩子觉得只有在他们发号施令时,才显示自己的重要。父母想要控制子女,而孩子也想要证明自己所想要做的,也能拒绝别人要求他应做的。在此种争执中,事实上没有一个是赢家。因为即使父母胜利,孩子照着要求去做,却不依父母所希望的方式去完成,只能说是一种口服心不服的现象。在这种情形下,亲子关系必会受到很大的伤害。若是小孩胜利了(表面上),必然是成人放纵他,也会造成孩子的沮丧。

在处理这些争权力的孩子时,父母必须避免生气,同时避开权力的争战。以权威来压制这些渴望权力的孩子,只能增加他们对权力的欲求。如果权力的争战一直继续不断,使子女们渐渐觉得无法反对父母时,他们可能会改变对权力的渴望,而转向第三个目的:报复。

(3) 报复

采用报复行为的孩子常认为自己是不被爱、不被注意的,或是被拒绝、被排斥的,因此当他伤害别人时才会被看重,也只有以残酷与讨厌的行为出现,才会获得一席之地。

当孩子有报复行为时,父母常会觉得受到伤害,认为应当立刻加以惩罚以制止此种行为。然而,孩子的反击却是寻找更激烈的手段,或是另选一种武器来报复。父母必须了解儿童之所以表现不当行为,是由于其内心感到灰心与沮丧,这种感觉并非一定是由父母所造成的。因此,父母要帮助这些存有报复之心的子女,绝不可也以报复的方式来对待。父母必须以诚意、关心的态度及冷静的心情,尽力与他们建立良好的亲子关系。

如果报复的斗争一直存在于亲子之间,孩子会渐渐觉得自己被打败,而放弃此方式,以另一种“我差劲”的行为,寻求他人的原谅与同情。

(4) 自暴自弃常是那些受到打击并对自己灰心的孩子的表现

自暴自弃的孩子会用“我没有办法”“我无能为力”来防御自己,让别人对他们不再抱任何期望,借此逃避责任,也省去了许多责备与不安。

通常如果父母对孩子已不再抱任何希望,表现出“我再也不管你了”的态度时,孩子也会放弃自己,以冷漠或毫不关心的反应来面对父母的决定,行为也不会有所改进。协助这样一个自觉无药可救的孩子,父母必须停止所有的批评,将注意力集中于他的能力和优点上,对孩子的任何努力与进步给予鼓励,即使那是多么微不足道的表现。

根据戴克斯的分析,孩子为了达成以上这些目的,可能用建设性或破坏性的方法;也可能用主动性或被动性的方法。孩子选择用建设性或破坏性的方法,主要是看其行为的结果,假如使用破坏性的行为可能让他得到重视,他就会用破坏性的行为来达成目的。此两种方式排列组合起来有四种行为方式,见图 10-1。

	被动性	主动性
建设性	如听话、乖巧、可爱等表现	如在学校成绩优良、活动出色
破坏性	如懒惰、固执等表现	如行动粗鲁、反抗、叛逆等

图 10-1　建设性、破坏性与主动性和被动性方法的四种组合

由上述可知，此派理论的方法是满足儿童合于其年龄和社会发展的权力欲，使其体力和智力有适当的出路。

3. 罗杰斯的情感表达观点

人本主义心理学大师罗杰斯(C. Rogers)认为对别人表示接纳是帮助被接纳者成长、发展、做建设性改变、学习解决困难、迈向心理健康、变得更有创造力、更有作为与实现其全部潜能的重要因素。如果父母懂得运用语言表达接纳孩子，即可影响其子女接纳与喜欢自己，及增加个人价值感，因为接纳是一种爱的行为表现。从心理学的观点看，感觉被爱对一个个体是很重要的，能促进个人身心发展，也是弥补身心创伤的最有效的治疗方法。

罗杰斯学派的情感表达技术，主要的论点如下：

(1) 情感的接纳

情感的接纳又称“单纯的接纳”，即无论孩子表现正面或负面的情绪反应，都予以接纳。父母把焦点对准孩子的内在情感世界，与孩子共同体验，并促进其自我探究或自我表达。父母在应对时，必须充分考虑自己说话时所包括的非言语信息，如态度、表情与动作等。

(2) 情感的反映

情感的反映是父母将孩子所表达的情感，用自己的意思反馈给孩子，如此可传达父母的了解与接纳及澄清孩子的情绪，促进孩子表达其真实的感觉。

4. 哥顿的亲子沟通技术

“父母效能训练”(parent effective training, PET)的创始人哥顿(T. Gordon)在辅导工作中发现很多子女拒绝与父母坦陈其心事，却愿意向心理咨询师诉说真情。于是将罗杰斯学派的咨询技术中的情感表达技术，转而运用于家长训练中，向父母亲传授有效沟通的技术，以改善亲子情感的交流，增进彼此的关系。

哥顿所运用的亲子沟通技术主要有三：积极倾听、我的信息及不败的方法。

(1) 反映性倾听

反映性倾听的原理是在听孩子说话的时候，让他们明白我们已觉察到他们说话隐含的意思，以及没说出的背后的感受，使子女感觉被了解和接纳，使他们能够更清楚地看到自己的问题，并协助他们解决问题。互动的过程有言语和非言语(如动作、表情、声调)方式。当父母毫无评价地先接纳子女的感受或意思时，便显示了对子女的尊重及设身处地的理解。

(2)“我”的信息

为了帮助子女成长，父母必须表达自己真实的感受、想法及意图，因为坦诚地对子女表白真情，远较直接呵斥或间接暗示孩子的不当行为更容易被孩子接受。我的信息的运

用通常包含三部分:① 描述行为(只描述而不评价);② 说出对这个行为后果的感受,例如:你踢(行为)得我好痛(后果),我真的受不了(感受)。

(3) 探索各种解决问题之道

当孩子遇到难题或者亲子双方有冲突时,可一起衡量各种行动方法,彼此协调后,选择合理的行动再付诸实施,其方式既民主又尊重子女的意见,而不是父母单方指导或压制。探索的步骤如下:①使用反映倾听的技巧去了解并澄清子女的感受;②利用头脑风暴术探索各种可采取的方法;③评估各种方法;④决定最可以接受的解决办法;⑤付诸实施;⑥预留时间评估执行成效。

二、团体设计

1. 团体的目标

依据父母效能系统训练设计学习团体,团体领导者可以将团体目标确定为以下六点:

(1) 帮助父母学习一种建立良好亲子关系的实用理论。

(2) 帮助父母学习与孩子建立民主关系的有效方法,帮助父母增进亲子沟通,让孩子感受到他们被关爱。

(3) 帮助父母学习倾听、解决冲突及与孩子探索解决问题的方法。

(4) 帮助父母学习鼓励孩子,以及运用合理结果来改变孩子的偏差想法和行为。

(5) 帮助父母学习如何召开家庭会议。

(6) 帮助父母察觉自我挫败的情绪和信念,成为称职、愉快的父母。

2. 团体成员的招募

通常,邀请父母参加一个长期的学习团体是不容易的事。有些父母之所以会愿意学习,是因为他们发现了孩子的一些问题且造成了自己的困扰,而多数的父母对于类似这种需要花时间和金钱的学习团体,或多或少总是会有些犹豫不决,除非这些团体能够真正吸引他们。换言之,学习的课程或活动若能与他们的需求相契合,便能打动他们的心。因此,领导者在招募团体成员时需费心思做好营销,宣传方面的参考意见如下:

(1) 团体的名称

不一定要使用“父母效能训练”这么正式的名称,一方面它不易被人理解,另一方面可能还得费口舌解释。因此,不妨取一些生动的团体名称,可能更有吸引力,参考的名称如:父母情商,效能父母,做有效的父母,做称职、愉快的父母,做高智商加高情商的父母等。

(2) 团体的内容

除了生动的团体名称外,宣传材料的内容可以采用上述的六个团体目的,也可以自创一些吸引人的宣传语,参考的例句如:孩子的行为让你感到烦恼吗?你常为孩子磨蹭的行为感到生气吗?而根据我们的经验,最具有吸引力的宣传语莫过于“帮助孩子学习(功课)进步,”这类宣传语最能打动父母的心。虽然父母效能团体不是直接针对孩子学习或功课的进步,但是深信父母经由团体的学习,必定能看到孩子各方面的进步,当然也包括学校的学习。

(3) 收费的标准

父母参加学习团体是需要缴费的，因为“天下没有免费的午餐”，而且有些人甚至会以收费高低来评判课程的水平。根据我们的经验，收费原则固然应依各地情况制定合理的标准，但免费的学习通常效果不佳，因为容易让团体成员找各种理由缺席。而要他们缴费来学习，参与团体的动机和动力会较强。即使学习团体可能有赞助经费，也建议到最后一次课程结束时，给全勤的成员全额或半额的退费以资鼓励。况且，成员缴的学费需支付一些必要的开销，如场地租金、水电费、资料复印、书籍、材料、人员劳务等。

(4) 团体的同质性

参加团体的成员其孩子年龄相近自然是最好的组合，比如他们的孩子都是小学三年级。然而，这种组合很难如愿。即使不能细分为幼儿，小学低年级、中年级学生等，至少区隔为儿童和青少年的家长团体，因为孩子年龄相差不多的团体成员彼此的感受较接近，分享和反馈也较能引起共鸣。至于家长的年龄、性别、婚姻状况等是否需要同质则为次要了。根据我们的经验，如果孩子的祖父母想参加团体，虽然很难拒绝他们，但通常他们学习的效果不大，除了观念和记忆的问题之外，更重要的是父母处在亲职教育的第一线，而祖父母只有含饴弄孙的权利，没有教育孙子女的责任。

3. 团体的准备

(1) 时间及次数

原则上以设计 8 ~ 10 周、每周一次、每次两小时的课程为佳；有时亦可以一周两次的方式进行。一般不建议采取几天内完成或利用两三个周末时间的密集式课程，因为短时间内团体成员很难在学习上有充分的消化和吸收，也不容易将所学的内容与真实的生活体验结合。

(2) 团体场地

无论是在学校或小区，团体活动的场所最好是隐秘和安静之处，才能让成员彼此开放地分享和反馈。席地而坐或座椅皆可，最好是围成一个圆圈而坐，彼此能看到团体的每一个成员。

(3) 团体大小

虽然本课程可以大班(40 ~ 50 人)的方式进行，但建议仍以 8 ~ 15 人的小团体为佳，且以 12 人为适宜。

(4) 团体规范

团体必须要有规范，除了手册提供的一般性原则外，团体成员亦可自订一些规范，其中准时出席和对团体话题保密应是团体顺利进行的基本保证。

(5) 茶点预备

团体活动不一定需要准备茶点，当然能在休息时间或活动结束时，以茶点进行轻松的交流是很好的，但切记不要在团体进行过程中食用，以避免团体流为茶话会。

(6) 资料或讲义

领导者应于团体进行前熟知每一单元的活动目标、内容和流程，并可视需要准备器材、制作海报或复印领导者手册中的一些表格与亲子格言发给成员。

(7) 弹性运用

① 领导者手册中每单元的名称都有数个,可视个人喜好或团体成员的背景择其一使用或自创。

② 从单元二开始的"回顾与心得"是作为前后单元过渡之用,设计的时间若足够可请多位成员分享,如果时间短至少请一两位成员分享。

③ 热身活动亦可参考新闻性的时事或故事,来引导成员进入该单元的主题。

④ "回顾与心得"可与"热身活动"互换顺序。

⑤ 领导者手册中提供的热身活动与主题活动方案须视设计的时间安排,各选择其一二使用。活动所需时间详列于领导者手册各单元的"活动内容"表中,领导者可依个人的经验加以调整或另寻活动代替。

⑥ 领导者手册中的一些表格或观察记录可视需要加以修改运用。

⑦ 除了第一次团体形成和最后一次的团体活动外,领导者手册的各单元系对应父母的阅读手册之顺序编制而成的,领导者亦可依情况将单元顺序做适当更改。

4. 领导的理念

当领导者承诺并准备带领一个团体时,仍可能会有以下一些怀疑或困惑:

(1) 我是什么人? 有什么资格教人为人父母?

(2) 如果他们问了我答不上来的问题,该怎么办?

(3) 我接下来该做什么?

(4) 我如何让他们按照进度阅读、做作业以及乐意参与活动?

初次带领团体的领导者有焦虑是难免的,唯有以正向的态度和充分的准备才能降低焦虑。同时,领导者难免会将个人的信念和价值观带入团体,然而有效的团体领导者会根据以下的理念加以调整:

(1) 接受人类行为的动机理论,进而帮助成员理解他们孩子行为背后之目的。

(2) 敏锐感觉到团体中潜在的鼓励的力量,并以增进成员之间合作和凝聚力的方式来领导团体。

(3) 相信人有成长和改变的能力,不需去取悦成员,而是鼓励成员成长。

(4) 领导者帮助成员体验到自己的长处和能力,避免扮演专家或权威的角色。

(5) 鼓励成员将他们在团体中学习到的观念和方法,应用到家庭的实际生活中。

(6) 重视在团体中发展相互信任和鼓励的氛围。同时,肯定每一位父母做得好的地方,并帮助他们有信心去改变做得不好的地方。

有效的领导者不会奢求自己拥有上述所有特质,因为没有人可以做得到的。然而,领导者也不会因自己的不完美而沮丧,他们会尽自己所能,朝这些目标去努力。

5. 领导的原则

(1) 让成员了解领导者并非亲职教育的专家,领导者的工作是以引导和催化的立场来促成学习活动的进行。

(2) 领导者事前应有充分的准备,熟读及演练本手册和发给参与父母团体的成员阅读之《培养有责任感的孩子——父母阅读手册》,以了解整体和个别活动的精神、原则和方法。

（3）领导者大多数时间应以同感倾听的态度，鼓励和引导成员多做分享与反馈，并促进成员彼此间的沟通。

（4）领导者在时间允许的情况下，可针对某个成员的问题稍做讨论，并注意给其他成员提供机会，以表达对此问题的意见与感受。但涉及需要较长时间的辅导或面谈，以及涉及个人深入的问题时，宜委婉地告知该成员，事后约时间做个别咨询或适当转介。

6．领导的技巧

（1）结构性

父母效能团体为父母的学习团体，团体进行有一定的目标、流程和时间安排，领导者应避免团体的讨论流于漫谈。同时，成员如果因个人的信念或价值观不同而争论，应立即提醒成员相互尊重彼此的差异。为避免不必要的困惑，领导者应熟悉并掌握团体活动内容、时间和材料。

（2）普遍性

团体的目的不在于解决个别化的问题，因此领导者协助成员在普遍性的主题上学习，亦即将讨论焦点放在多数人共同的经验分享上。成员必须学习彼此倾听，并发现自己的问题并非独特的个别事件或问题。

（3）联结性

经常将团体成员所分享的经验或对其他成员的反馈，与之前及此次单元活动的主题进行联结；同时，将成员之间彼此相似的想法或感觉做联结。领导者运用联结，在团体早期发展阶段及成员未彼此倾听时尤其重要。

（4）反馈性

团体过程中成员从其他人的反馈，可以得知自己被了解和接纳的情形。因此，建立团体中信任的关系，需要成员之间彼此真诚和尊重地分享和反馈。最有效的反馈是强调"此时此地"，以促进成员为人父母的洞察。反馈不须要求改变，它只是分享彼此的观察。

（5）假设性

每一个家庭有不同的结构，每一位父母也有其不同的成长背景和经验，因此领导者对成员的尊重和接纳，可以促进成员之间彼此尊重和接纳。同时，在教养子女上没有所谓的标准答案。因此，多引导成员做水平思考，即让成员了解同一个问题可以有许多不同的答案。

（6）积极性

团体成员常提出自己的困扰或问题，试图在团体中得到解答，这是正常的情形，但领导者应多为成员打气，鼓励他们多说自己的长处与优点，朝着建设性的改变努力。

（7）目标性

团体成员必须清楚每次活动的目标，并且愿意在学习后去应用。因此，领导者应鼓励成员承诺完成每次活动后的作业。

（8）摘要性

领导者在每一次活动或每个单元结束后，将成员的讨论与其主题做一个统整性的收尾说明，如此可帮助成员加深印象和肯定努力方向。尤其在每次团体活动结束前，宜多鼓励成员承诺持续参加团体和做自我改变。

7. 成员问题的响应

如果某一位成员在团体中直接对领导者提出问题,领导者该怎么办?

首先,让其他成员一起思考这个问题,可以对团体成员说:“对这个问题,你们有什么想法?”或者说:“你们会怎么处理?”领导者如此做并非逃避回答问题,而是引发团体成员的智慧,让个别的问题普遍化。假使团体成员提不出好的答案或解决方法,领导者可导入思考父母效能训练的理念和方法:“在我们过去所学的内容或阅读手册中,有没有答案?”或者:“我们以后会学习到,先把这问题记下来,到时候我们一起来找答案。”

上述的将问题转向的做法,不仅能激发成员参与的向心力,而且也显现领导者对成员解决自己问题的信心。此外,领导者不要期望自己能完美地处理团体中发生的每一个状况,相信自己、成员以及团体的力量。

8. 团体的发展阶段

根据我们的经验,父母的学习团体会经过三个发展阶段:

(1) 团体发展的初期

在第一个阶段,也就是团体发展的初期,团体成员会显现出热切但不实际的期望,认为团体的聚会可以立即解决他们的子女教养问题。通常,他们对领导者有过高的期望,甚至有的成员会迫使领导者成为权威专家的角色。虽然这种期望在团体的初期可能造成一些困惑,但领导者必须不断地提醒自己和成员:只有父母负起自我改变的责任,否则在子女的教育上会徒劳无功。在团体发展的初期,有些成员可能会因焦虑、害怕或不信任而不敢谈论自己的亲子问题。此时,领导者需以轻松的态度和幽默的语气来舒缓团体的紧张气氛,可先描述一些常见的子女教养问题,如孩子动作慢吞吞、赖床、写作业磨蹭、挑食、顶嘴等,然后再宽慰他们说:“大多数父母都有类似的问题,所以别担心自己提出的问题,你并不孤独。”

(2) 团体发展的中期

在第二阶段,大约是团体聚会到第三四次时,成员初期参与的热度可能会降低,因为他们察觉到:若要孩子改变,自己必须先改变。此时,成员容易有失望或沮丧的情绪,也可能对团体的价值有负面的批评。在这阶段,领导者必须持续地说明学习的目标,鼓励彼此反馈,肯定成员的努力和进步,并且使用各种不同的活动方式以吸引他们的兴趣,如角色扮演、分组演剧、绘画等。

(3) 团体发展的中后期

到了第三阶段,大约是团体发展的中后期,成员的学习上了轨道,也乐意对自己的改变负责,此时,团体的凝聚力很强,成员彼此的学习互动也更加成熟和高效。

9. 领导者的自我检核

父母效能训练是一个家长教育的方案,强调亲子关系的行为学习原则与应用,它的性质不是读书会,也不是家庭咨询。团体辅导方案有其结构性,需要一步一步地引导团体成员学习一些观念和技巧。下面是领导者在带领团体过程中需要思考的12个问题:

(1) 我是否依照方案中的单元目的、结构和时间来运作?

(2) 我如何将一个成员所谈论的问题引导到其他成员可能有的类似情境?也许可以对成员说:”有没有人有类似的经验(情形、感受等)?”

(3) 团体的凝聚力如何？成员是否真正地彼此倾听？也许可以做一些联结："这个问题(情形)跟我们之前讨论过的有没有类似之处？"

(4) 团体成员的沟通情况如何？每一个成员是否都能理解团体中其他人对他的反馈？领导者可能需要做一些示范，并且提高团体成员之间的信任感。

(5) 团体成员是否理解行为的目的，进而帮助他们发展出对孩子偏差行为目的之假设？当有父母不能理解孩子的行为是出于什么目的时，帮助他重新思考：① 孩子的行为；② 父母自己的内在感受；③ 父母反应后的结果。如此可能会找到关于孩子动机的线索。

(6) 团体成员是否学习到如何运用鼓励？如果他们做得不理想，可以加强对他们的肯定："你觉得自己做得最好的是________。"或是："我们还看到的优点是________。"

(7) 团体成员是否花太多时间在某个话题上或开始有了争论？如果如此，可以对他们说："看起来有的人觉得________，而有的人认为________，这话题我们再讨论三分钟，然后我们要进行下个活动(话题)。"

(8) 团体成员是否能将所学的理念或技术运用出来？如果不能，可以鼓励他重读手册的相关章节，并且再运用到实际情况中一段时间。

(9) 如果某位成员提了一个不恰当的建议，怎么办？可以请他设想后果："如果这样做，会有什么结果？"

(10) 如果有成员说话时，不对着其他成员而只对领导者说，怎么办？领导者可以对该成员说："你可用我的信息方式，直接对×××说出你的感觉。"

(11) 如何知道团体成员学到什么？最有效的方法是运用摘要技术，在任何活动告一段落时均可使用。在每次单元结束前，亦可询问每一位成员："你觉得今天学到了什么？"

成员可能会要求领导者评断他所说(所做)的对错，此时最好运用沟通的技巧，如不去与其争论、表明自己相信的，以及接纳和强调每个人都有权利相信自己的看法等。

三、团体实施

【单元一：团体会心】

【单元名称】

相逢自是有缘、相见欢、喜相逢、有缘千里来相会、用心相聚(择一使用)

【活动目标】

1. 引发成员兴趣，活跃团体气氛；
2. 促进成员彼此认识，建立彼此信任；
3. 澄清成员期望，整合团体目标；
4. 建立团体规范。

【给领导者的话】

团体会心阶段，领导者应将重点放在引导成员彼此认识，活跃团体的气氛，以建立初步的团体凝聚力。同时澄清成员的动机与期望，带出团体的目标，并说明团体活动的重点。

【活动内容】

活动		目的	时间	材料
热身活动	方案一：心情点唱机	引导轻松安静的团体气氛	8～10分钟	录音机、录音带、歌词
	方案二：致欢迎词	引发成员参与团体的兴趣	3～5分钟	正向、积极、肯定、鼓励的话语或短文
	方案三：牵手一世情	促进成员彼此了解	5～10分钟	轻松柔和的音乐
主题活动	方案一：访问	促进成员彼此认识	50分钟	彩色纸、彩笔
	方案二：回旋沟通	促进成员彼此认识	60分钟	问题例句
	方案三：滚雪球	促进成员彼此认识	50分钟	
分享与反馈		澄清成员参加团体的动机与期望，厘清团体目标，并提醒团体注意事项	20分钟	白纸（记录团体目标）、团体注意事项单
团体时间		制定团体规则、选举团体联络人，发《父母效能培训手册》一书	15分钟	白纸（记录团体规则）、书
统整与作业布置		总结团体，成员进行反馈、填反馈单，交代作业	15分钟	反馈单

【活动流程】

1．热身活动

方案一：心情点唱机

（1）放一首温馨感性的歌曲，如周华健的《亲亲我的宝贝》、王芷蕾的《给我换颗心》、姜育恒的《有空来坐坐》等，如能准备歌词，效果更佳。

（2）留意观察成员的反应，如有成员未能安静下来，暂停播放，提醒成员注意，待成员安静后，再继续播放。

方案二：致欢迎词

以正向、积极、肯定、鼓励的话语或短文激励参与的成员。

方案三：牵手一世情

（1）将成员两两分组。

（2）各组组员相对而坐，手拉手，仔细抚摸彼此的双手，用心观察对方的手。（活动进行时，领导者可播放轻柔的背景音乐，营造感性气氛，使成员不致觉得尴尬。）

（3）请成员针对以下问题或活动，与对方分享自己的双手。

① 会做什么？

② 曾经做过什么？

③ 曾经做错什么?

④ 期盼它将来能做什么?

⑤ 感谢这双手什么?

(4) 询问成员:“倘若为这双手命个名,我称它是……”,或“请你为对方的双手命名,它会是……”。

(5) 请成员分享活动感受。

2. 主题活动

方案一:访问

(1) 成员两人一组,相互访问,访问内容包括姓名、家庭成员、职业、喜好、参加动机、对团体的期望等。

(2) 成员轮流以第一人称介绍自己的同组伙伴,伙伴就自己愿意分享的部分进行补充。

(3) 待相互介绍完毕后,请成员以彩色纸制作胸牌(胸牌的样式及内容由成员自由发挥创意),在团体活动的前三个单元出示或佩戴,供其他成员辨识,加深彼此的印象。

方案二:回旋沟通

(1) 成员围成一个大圆圈,请成员 1、2 报数,然后请报 1 者向前跨一大步(如为座椅,连椅子一起向前移动),并转过身与报 2 者,两两面对面,组成内圈和外圈。

(2) 领导者出问题,请两人就问题分享自己的想法,每个问题的时间为 5 ~ 6 分钟,时间到,由领导者喊停。

问题参考例句:

① 假如我买彩票中了一百万元,我会怎么用这笔钱?

② 假如我是教育部长,我认为最需要改革的事是什么?

③ 假如我的生命只剩下三个月,我会做什么?

④ 我最难忘(快乐)的一件事情是什么?

⑤ 我最希望居住(旅游)的地方是哪里?

⑥ 孩子最令我困扰(高兴)的行为是什么?

⑦ 我最不喜欢来往的朋友是哪种人?

⑧ 大多数人认为我……但很少有人知道我……

⑨ 我对孩子的期望是什么?

⑩ 五年(十年)后,我会变成什么样子?

(3) 讨论每个问题之前,请成员先彼此认识,如简单介绍自己的姓名、家庭成员等,时间以不超过一分钟为宜。

(4) 当一个问题沟通完毕,领导者请外围成员向右移一个位置(如为坐在椅子上,椅子不动,人移动即可),换成另一种不同的组合沟通第二个问题。

(5) 第二个问题同样讨论 5 ~ 6 分钟,领导者再喊停,请内圈的人向右移一个位置,又换成一个新的组合,进行第三个问题的讨论。之后,外圈和内圈轮流换位,继续进行问题讨论,依次类推。

(6) 当内圈和外圈的成员都碰过面讨论后,可间隔一位内、外圈成员换位,外圈(或内圈）成员再向右移一个位置，又可形成另一个新组合。

（7）如欲继续进行（须视时间和人数多寡而定），可再内外圈成员换位，内圈（或外圈）成员向右移一个位置，依次类推，使每个成员均有机会认识其他成员。

方案三：滚雪球

（1）由自愿的成员（或领导者指定）担任第一位，报自己的名字："我是×××"，然后右手边的成员担任第二位，先报自己的名字，接着复述第一位成员的名字，如："我是×××，这位是×××。"

（2）第二位成员的右手边成员（第三位）同样先报自己的名字，再复述第二位与第一位成员的名字。依此方式持续进行，仿佛雪球愈滚愈大，人名愈记愈多。最后一位成员则须复述所有成员的姓名。

（3）姓名介绍完后，第二回除姓名外，再加上另一种信息，如住处。

（4）第三次又加上另一项资料，如个人兴趣：第四次可加上家中成员等。

（5）每一次开始，可换其他成员担任第一位。至于进行的次数，需视成员的反应及时间而定，若成员显出疲态或所剩时间不多时，即应停止。

3. 分享与反馈

（1）引导成员分享前项活动的感受与想法。

（2）引导成员表达参加团体的需求与期望。

（3）整理成员的期望与需求，带出团体的目标。（可请成员将团体目标记录下来。）

（4）领导者说明团体注意事项。（领导者可将注意事项制作如练习 10-1-1 的单张，发给成员保留，作为随时的提醒。）

练习 10-1-1

团体注意事项

在彼此探讨中所提供之经验分享、心得响应与心情故事，我们应给予完全的尊重并且做到：

（1）真诚沟通；

（2）不作评判；

（3）不论是非；

（4）不道对错；

（5）切勿人身攻击；

（6）不主动提供意见；

（7）不背后传言；

（8）在课堂中不做个案讨论，若有需要可于会后继续讨论。

4. 团体时间

（1）为团体命名，推选团体联络人。联络人是为大家服务的，没有任何特权。

（2）制定团体规范，团体成员通过讨论确定须共同遵守的事项，例如：出席状况之奖惩、作业完成、值日生、环境维持等。

5. 统整及作业布置

(1) 邀请成员针对此次团体活动给予口头反馈,或填写反馈单。反馈单的主要用意在于帮助成员回顾并整理,也给予领导者反馈,作为下次团体改进的参考。反馈单的样式可自行设计,或参考练习 10-1-2 的样式。

(2) 发《父母效能培训手册》一书,交代成员回家后阅读第一章。

(3) 领导者简要归纳本次活动,同时也鼓励、肯定成员的表现,最后提醒完成作业及下次聚集时间。

练习 10-1-2

单元________反馈单

1. 我对________(某一位成员或哪一项活动)印象最深刻,因为____________________

2. 今天,团体气氛给我的感觉是________,因为______________________________

3. 通过今天的活动,我对自己更加:(请在数字前打"√")

认识 不认识

1 2 3 4 5

4. 通过今天的活动,我对团体感到更加:

陌生 熟悉

1 2 3 4 5

5. 今天,我很用心参与团体活动吗?

是 不是

1 2 3 4 5

6. 我的收获是:

【单元二:民主的教养态度】

【单元名称】

换颗全新的心、爱须学习、家庭星座、亲子共同成长(择一使用)。

【活动目标】

1. 引导成员检视自己的教养态度;
2. 澄清学员错误的教养观念;
3. 建立正确的教养态度。

【给领导者的话】

蜕变虽然辛苦,却是成长所必需的。领导者试着鼓励成员面对真实的自我,肯定自己,尊重孩子,把握最佳时机——当下就是最好的开始。

【活动内容】

<table>
<tr><th colspan="2">活动</th><th>目的</th><th>时间</th><th>材料</th></tr>
<tr><td colspan="2">回顾与心得</td><td>联结前次单元活动</td><td>3~5 分钟</td><td></td></tr>
<tr><td rowspan="4">热身活动</td><td>方案一：爱的圆圈</td><td>鼓励成员借机检核与家人的亲疏关系</td><td>10~15 分钟</td><td>同心圆图(练习 10-2-1)</td></tr>
<tr><td>方案二：甜蜜的负担</td><td>澄清成员的价值观并检视目前的生活状况</td><td>10~15 分钟</td><td>填签纸(练习 10-2-2)</td></tr>
<tr><td>方案三：镜中人</td><td>使成员体会身教重于言教的意义</td><td>10~15 分钟</td><td></td></tr>
<tr><td>方案四：故事分享</td><td>引发成员讨论本单元的兴趣</td><td>5~10 分钟</td><td>正向、积极、肯定、鼓励的话语或短文</td></tr>
<tr><td rowspan="3">主题活动</td><td>前导活动</td><td>让成员检讨自己的管教方式</td><td>15~20 分钟</td><td>白纸(每位成员一张)</td></tr>
<tr><td>讲授</td><td>使成员明白教养子女时应有的态度及心情</td><td>20 分钟</td><td></td></tr>
<tr><td>处方笺</td><td>使成员明白教养子女时应有的态度及心情</td><td>15 分钟</td><td>从生活学习(练习 10-2-3)</td></tr>
<tr><td colspan="2">统整与作业布置</td><td>总结团体，成员进行反馈、填反馈单，交代作业</td><td>15 分钟</td><td>亲子格言、反馈单、记录表</td></tr>
</table>

【活动流程】

1. 回顾与心得

请一两位成员分享阅读《父母效能培训手册》第一章后的想法。

2. 热身活动

方案一：爱的圆圈

(1) 领导者发给每位成员同心圆图一张(练习 10-2-1)。

练习 10-2-1

爱 的 圆 圈

下面三个同心圆中，最中间的圆圈代表你自己，请在其他圆圈中填上其他家人，你可以写上他们的名字，也可以用称谓或其他符号代替。

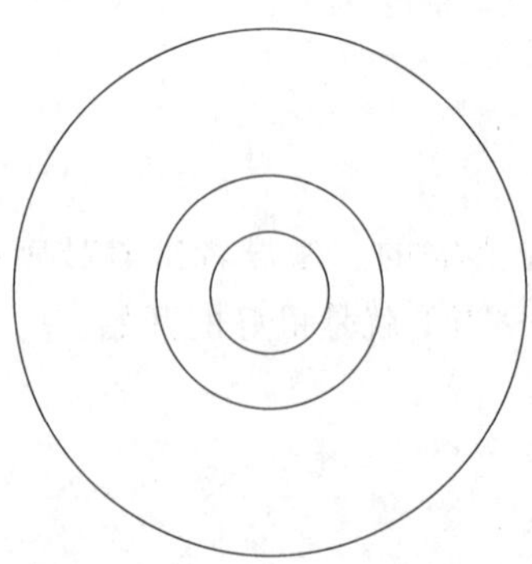

（2）请成员填写自己与家人的关系。最中心的圆圈代表自己，然后在不同的圆圈内填上家人所在的位置，以距离代表关系的亲疏，距离自己愈近表示你觉得他与你的关系愈亲密，反之，则代表觉得愈疏远。

（3）引导成员分享与家人的关系，以及导致不同亲疏感觉的原因。

（4）领导者可借此了解成员的家居生活及其与家人的关系。

方案二：甜蜜的负担

（1）复印练习 10-2-2，发给每位成员。

（2）请成员在纸上写下，日常生活中自己所扮演的角色，例如：太太（先生）、父亲（母亲）、经理……

（3）再填写在这些角色中，自己最喜欢哪几个角色？为什么？

（4）其次，写上在这些角色中，自己最想放弃的角色是什么？为什么？

（5）填完之后，领导者引导成员分享最喜欢及最想放弃的角色，以及个中理由。

（6）领导者可借机认识成员的生活情形及价值观。

练习 10-2-2

甜蜜的负担

日常生活中，你扮演哪些角色？请一一写出来。

____

这些角色中，你最喜欢哪几个？

角色一：________原因：______________________

角色二：________原因：______________________

角色二：________原因：______________________

这些角色中，你最想放弃哪几个？

角色一：________原因：______________________

角色二：________原因：______________________

角色三：________原因：______________________

方案三：镜中人

（1）成员自行配对，两两一组，相对而坐。

（2）一人饰演真实世界中的自己，另一人则饰演镜中的影像。

（3）请真实世界中的自己做动作，例如：梳头、画眉、穿衣等，由镜中影像来模仿。

（4）真实世界的自己所做的每个动作，饰演镜中影像的那位成员必须在步骤、动作、远近距离上与真实世界中的自己同步进行。

（5）演完后，每一组可以对调彼此的角色，再演一次。

（6）请成员分享活动心得，领导者做统整，强调孩子的言行犹如父母的一面镜子，在教养的过程中，不容忽视“身教重于言教”的准则。

方案四:故事分享

以正向、积极、肯定、鼓励的话语或短文激励参与的成员。

3. 主题活动

(1) 活动

① 发给每位成员一张白纸。

② 请成员写下平日与孩子互动时,最常跟孩子讲的话,例如:“赶快去……”“不准……”。

③ 请成员分享自己最常对孩子说的话,并根据这些话,分辨自己的管教方式属于民主型、权威型还是放任型。

④ 领导者统整成员的分享,并做总结。

(2) 讲授

领导者依据《父母效能培训手册》第一章,以及下面的参考文章,向成员说明教养孩子应有的态度和心情。

从容的教育心理

有一天,从台北市峨嵋停车场开车向出口行,正准备靠近缴费处时,忽有一位母亲牵着一位两三岁孩子横过车前,急忙踩下刹车板。待他们通过,但见这位母亲通过后还回头斥责:“你再不听话,我就修理你!”此时才发现,原来她的后面还有一个年纪稍大,约四五岁的小男孩哭着。只见这男孩站在原地,想靠近,又怕过去真的被母亲修理,犹豫了一会。这位母亲又喊道:“快过来,你要被车子压死吗?”我很有耐性地等待,看着这场戏如何收场。之后,这位母亲几乎在又急又气的情形下,再横回我车前,把孩子连拖带拉地带过来。最后,我没能见到结局。由于后面的车子不耐烦地按喇叭,我只好往前开,不知这孩子会被修理成什么样子,我想至少不会太好看!

当下,我不想去猜他们之间发生了什么事,也不愿批评这位母亲的态度和言行。当时的想法只是这位母亲在急什么?在许多公众场合亦看到一些父母没有耐性地催着孩子,焦急地拉着孩子赶来赶去。如果孩子的行为不如己意,责骂之声随即响起,怪孩子动作慢,怪孩子不体谅父母在赶时间……有时,父母甚至想在很短的时间里告诉孩子道理、纠正孩子的错误。换言之,企图在急急忙忙的状况下教育子女(大多数是“教训”)。无怪乎不少父母从早上叫孩子起床开始就生气,赶时间的情形下,自然难有耐性来教育子女,也谈不上想过什么策略和方法来帮助孩子的行为有所改善和进步。

我以为,这种急促纷忙之际是很难让孩子明白事理、接受教导的。因为,教育子女需要从容的时间、从容的心情。在时间急迫之下少说一些大道理(通常是责骂,而非道理),也许可以改变过去的言行模式而采用另一种有效的方法,如转移注意力、再找时间与孩子沟通等。

最近常有一些父母问我:“如何培养孩子的情商?”对这个热门话题的答案固然很多,为因应他们稀少宝贵的时间,我的答案简略地只有一句话:“情绪稳定的父母较能拥有高情商的孩子。”我想这句话绝不是答案的全部,但至少从容的心情该是教育子女的基本之道吧!

引自:钟思嘉.别让孩子输在情商.长春:吉林出版集团,2008.

(3) 处方笺

① 复印练习 10-2-3 发给每位成员,请成员轮流念每一个句子。

② 让成员分享对这些句子的想法。

③ 领导者统整成员的分享,强调让孩子从生活中学习,不要剥夺孩子学习的机会。

练习 10-2-3

从生活中学习

※ 若孩子生活在批评中,他就学会责难。
※ 若孩子生活在敌视中,他就学会攻击。
※ 若孩子生活在嘲笑中,他就学会胆怯。
※ 若孩子生活在宽容中,他就学会忍耐。
※ 若孩子生活在鼓励中,他就学会自信。
※ 若孩子生活在赞美中,他就学会欣赏。
※ 若孩子生活在公平中,他就学会正义。
※ 若孩子生活在安全中,他就学会信任。
※ 若孩子生活在赞许中,他就学会自爱。
※ 若孩子生活在接纳中,他就学会从世界中寻找爱。

4. 统整与作业布置

(1) 邀请成员针对此次团体活动给予口头反馈,或填写反馈单。

(2) 请成员填写记录单。记录单的用意在于鼓励成员记下每一次参加团体活动的心得,使成员更明确知道自己在团体中的收获与成长。记录单的样式可自行设计或参考练习 10-2-4 的几种样式。

(3) 领导者简要归纳本次活动,同时也鼓励肯定成员的表现,并以亲子格言相互勉励。本周亲子格言如下:

亲子格言:孩子,其实你不笨,其实你不坏,只是我们还没有找到教你的方法。

(4) 交代成员回家后阅读《父母效能培训手册》第二章,并完成家庭作业:记录未来一周内,孩子令你困扰的行为。

(5) 最后提醒完成作业及下次聚集时间。

练习 10-2-4

记录单(样式一)

姓名:

我虽然只是一张小小的纸,但是我能记录你在团体里的收获,帮你留下日后的回忆,也可作为你教育子女的参考。所以不要小看我,请用心地在我身上涂鸦(但不要太用力,否则我会破掉)。你可以记下每一次团体活动后,对教养态度的新认识,也可以记下其他收获和心得。

单元名称	活动内容	对教养态度的新认识	其他收获
单元二 民主教养态度			
单元三 孩子的行为目的			
单元四 父母的自我改变			
单元五 反映性倾听			
单元六 问题所有权与我的信息			
单元七 鼓励			
单元八 自然、合理的行为结果			
单元九 家庭会议			
单元十 民主教育的原则			

记录单(样式二)

团体活动记录单　　姓名:________　　第________单元,单元名称:________

记录日期:____年____月____日

一、团体活动过程摘要:

二、心得感想:

【单元三:了解孩子的行为目的】

【单元名称】

其实可以懂我的心、星星知我心、亲爱精诚、孩子为什么要这样?(择一使用)

【活动目标】

协助父母亲了解孩子的行为目的,包括:

1. 建立亲子间的平等概念;
2. 了解孩子的行为;
3. 找出不适应行为的目的;

4. 建立正向关系的要素。

【给领导者的话】

领导者应将重点放在协助成员了解人类行为的理论及其在亲子关系中的含意，再进一步了解孩子的行为目的。

【活动内容】

<table>
<tr><th colspan="3">活动</th><th>目的</th><th>时间</th><th>材料</th></tr>
<tr><td colspan="3">回顾与心得</td><td>引导成员进入状态，联结前次单元活动</td><td>5～10 分钟</td><td></td></tr>
<tr><td rowspan="3">热身活动</td><td colspan="2">方案一：
故事分享</td><td>引发成员讨论本单元主题的兴趣</td><td>5～10 分钟</td><td>正向、积极、肯定、鼓励的话语或短文</td></tr>
<tr><td colspan="2">方案二：
亲子拼盘</td><td>引导成员省思与子女的关系及亲子活动</td><td>5～20 分钟</td><td>小纸条（每位成员三张）</td></tr>
<tr><td colspan="2">方案三：
你爱孩子吗</td><td>强化亲子爱的信心</td><td>5～20 分钟</td><td></td></tr>
<tr><td rowspan="5">主题活动</td><td rowspan="3">前导活动</td><td>方案一：
分组讨论</td><td>引导成员找出孩子困扰行为的共同性或类型</td><td>10～15 分钟</td><td></td></tr>
<tr><td>方案二：
烦恼大会串</td><td>引导成员体会自己对孩子做出不合理的反应时，孩子可能的感受</td><td>10～15 分钟</td><td>小纸条（每位成员三张）</td></tr>
<tr><td>方案三：
团体讨论</td><td>引导成员找出父母常有的不合理的与错误的信念</td><td>10～15 分钟</td><td>海报纸</td></tr>
<tr><td colspan="2">讲授</td><td>说明孩子偏差行为的目的，并传递正确的教养观念</td><td>20 分钟</td><td></td></tr>
<tr><td colspan="2">处方笺</td><td>教导成员对于孩子不当行为的处理方法</td><td>15 分钟</td><td></td></tr>
<tr><td colspan="3">统整与作业布置</td><td>总结团体，成员进行反馈、填反馈单，交代作业</td><td>15 分钟</td><td>亲子格言、反馈单、记录单、作业单</td></tr>
</table>

【活动流程】

1. 回顾与心得

(1) 请一两位成员分享上次活动后对教养态度的感受。

(2) 分享阅读《父母效能培训手册》第二章后的想法。

2. 热身活动

方案一：故事分享

以正向、积极、肯定、鼓励的话语或短文激励参与的成员。

方案二：亲子拼盘

(1) 发给每位成员三张方形小纸（约 3cm×4cm）。

(2) 请成员在第一张纸上填写自己的姓名和孩子（儿子、女儿皆可），例如：张××和女儿。

(3) 写完之后，折好收齐集中放在一处，为 A。

(4) 第二张纸请填写"在××地方"，写完之后一样折好集中收在一处，为 B。

(5) 第三张纸请填写一项活动,例如打球、讲故事等。同样地收集放在一起,为 C。

(6) 领导者请三位成员协助在 A、B、C 三处各抽出一张纸,并念出纸上所书写的内容。念时请依 ABC 顺序念出,例如:张××和女儿(A)在天文台(B)打球(C)。

(7) 因为纸张混在一起,可收到张冠李戴之效果,增强趣味性。

(8) 领导者可借此了解成员较常和哪位子女在一起活动,以及成员们较常从事的亲子活动是什么。

方案三:你爱孩子吗?

(1) 成员围圈而坐,领导者说明活动进行的方式。

(2) 先由领导者担任主持人进行示范,走到任何一位成员面前,问他:"你爱孩子吗?"成员须回答:"我爱孩子的……"(例如:我爱孩子的大眼睛)。此时,有大眼睛的成员必须赶快交换位置,领导者也趁机抢位。没抢到位子的成员接任主持人,询问另一位成员,依此继续进行。

(3) 当每位成员都被询问过后,结束活动。领导者引导成员讨论:"我爱孩子,是因为……""对孩子感到失望,是因为……",将成员讨论的内容写在海报纸上。

(4) 领导者综合讨论结果,并强调父母对子女的爱不能因为子女的某些行为让父母感到失望就打折或放弃。

3. 主题活动

(1) 前导活动

方案一:分组讨论

① 将成员 3 ~4 人分成一组,讨论上周观察记录孩子令你困扰的行为,叙述孩子这种行为背后的动机。

② 分享完,小组选出三项困扰行为向其他成员报告。

③ 领导者统整成员的报告,找出孩子困扰行为的共通性或类型。

方案二:烦恼大会串

① 发给每位成员三张小纸条。

② 以不记名方式,每人写三个孩子最令你烦恼的问题。

③ 汇集问题,每人随意抽出一个问题(非自己的问题),并针对所抽到的问题谈谈自己的感受、看法及解决方式。

④ 其他成员亦可发表看法及解决方法。

⑤ 当事人可补充并表达对成员提出的解决方法之看法。(若自己的想法与他人迥异,个人的感受如何?)

⑥ 体会当自己未用心了解孩子的行为目的而做出不合理的处理时,孩子可能会有什么感受。

方案三:团体讨论

① 领导者请成员描述上周家庭作业中所记录的孩子令自己困扰的行为,以及自己当时是如何处理的。

② 请成员思考这些行为为何会让自己觉得不舒服或生气,孩子怎么做才会令自己觉得舒服、高兴。

③ 领导者从成员的分享中统整父母常有的不合理的与错误的信念。(可以写在海报纸上,加深成员的印象。)

(2) 讲授

通过讲授,领导者可以澄清成员原有的错误信念,并传递正确的教养观念。本单元中,领导者可将重点放在向成员说明孩子的偏差行为的目的,领导者可依本书理论篇之"行为目的"加以说明,或将练习 10-3-1 制作成海报(亦可直接复印给成员),向成员说明孩子的行为背后的目的。

(3) 处方笺

当成员了解了孩子的行为目的后,大部分父母心中会出现一个疑问:"当孩子有这些目的时,做父母的该怎么办?"领导者可将练习 10-3-1 复印给成员,或制作成海报,向成员说明孩子的不当行为的目的及处理方法。

4. 统整及作业布置

(1) 邀请成员针对此次团体活动给予口头反馈,或填写反馈单。(反馈单的样式可自行设计,或参考练习 10-1-2。)

(2) 请成员填写记录单。

(3) 领导者简要归纳本次活动,同时也鼓励、肯定成员的表现,并以亲子格言相互勉励。本周亲子格言如下:

亲子格言:"让电视放一天假""让亲情重温一次旧梦"。

(4) 其他成员亦可发表看法及解决问题的方法。

(5) 当事人可补充并表达对成员提出的解决方法之看法。(若自己的想法与他人迥异,个人的感受如何?)

(6) 体会当自己未用心了解孩子的行为目的而做出不合理的处理时,孩子可能会有什么感受。

(7) 交代成员回家后阅读《父母效能培训手册》第三章,并填写作业单:观察记录单(如练习 10-3-2 所示)。

(8) 最后提醒完成作业及下次聚集时间。

练习 10-3-1

孩子不当行为的目的及处理方法

孩子错误的想法	孩子的目的	父母的感觉①与反应②	孩子对父母矫正其行为的反应	父母可采用的一些方法
唯有我被注意或让人家为我做事,我才存在、有价值	获得注意	① 厌烦,觉得受搅扰 ② 一再警告与哄骗	暂时停止不当行为,然后重新开始相同的行为,或采用另一种干扰方式以获得注意	若可能的话,忽视其行为,当孩子主动表现正向行为时,立即给予注意。此外,避免过度为孩子做事 注意:警告、处罚、给酬赏、哄骗与服务都是给予孩子不适当的注意

续表

孩子错误的想法	孩子的目的	父母的感觉①与反应②	孩子对父母矫正其行为的反应	父母可采用的一些方法
只有当事情在我的控制下,或证明没有人可以指挥我时,我才是我	争取权力	① 生气、愤怒,因为父母的权力遭到挑战 ② 争战或让步	主动或被动地挑衅,不当的行为更强烈或孩子不情愿地屈服	自冲突中退出,并以引起孩子"帮忙的兴趣"和"积极参与合作"的方式来协助孩子明白建设性地使用权力之方法 注意:战争或让步只会进一步激发孩子的权力欲
当我感觉受伤害时,只能去伤害他人。没有人爱我	报复	① 深深地受伤害 ② 以其道还治其人,并且报复之	以更强烈的不当行为或选择其他武器进行更进一步的报复。	不要伤害到情绪,避免处罚和以其道还治其人。建立彼此信任的关系,让孩子感觉到他是被爱的
只有使别人觉得无法对我有所期望时,我才是我,我是无能力且无助的	自暴自弃	① 失望、无助,有"我想放弃"的想法 ② 同意孩子已经无可救药	被动反应或无论做什么事都只有失败的反应。表现出无法改善的模样	停止所有的批评,鼓励孩子任何正向的意图,无论此意图是多么微不足道。重要的是孩子尝试改善自己的努力。不能再可怜孩子,阻碍其努力。最重要的是,千万不可以放弃

练习 10-3-2

作业:观察记录单

在未来的一周内,观察你自己与孩子的互动,并逐项填写以下各项。

一、我爱孩子,是因为________________

二、我对孩子感到失望时,是因为________________

三、回想一下你的孩子本周内做了哪些不当的行为?

____

四、对于孩子的不当行为,你有什么感觉?你如何处理?

____

五、你的孩子对你的处理有何反应?

____

六、根据你的感觉以及孩子对处理方式的反应,判断孩子的行为是属于何种行为目的。

____

____

【单元四：父母的自我改变】

【单元名称】

父母情商、情绪管理、我能不生气吗？（择一使用）

【活动目标】

1. 协助成员了解情绪与信念；
2. 协助成员澄清个人对子女的期望与价值观；
3. 协助成员放下执着，让孩子展现真性情。

【给领导者的话】

家庭也会伤人，本单元领导者应将重点放在协助成员去省思，别为了满足自己而给孩子无形的伤害。

【活动内容】

<table>
<tr><th colspan="3">活动</th><th>目的</th><th>时间</th><th>材料</th></tr>
<tr><td colspan="3">回顾与心得</td><td>引导成员进入状态，联结前次单元活动</td><td>3～5 分钟</td><td></td></tr>
<tr><td rowspan="3">热身活动</td><td colspan="2">方案一：
你生气了吗？</td><td>协助成员省思孩子令自己生气的原因</td><td>5～10 分钟</td><td></td></tr>
<tr><td colspan="2">方案二：
故事分享</td><td>引发成员讨论本单元主题的兴趣</td><td>5～10 分钟</td><td>正向、积极、肯定、鼓励的话语或短文</td></tr>
<tr><td colspan="2">方案三：
孩子画像</td><td>协助成员检视自己对孩子的感觉</td><td>10～15 分钟</td><td>纸、笔</td></tr>
<tr><td rowspan="6">主题活动</td><td>前导活动</td><td>好父母</td><td>协助成员澄清好父母的角色、功能与特性</td><td>15 分钟</td><td>海报纸</td></tr>
<tr><td rowspan="3">讲授</td><td>方案一：
好父母与明理父母</td><td>协助成员了解好父母与明理父母的差异</td><td>20 分钟</td><td>比较表</td></tr>
<tr><td>方案二：
我能不生气吗？</td><td>引导成员借短文反省自己</td><td>15 分钟</td><td>短文</td></tr>
<tr><td>方案三：
分数的陷阱</td><td>引导成员借短文反省自己</td><td>15 分钟</td><td>短文</td></tr>
<tr><td rowspan="2">处方笺</td><td>方案一：
停止生气</td><td>协助成员找出适合自己的调整情绪的方法</td><td>15 分钟</td><td>海报纸（黑、白板）</td></tr>
<tr><td>方案二：
肌肉放松与自我暗示放松</td><td>帮助成员暂时解除肢体的压力</td><td>20 分钟</td><td>录音机、光盘</td></tr>
<tr><td colspan="3">统整与
作业布置</td><td>总结团体活动，成员进行反馈、填反馈单，交代作业</td><td>20 分钟</td><td>亲子格言、反馈单、记录表、作业单</td></tr>
</table>

【活动流程】

1. 回顾与心得

（1）请一两位成员分享上次活动后自己对教养态度的感受，或填写作业单的心得。

（2）分享阅读《父母效能培训手册》第三章后的想法。

2. 热身活动

方案一：你生气了吗？

（1）领导者询问成员："从今天早上起床到现在，你对孩子生过气吗？"请成员举手回答。接着问："昨天一整天，你对孩子生过气吗？"再问："过去一个礼拜，你对孩子生过气吗？"

（2）请两三位成员叙述孩子令他生气的行为。

方案二：故事分享

以正向、积极、肯定、鼓励的话语或短文激励参与的成员。短文可寻找与教养有关且能发人深省的故事作为分享的材料。

方案三：孩子画像

（1）领导者请成员用形容词形容自己对孩子的感觉，例如：可爱的、可恶的、贴心的……并一一书写下来。同时就不同的孩子做不同的感觉记录。

（2）检视这些形容词，若属于正向、积极的（赞美、鼓励的），用圆圈圈起来；若属于负面消极的（责备的），用三角形框起来。（若分不出性质，属于中性形容词的，则不做记号。）

（3）请父母检视自己对孩子的感觉，属于正向的多，还是负面的多，从中进行检讨与省思。

（4）领导者总结："孩子总是朝着赞美的方向去发展，所以请多用正向、积极的态度去看待你的孩子，多说鼓励的话语，相信他会越来越好。"

3. 主题活动

（1）前导活动：好父母

领导者将练习复印发给成员，请成员填写"好父母应该具备的角色、功能与特性"，并分组讨论出五项大家认为最重要的特点。

（2）讲授

方案一：

领导者依据表10-1向成员说明好父母与明理父母的差异，之后请成员分享听讲的心得。

表10-1　好父母与明理父母的差异

类别	父母的信念	父母的可能行为	孩子的可能行为
好父母	我必须控制孩子	• 要求孩子服从 • 处罚 • 赢得争战 • 坚持父母是对的，孩子错了	• 反叛——必须赢或争对错 • 隐藏真实的感觉 • 感到焦虑 • 报复 • 觉得生命不公平 • 放弃、逃避、说谎、偷窃

续表

类别	父母的信念	父母的可能行为	孩子的可能行为
好父母	我比孩子行	• 怜惜孩子 • 负起所有责任 • 过度保护 • 自以为在公正地行动 • 宠孩子、羞辱孩子	• 自怜、责怪他人、批评他人 • 觉得不公平、不对劲 • 期望他人给予
	我是给予者，你该听我的	• 过于关心公平问题 • 有条件地给予	• 不信任他人，觉得生活不公平 • 感觉被剥削 • 学会剥削他人
	我必须是完美的	• 要求所有的事都要完美 • 好挑毛病、吹毛求疵 • 过于关心他人的想法 • 促使孩子关心外在条件	• 觉得自己总是不够好 • 成为一名苛求完美的人 • 对于他人的看法感到胆怯、焦虑
	我不算什么，别人比我更重要，自卑	• 放纵孩子 • 成为一个“奴隶”，任孩子予取予求 • 对孩子说“不”时，感到愧疚	• 期望不断地获得 • 不良的社会人际关系 • 不懂得尊重他人 • 自私
明理父母	我相信孩子可以自主	• 允许孩子选择 • 鼓励孩子	• 有自信、敢尝试 • 愿意贡献一己之力 • 合作 • 有能力解决问题 • 生活丰富多彩
	我与他人平等	• 相信且尊重孩子 • 鼓励孩子独立 • 给予孩子选择与负责的机会 • 期望孩子参与贡献	• 发展出独立判断的能力和责任感 • 学习自主、自决 • 自我尊重，也尊重他人 • 相信平等
	我相信人们应该互相尊重	• 促进平等，鼓励互相尊重 • 避免让孩子觉得愧疚	• 自重且尊重他人 • 社会感愈来愈好 • 信任他人
	我是人，我有勇气接受有缺点的我，欣赏自己的优点	• 设立合乎实际的标准 • 重视孩子的优点，并给予鼓励 • 不只关心自己的期望 • 有耐心	• 注意力集中在手上的工作而非对自我的评价 • 视错误为挑战，或有再尝试的勇气 • 敢于尝试新事物 • 能宽容他人
	我认为所有的人都是唯一且有用的，包括我自己	• 鼓励互相尊重与贡献一己之力 • 拒绝让自己成为“奴隶”，且知道何时说“不”	• 社会关系良好 • 尊重他人的权利 • 慷慨、心胸宽广

方案二:父母情商——我能不生气吗?

领导者阅读以下短文,并引导成员针对此文章进行讨论。讨论完后,由领导者总结。可以参考以下几个讨论方向:

(1) 成员分享阅读完短文后的心得;

(2) 请成员思考:如果你是小强的妈妈,你会怎么做?

(3) 请成员分享他们对孩子生气时,是否也会有短文中所写的一些不合理的信念。

> 小强的妈妈接到老师的通知,小强又在学校里打同学。她听了不禁火冒三丈,为什么好说歹说,小强的这种行为一而再、再而三地发生? 她问我:"我能不生气吗?"
>
> 没有父母不对孩子发脾气的,而且生气的情绪很正常,也有其理由,总归一句话:"孩子不听话"。然而,很少有父母会去想为什么会生气。与父母们探讨生气的原因时,绝大多数父母都是指责孩子的不是,却少有人谈到自己内在的想法。父母之所以会生气,是内心有了负向的想法,通常不外乎以下四类:
>
> (1) 不幸事件:视孩子不听话的行为是很严重的、不得了的事,进而担心孩子将来会如何、如何。
>
> (2) 应该、必须:认为身为父母者非对孩子的行为加以纠正或训诫不可,否则孩子难以改过向善。
>
> (3) 无法、不能:觉得自己不能放纵孩子,无法忍受孩子犯错。
>
> (4) 自责、内疚:觉得孩子表现出不好的行为是自己无能,自己没有价值、没有面子。
>
> 这些想法的确会令父母生气,只是我们从未想过两个问题:一是管理情绪的权利在自己,包括决定自己要不要生气;二是这些想法不合理。合理的想法是:孩子在成长中,犯错误在所难免,这没有什么大不了;我不必非得如何;我可以接受;我也不必自责。
>
> 放下不必要的忧虑,容许孩子有学习的时间和空间。做一次深呼吸! 你能不生气的,让我来慢慢告诉你。别急,耐心也是情商的特质之一呢!
>
> 引自:钟思嘉.别让孩子输在情商.长春:吉林出版集团,2008.

方案三:分数的陷阱

领导者阅读以下短文,并针对此文章引导成员进行讨论。

> 整理好辅导室的卷宗,正高兴地期待下午和艾咪去欣赏"女人四十"的观摩影展。这时,三年级的女儿走到身旁,在我耳根边悄悄地说:
>
> "妈妈! 今天月考,我的国语考81分。"说完,径自到活动室玩耍。
>
> 我的心顿时沉到谷底,脸色更是难看。
>
> "艾咪! 下午你们自己去看电影。"
>
> "你怎么啦?"
>
> "我要带女儿回家,去尽一个做母亲的责任。"
>
> 艾咪被我坚定而冷漠的神态吓得连忙跑去活动室找女儿。
>
> "妞妞! 你跟妈妈说了什么?"
>
> "我跟妈妈说,我国语考81分。"

天呐！那丫头竟然唯恐天下不知般地说得意兴风发。
“妞妞！跟妈妈回家！”
“你不是要跟阿姨去看电影吗?”
“不去了！你的国语考烂了,居然一点都不着急,我要回去帮你复习数学。”
“不用复习啦！你和阿姨去看电影吧！我要回外婆家和婷婷玩。”
我的孩子的知觉已经麻痹了吗？否则怎会失去了“察言观色”的能力?
“妞妞！妈妈很生气！因为你考试考坏了,居然一点都不在乎!”我必须传递我的信息。
“骗你的啦!”她嬉皮笑脸。
“你究竟考几分?”
“100!”
“考卷拿出来!”
果然是100。
“怎么？这下子可以去看电影了吧!”艾咪趁机逗弄着我那破涕而笑的脸孔。
午后,我完全陷于沉思之中。孩子的分数真的那么重要吗？它的杀伤力居然能让一个母亲的心情在短短几分钟内,起了奇大的变化。
我讶异于自己情绪的改变。
究竟我重视100分带给我的虚荣心的满足,还是孩子学习的成就?
我完全迷失了……

引自:沈金慧.做个快乐的父母.台北:海鸽出版社.

(3) 处方笺

方案一:停止生气

① 将成员3~4人分成一组,讨论“生气时,如何调整自己”。

② 领导者请成员分享自己的经验,并将这些调整生气情绪的方法呈现在海报纸或黑板上。

③ 领导者统整这些处理情绪的方法,并引导成员看到调整生气情绪的方法有许多种,鼓励成员选择适合自己的方法,也尝试各种不同的方法。

方案二:肌肉放松训练或自我暗示放松训练

① 领导者先说明活动用意,请成员在原地以最轻松的姿势坐着。

② 领导者以平和的语调阅读以下指示,请成员依照指示动作。领导者亦可将指示事先录制成录音带,于现场播放。

③ 领导者可视实际需要选择一种放松训练,此外必须提醒成员,不要在意别人对自己动作的看法,以免影响放松效果。

肌肉放松训练领导者指导语

现在我们要进行肌肉放松训练。压力包括心理反应、生理反应以及情绪反应三部分,放松训练的目的是帮助你缓和生理反应,使你不至于浪费不需要浪费的力气。肌肉放松训练的原则是借着身体某部分肌肉的用力拉紧与松弛开来的原则，让自己能敏感于那一部分肌肉的紧张程度，而当你能够敏感于某一部分肌肉的紧张程度时，你就可以有效地控制那一部分肌肉，使它随时保持适当的紧张程度。

当进行肌肉放松训练时，我会要求你用力拉紧某一部分的肌肉，然后放松它，但是每一个人拉紧与放松的节奏并不相同，所以在我要求你用力拉紧时，请注意，只要你觉得力气已经用出来了，就开始放松，也就是拉紧是为了放松。

好，现在我们就开始进行肌肉放松训练，请注意听，然后按照我所说的去做。

首先，请你把双手抬起来，抬到水平的位置。然后用力向前伸直，再用力握紧你的拳头，继续用力伸直，继续用力握紧拳头，继续用力，继续用力，继续用力，更用力，更用力，更用力，更用力，更用力，更用力，更用力。

好，现在你慢慢地放松下来，慢慢放松下来，把你的双手慢慢地放到椅子扶手（或大腿）上，继续放松，一面放松，一面注意你的肌肉，你会发现它慢慢地松弛开来了，放松开来了，继续放松，继续放松，继续放松，继续放松，继续放松，继续放松……

好，现在请你用力把眉毛往上扬，把额头的肌肉用力地拉紧，用力地拉紧，用力地拉紧，继续用力，继续用力拉紧，继续用力，更用力，更用力，更用力。

好，现在请你慢慢地将它放松下来，一面放松，一面很注意地去感觉你的肌肉，你会发现额头的肌肉慢慢地放松开来了，松弛开来了，继续放松，继续放松，继续放松，继续放松，继续放松下来，继续放松，继续放松……

好，现在请你闭起你的眼睛来，用力紧闭眼睛，并且把眉头皱起来，把鼻子也皱起来，把嘴巴也往中间拉紧，继续用力，继续用力，继续用力，继续用力，继续用力，继续用力。

好，请慢慢地把它放松开来，放松开来，一面放松，一面很注意地去感觉你的肌肉，你会发现它慢慢地松弛开来了，放松开来了，继续放松，继续放松，放松，放松……

好，现在请你用力咬紧牙齿，用力咬紧牙齿，用力咬紧牙齿，继续用力，继续用力，继续用力，继续用力，继续用力。

好，请你慢慢地放松下来，慢慢地放松下来，一面放松，一面很注意地感觉你的肌肉，你会发现，嘴巴旁边的肌肉慢慢地放松开来，放松开来了，继续放松下去，继续放松，继续放松下去，继续放松，继续放松，继续放松，放松，放松……

好，现在请你用力张开你的嘴巴，用力张开，张得越大越好，再把你的舌头用力抵住下面的门牙，用力抵住下面的门牙，继续用力，继续用力，继续用力，继续用力，更用力，更用力，更用力，更用力，更用力。

好，请你慢慢放松下来，一面放松，一面去感觉你的肌肉，你会发现，它慢慢地放松开来了，放松开来了，继续放松，继续放松，放松，放松，放松，继续放松，放松……

好，现在请你稍微把身体坐正，然后用力把你的头向下压，让你的下巴能靠到你的胸前，再用力把肩膀向后拉，把胸部挺出来，继续用力，继续用力，继续用力，继续用力，继续用力，更用力，更用力，更用力，更用力。

好，慢慢地放松下来，恢复原来的姿势，慢慢地放松下来，你会发现你的头部、胸部的肌肉都慢慢地放松开来了，松弛开来了，继续放松，继续放松，继续放松，继续放松，继续放松，放松，放松，放松，放松，放松，放松，继续放松，放松……

好，现在请你将身体坐正，然后用力向后弯腰，把头部也向后弯，用力向后弯，对了，就是这样，用力向后弯，继续用力，继续用力，继续用力，继续用力，继续用力，更用力，更用力，更用力，更用力，更用力。

好，现在请你坐正，然后做两次深深的深呼吸，做两次深深的深呼吸……然后慢慢地放松下来，恢复原来的姿势，继续放松下去，放松下去，继续放松，继续放松，继续放松，放松下去，放松下去，放松下去，继续放松，继续放松，继续放松，放松……

好，现在请你把你的腿、你的脚，以及你的脚趾头都用力向前伸直，用力向前伸直，继续用力，继续用力，继续用力，更用力，更用力，更用力，更用力。

好，请你慢慢地放松下来，慢慢地放松下来，继续放松，继续放松，继续放松，继续放松，放松，让你全身的肌肉都放松开来，继续放松，放松，继续放松，放松，继续放松，放松，继续放松，放松，继续放松，放松，放松，放松，放松……

（约隔一分钟后）

好，现在你正处于十分轻松舒适的状态，请轻轻地活动一下身体各部位，因为太过急促剧烈的活动会对你造成伤害，请慢慢地活动一下，再开始做你想做的事。

自我暗示放松训练领导者指导语

接下来，我们要进行自我暗示放松训练，压力包括心理反应、生理反应以及情绪反应三部分。放松训练是要帮助你缓和生理反应，使你不至于浪费不需要浪费的力气。

好，现在开始进行自我暗示放松训练，请你选择一个舒服的姿势，调整一下姿势。

好，现在请注意听，然后按照我所说的去做！请注意听，然后按照我所说的去做！

首先，请你把眼睛闭起来，尝试去感觉你全身的重量是不是很均衡地分配在你的两只脚、大腿、臂部、背部或者手部。请你感觉你左右两边的重量是不是很平衡地放在你的两只脚、大腿、臂部、背部或者手部。请你感觉你左右两边的重量是不是很平衡。

然后，请你把一部分注意力转移到你的心跳，尝试着去感觉你的心跳，尝试着去感觉你的心跳。我们并不一定能感觉到心跳，只是在你安静下来后，你仿佛能听到你的心跳声，或者你可能什么也感觉不到。所以，你只是尝试着去感觉它，尝试着去感觉它。

现在，你试着把你的注意力分散在两方面：一方面感觉身体的平衡，另一方面试着去感觉你的心跳。好，接下来请你再把一部分注意力转移到你的呼吸。轻松地吸进来，慢慢地呼出去，自然地吸进来，慢慢地呼出去，尝试着在呼出去时，控制呼出去的速度，让它稍微慢一点，自然地吸进来，慢慢地呼出去，自然地吸进来，慢慢地呼出去。

现在，你试着把你的注意力分散到三方面：一方面注意身体的平衡，另一方面试着去感觉你的心跳，再一方面试着去控制你的呼吸，轻轻地吸进来，慢慢地呼出去，自然地吸进来，慢慢地呼出去。

接下来，是一项较困难的工作，请你把注意力转移到你的两个手掌心，然后在心里很强地暗示自己：让我的手心温暖起来，让我的手心温暖起来，让我的手心温暖起来，继续尝试下去,继续尝试下去。

现在,你把注意力分散在四方面,也就是你不特别注意哪一方面,而是把你的注意力随意地分散在四方面:注意身体的平衡;感觉心跳;控制呼吸,轻轻地吸进来,慢慢地呼出去;注意你的手掌心,很强地暗示自己"让我的手心温暖起来,让我的手心温暖起来,让我的手心温暖起来",继续尝试下去,继续尝试下去,继续尝试下去,继续尝试下去……

好,现在你正处于十分轻松舒适的状态,请轻轻地活动一下身体各部位,太过急促、剧烈的活动会对你造成伤害,请慢慢地活动一下,再开始做你想做的事。

4. 统整与作业布置

(1) 邀请成员针对此次团体活动给予口头反馈,或填写反馈单。

(2) 请成员填写记录单。

(3) 领导者简要归纳本次活动,同时也鼓励、肯定成员的表现,并以亲子格言相互勉励。本周亲子格言如下:

亲子格言:用柔软的心,做温暖的父母。

(4) 交代成员回家后阅读《父母效能培训手册》第四章,并填写作业单:记录未来一周内对孩子发脾气的次数与原因(如练习 10-4-2 所示)。

(5) 最后提醒完成作业及下次聚集时间。

练习 10-4-1

"好父母"

你认为好父母应该具备怎样的角色、功能与特色:

1. 好父母是____________________
2. 好父母是____________________
3. 好父母是____________________
4. 好父母是____________________
5. 好父母是____________________
6. 好父母是____________________
7. 好父母是____________________
8. 好父母是____________________
9. 好父母是____________________
10. 好父母是____________________

作 业 单

请记下未来一周内,每天你对孩子生气的次数和原因,如果当天没有生气,则不必填写。

____月____日　　生气次数:____

原因:______________________________

____

____月____日　　生气次数:____

原因:______________________________

____

____月____日　　生气次数:____

原因:______________________________

____

____月____日　　生气次数:____

原因:______________________________

____

____月____日　　生气次数:____

原因:______________________________

____

____月____日　　生气次数:____

原因:______________________________

____

____月____日　　生气次数:____

原因:______________________________

____

【单元五:积极倾听】

【单元名称】

良好的亲子沟通;有效地倾听;倾听孩子的心声;孩子,你在说什么(择一使用)

【活动目标】

1. 协助成员运用有效倾听的方法以促进亲子沟通;
2. 协助成员跳出传统父母角色,而改以民主式的教养方式培养孩子的民主精神;
3. 促使成员"感同身受"地进入对方的内心世界,而进行有效的沟通;
4. 培养有责任感的孩子。

【给领导者的话】

刚接触积极倾听之时,常会不自觉地落入传统习惯的陷阱中,领导者应不断地给成员打气,鼓励成员坚持下去,不要忘了叮咛——耐心加练习等于进步。

【活动内容】

活动		目的	时间	材料
回顾与心得		引导成员进入状态 联结前次单元活动	3 ~ 5 分钟	
热身活动	方案一： 故事分享	引发成员讨论本单元主题的兴趣	5 ~ 10 分钟	正向、积极、肯定、鼓励的话语或短文
	方案二： 鸡同鸭讲	让成员察觉“答非所问”时的心情	5 ~ 10 分钟	
	方案三： 看我！听我！	让成员学习有意义的倾听	10 ~ 15 分钟	
主题活动	前导活动： 亲子对谈	进入对方的内心世界，跟着对方的感觉走	20 分钟	
	讲授	分辨封闭式倾听与开放式倾听的差异	20 分钟	
	处方笺	提高成员有效倾听的能力	15 分钟	有效倾听例子
统整与作业布置		总结团体活动，成员进行反馈、填反馈单，交代作业	20 分钟	亲子格言、反馈单、记录表、作业单

【活动流程】

1. 回顾与心得

(1) 请一两位成员分享上次活动后对教养态度的感受，或填写作业单的心得。

(2) 分享阅读《父母效能培训手册》第四章后之想法。

2. 热身活动

方案一：故事分享

以正向、积极、肯定、鼓励的话语或短文激励参与的成员。

方案二：鸡同鸭讲

(1) 领导者请成员两人一组，甲方担任提问者，以开放式问句提出问题，乙方则担任答复者，回答甲方的问题。

(2) 甲方以问句作结，乙方回答时，均以肯定或否定句作结。

例如：

甲问：“妈妈！我好无聊，有什么可以玩？”

乙答：“不可以！”

甲问：“我肚子好饿，有什么可以吃？”

乙答：“好！”

甲问：“明天便服穿什么？”

乙答：“好！”

(3) 类似上述问答对话，甲方连续问 5 ~ 10 句后，互相更换角色，再演练一次。

(4) 请成员分享答非所问的感受，借此明白倾听的重要性。

方案三：看我！听我！

(1) 让成员各自配对坐下,两人眼睛看地上,不能互相对看,分享最近与孩子相处的生活经验。以此状态交谈两分钟。(此时,成员容易抬眼看对方,领导者可加以提醒。)

(2) 两分钟后,领导者要求两人眼睛对看且视线不准移开,继续刚才的话题,同样进行两分钟。

(3) 最后,领导者要求成员恢复他们习惯的谈话方式,并渐渐结束话题。

(4) 领导者带领成员进行分享,讨论看与不看的感受,并引导成员了解非语言信息在倾听中所扮演的角色。

3. 主题活动

(1) 前导活动:亲子对谈

① 成员两人一组,讨论平时亲子沟通时最常出现的障碍(回顾自己亲子沟通的情形),并找出两人同时存在的困扰。

② 每组轮流进行“角色扮演”活动,针对各组所共有的困扰,一方扮演家长,另一方扮演孩子,以自己平常习惯的模式进行亲子沟通。

③ 其他成员则担任观察员,并分辨该组是在扮演何种父母的角色(参考《父母效能培训手册》第四章所述“父母的角色”)。

(2) 讲授

领导者依据《父母效能培训手册》第四章的内容,向成员解说:

① 父母的七种错误角色。

② 封闭式倾听与开放式倾听的差异与效用。

③ 何谓积极倾听。

此外,领导者可向成员说明促进沟通的对话形式。促进沟通的对话形式包括:

① 你的感觉是……

② 你的意思是……

③ 请告诉我,你的意思是……吗?

④ 我想你的意思是……我的想法对吗?

⑤ ……这是你想说的吗?

⑥ 这件事给你的感觉是……

⑦ 当我这么说的时候,你的感觉如何?

⑧ 请你帮助我了解你的意思,因为我有一点糊涂了。

⑨ 我是否做了什么事使你觉得生气?

⑩ 我应该怎么做才能使你对我的感觉有所不同?

(3) 演练

请成员针对前导活动中角色扮演的事例,以开放式及积极倾听的谈话方式再轮流演练一次。

(4) 处方笺

领导者依据练习 10-5-1 举例说明有效的倾听,并将练习 10-5-1 复印发给成员,给他们一些关于亲子沟通的建议。

练习 10-5-1

有效的倾听

孩子的话	封闭式倾听	开放式倾听
我再也不跟阿珍玩了!	没关系,她不是故意的。	你很生阿珍的气。
我不会!	胡说,赶快做!	这好像很难。
我想自己去,阿毛都可以自己去!	我已经说过,不行就是不行,别烦我!	你是不是觉得不公平?
瞧!我设计的图。	好棒!但是现在请你出去好吗?	你画了一张新设计图,你好开心。
妈!我今天不想去上学,大伟好坏哟!	大家都要去上学,你不可以例外。不可以随便说别人坏。	你害怕大伟会欺负你吗?
妈!你是世界上最讨厌的人。	你说什么?以后不准你这样对我说话。	你现在很生妈妈的气。

4. 统整与作业布置

(1) 邀请成员针对此次团体活动给予口头反馈,或填写反馈单。

(2) 请成员填写记录单。

(3) 领导者简要归纳本次活动,同时也鼓励、肯定成员的表现,并以亲子格言相互勉励。本周亲子格言如下:

亲子格言:孩子和父母都要允许对方诚实地表达自己的信念和感情,而没有被拒绝的恐惧。

(4) 交代成员回家后阅读《父母效能培训手册》第五章,并完成家庭作业,练习以积极倾听的方式和孩子沟通,并记录心得(如练习 10-5-2 所示)。

(5) 最后提醒完成作业及下次聚集时间。

练习 10-5-2

创造快乐亲子沟通

晚餐时间,全家大小相聚一起,是最好的亲子沟通时间。但有三种用餐情形会妨碍沟通:

(1) 一面吃饭,一面看电视,注意力集中在电视节目上。

(2) 吃饭时间施行所谓的“机会教育”,批评孩子的吃相或询问考试成绩,使孩子吃饭时如坐针毡或产生不愉快的感觉。

(3) 秉承“食不言、寝不语”传统,遏阻孩子在餐桌上发言。

其实父母向孩子表达爱与关怀,不在乎时间长短,吃饭时间是创造愉快的家庭气氛的最好时机。同时,饭后也是良好的沟通时机,妈妈们也不妨休息半小时,陪家人聊天、讲故事、玩游戏，先别急着收拾碗筷。

睡前15~20分钟，也是亲子的沟通时间、交心时间。父母可以陪孩子讲故事、唱歌、谈事情，不仅用不着因催孩子上床睡觉而发生冲突，也增添天伦之情，但要注意两件事：① 自己不能躺下来；② 控制时间，约定的时间一到就离开。不久之后，孩子每天都会期待这个时刻的来临。

单元五作业单

在这一周内，请您练习以积极倾听的方式和孩子沟通，并写下您的心得。

事件：____

____

____

对话内容：____

____

____

心得：____

____

【单元六：谁的问题与我的信息】

【单元名称】

我也有话要说。爱要怎么说？谁的问题？孩子不听话？　（择一使用）

【活动目标】

1. 协助成员运用“我的信息”表达自己的感受，以增进亲子间的沟通及互动；
2. 协助成员厘清是谁的问题以及如何做适当的反应。
3. 引导成员真诚表达内心情感。

【给领导者的话】

当你有了孩子，你就有了问题，这是父母在子女成长过程中无法逃避的挑战。领导者应帮助父母放下心中的忧虑，澄清父母处理孩子问题的原则，并且学习表达自我，以促进亲子间良好的沟通。

【活动内容】

活动		目的	时间	材料
回顾与心得		引导成员进入状态 联结前次单元活动	3~5分钟	
热身活动	方案一： 公说婆说	帮助成员澄清沟通的障碍	5~10分钟	亲子争执图画一张
	方案二： 请你看看我的表情123	协助成员了解“用心传达信息”的重要性	5~8分钟	

续表

<table>
<tr><th colspan="3">活动</th><th>目的</th><th>时间</th><th>材料</th></tr>
<tr><td rowspan="2">热身活动</td><td colspan="2">方案三：
爱要怎么说</td><td>提高成员适时表达内在感受的能力</td><td>10～15 分钟</td><td>句型题目（练习 10-6-1）</td></tr>
<tr><td colspan="2">方案四：
故事分享</td><td>引发成员讨论本单元主题的兴趣</td><td>5～10 分钟</td><td>正向、积极、肯定、鼓励的话语或短文</td></tr>
<tr><td rowspan="4">主题活动</td><td colspan="2">讲授</td><td>协助成员分辨是谁的问题及提高运用“我的信息”的能力</td><td>20 分钟</td><td></td></tr>
<tr><td rowspan="3">演练</td><td>分组讨论</td><td>提高成员分辨是谁的问题的能力</td><td>10 分钟</td><td>问题情境（练习 10-6-2）</td></tr>
<tr><td>角色扮演</td><td>提高成员正确表达“我的信息”的能力</td><td>10 分钟</td><td></td></tr>
<tr><td>处方笺</td><td>帮助成员掌握解决问题的原则</td><td>15 分钟</td><td>谁的问题与处理原则</td></tr>
<tr><td colspan="3">统整与作业布置</td><td>总结团体活动，成员进行反馈、填反馈单，交代作业</td><td>15 分钟</td><td>亲子格言、反馈单、记录表、作业单</td></tr>
</table>

【活动流程】

1. 回顾与心得

（1）请一两位成员分享上次活动后对教养态度的感受，或填写作业单的心得。

（2）分享阅读《父母效能培训手册》第五章后的想法。

2. 热身活动

方案一：亲言子语或亲子谁有理？

（1）领导者制作八开图卡一张，图片内容主要是亲子争执的画面。

（2）将图片展现在成员面前，询问：“你们认为画面中的争执由谁引起？”“如果你是当事人，你会怎么说？”

（3）请成员 3～4 人一组讨论上述问题，之后，再回到团体进行分享。

（4）领导者统整成员的分享，并给予反馈。

方案二：请你看看我的表情 123

（1）向成员说明活动方法与规则（以面部表情传递数字信息），以及各种表情所代表的数字意义：点头——万位数，吐舌——千位数，张口——百位数，眨右眼——十位数，眨左眼——个位数。

例如：点五次头、吐四次舌、张口三次、眨右眼二次、眨左眼一次，所代表的数字为 54 321。

（2）将成员分成两组（每组 6～8 人），每组分别列纵队，队伍背向领导者。

（3）领导者轻拍每队首位成员，提示其转身面向领导者，观察领导者面部表情所传达的数字信息（每个表情只做一次，不要重复）。

（4）首位观察者把所获得的信息以同样方式传给第二位成员，第二位传给第三位，依此类推，直到最后一位成员（整个过程严禁说话）。

（5）末位观察者把接收到的信息写下来，与领导者所发出的原始信息相比对。

(6) 成员分享活动心得,领导者统整,并强调非语言动作也能传递信息,以及它在沟通中所扮演的角色。

方案三:爱要怎么说

(1) 复印练习 10-6-1 的句型题目给所有成员。

(2) 请成员就这些句型自选一题,依照句型说出自己的感受。

(3) 提醒成员务必按照句型做明确表达,不得加入自己的话语。

(4) 成员依次做练习。

练习 10-6-1

爱要怎么说——句型题目

当孩子____________________时,我感到失望。

当孩子____________________时,我感到伤心。

当孩子____________________时,我感到生气。

当孩子____________________时,我感到懊恼。

当孩子____________________时,我感到兴奋。

当孩子____________________时,我感到快乐。

方案四:故事分享

以正向、积极、肯定、鼓励的话语或短文激励参与的成员。

3. 主题活动

(1) 讲授

① 依据下列参考资料(一),向成员说明如何区分与界定是谁的问题。

参考资料(一)

哥顿博士依据父母与孩子的需求区分是谁的问题:

(1) 如果孩子的需要满足受阻,则问题是孩子的,此时父母需要视情形决定是要倾听、协助孩子找寻解决办法,还是让孩子独自面对事实。

(2) 孩子满足了他的需要,而他的行为也没有干扰到父母,则双方都没有问题。

(3) 孩子满足了他的需要,但是他的行为干扰了父母,此时是父母的问题。

(4) 孩子与父母亲的需要有所冲突,产生亲子纠纷有待调解,则亲子双方需共同探索解决问题的方法。

② 依据以下参考资料(二),向成员举例说明陈述"我的信息"的三个步骤。

"我的信息"沟通方式

"我的信息"的沟通方式有特定的形式,为了能更明确地运用此种沟通方式,父母可依据下列三个步骤:

(1) 描述让自己觉得困扰、不安的行为。必须注意的是:只描述行为本身,不指责行为的当事人。例如:“你骑我的脚踏车。”

(2) 陈述自己对行为可能带来的后果的感受。例如:“我很生气。”

(3) 陈述理由(或事情产生的后果)。例如:“因为我有事急着要出去。”

总而言之,“我的信息”的沟通方式仅仅需要简单的陈述,其模式如下:事实—感受—理由。一般的对话形式为“当……我觉得……因为……”例如:“你这么晚回家,我很担心(紧张),因为晚上治安不是很好。”

(2) 演练

方案一:分组讨论

① 将成员 3~4 人分成一组。

② 请成员依练习 10-6-2 的问题情境,讨论每一个问题是谁的问题。

③ 成员回到团体中,报告各组的讨论情形。

练习 10-6-2

分组讨论问题情境

请分辨以下情境中的问题是谁的问题:

(1) 老师向父母抱怨孩子动作太慢。

(2) 孩子未经许可,擅自从父母房中取走东西。

(3) 孩子玩打火机。

(4) 孩子忘了喂自己的宠物。

(5) 下雨天,孩子不穿雨衣(或天气冷,不穿外套)。

方案二:角色扮演

① 成员两人一组,进行角色扮演。

② 各组分别从以下情境中挑选一种,作为演练的依据。

③ 这些情境中的问题均属于父母的问题,扮演父母的成员尝试以”我的信息”的方式表达。

练习 10-6-3

角色扮演情境

孩子放学回来,乱丢书包、衣服。

孩子最后出门,但忘了锁门。

全家约定外出,孩子临时变卦,与朋友外出。

孩子放学后逾时未归。

孩子未走人行道,直接穿越马路。

孩子在客厅里打球。

（3）处方笺

领导者依据表 10-2 举例说明是谁的问题与问题处理原则。

表 10-2　是谁的问题与处理原则

是谁的问题	处理原则
孩子需求未满足,有烦恼	积极倾听
双方没有烦恼	
双方都有烦恼	积极倾听+我的信息
父母需求未满足,受干扰	我的信息

处理原则实例

情境	谁的问题	积极倾听	我的信息
孩子跟好朋友吵架了	孩子	看起来你很难过	
孩子答应要做的家务没做	父母		你答应要帮忙做的家务没做,我觉得这样对我很不公平
孩子作业写到很晚还是写不完	孩子	累了吧！这么晚功课还写不完,你一定很着急	
父母在打电话时,孩子不断地来干扰	父母		你不断地来干扰,我觉得很烦,因为我完全听不到阿姨在说什么
孩子参加演讲比赛,没有得名次	孩子	比赛输了,你觉得很难过,是吗?	

4. 统整与作业布置

（1）邀请成员针对此次团体活动给予口头反馈,或填写反馈单。

（2）请成员填写记录单。

（3）领导者简要归纳本次活动,同时也鼓励、肯定成员的表现,并以亲子格言相互勉励。本周亲子格言如下:

亲子格言:鼓起勇气面对自己的不完美。请继续努力加油不要沮丧,教养孩子是一辈子的事。

（4）交代成员回家后阅读《父母效能培训手册》第六章,并完成家庭作业,记录未来一周使用“我的信息”与孩子互动的情形(记录表如练习 10-6-4 所示),或演练“我的信息”(练习情境如练习 10-6-5 所示)。

（5）最后提醒完成作业及下次聚集时间。

练习 10-6-4

在这一周内,请您练习以“我的信息”的方式和孩子沟通,并写下您的心得。

事件:________________

对话内容:________________

心得:________________

练习 10-6-5

请尝试以“我的信息”方式应对下列各种情境，把可能的对话写下来。

(1) 你的女儿每次借你的吹风机都没有放回原处，使得你必须经常到她的房间寻找半天。

(2) 你的孩子放学后在外面吃了很多零食，回家不肯吃晚饭，但你已经花了很多时间准备了很丰盛的晚餐。

(3) 你的孩子想跟同学出去玩，但你不想让他出去。

(4) 你的孩子吵着要买名牌的球鞋，你希望他能节俭些。

(5) 你的孩子要求你不要管他，给予他自由。

(6) 你的孩子把房间弄得乱七八糟，却要你来收拾。

【单元七：鼓励有方】

【单元名称】

如何鼓励孩子、你是与众不同的、爱孩子就支持他（择一使用）

【活动目标】

1. 协助成员认识鼓励和称赞的区别；
2. 帮助成员避免不正确的态度及行为；
3. 鼓励成员多用正向、积极的话鼓励孩子。

【给领导者的话】

人需要鼓励，如同植物需要水一样。领导者不妨先引导成员分享鼓励孩子的经验，然后肯定有效的情境和检讨无效的原因，最后区分鼓励和赞美（奖励）的不同以及总结鼓励的原则和方法。

【活动内容】

活动		目的	时间	材料
回顾与心得		引导成员进入状态 联结前次单元活动	3~5 分钟	
热身活动	方案一： 哪里不一样	引导成员发现自己平日固着的思考模式	5~8 分钟	海报纸（白板或黑板）
	方案二： 甜甜蜜蜜	增进成员彼此间的情感	5~10 分钟	
	方案三： 故事分享	引发成员讨论本单元主题的兴趣	5~10 分钟	正向、积极、肯定、鼓励的话语或短文
主题活动	前导活动	让成员检视自己平日对孩子的习惯用语	5~10 分钟	
	讲授	使成员明白鼓励的真义，及其对孩子的影响	20 分钟	

续表

活动		目的	时间	材料
主题活动	演练	让成员亲身感受被鼓励的感觉	10 分钟	问题情境
	处方笺	鼓励大家说好话,并从自我肯定开始	10 分钟	自我鼓励一百句好话
统整与作业布置		总结团体活动,成员进行反馈、填反馈单,交代作业	15 分钟	亲子格言、反馈单、记录表、作业单

【活动流程】

1. 回顾与心得

(1) 请一两位成员分享上次活动后对教养态度的感受,或填写作业单的心得。

(2) 分享阅读《父母效能培训手册》第六章后的想法。

2. 热身活动

方案一:哪里不一样

(1) 领导者在黑板(白板或海报纸)上列出三道数学算式,其中两题的答案是正确的,一题是错误的。例如:

6+4=10　5+4=10　8+2=10

(2) 询问成员:“哪里不一样?”

(3) 成员会一致地指出一题算错了,此时,领导者点出关键:“为什么你们不说另外两题做对了?”

(4) 接着,领导者由这个角度引导父母们思索平常与孩子互动时,是否因为固着某种思考模式,而只看到孩子错误的行为。

方案二:甜甜蜜蜜

(1) 领导者准备许多包裹着不同彩纸的糖果(不同包装的糖果各两颗),请所有成员分吃。

(2) 请成员吃糖,并找到与自己的糖有相同包装纸的成员配成一组,两人相对而坐。

(3) 请成员闭目,放下心中所有扰人的思虑,仔细聆听以下话语。领导者陈述一段感性的话语:“甜在嘴里,暖在心里。别人一句称赞的话常会令我们雀跃不已,觉得自己的辛苦是值得的。”接着说:“但想想过去这一个礼拜,我们对谁说过称赞的话?说了多少鼓励人的话?　(停 15~20 秒)可能你会发现自己挑剔别人缺点的时候来得更多一点。没有关系,这确实需要时间学习与培养。从现在起让我们更多看到别人的优点,不再将目光只盯在他的缺点上。”

(4) 请成员睁开眼睛,鼓励成员分享伙伴给你的第一个很棒的感觉。领导者请成员问候伙伴,并给对方一句真诚的赞美。

(5) 成员回到团体中,分享个人的感受。

方案三:故事分享

以正向、积极、肯定、鼓励的话语或短文激励参与的成员。

3. 主题活动

(1) 前导活动

请一两位成员分享:过去这一周,孩子有没有任何表现良好的行为?当时,你对他说了什么?

(2)讲授

① 请依据《父母效能培训手册》第六章,举例向成员说明鼓励和赞美的区别。

② 依据以下参考材料,向成员说明鼓励的方法以及应注意的事项。

鼓励的方法

鼓励是一种将注意力放在孩子的天资与能力上,以建立他们的自信与自尊的过程,鼓励可以促进孩子信任自己以及自己的能力。以下是鼓励的方法,以及具体的例子:

1. 描述你所看到的

例如:"我看到地板清扫过,床铺也整理了,书本整齐地放在书架上。"

2. 描述你的感受

例如:"我很高兴走进这个房间。"

3. 把值得鼓励的行为以具体的言辞表达出来

例如:"你把书放在书桌一旁,笔放在笔筒中,其他东西收入抽屉中,真是井然有序。"

鼓励时应注意的事项

1. 确定你的鼓励适合你孩子的年龄及能力。

2. 鼓励须避免触及孩子过去的弱点或失败。

不正确说法:"今天你做得真好,以前你怎么做不到呢?"

正确说法:"我很高兴看到你今天的表现。"

3. 避免和兄弟姐妹或其他人比较。

4. 协助孩子自我肯定,如"我以你为荣"并非好的鼓励,可改为"你进步了,你一定为自己感到光荣"。

5. 多用具体的言辞,少用抽象的赞美。

(3)演练

① 将成员分成4~5人一组。

② 各组从以下四个情境中选择一个情境进行讨论。

情境一:小孩第一次把水果切好,拿给你吃。

情境二:你到学校参加校庆活动,你的小孩参加赛跑得了第一名。

情境三:你孩子的学习成绩有进步。

情境四:你生日时,孩子送你一张卡片,祝你生日快乐。

③ 讨论重点:如果是你,你会怎么鼓励孩子?你会说些什么?

④ 成员回到团体中,报告各组的讨论情形。

(4)处方笺

复印练习10-7-1给每一位成员,强调鼓励孩子或别人先从自我鼓励做起。可以给成员一段时间阅读这篇文章,或由成员轮流读出来。

练习 10-7-1

从自我鼓励开始

鼓励是人类的一种基本需求,沮丧的父母是无法鼓励沮丧的孩子的。因此,鼓励自己跟鼓励别人同样重要。如果父母对自己没有信心,又怎么能使别人有信心呢?道理很简单:你无法给别人自己没有的东西。

假如父母认为目前和孩子之间的关系须要改善,假如父母觉得前面所说的有道理,那么得具备两个条件:一是勇气;二是实践。也就是有勇气相信自己能改变,能鼓励自己和鼓励孩子;同时,能将这种信心付诸行动,实践力行。

许多人说:"从今以后,我要如何如何",这是一种不切实际的期望,也易遭到失败。期望太久、太远的事,倒不如为自己设定近程的目标,一步一步来;例如先计划一星期内可以改变的两三项行为(包括自己和孩子的),然后一星期结束时做一检讨,再进行下一星期的计划。

要成为称职愉快的父母,不是为了要证明自己给别人看,也不是样样都能做得很好,也许仍然会有失败或不愉快,也许孩子的犯错行为仍会出现。但是,只要真诚地、持之以恒地鼓励自己,增强信心,发挥爱心和耐心,孩子自然能感受到这种支持的讯息,学习到责任心和价值感,走向有意义的人生理想目标。

鼓励没有秘诀,不要说"我不能",不要说"我试试看";要说"我愿意",要说"我开始做了。"

4. 统整与作业布置

(1) 邀请成员针对此次团体活动给予口头反馈,或填写反馈单。

(2) 请成员填写记录单。

(3) 领导者简要归纳本次活动,同时也鼓励、肯定成员的表现,再一次强调自我鼓励的重要性,并以亲子格言相互勉励。本周亲子格言如下:

亲子格言:疼惜和接纳孩子本身。

(4) 交代成员回家后阅读《父母效能培训手册》第七章,并完成家庭作业:未来一周内至少鼓励孩子三次,并观察、记录鼓励后孩子的行为反应(记录单如练习 10-7-2 所示)。

(5) 最后提醒完成作业及下次聚集时间。

练习 10-7-2

单元七作业单

在这一周内,请您至少鼓励孩子三次,并观察、记录孩子经鼓励后的行为反应。

第一次:

孩子受鼓励的行为:________________

鼓励的话语:________________

孩子受到鼓励后的行为反应:________________

第二次：
孩子受鼓励的行为：____________________
鼓励的话语：____________________
孩子受到鼓励后的行为反应：____________________
第三次：
孩子受鼓励的行为：____________________
鼓励的话语：____________________
孩子受到鼓励后的行为反应：____________________

【单元八：自然与合理的行为结果】

【单元名称】

如何帮助孩子改过向善、惩罚已失效、有效对待孩子的犯错行为、不需打骂的教育（择一使用）

【活动目标】

1. 成员了解何谓“自然的行为结果”与“合理的行为结果”；
2. 成员能够区分“自然的行为结果”与“合理的行为结果”；
3. 成员知道如何运用“自然的行为结果”与“合理的行为结果”。

【给领导者的话】

面对一些仍深信惩罚教育的成员，领导者首先可以引导其思考惩罚的效果，尤其是长远的效果。而后，协助成员思考培养孩子责任感的另一个有效工具——行为结果的运用。

【活动内容】

活动		目的	时间	材料
回顾与心得		引导成员进入状态 联结前次单元活动	3～5 分钟	
热身活动	方案一： 黑白配	了解父母处理孩子犯错行为的方法	5～10 分钟	小纸条（每位成员两张）
热身活动	方案二： 井中人生	活跃团体气氛，引导成员进入本单元主题	5～10 分钟	指令单（练习 10-8-1）
热身活动	方案三： 故事分享	引发成员讨论本单元主题的兴趣	5～10 分钟	正向、积极、肯定、鼓励的话语或短文
主题活动	前导活动	引导成员省思处罚的效用	10～15 分钟	
主题活动	讲授	教导成员惩罚与行为结果的差异	20 分钟	
主题活动	演练	借由演练，成员尝试以自然或合理的行为结果处理孩子的问题行为	15 分钟	演练情境（练习 10-8-2）
主题活动	处方笺	结合是谁的问题及行为结果，向成员建议教养子女之方法	15 分钟	

续表

活动	目的	时间	材料
统整与作业布置	总结团体活动,成员进行反馈、填反馈单,交代作业	15 分钟	亲子格言、反馈单、记录表、作业单

【活动流程】

1. 回顾与心得

请一两位成员分享上次活动后对教养态度的感受,或填写作业单的心得。

分享阅读《父母效能培训手册》第七章后的想法。

2. 热身活动

方案一:黑白配

(1) 领导者发给每位成员两张小纸条。

(2) 请成员在其中一张纸条上写出孩子严重犯错的行为,折好后,收回集中放在一处,为 A。

(3) 成员继续在另外一张纸条上写出处理的方式,并折好收回集中在另一处,为 B。

(4) 请两位成员协助读出纸条上的字,一位随意抽出 A 堆中的一张,并大声念出;另一位也随意抽出 B 中的一张,大声读出,然后再继续抽第二张,直到读完为止。

(5) 成员分享活动心得。

(6) 领导者统整孩子犯错的行为以及父母经常使用的处理方法。

方案二:井中人生

(1) 领导者复印练习 10-8-1,发给每位成员。

(2) 请成员在限定时间内,如三分钟,找其他成员协助完成井字方格中的每个指令,完成时,请对方在方格中签名。

(3) 时间一到,领导者即喊停。成员回到自己的座位上,分享活动心得。

练习 10-8-1

井 中 人 生

找一位这个礼拜没有生过气的伙伴 伙伴姓名:	找一个昨天鼓励孩子的伙伴,问他是怎么鼓励的 伙伴姓名:	找个人对他说句好话 伙伴姓名:
找个人来抱抱 伙伴姓名:	找个人交换身上的一样物品 伙伴姓名:	找个人告诉你一句跟数字有关的成语 伙伴姓名:
找人说一个笑话给你听 伙伴姓名:	访问一位伙伴:“你的孩子打破邻家玻璃怎么办?” 伙伴姓名:	访问一位伙伴:“你的孩子感冒不吃药时,怎么办?” 伙伴姓名:

方案三:故事分享

以正向、积极、肯定、鼓励的话语或短文激励参与的成员。

3. 主题活动

(1) 前导活动

① 请三四位成员分享,孩子的哪些行为会被你处罚? 怎么处罚? 处罚后有什么结果?

② 领导者统整成员的分享,引导成员思考自己的处罚方式的效果。

(2) 讲授

① 领导者依据表10-3说明处罚与运用自然合理行为结果的不同。

表10-3 处罚与运用自然合理行为结果的区别

处罚			运用自然合理行为结果		
特性	孩子得到的信息	可能的结果	特性	孩子得到的信息	可能的结果
强调个人权威	照我所说的去做	反叛、仇视、不负责任、缺乏自制力、唯唯诺诺	重视社会规范	我相信你会尊重别人	合作、自重且尊重别人、有自制力、可信赖
专制不合理	我教训你,你是罪有应得	怨恨、报复害怕、困惑、叛逆	明理、有原则	我信任你会做出负责任的选择	由经验中学习责任感
道德判断、行为标签:	你不好、你不被人爱	受伤害、罪恶感、想报复、怨恨	尊重、行为者与行为分开	你是个有价值的人	被接纳、愿意学习
强调过去行为	你永远学不好、我再也不指望你	挫折、失败感、被拒绝感	重视未来发展	你能照顾自己、你会愈来愈进步	自我学习、自我评估
威胁、恐吓	你最好闭嘴、我没有你这样的孩子	罪恶感、害怕、叛逆、企图报复	尊重、友善	我虽不赞同你的行为,但我仍然爱你	安全感、支持、受尊重、被爱
要求服从	你无能、你根本无法做出明智选择	假意屈从、表里不一、过度依赖、没有自信	给予选择的机会	你有能力做决定	自信、负责任的行为

② 依据以下参考资料(表10-4),向成员解释自然行为结果与合理行为结果的区别。

表10-4 自然行为结果与合理行为结果的区别

	自然行为结果	合理行为结果
目的	让孩子亲身尝试	预防孩子发生危险
产生	自然发生	逻辑推理
处理原则	积极倾听	有限度地选择

(3) 演练

① 领导者复印练习10-8-2给每一位成员。先请成员分辨每一个情境适合采用何种行为结果,并连连看。(答案如表10-5所示。)

练习 10-8-2

行为结果之演练情境

连连看:以下八个情境,请分辨适合采用自然行为结果还是合理行为结果,并连线。

孩子挑食
孩子玩游戏,以致没写作业
孩子骑车不戴安全帽
孩子不收玩具　　　　　　　　自然行为结果
孩子在餐桌上捣蛋
孩子在马路上玩耍　　　　　　合理行为结果
孩子不洗澡
兄弟姐妹之间打架

表 10-5　行为结果之演练情境答案

自然的行为结果	合理的行为结果
孩子挑食	孩子在马路上玩耍
孩子不洗澡	兄弟姐妹之间打架
孩子玩游戏,以致没写作业	孩子骑车不戴安全帽
孩子不收玩具	孩子在餐桌上捣蛋

② 将成员分成四组。

③ 每组各选择两种情境(自然行为结果与合理行为结果各一),讨论处理方式。

④ 成员回到团体中,报告各组的讨论情形。

⑤ 领导者针对各种处理方式给予反馈。

(4) 处方笺

领导者参考表 10-6,向成员说明结合“谁的问题”与“行为结果”两种方法,处理孩子的行为问题。说明重点如下:

① 属于父母的问题时,运用“我的信息”表达父母的感受,并实行“合理的行为结果”,给孩子提供选择的机会,并切实执行,以建立孩子负责任的行为,或保护他免于发生危险。

② 属于孩子的问题时,运用“积极倾听”同感孩子的感受,进一步与孩子商讨解决的方法;或实行“自然的行为结果”,让孩子亲身体验自己的行为所带来的后果,以从中得到教训。

4. 统整与作业布置

(1) 邀请成员针对此次团体活动给予口头反馈,或填写反馈单。

(2) 请成员填写记录单。

(3) 领导者简要归纳本次活动,同时也鼓励、肯定成员的表现,并以亲子格言相互勉励。本周亲子格言如下:

亲子格言：我很骄傲我是个好母亲，我看得见孩子的希望与潜能。

表 10-6 结合"谁的问题"与"行为结果"两种方法处理孩子的行为问题

情境	谁的问题	适当的处理方法
孩子学钢琴半途而废	父母	我的信息：我觉得很生气，因为当初是你吵着要学琴的，现在你又不去了。 合理的行为结果：现在，你必须为你的行为负责，你是要选择继续练琴，还是要用你的零用钱分期偿还学费
孩子因为考差了而生气	孩子	积极倾听：考试失败，你很难过 商讨解决办法：下回考试，你要如何准备
孩子未完成作业	孩子	自然的行为结果：让孩子去面对老师的处置
幼儿去玩插座	父母	合理的行为结果：将孩子抱到身上来，过一会儿再放下去。如果幼儿再去玩，再抱到身上，而且时间更久一点

(4) 交代成员回家后阅读《父母效能培训手册》第八章，并完成家庭作业：阅读问题情境并回答所附问题（作业单如练习 10-8-3 所示）。

(5) 最后提醒完成作业及下次聚集时间。

练习 10-8-3

单元八作业单

孩子的老师打电话给你，告知孩子在上课时不专心，爱和同学讲话，而且罚他站时，他还朝同学扮鬼脸。老师很生气，要求家长对孩子的行为加以纠正。然而，你认为这是老师和孩子之间的问题，你相信若贸然介入会使孩子对老师更加反感，甚至采取报复行为，也可能引起亲子冲突。

想一想，回答以下问题：

(1) 你听到老师的话时，心里的想法是什么？感觉是什么？

(2) 老师的目的是什么？

(3) 孩子的行为目的是什么？

(4) 你会如何与老师沟通，一起解决这个问题？

(5) 你会用什么方法与孩子沟通，减少孩子这种不当的行为？

【单元九：家庭会议】

【单元名称】

家庭立法院、有话大家说、家人有约、如何召开家庭会议（择一使用）

【活动目标】

1. 引导成员明白家庭会议的重要性及其目的、功能。
2. 让成员实际演练家庭会议。
3. 使成员熟练掌握家庭会议的领导技巧。

【给领导者的话】

会议总给人严肃、生硬的感觉，成员的抗拒是有理由的，领导可以先破除成员对会议的排斥，引导成员在轻松的气氛下了解家庭会议的功能。该是家人坐下来轻松谈谈的时候，会议并没有想象中困难、无趣。

【活动内容】

活动		目的	时间	材料
回顾与心得		引导成员进入状态 联结前次单元活动	3～5分钟	
热身活动	方案一：七嘴八舌	成员体会“听”与“说”在沟通中的重要性	5～10分钟	
热身活动	方案二：天籁之音	引导成员体验聆听之美	5～10分钟	
热身活动	方案三：故事分享	引发成员讨论本单元主题的兴趣	5～10分钟	正向、积极、肯定、鼓励的话语或短文
热身活动	方案四：家庭蓝图	了解成员对家庭的认同感	10～15分钟	白纸（每位成员一张）、笔
主题活动	讲授	教会成员创办家庭会议的过程	20分钟	
主题活动	演练	成员模拟召开家庭会议	30分钟	
主题活动	处方笺	向成员介绍主持家庭会议的技巧	10分钟	
统整与作业布置		总结团体活动，成员进行反馈、填反馈单，交代作业	15分钟	亲子格言、反馈单、记录表、评估表

【活动流程】

1．回顾与心得

（1）请一两位成员分享上次活动后对教养态度的感受，或填写作业单的心得。

（2）分享《阅读父母效能培训手册》第八章后之想法。

2．热身活动

方案一：七嘴八舌

（1）三人一组，两人扮演“发问者”，一人扮演“答话者”。

（2）两位发问者同时向答话者问问题。

例如，A问：“哎呀！你的耳环真漂亮，在哪里买的？”B问：“昨天你上哪儿去了？我打电话都找不到你。”答话者要即刻回答A、B两人同时的问话。依此类推，连续发问，问的人逐渐加快问话的速度，直到答话者无法招架为止。

（3）成员分享担任问话者与答话者的感受。

（4）领导者统整，并提醒成员适时、适度地表达。

方案二：天籁之音

（1）让所有成员自由认领一种自然界或动物界的声音，例如：风声、雨声、鸟声、狗叫声、猫叫声等。

(2) 依个人所认领的角色模拟其声音,先进行演练。领导者鼓励成员勇敢地发出声音来。

(3) 领导者引导成员静坐、深呼吸,沉淀思绪后,冥想刚才认领的声音,然后共同发声。提醒成员聆听别人所发的各种声音。

(4) 引导成员进行活动分享。

(5) 领导者统整成员的分享,强调聆听之美,聆听别人的心声更是一种互动之美。

方案三:故事分享

以正向、积极、肯定、鼓励的话语或短文激励参与的成员。

方案四:家庭蓝图

(1) 发给每位成员一张白纸。

(2) 请成员画下家里房子的平面图,图中包括家中的各个房间和角落。

(3) 在平面图中画出或填写:

① 平常家里最热闹的地方;

② 平常家里最冷清的地方;

③ 在家中最常听到的话有哪些;

④ 一想到家,你会有哪些联想;

⑤ 你期望你家有哪些特质。

(4) 请成员分享自己的答案和感觉。

(5) 领导者借此了解成员内心的需要,及他对家的认同感。

3. 主题活动

(1) 讲授

领导者依据以下资料向成员说明创办家庭会议的过程。

创办家庭会议的过程

如何才能建立"家庭会议"制度,让所有家庭成员将"家庭会议"视为生活中的一部分呢？这是一种创造的历程,父母并不能强求一朝一夕就能达成,而是需要付出爱心与耐心。家庭会议"从无到有"的历程可划分为四个阶段:

(一) 理念介绍阶段

最早的时候,父母可以邀请家庭成员一起聚会,说明"家庭会议"的理念,如果子女对正式的会议表现出良好的反应,则可进入下一阶段。如果有的子女不太了解,需要更多时间与信息,那么父母可以进一步做正式的关于家庭会议的介绍:"过去,家庭中的一切事情都是由我们(父母)做决定,告诉你们(子女)必须做什么,什么时候要做好。诸如此类的事,一直都是我们决定的。我们觉得采用民主的方式,每个星期举行一次家庭会议,借此让大家能一起决定,一起解决问题和一起计划生活,可以使我们的家庭生活更和谐。"

(二) 说明阶段

当父母介绍了“家庭会议”的理念之后,如果子女愿意尝试参与家庭会议,父母就需要进一步说明会议可包含的内容,如家务分配、生活用品需求、休闲旅游安排等。同时,可以教导有关民主会议的精神与规则,然后询问子女们的意见与意愿。

(三)准备阶段

如果子女们有意愿建立“家庭会议”制度,父母此时就可以开始有关倾听、反馈、情感交流的练习,期待建立更深厚的合作关系。此时,子女仍会有许多不了解或不熟悉的事情,父母则需要加以协助,千万不要太快进行正式的家庭会议。

(四)运作阶段

当子女具有相当程度的认识与合作的态度时,父母就可以开始家庭会议的运作。而在第一次会议的时候,主要的任务就是采民主的方式决定时间、主席和记录员之担任规则、地点与会议时间长短等问题。

在创办的过程中,如果父母不能召集成员一起介绍其理念时,那么就应采用个别介绍的方式,而家庭会议的运作并不需要等到所有成员都准备好才开始。至于开始运作时,有部分子女不参与,并不会影响家庭会议的进行,通常当缺席的子女了解到参与会议的好处与权益时,就会参与日后的家庭会议。由此可见,虽然在过程中会遇到一些阻碍与困难,但经过父母的努力与事实的证明,那些困难与阻碍都会渐渐被克服而消失。

(2)演练

① 将成员分成2~3组,模拟开一次家庭会议。

② 请成员讨论,共同确定一个会议主题,例如:全家出游去哪里,家务如何分配等。

③ 进行角色安排,以提出会议主题之成员的家庭组成作为角色安排依据。例如该家庭中有父亲、母亲以及三个小孩,则找出五位成员(连同提出议题之成员在内)分饰不同的角色,组成“模拟家庭”。由模拟家庭互推主持人,实际进行家庭会议,讨论出议题的结论。会议的时间限制为20分钟,主持人必须控制时间。

其他成员则在一旁担任观察者,观察每一个角色在会议中的表达与互动情形,会议结束后,负责提出反馈。

成员分享演练的心得,观察者给予反馈。领导者统整并得出结论。

(3)处方笺

领导者参考以下资料,向成员说明主持家庭会议的技巧。

家庭会议主持技巧

父母掌握主持家庭会议的技巧可以促使“家庭会议”的进行更顺畅且更高效。若父母率先示范这些技巧的使用,则子女会在会议过程中学习,无形中培养子女的领导才能。

一、结构化的技巧

简言之,结构化就是确立与维持会议的目标。通常没有明确目标的团体辅导就像是一盘散沙，家庭会议亦然。而结构化的技巧主要是确立主题，明确会议程序、会议时间限制等规定。下面的例子用以说明结构化技巧的运用。

大华一家在会议中针对某一主题的讨论已经花费了大半的会议时间，然而在会议程序中还有好几个问题有待商讨。时间一分一秒地不断溜去，于是大华就发问："我们还要花费多少时间来讨论这个主题呢？是否我们应该限制一下时间？不然后面尚有许多问题要讨论，时间会来不及。"于是稍加讨论，大家同意本主题若在五分钟内不能获得解决，那么将予以搁置，延至下次会议再讨论。

二、类推的技巧

家庭成员不见得都能分辨和知悉彼此对问题的感受，而类推的技巧可以协助成员对问题进入深入的认识。主席可以说："不知道谁还有这样的感觉呢？"或"在这个问题上似乎你和妈妈有相同的感受，不知道对不对？"这种对问题的反映就是一种类推技巧的应用。

三、征询的技巧

由于主席需要广泛征求与会者的意见，所以宜使用直接询问的方式："对于这个问题谁有什么想法呢？""小珍，你有什么感觉？"事实上，会议中间接询问意见的技巧也是很重要的。如主席说："对于这个问题我很乐意提供我的看法，不过在我说之前，我很希望听听各位的意见。"由于这种间接发问可以激发与会成员投入问题讨论，所以可以确保每个人都有发言的权利，避免会议遭到某个成员垄断。

四、脑力激荡的技巧

脑力激荡是一种促使个人想法自由变化的技巧，在安全的气氛以及避免批评与判断的前提下，成员可以随心所欲地提出自己的看法与人分享。纵然其想法与建议可能是怪异荒谬的，与会成员在脑力激荡结束之前都不可以妄加批评与判断。

五、摘要的技巧

对会议讨论的结果进行摘要总结并不是会议结束时才需要，而是随时都可能需要做摘要性的说明。特别在对某问题进行长时间的讨论后，主席进行摘要总结和与会者个人进行摘要说明更为重要，不仅有助于会议的进行，而且有关不同意见的摘要更有助于个人对问题进行认识和思考。

六、获得承诺的技巧

家庭成员承诺执行家庭会议的决议是很重要的。每当会议到了尾声时，主席必须询问与会成员是否愿意遵守会议的决议事项，取得他们的承诺。而成员承诺的内容除了遵守决议事项之外，主席也可请成员做执行记录，以备下次会议检核之用。

七、促进反馈技巧

有时候，成员彼此的意见反馈对双方的沟通很重要，而反馈宜采用"我的信息"的沟通方式。主席可以要求与会成员对某人的行为表现与意见表达出其个人的感受，来促进团体反馈。

主席可以这样说："似乎我们都认为自己所想的都是对的，但是我怀疑到底我们要如何做，才能真正有助于问题解决。"这样强调问题的方法也可以收到促进成员反馈的效果。

八、促进直接互动的技巧

有时候，家庭成员会将会议主席当作传声筒，借由主席的传话达到与人交谈的目的，特别是当父母作为主席的时候，这样的传声筒现象更为明显。所以主席必须避免扮演“传声筒”的角色，提醒家庭成员彼此进行直接的交谈，不要假他人之嘴。在会议中主席可以说：“小杰，你愿意告诉莉莉你的感觉吗？”借以提升成员直接的互动。

九、鼓励的技巧

鼓励是每个人学习沟通的基础。缺乏鼓励常会导致家庭会议失败。对家庭成员优点与贡献的鼓励可以提高成员的自尊心，提升成员参与会议、表达意见的勇气。因此父母不应吝于给予子女适时的鼓励与赞赏，随时把握机会，不论以个人或全体的方式，给予子女适时的鼓励，提升他们的参与感。

【单元十：民主教育的原则】

【单元名称】

人生筵席、永结同心、珍重惜别、爱的祝福（择一使用）

【活动目标】

1. 增强成员教养子女的信念与信心；
2. 引发成员对教养子女态度和方法的再省思；
3. 鼓励成员之间彼此肯定和支持；
4. 祝福成员珍惜所有和展望未来。

【给领导者的话】

到了团体结束的时刻，领导者面对既温馨又依依不舍的情境，一方面引导成员做学习统整，一方面鼓励成员在祝福声中彼此肯定和打气。

【活动内容】

活动		目的	时间	材料
回顾与心得		引导成员进入状态 联结前次单元活动	3～5 分钟	
热身活动	方案一： 故事分享	引发成员讨论本单元主题的兴趣	5～10 分钟	正向、积极、肯定、鼓励的话语或短文
	方案二： 亲情超市	增进成员对家庭和亲子关系的了解	15～20 分钟	白纸及购物清单（练习 10-10-1，每位成员各一张）
	方案三： 牵引	增进成员对教育子女的角色的了解	5～10 分钟	
主题活动	分享评估表	提高成员学习效果	15 分钟	
	处方笺	协助成员省察教养子女的态度和方法	10 分钟	检核清单（练习 10-10-2）

续表

活动			目的	时间	材料
结束团体	回馈活动	方案一：优点轰炸	提高成员的自我肯定	20 分钟	便利贴或小卡片
		方案二：爱的祝福	增进成员彼此的关怀和鼓励	20 分钟	礼物单(练习 10-10-3)
	统整与祝福		鼓励成员另一个新生命的起航。	10 分钟	祝福的话(练习 10-10-4)

【活动流程】

1. 回顾与心得

(1) 请一两位成员分享上次活动后在家中实际召开家庭会议的结果,或对教养态度的感受。

(2) 分享阅读《父母效能培训手册》第九章后的想法。

2. 热身活动

方案一:故事分享

以正向、积极、肯定、鼓励的话语或短文激励参与的成员。

方案二:亲情超市

(1) 发给每位成员一张白纸作为购物单,以及另一张供成员参考的超市物品清单(如练习 10-10-1 所示)。

(2) 领导者向成员说明超市购物规则:

亲情超市贩卖任何你所期望的正向、和谐、温馨的亲子和家庭关系,只要是你需要的都卖,如全家一起去爬山、全家一起下饭馆、讲晚安故事……这一张清单只是供各位参考,你可以买的东西并不限于此。

每项亲情活动或亲子关系均须付钱,价钱可以自定,但每项事务的底价为一万元。每人有十万元,可以自由购买,但总价钱不能超出十万元。

注:若有成员反映这些事务不能用金钱来衡量,可以告诉成员,这些钱不是普通的钱,它是上帝给每一个人的神奇钱,或将这些钱想象成每个人所能投注的精力与时间。

(3) 请成员分享他想购买的亲情事务有哪些,以及他认为该项亲情值多少钱。

(4) 领导者借此活动了解成员的家庭在哪方面亲子关系上比较薄弱。

练习 10-10-1

亲情超市购物清单

采购人:

商品名称	出价
能控制自己的情绪,不冲动	
身体健康,精神愉快	

续表

商品名称	出价
孩子的功课很好,名列前茅	
另一半很体贴,给我最大的支持	
另一半能与我配合来管教孩子	
给孩子更多的关心、更多的爱	
远离烦人的厨房、家务以及孩子的吵闹	
我是孩子心目中最重要的人	
有能力改善与孩子间疏远的情形	
孩子是我心目中及生活中最重要的人物	
孩子非常独立自主,不用我多操心	
家庭生活非常幸福美满,亲子和乐	
随时有人帮助我,告诉我如何有效管教孩子	
做个事业非常成功、极受赏识的职业妇女	

方案三:牵引

(1) 成员两人一组,一人饰演钓鱼者,另一人饰演被钓者。

(2) 钓鱼者模拟手上有根钓竿,且钓线的长度是固定的(约 30 厘米),开始着手钓鱼,可以钓被钓者的各肢体部位。

(3) 被钓者随着钓线的起伏而配合移动。

例如;钓鱼者可以钓被钓者的手、手指、头、脚、脚趾头等不同部位,被钓者则需跟随钓线而抬起被钓的部位,也可以跟着钓者走。总之,钓鱼者牵引到哪里,被钓者就移动到哪里。

(4) 每人担任一种角色两三分钟后,角色互换,再进行一次。

(5) 成员分享担任钓鱼者与被钓者的感受。

(6) 领导者引导成员思考,在教养孩子的过程中是否常被社会上一只看不见的手所牵引?

3. 主题活动

(1) 分享评估表

① 引导成员分享回去所填写的评估表。

② 鼓励成员谈谈参加团体辅导以来的收获与心得,可请成员拿出记录单,回顾自己在每一次团体活动中的收获。

(2) 处方笺

发给每位成员一份"教养子女检核单"(练习 10-10-2),鼓励成员在团体结束以后,仍不忘记将在团体中所学到的知识和技巧实际运用在教养活动中。以检核单作为省视的工具,当察觉自己与孩子之间的互动出现问题时,省察问题及困难之所在,并回头阅读相关的章节,或回忆对应之团体单元,从中得到帮助。

练习 10-10-2

教养子女检核单

一、一般性原则

“我是否说得太多了?”

“我是否常生气,却未与孩子好好沟通?”

“我是否选择了适当的方法?”

“我是否把孩子的问题变成自己的问题?”

“我是否忘了鼓励孩子?”

“我是否常与孩子度过和谐相处的时光?”

二、沟通技巧方面

“我是否同感、倾听孩子? 还是自己说个不停?”

“我是否误用了倾听,仍有太多的指责或批评?”

“我是否传达太多自己的想法要孩子接受?”

“我是否有足够的时间去倾听、探索问题或解决问题?”

三、自然与合理的行为结果方面

“我所用的合理的行为结果是否真的合理?”

“我是否用对了时机?”

“我是否在该应用自然的行为结果的情形下,反而使用合理的行为结果?”

“我是否真的允许孩子去选择,并接纳他的选择? 还是我想控制结果?”

四、家庭会议方面

“我是否违背了会议中决定的事情?”

“我是否违反了家庭会议的原则及程序?”

“我是否掌控了整个家庭会议的进行?”

4. 结束团体

(1) 反馈活动

方案一:优点轰炸

① 发给每位成员空白不干胶或小卡片若干张(张数为成员加上领导者数之和减去 1)。

② 请成员用欣赏的角度去看每一位成员,记录每个人不同的优点,分别写在一张不干胶或小卡片上。

③ 请成员把写好优点的不干胶贴在其他成员身上(如果是小卡片,则直接送给成员)。提醒成员在接到别人的赞美时要说“谢谢”。

④ 当每个成员都把所有的优点卡送给其他人后,给成员一段时间欣赏别人对自己的称赞与肯定。

⑤ 请成员分享当别人称赞自己时,自己心中的感受是什么,自己准备怎么反馈别人,以及日后进一步努力的方向(自我肯定)。

⑥ 领导者最后得出结论:“欣赏的人越多,生活的乐趣就越多。请大家以欣赏的眼光

去看待别人，看待自己的家人。”

方案二：爱的祝福

① 发给每位成员一张礼物单（练习 10-10-3）。

② 请成员在礼物单上填答以下各问题：“在团体中，你最想送礼物给谁？”“送什么礼物？”“为什么？”

③ 把写好的礼物单不计名地集中在一处。

④ 领导者一张张地念出每张单子上的内容。

⑤ 每念完一张之后，请被赠送礼物的成员分享心中的感受及谢意。

⑥ 领导者借此了解成员之间的关系，以及成员的个别需要。

练习 10-10-3

礼　物　单

你最想送礼物给谁？＿＿＿＿＿＿＿＿＿＿＿＿＿＿＿＿

送什么礼物？＿＿＿＿＿＿＿＿＿＿＿＿＿＿＿＿

为什么？＿＿＿＿＿＿＿＿＿＿＿＿＿＿＿＿

（2）统整与祝福

① 领导者总结团体的学习要点，并统整成员对团体的反馈。

② 将练习 10-10-4 发给每位成员，给予成员祝福，增强其教养子女的信心。

练习 10-10-4

祝 福 的 话

【对自己好】

当你爱你自己时，自我教育自然发生。这里有些方法供你学习去爱自己：

* 信任你的内心，你会知道你想要什么及需要什么。

* 把自己放在第一位，除非照顾好你自己，否则不可能照顾好其他人。

* 知道你自己的感觉是很重要的。

* 重视你自己的想法，且让你的意见被大家所了解。

* 当你生气时，尽可以去感受自己的生气，表达自己的生气。

* 当你想请某人去做某些事时，尽可以去请他做。假如他拒绝了，那也没关系，去请他做已经是对自己真诚了。

* 当你感受到困扰时就暂停。当你想做什么时就去做。常想一想自己需要什么以及想要得到什么。

* 当你感到急迫时，请慢下来。谨慎地放缓你的呼吸，且深呼吸。放慢你说话的速度，并且运动一下。

* 当你想哭却没有安全的地方可以哭时，承认你的痛苦并且允许自己等一下哭。

* 当别人送你礼物时，对他说“谢谢”，那是你需要做的，但礼物并不构成约束。